戎光祥研究叢書 11

近世初期大名の身分秩序と文書

黒田基樹
Kuroda Motoki

戎光祥出版

目　次

第一章　慶長期大名の氏姓と官位

はじめに

近時、近世初期（豊臣期～初期徳川政権期）における武家官位制の研究は著しい進展をみせている。(1)その大きな特徴としては、第一に、この問題が、従来はともすれば当該期の天皇制論における主要な論点として、いわば限定的な視角によって取り上げられることが多かったのに対して、豊臣政権以降における武家官位制が、天皇・朝廷の権力・権威とは直接には関係しない武家政権内部の独自の体系であったことが明確化されたことであろう。もちろん、研究の進展の前提として、近世初期における天皇制・朝廷の国制的位置付けという課題設定があり、その結果によってもたらされたものではあったが、右のような成果を得た以上、もはや武家官位制の問題を当該期における武家政権と天皇・朝廷との関係解明のための問題として止めておくことは許されないであろう。

第二としては、豊臣期における武家官位制の具体像がかなり明確化されたことであろう。従来はこの問題に関しては、家譜類の記載を元とした不確実な事実に立脚していたが、下村效氏は口宣案・古記録など確実な史料に基づいて、武家の叙位・任官について正確な事実の把握と相当数の事例追加をなしている。(2)そして、これらの正確な事例をもとにして、豊臣期の武家官位制は、従五位下・侍従に叙位任官されて殿上人となる「公家成」と、従五位下とその相当官への叙位任官である「諸大夫成」を基本とし、「公家」の昇進過程をもとに「羽林体制」と概念化されること、武家官位の執奏権は武家政権に一元的に把握されていたこと、そこにおける官位は員外制であったこと、そしてこの「羽林体制」は天正十三年（一五八五）十月の羽柴秀吉の参内を画期として体制化され、さらに同十六年四月の聚楽亭行幸を契機として武家の叙位任官と豊臣授姓との連動が徹底されることなど、豊臣期における武家官位制の大要が明らかにされるに至っている。(3) そして、「羽林体制」・官位執奏権・員外制については、その適用範囲や制度的洗練性の相違を除外すれば、これらは近世の武家官位制における大要でもあることから、(4) 近世武家官位制が、豊臣期の武家官位制によって成立をみたものであることは明確といわねばならない。

ところで、この武家官位制の成立・確立において、その主目的が中央政権による外様有力大名に対する政治的編成にあったことはいうまでもなく、この点は近時における諸研究においても等しく強調されているといっていい。すなわち、武家官位制は、中央政権による大名統制政策、とりわけ身分的・階層的序列編成における一方法であったことが改めて明示されたといえよう。中央政権による大名の身分的・階層的序列編成において、その主要な要素としては、この官位の外にも氏姓・偏諱・殿席、知行高・出自による類別などがあり、しかもそれらは相互に密接に関連して、総体的な大名の身分的・階層的序列が体系化されていたことは明らかといえる。この点は、豊臣期においても、例えば「公家成」がほぼ外様有力大名を対象とし、豊臣授姓と叙位任官が連動しているという具体的な事実に明確に示されているところである。そして、こうした中央政権による大名の身分的・階層的序列編成は、およそ江戸時代前期の寛文期頃に大名家格制として固定的に確立化されることとなる。したがって、それらの諸要素の具体的な関連性を明確化しつつ、特に外様有力大名に焦点をあてて、豊臣政権期から江戸時代における大名家格制確立に至るまでの展開

の過程を明らかにしていくことが、次なる課題としてとらえられるであろう。(5)

しかしながら、この課題の解明のためには、分析のための基礎となるべき広範な事例検出と正確な事実確認を必要とするものであり、既に下村氏が強く主張しているように、もはや家譜類などの不確実な史料を元としての議論の組み立ては避けるべきであろう。そして正確な事実関係の把握は、広範な史料蒐集と個別大名研究の深化によってもたらされるものであり、実際にも、先に下村氏が検出した天正〜慶長期における武家叙位任官、豊臣授姓の事例についても、さらに相当数を追加しうるし、また羽柴名字・豊臣姓呼称者についてもいまだに本名字・実名が確定されていない人物も相当数にのぼっている。しかも、初期近世大名についての個別研究がはなはだ低調というべき研究状況にある現時点においては、その総体的な分析は直ちには困難であるといわざるをえない。すなわち、現在はこれらの諸事実の検出・確定といった実態解明作業を意識的に推進していく必要のある段階と認識されるのである。

本稿では、右のような問題認識と研究状況認識に基づき、慶長期における中央政権による外様有力大名に対する身分的・階層的秩序編成について、特に羽柴名字・豊臣姓と官位との相関関係について検討することとしたい。

豊臣政権が、有力大名に対して羽柴名字を授与していた事実は広く知られているところであるが、その被授与者の身分的階層については必ずしも明確にされているわけではなく、豊臣姓被授与者との相違についても明確ではない。(6)すでに先の下村論文においては、豊臣姓授与については叙位任官との連動性を中心に比較的詳細に論じられており、この点に関しては充分な成果があげられている。しかし、外様有力大名統制という分析視角に基づくならば、むしろ豊臣姓授与よりも羽柴名字授与の方がより重要な意味を有していたと想定されるのであり、先の下村氏の成果を踏まえ、その被授与者の身分的階層や豊臣姓被授与者との相違を明らかにする必要がある。また、慶長五年（一六〇〇）

の関ヶ原合戦の結果による徳川政権成立以降において、それらの羽柴名字・豊臣姓が如何なる展開をたどって終焉を迎えるのか、その過程と時期の確定はそれらの歴史的性格を明確にするうえでも必要なことと考える。(7)

そのため、ここでは豊臣政権期における羽柴名字授与の政治的意味、関ヶ原合戦後における羽柴名字・豊臣姓の具体的状況について解明することに主眼を置きたい。なお、先にも述べたように、これらの具体的事実については詳細な事例研究が必要であり、現時点においてはその条件が整えられていないことから、ここでは池田氏・福島氏・加藤氏という、関ヶ原合戦後において重要な政治的地位を占めた外様国持大名の場合を中心としながら、その全体的な状況を想定するという手法によって検討をすすめることとしたい。

註

(1) 池亨「武家官位制の創出」(永原慶二編『大名領国を歩く』所収、吉川弘文館刊、一九九三年)・下村效「豊臣氏官位制度の成立と発展—公家成・諸大夫成・豊臣授姓—」(『日本史研究』三七七号、一九九四年。以下、下村A論文と称す)に代表される。

(2) 下村效「天正 文禄 慶長年間の公家成・諸大夫成一覧」(『栃木史学』七号、一九九三年。以下、下村B論文と称す)。

(3) 下村A論文。

(4) 例えば、武家官位の員外制については、徳川政権成立後における「公卿補任」からの削除が指標となっているが、これについて堀新「近世武家官位の成立と展開—大名の官位を中心に—」(山本博文編『新しい近世史1　国家と秩序』所収、新人物往来社刊、一九九六年)が指摘しているように、それはあくまでも「武家官位の員外制の最終的完成」という、段階的差ととらえられる。

(5) もちろん、これまでにもこのような視点からの研究がなかったわけではなく、近くでは水林彪「武家官位制—幕藩制確立期の武家官位制の構造分析—」(『講座前近代の天皇3　天皇と社会諸集団』所収、青木書店刊、一九九三年)がある。しかし、基礎的事実関係の確認が不十分であり、また諸官職を天皇制と諸国支配における権原と過度に関連させて理解しており、直ちには継承しえないといえる。何よりも、分析視角が固定化された寛文期以降の状況をもとに遡源する傾向にあるため、結果論的考察となっているといえる。

（6）例えば、羽柴名字呼称者を比較的豊富に列挙したものとして二木謙一「秀吉の儀礼形成」（桑田忠親編『豊臣秀吉のすべて』所収、新人物往来社刊、一九八一年）があげられるが、この点について明確な発言はみられていない。

（7）この点については、下村A論文においても、「旧豊臣家大名が豊臣姓を離れるのは、慶長十年以降、二代目からを常例とする」と述べられているにすぎない。

一、豊臣期における羽柴名字の政治的意味

ここでは、豊臣政権期における羽柴秀吉による羽柴名字授与の政治的意味について検討することとしたいが、その前に豊臣政権における羽柴名字の基本的性格について触れておきたい。羽柴秀吉にとって「羽柴」がその名字であることはいうまでもないが、この羽柴名字については、その「旧名字」と表現されることが多い。これは、天正十三年九月における秀吉の豊臣改姓をもとにそのように表現されているのであるが、これは全くの事実誤認である。豊臣改姓は藤原姓からの改姓であり、これは名字とは全くの別物である。この点、前掲の下村B論文においても、既に名字（苗字・氏）としての「羽柴」と、姓としての「豊臣」とは明確に峻別されており、豊臣改姓後の秀吉とその一門についても、あくまでも羽柴名字で表現されているように、秀吉とその一門の名字は終生、「羽柴」であったととらえられる。武家については名字を冠して呼称するのが通例であることをみると、秀吉・秀頼らについても武家としてとらえるな

らば、あくまでも名字を冠して、すなわち「羽柴秀吉」「羽柴秀頼」などと呼称するのが妥当といえるであろう。このことは単なる人名呼称の訂正というものに止まるものではなく、秀吉が諸大名に授与した羽柴名字が、自らの名字そのものを授与したことを明確に認識させるものである。これまで、徳川政権による松平名字の授与と同様、豊臣政権における羽柴名字授与もその「旧名字」の授与として同一視されているが、その歴史的意味はともかくとして、事実は異なるのである。

さて、秀吉が一門以外に羽柴名字を授与した事例として、最も早く確認されるのは、旧織田系大名の堀秀政の場合であり、天正十年十月における同人の羽柴名字呼称が知られている（「神照寺文書」[1]）。もっとも、この段階においては秀吉に官位叙任権が掌握されているわけではないので、この羽柴名字授与には、いわゆる一大名としての名字授与としての評価しか与えられないであろう。その後、同十三年十月の秀吉の参内を契機として、一門・外様有力大名の「公家成」、すなわち従五位下・侍従以上への叙任が順次すすめられていき、「羽林体制」が確立されていくこととなる。羽柴名字の政治的意味については、この「羽林体制」確立後におけるものが、その分析対象となることはいうまでもない。以下においては、同段階以降における、羽柴名字被授与者・公家成大名が比較的豊富に列挙されている史料をもとにしながら、その具体的状況をみていくことにする。

まず、羽柴名字が列挙されているものとして［史料A］同十五年正月朔日付羽柴秀吉九州動座次第写（「旧記雑録後編」[2]）が挙げられる。そこにおいては、一門の秀長（秀吉弟）・秀勝（秀吉甥）・宇喜多秀家（秀吉養子）の他、織田信雄（信長子）・細川忠興・筒井定次・丹羽長重・前田利勝（利長、利家の嫡子）・堀秀政・長谷川秀一・蒲生氏郷・池田照政（輝政）・稲葉典通・蜂屋頼隆・佐々成政・某義康・毛利秀頼の十七人の公家成大名がみえているが、秀吉の旧主筋の織田信雄を除き、すべて羽柴名字として所見されている。そして、ここで注意されるのは、一門と同並の宇喜多秀家を除き、他はすべて旧織田系の有力大名であるということ、それら羽柴名字の人々は、［史料B］同十六年四月十五日付諸大名連署起請文写（「聚楽亭行幸記」[3]）においては、いずれも豊臣姓をもって署名している、ということである。

この［史料B］は二十九人の公家成大名による二通に分けての連署起請文であり、署名は本姓によってなされている。その二十九人のうち、豊臣姓を称していないのは織田信雄・徳川家康・織田信兼（信長弟）・井伊直政・長宗我部元親の五人にすぎない。また、豊臣姓を称しているもののうち［史料A］に記載のみられなかったものとしては、羽柴秀次（秀吉甥）・前田利家・羽柴（結城）秀康（秀吉養子・家康次男）・織田信秀（信長子）・織田長益（信長弟）・大友義統（吉統）・森忠政・京極高次・木下勝俊の九人がみられている。さらに、「聚楽亭行幸記」における行列次第を記載した部分には、[4]上記の二十九人の公家成大名の他、織田秀信（信長嫡孫）・羽柴秀俊（小早川秀詮、秀吉養子）・「御衆侍従」の三人の公家成大名が記載されている。

次に［史料C］文禄二年（一五九三）五月二十日付諸大名連署起請文（「東京国立博物館所蔵文書」[5]）をみてみると、徳川家康ら二十人が連署した一通では、宇都宮国綱を除く他の十九人はすべて公家成大名であり、その署名は在所名・官途によってなされている。［史料A］［史料B］等に所見されていなかったものとしては、上杉景勝・堀秀治（秀政嫡子）・佐竹義宣・最上義光・里見義康があり、残る宇都宮国綱も同四年には公家成を遂げることから、[6]同文書はおよそ公家成大名を基準とする有力大名による連署ととらえられる。また、青木重吉ら六十八人が連署した一通では、羽柴名字呼称者としては堀秀成（秀治弟）・滝川雄利（織田信雄旧臣）の二人が所見されている。これは、およそ秀吉の諸大夫を中心とする譜代家臣による連署ととらえられるであろう。

次いで［史料D］同四年七月二十日付・八月二十日付諸大名連署起請文（「毛利文書」[7]「大阪城天守閣所蔵木下文書」[8]）においては、三十六人の羽柴名字呼称者が所見される。これらにおける署名は名字・官途によってなされており、以上に触れたもののなかでは、徳川家康・前田利家・小早川秀俊（秀詮）・上杉景勝・織田秀信・結城秀康・木下勝俊・京極高次・堀秀治・森忠政・佐竹義宣・長宗我部元親・最上義光・里見義康の十五人が明確に羽柴名字を称していたことを確認することができる。上記の諸史料にみられなかったものとしては、他に毛利輝元・小早川隆景・織田秀雄（信雄嫡子）・徳川秀忠（家康嫡子）・毛利秀元（輝元養子）・稲葉貞通（典通父）・前田秀以・島津義弘・前田利政（利家次男）・京極生双（高知、高次弟）・宗吉智（義智）・立花親成（宗茂）・小早川秀包（隆景養子）の十三人がある。

最後に、［史料E］慶長四年五月十一日付諸大名連署請文写（「島津文書」[9]）を取り上げたい。同史料は三十人の公家成大名による連署請文であり、その署名は在所名・官途によってなされている。上記の諸史料にみられなかったものとしては、伊達政宗・島津忠恒（家久、義弘実子）・細川忠隆（忠興嫡子）・蒲生秀隆（秀行、氏郷嫡子）・青木重吉・福島正則の六人がみえており、これらについては他の史料により、当時、羽柴名字を称していたことを確認することができる。なお、これら以外にも、他の史料により多くの羽柴名字呼称者、公家成大名の存在を確認することができるが、ここではそれらの人物の網羅的検出を目的としているわけではないので、それらについては省略する。

それでは、上記諸史料に基づきつつ、「羽林体制」成立後の豊臣政権による羽柴名字授与の政治的意味について考察することとしたい。まず、羽柴名字と豊臣姓との相違からいえば、豊臣姓は公家成大名の諸大夫を含めた多くの武家叙任者に授与されており、その点からも羽柴名字呼称者の姓は、まず間違いなく豊臣姓であったといえる。しかし、羽柴名字被授与者はそれらのなかにおいてはかなり限定された存在であることから、羽柴名字は一定の基準を有する武家に授与されたものであるととらえられる。上記諸史料の記載から窺われるのは、羽柴名字呼称者と公家成大名とがほぼ一致しているということである。

公家成大名のうち、明確に羽柴名字呼称が確認されないのは織田信雄・同信兼・井伊直政らがみられるにすぎない。織田信雄は信長の次男、信兼は信長の弟であり、既に織田政権期において公家成大名としての政治的地位を確立していた存在である。秀吉が彼らに対して羽柴名字を授与しなかったのは、そうした前代における政治的関係に基づくものであったと推測される。この点は、信長直系の秀信や信雄の嫡子秀雄が羽柴名字を授与されていることからも、そのようにとらえられるであろう。また、井伊直政は徳川家康の重臣であり、公家成大名のうち秀吉にとっては唯一の陪臣ということができる。直政が羽柴名字を授与されなかったのは、この陪臣という政治的立場に基づくものであったととらえられる。ちなみに、この直政もその姓は豊臣姓であった（「井伊文書」）[10]。

それでは逆に公家成大名ではない羽柴名字呼称者についてはどのようにとらえることができるであろうか。上記諸史料において、公家成大名ではない羽柴名字呼称者としては、堀秀成・滝川雄利の二人の存在がみられていた。彼らがどのような理由により羽柴名字を授与されたのかは明確ではないが、堀秀成が羽柴名字の授与が確認される最初の人物である秀政の次男であること、滝川雄利がもと織田信雄の家老であったことをみると、他の公家成大名への授与とは異なる論理に基づくものであった可能性が高く、むしろ堀秀政への授与の場合と同質の、いわば一大名としての羽柴秀吉の家臣団内部の問題であったととらえられるであろう[11]。これとは別に、公家成大名ではない羽柴名字呼称者は相当数の存在が確認されるが、例えば蒲生氏郷の嫡子鶴千世（後の秀行）の場合にみられるように（「氏郷記」[12]）、公家成大名の家督継承者については、公家成大名に準じて扱うべきであろう[13]。公家成大名の嫡子が、どの段階から羽柴名字を授与されるのかまでは定かではないものの、この蒲生秀行の事例により、少なくとも公家成以前において既に羽柴名字を呼称しえたことが確認されるであろう。

このようにみてみると、羽柴名字と公家成との一体性は確実ととらえられる。両者が一致していない事例については、個々の個別的理由に基づいているといってよく、「羽林体制」確立後における羽柴名字授与は、公家成と一体化されたものであったのであり、すなわち、羽柴名字は公家成大名の名字であったという基本的原則の存在を想定しうるのである。では、それら公家成大名とはどのような身分的階層ととらえられるであろうか。これを出自によって類別してみると、およそ以下のように四種に類別しうるであろう。第一は、秀長・秀次・秀勝らの血縁者と宇喜多秀家・結城秀康・小早川秀秋（秀詮）ら養子を含めた一門大名である。第二は、織田秀信・信秀・長益らの織田氏一族と前田利家・丹羽長重以下の旧織田系大名である。第三は、徳川家康・毛利輝元・上杉景勝以下の旧族大名（旧戦国大名・国衆）である。第四は、青木重吉・福島正則の旗本出身の譜代大名である。これらのうち第一の一門大名は文字通り「一門」、第二の旧織田系大名と第三の旧族大名はあわせて「外様」、そして第四の譜代大名は文字通り「譜代」と類別しうるものである。

では、それぞれの類別のなかで、公家成大名はどの程度の割合を占めていたのであろうか。第一の一門大名については、それらが父系血縁者・養子であることから、この条件を有した者すべてに適用されていたといっていいであろう。第二の旧織田系大名については、それらの公家成が天正十三年十月の秀吉参内から同十六年四月の聚楽亭行幸までの、いわば「羽林体制」確立期に集中的になされており、その後においてはほぼそれら公家成大名の嫡子にのみみられるといえ、豊臣政権確立期の政治状況を直裁に反映したものとなっているととらえられる。第三の旧族大名については、豊臣政権の全国統一過程のなかで服属を遂げた戦国大名、もしくはその従属下にあった国衆であり、豊臣政権服属以前において、「国主」として存在していた国持大名はほぼ公家成しているととらえられる。それらの公家成は、服属直後（具体的には上洛出仕後）からおよそ文禄年間にかけてなされており、以後においてはやはりそれら公家成大名の嫡子にのみみられているといえる。第四の譜代大名については、先記の青木重吉・福島正則の二人の存在がみられるにすぎず、いずれも慶長二年七月に侍従に任ぜられている。すなわち、青木重吉については慶長二年七月二十一日付口宣案（「久我文書」[14]）によって侍従への任官が知られ、福島正則についても次掲の口宣案写が残されている。[15]

［史料F］（「柳原家記録三七」所収総光卿符案御教書等）

上卿中山大納言
慶（長二年）――七月廿六日　（宣旨）――
豊臣正則
宣叙従五位下
蔵（人権右少弁藤原総光）――　（奉）――

［史料G］（同前）

上（卿中山大納言）――
慶（長二年七月廿六日）――　（宣旨）――
従五位下豊臣正則
宣任侍従
（奉）――

蔵（人権右少弁藤原総光）

いずれも完全な写ではないが、これらにより、福島正則が同日に従五位下・侍従に叙任されたこと、正則が豊臣姓を授与されていたことが知られる。この後、青木重吉は羽柴紀伊守（越前北庄入部後は羽柴北庄侍従）、福島正則は羽柴左衛門大夫・羽柴清須侍従として所見されることから、両者は、この侍従任官・豊臣姓拝領と同時に羽柴名字を授与されたことは間違いないとみられ、ここにも公家成と羽柴名字拝領との一体性が明確に示されているといえる。ちなみに、正則については天正十三年七月十六日付で左衛門大夫任官の口宣案が残されており、そこにおいては「従五位下平正則」とみえている（「書肆渡辺氏待賈文書」[16]）。おそらく同日付で従五位下叙位の口宣案も存在していたと推測されることから、正則は慶長二年に従五位下叙位の口宣案を重ねて発給されたこととなる。その理由については明確にしえないが、豊臣姓記載の口宣案を受ける必要があったのであろうか。いずれにせよ、秀吉の関白任官に際して諸大夫成を遂げた正則の姓は、秀吉の旧姓平姓であったが、侍従任官に伴って豊臣姓を授与されたのである。

先述したように秀吉譜代のなかで公家成した大名は、この青木重吉と福島正則が確認されるのみであり、従って両者がほぼ同時に公家成していることには、一定の政治的理由の存在が想定されるものの、現時点においてはそれを明らかにしえない。また、秀吉譜代のなかでこの両者のみが公家成、羽柴名字を授与されたのか、その理由についても明確にしえない。当時、青木重吉は越前府中八万石、福島正則は尾張清須二〇万石を領有していた。正則の場合は知行高からみれば譜代のなかでも最高位に位置しているといえ、しかも織田信雄・羽柴秀次という最有力大名が歴任してきた清須を本拠としているように、その清須という地の政治的地位の高さによるものともみられる。しかし、青木重吉については、正則と同じ二〇万石前後を領有するものとして他に浅野幸長・増田長盛・加藤清正・石田三成らが存在しているという状況をみれば、重吉の知行高は決して高いとはいいがたく、また越前府中という地もさほど政治的地位の高い地とは思われない。とはいえ、この重吉も慶長四年二月には、丹羽長秀・長重父子、堀秀政・秀治父子、小早川秀秋（秀詮）という有力大名が歴任してきた越前北庄に入部し、しかも二〇万石の高知行を領することとなる（「毛利文書」[17]）。重吉の政治的地位の上昇は歴然としており、これは偏に侍従の官途と羽柴名字を帯していることによっていたといっていいであろう。いずれにせよ、秀吉の旗本出身の譜代のなかでは、公家成し、羽柴名字を授与された大名としては、この青木重吉・福島正則の両名しか存在しなかったのであるが、それ故に、譜代大名のなかではこの両名のみが、他の一門・外様の有力大名と同等の政治的地位を占めることとなったといえる。

それでは、豊臣政権においてこうした公家成大名は如何なる政治的地位にあった大名ととらえられるであろうか。［史料B］がいずれも公家成大名のみの署判による起請文であったこと、［史料C］においても、公家成大名は他の諸大名とは別に一紙に連署していること、［史料D］［史料E］においては五大老を除く公家成大名が一紙に連署していることなどをみると、彼らが豊臣政権の諸大名のなかでも、他の諸大名と区別される特別な政治的地位にあったことは間違いない。しかも、戦国期以来の地域的公権力を継承している旧戦国大名はもちろんのこと、豊臣政権下において創出された一門・旧織田系大名における「国主」＝国持大名は、ほぼこれら公家成大名のなかに含まれているといえる。さらに羽柴名字そのものが、秀吉・秀頼と同名であり、その授与が「御一家ニ被仰付」と称されているように（「島津文書」[18]）、まさにそれは羽柴氏御一家＝一門化にほかならなかった。これらのことからみると、これら公家成大名は、豊臣政権の一門にしてかつ「公儀」の構成者であり、同時に、豊臣政権という中央「公儀」を分有する、いわば地域的「公儀」の主体であると位置付けられる。そして、その政治的地位を明示する身分的標識としての機能を担ったのが、「羽柴侍従」という称号であったととらえられる。後の関ヶ原合戦において、東軍の大手軍大将を福島正則、搦手軍大将を池田照政（輝政）が務めている。これは、東軍最前線の清須を領する正則と、徳川家康の女婿の照政という、それぞれ具体的な政治的理由により各大将を務めるに至ったものとみられるが、しかし両名がいずれも「羽柴侍従」を称する有力大名であることは注目されるのであり、大手・搦手両軍の大将に両名があてられたのは、「羽柴侍従」という政治的地位が意識的に選択されたことは間違いないであろう。

註

（1）『新訂近江国坂田郡志　第七巻』二六〇頁。
（2）『鹿児島県史料　旧記雑録後編二』二三三号文書。
（3）『群書類従　第三輯』六一二～六一三頁。
（4）前註書六〇八頁。
（5）重永卓爾編『房総里見・正木氏文書の研究　図版篇』（日本古文書学研究所刊、一九八一年刊）一七八～一八一頁に写真版掲載。
（6）下村B論文二〇七頁参照。
（7）中村孝也『新訂徳川家康文書の研究　中巻』（日本学術振興会刊、一九八〇年）二六六頁。
（8）『ねねと木下家文書』（山陽新聞社刊、一九八二年）一四八～一五五頁。
（9）『鹿児島県史料　旧記雑録後編三』七四一号文書。
（10）天正十四年十一月二十三日付口宣案写（中村不能斎『井伊直政・直孝』〈彦根史談会刊、一九五一年〉一五頁）。同史料は「豊臣直政」を従五位下に叙したものである（下村B論文には未載）。但し、［史料B］では藤原姓であることから、両史料間には齟齬がみられている。
（11）この点は、公家成が確認されない織田信高（信長子、羽柴藤十郎・左衛門佐）・織田信高（信長子、羽柴武蔵守）・織田頼長（長益嫡子、羽柴左門）らの織田氏一族についても同様に位置付けられようか。
(12) 註7書二五五頁。
(13) この他、竜造寺政家の嫡子高房（羽柴藤八郎）・長宗我部元親の嫡子盛親（羽柴右衛門太郎）などの事例もこの場合にあたるとみられる。
(14)『久我家文書　第三巻』九五六号文書。
(15) ちなみに、下村B論文においては、この福島正則の侍従任官については「福島家系譜」を出典として一覧表に掲載されており、両文書の存在については触れられていない。
(16)『大日本史料』一二編一七巻一〇四頁。
(17) 註7書三八七頁。
(18)『大日本古文書　家わけ第十六　島津家文書之二』九五四号文書。

二、関ヶ原合戦後の羽柴名字・豊臣姓

慶長五年九月の関ヶ原合戦により、徳川家康の覇権が確立し、同八年二月の将軍任官により、名実共に徳川政権が成立した。合戦後、家康とその一門（秀忠・秀康）が、政権樹立を契機に羽柴名字・豊臣姓を廃したことはいうまでもなく[1]、また、西軍方諸大名・領主の改易により、宇喜多秀家を始めとして羽柴名字を称する有力大名の多くがその姿を消した。さらに、大名としての存続は果たしたものの、西軍方であったために減知転封された毛利・上杉・佐竹諸氏も、転封を契機に羽柴名字を廃し、旧名字に復している。しかし、それだけではなく、最上氏・里見氏等のよう

に、主体的な判断により羽柴名字を廃したものも存在していた。こうして、関ヶ原合戦の結果、羽柴名字を称する公家成大名は減少した。以後において、羽柴名字を廃する大名はあっても、全く新たに羽柴名字を呼称する大名はみられることはなかったのであり、大名層全体のなかに占める羽柴名字・公家成大名の割合は大きく低下することとなった。しかし、公家成が身分制的に重要な一線を画すものである以上、その政治的意義は失われることはなく、徳川政権においても新たな公家成大名が再生産される一方、「羽林体制」に則った諸大名の官位昇進も継続された。すなわち、「羽林体制」そのものは徳川政権においても継承されたのである。以下においては、新政権を樹立した徳川家康とその嫡子秀忠、前政権の後継者羽柴秀頼とを除く大名層について、関ヶ原合戦後における公家成、官位昇進の状況について概観することとしたい。

まず、関ヶ原合戦の数ヵ月後の慶長五年十一月に、家康の四男松平忠吉（尾張清須四二万石）が従四位下・侍従に叙任されており、(2) これは合戦後における大名層の公家成、官位昇進としては最初のものであった。次いで、同七年三月七日に福島正則が左近衛権少将に任官している。その際の口宣案を次に掲げる。

［史料H］後陽成天皇口宣案写（「柳原家記録三八」所収総光卿符案御教書等）

上卿日野大納言

慶長七年三月七日　　宣旨

侍従豊臣正則朝臣

宜任左近衛権少将

奉

蔵人左少弁藤原総光

福島正則は、豊臣期よりすでに「羽柴侍従」を称する有力大名の一員であり、関ヶ原合戦においては東軍大手総大将を務め、戦後は安芸・備後二国（約四〇万石）[3]の大大名となっていた。しかも、この正則の少将任官が、合戦後における外様大名の官位昇進（公家成を含めて）としては最初の事例であったのであり、その意味で、正則はいわば豊臣系外様大名のなかでは最有力の存在であるといってよく、その少将任官も、そうした正則の政治的立場に基づかれたものとみられる。ちなみに、現在は前掲の任左少将の口宣案の存在しか知られていないが、同時に、少将の官途に相応する従四位下にも叙されたとみられ、この直後の同年五月日付の安芸厳島社への奉納状写（「野坂文書」[4]）において、正則は「従四位下行左近衛権少将豊臣朝臣正則」と署名していることから、間違いないであろう。また、合戦後においても正則が依然として羽柴名字・豊臣姓を称していることも注意される。

次に、同八年二月の家康の将軍任官、翌三月の家康参内に伴って、結城秀康（越前一国六八万石）が従三位に叙され[5]、池田照政（輝政、播磨・備前二国八〇万石）が従四位下・右近衛権少将に叙任されている[6]。照政については、正則と同様、依然として羽柴名字・豊臣姓を称している。この照政も合戦以前から「羽柴侍従」を称する有力大名の一員であり、家康の女婿であると同時に、合戦においては東軍搦手大将を務めた存在である。合戦後からこの家康の将軍任官後において、公家成もしくはそれ以上の官位昇進を遂げた大名は、家康実子で国持大名の秀康・忠吉と、外様国持大名の福島正則・池田照政のみであり、このことから徳川政権成立期における正則・照政両者の政治的立場の重要性が窺われる。

次いで、同十年四月の徳川秀忠の将軍任官に伴って、結城秀康の中納言任官、松平忠吉の左中将任官、同忠輝（家康七男）の従四位下・右少将叙任、池田照直（利隆、輝政嫡子）の「公家成」・従四位下叙位、前田利光（利常、利長嫡子）・細川忠利（忠興嫡子）・最上家親（義光嫡子）の従五位下・侍従叙任がみられている。そしてその後では、同十一年における松平忠直（秀康嫡子）の従四位下・右少将、徳川義知（義利・義直、家康九男）の従四位下・右兵衛督、同頼将（頼信・頼宣、家康十男）の従四位下・常陸介、堀忠俊（秀治嫡子）の従五位下・侍従・越後守、京極忠高（高次嫡子）の従五位下・侍従・若狭守、里見忠義（義康嫡子）の従五位下・侍従・安房守、同十四年における池田忠継（輝政五男）の従五位下・侍従・左衛門督、同十六年における徳川義利・同頼将の正四位下・参議・中将、同頼房（家康十一男）・最上義光の従四位下・右少将、同十七年における池田輝政の正四位下・参議、同十九年における前田利光の従四位下・左少将、同二十年（元和元年）における松平忠直・伊達政宗・前田利光の正四位下・参議、松平忠昌（秀康次男）・井伊直孝（直政子）の従五位下・侍従、などの叙任がみられる(7)。

これら慶長十年以降の事例において特徴的なのは、徳川一門の官位昇進と公家成が顕著であることである。これが徳川一門の政治的地位の相対的上昇を意図したものであることはいうまでもない。一方、外様有力大名については、当人の官位昇進は最上・伊達・池田各氏のみであり、他はほとんどその嫡子の公家成（前田利光のみ官位昇進あり）であったといえ、いわば公家成大名の再生産が図られたものといえる。但し、慶長十年におけるものは、池田・前田・細川・最上各氏という、いずれも関ヶ原合戦において積極的に徳川氏に加担した公家成大名の嫡子に限定されていることから、これも同合戦における功賞の一つととらえられるであろう。そして、その後における堀忠俊・京極忠高・里見忠義・池田忠継の場合は、いずれも徳川宗家の女婿・外孫という徳川氏との族的関係に基づいたものといえるであろう。このようにみてみると、少なくとも家康生前期においては、豊臣期とは異なって外様有力大名の公家成・官位昇進は限定されていたといわざるをえず、家康が公家成大名の再生産、外様有力大名の公家成化には消極的であったことが窺われる。また、徳川氏の譜代のなかでは、わずかに豊臣期より公家成を遂げていた井伊氏のみにみられているにすぎず、しかも元和元年（一六一五）という時期の遅さをみると、これについても家康が積極的ではなかったことが窺われる。

これまで、関ヶ原合戦後における諸大名の公家成、あるいは官位昇進の状況についてみてきたが、そのなかで、前代の豊臣期における大名層の身分的・階層的序列において重要な役割を果たしていた羽柴名字・豊臣姓は、どのような政治的役割を担っていたといえるであろうか。まずは豊臣姓からみていきたいが、ここで注目されるのは、慶長八年三月の家康参内に伴う諸大名の官位昇進と同時に、黒田長政（筑前一国四九万石）・加藤清正（肥後一国五二万石）・浅野幸長（紀伊一国三七万石）・田中吉政（筑後一国三〇万石）・堀尾忠氏（出雲・隠岐二国二四万石）・山内一豊（土佐一国二〇万石）・生駒一正（讃岐一国一七万石）・蜂須賀豊雄（至鎮、阿波一国一七万石）らが従四位下に叙され、領国と同じ受領名（以下、「領国受領名」と称す）に任官していることである[8]。彼らはいずれも豊臣譜代系の大名であり、関ヶ原合戦においては東軍に属し、戦後の功賞によって西国の国持大名となった存在であった（但し、生駒一正は前代からの継続、蜂須賀豊雄は父家政からの継承）。その彼らが家康の参内に伴って、同時に同内容の叙任を受けているのであり、ここに一定の政治的意味を看取することができよう。

一つは、従四位下・「領国受領名」という共通する叙任の在り方である。豊臣期においては国持大名はほぼ従五位下・侍従以上の官位を有し、羽柴名字を称していたが、甲斐の加藤光泰、同国の浅野長政・幸長父子、阿波の蜂須賀家政などの例にみられるように、豊臣譜代については対象外とされていたといえ、いずれも五位の諸大夫に止まっていた。そうした豊臣譜代系の国持大名が家康の将軍任官を契機に四位に昇進するに至ったのである。もっとも、従五位下・侍従という殿上人に対して、これらはあくまでも四位の諸大夫に止まるものではあるが、公家成大名以下で、関ヶ原合戦後に新たに国持大名となったものの大半が彼らであったことをみるならば、徳川政権になり、国持大名の身分的地位として、従四位下という位階と「領国受領名」という官途が一つの指標と定められたことが窺われる。そして、これらは、後年における国持大名の官位としてほぼ固定されることを思えば、そうした身分的指標がこの叙任を契機として成立したものと位置付けられよう。とりわけ「領国受領名」については、既に豊臣期においても最上義光（出羽守）・里見義康（安房守）・蜂須賀家政（阿波守）・長宗我部元親（土佐守）・宗義智（対馬守）などそれなりに存在してはいたが、以後においてはさらに既存の国持大名についても順次適用されており、伊達政宗（陸奥守）・堀忠俊（越後守）・中村忠一（伯耆守）・毛利秀就（長門守）・島津家久（薩摩守）などの例がみられる。

二つは、彼らの姓がいずれも豊臣姓であることである。八人すべての口宣案は残されていないものの、伝存している五人の口宣案がすべて豊臣姓で記載されていることからも間違いないであろう。彼らが豊臣期より既に豊臣姓を称していた可能性もあり、このなかの何人かはそのことを確認することができるが、全員がそうであったかは明確ではない。例えば加藤清正については、その前官途主計頭の任官時期については明確ではないが、受給文書からみてみると天正十三年十一月二十四日（「阿部氏家蔵豊太閤朱印写」）から翌十四年正月六日（「天理大学図書館所蔵加藤文書」[9]）までの間における任官と推定される。この後、清正は官位の昇進はみられなかったと想定され、また、主計頭任官に際しては、前章で触れた福島正則の左衛門大夫任官と同じく秀吉の旧姓平姓による任官であったと推測される。実際に、慶長三年正月の時点において清正は「平清正」と署名していることから（「武家事紀三五」[10]）、彼がその後において官位の昇進がみられなかったことは確実とみられ、以後においても平姓を称していたと想定される。その清正が、この肥後守任官にあたっては豊臣姓を称しているのであり、清正はこの任官を契機に同姓を称することとなった可能性が極めて高いととらえられる。すなわち、徳川政権成立後においても、新たな豊臣姓呼称者が生産されていたのである。これは、清正らが豊臣譜代系であることによっているととらえられるが、これにより、少なくとも豊臣譜代系の外様大名においては、その姓は豊臣姓であるという一種の通念の存在が窺われるであろう[11]。

このように、公家成大名の再生産が相対的に抑制されていた状況のなか、国持大名については従四位下・「領国受領名」という新たな身分的・階層的指標が生み出されたといえる。そして、豊臣期のように、武家の叙任がすべて豊臣姓によるという、豊臣姓の絶対的ともいうべき規定性は喪失されたものの、依然として豊臣姓の政治的な有効性も維持されていたといえる。そして、この豊臣姓の呼称については、関ヶ原合戦後においても、羽柴秀頼の直臣衆はいうまでもなく、依然として羽柴名字を称しているものや、ここで四位に上った国持大名本人のみに止まるものでもなかった。一例として次の史料を掲げる。

[史料I]　後陽成天皇口宣案写（「柳原家記録三八」所収総光卿符案御教書等）

上卿式部大輔

慶（長十一年）三月三日　――（宣旨）

豊臣清孝

宜叙従五位下

蔵（人頭左中弁藤原総光）――（奉）

[史料J]　後陽成天皇口宣案写（同前）

上卿（式部大輔）　（宣旨）
慶（長十一年三月三日）
従五位下豊臣清孝
宜任主計頭　（奉）
蔵（人頭左中弁藤原総光）

これは、加藤清正の嫡子清孝が、元服に伴って従五位下・主計頭に叙任された際のものである。この清孝は慶長四年の生まれで、清正の次男であり、幼名を熊介（熊之助）といったが、兄虎熊の早世によりその嫡子とされたものである。関ヶ原合戦後のある時期から徳川氏への証人（人質）として江戸に在し、家康・秀忠の元で元服を遂げ、上記の官位に叙任されたものと想定される。主計頭の官途はいうまでもなく父清正の前官途を継承したものである。そして、翌十二年正月二十七日にわずか九歳で、江戸において死去するに至る[12]。ここで注目されるのは、この清孝が元服後の叙任において豊臣姓を称していることである。これにより、豊臣姓を称する大名の子息は、そのまま同姓を称するものであったことが知られ、豊臣姓がその次世代にも継承されているのである。

次に羽柴名字についてみることとする。関ヶ原合戦によって、西軍に属した多くの羽柴名字呼称者が消滅したものの、なお東軍に属したものも少なくなく、しかも前田利長・伊達政宗・蒲生秀行・池田照政・小早川秀秋（秀詮）・福島正則・細川忠興など、彼らは基本的には以後においてもそのまま羽柴名字を用いていた。例えば、合戦直後の状況からみるならば、およそ三十六名ほどの国持大名（「国主」、同並も含む）のうち十三名が存在しており、全体の三割以上を占めている。しかも、そのうち九名が三〇万石以上を領する大大名であった。その後、断絶や改易、あるいは後述する松平名字への改姓によって羽柴名字は減少していくが、それでも［史料K］慶長十六年四月十二日付諸大名連署起請文写（「尊経閣文庫所蔵文書」[13]）・［史料L］同十七年正月五日付諸大名連署起請文写二通（「諸法度一」「尊経閣文庫所蔵文書」[14]）という、徳川家康と羽柴秀頼との京都二条城での会見を契機に在京諸大名から徳川氏への忠節を誓約させた三通の起請文をみてみると、なお西国の有力大名を中心にして残存していることが知られる。まず［史料K］は西国の国持大名二十二名による連署であり、公家成大名については在所名・官途による署判となっているが、当時の他の史料から羽柴名字を称していたものとして、細川忠興・池田輝政・福島正則・島津家久・森忠政・京極高知の六名がみえており、［史料L］は東国の国持大名十一名による連署と、東国の中小大名五十名による連署であるが、後者において滝川正利（雄利子）・堀秀成の二名がみえている。

こうした状況について、下村氏は「（徳川氏は）慶長末年まで旧豊臣大名の羽柴姓を黙認している」と述べている[15]。これを「黙認」と評価するのは一面では正しいであろうが、前代における羽柴名字の政治的意味を考慮するならば、その残存の状況と消滅の過程について解明し、その政治的意味をとらえる必要があろう。その場合、注目する必要があるのは羽柴名字呼称の公家成大名の嫡子らがいかなる名字を称したかであろう。関ヶ原合戦後においては、全く新たな羽柴名字呼称の大名家は創出されておらず、羽柴名字は前代以来の存在に限定してみられていることから、羽柴名字の存続はこの点にかかっていたといっていい。

まず取り上げたいのは、池田輝政の嫡子照直（利隆）の場合である。照直については、既に慶長元年三月に発給文書の存在が知られ、そこでは「池田新蔵照直」と署名している（「正太寺文書」[16]）。さらに同八年十月十日付（備前）八幡山中坊宛寄進状においても同名で署名しており（「三浦周行氏所蔵文書」[17]）、同年まで池田名字を称していたことが確認される。また、仮名新蔵についても、同十年に比定される正月二十六日付書状において「新蔵照直」と署名しているので（「吉備津彦神社文書」[18]）、慶長十年正月までの呼称が確認される。そして、池田名字、仮名新蔵を称していることから、照直はこの慶長十年初めまで無位無官の存在であったととらえられる。照直が「公家成」するのは、この直後の同年四月八日のことであるが、その具体的な叙任内容については不明である。しかし、同月二十一日には正五位下から従四位下に昇叙されており、この後において照直は侍従・右衛門督の官途で所見されることから、八日の「公家成」は正五位下・侍従・右衛門督への叙任、続いて二十一日に昇叙された可能性が推測されよう。注目されるのはその名字と姓であるが、まず姓については従四位下昇叙の後陽成天皇口宣案写には「正五位下豊臣照直」とあることから（「柳原家記録三八」所収総光卿符案御教書等）、照直は八日の公家成とともに豊臣姓を称したことが知られる。また、年未詳ながら「羽柴右衛門督」宛による照直宛の徳川秀忠御内書が二点存在しており（「岡山池田文書」[19]）、照直が公家成を契機に羽柴名字を称したことが知られる。このように、照直は早くから輝政の嫡子として存在していたが、無位無官の時期はあくまでも池田名字と仮名新蔵を称しており、慶長十年四月の公家成を契機に、羽柴名字と豊臣姓に改称しているのである。

次に福島正則の嫡子正長・忠清（忠勝）の場合を取り上げたい。正則には初め「刑部」という養嗣子が存在していたが（刑部大輔正之と伝えられる）、関ヶ原合戦後に廃嫡されたという。ちなみに、同人については（慶長六年）十二月十日付正則書状（「安原八重子氏所蔵尾関文書」[20]）に所見されることから、その廃嫡は少なくとも慶長六年十二月以降のことであったことが知られる。次いで正則の嫡子として所見されるのは、実長子の「八助（八介）」（慶長元年生）であり、慶長九年正月から正則の嫡子として所見され（「不動院文書」[21]）、同十三年三月に十三歳で死去したと伝えられる

（「福島家系譜」[22]）。この「八助」については発給文書が二点残されており、いずれにおいても「羽柴八助（八介）正長」と署名しており（「厳島野坂文書」[23]）、その実名が「正長」であったことが確認される。[24]ここで注目されるのは、この正長が羽柴名字を称していることである。正長は当時、無位無官であったと想定されるので、これは正則の嫡子としての羽柴名字呼称であったととらえられる。すなわち、羽柴名字を称する公家成大名の嫡子は、その公家成以前においても同名字を称し得たのである。この点については前章において蒲生秀行の場合をもとに触れたところであるが、その状況は関ヶ原合戦後においても継続されていたのであった。

慶長十三年の正長の死去により、正則の嫡子として新たに立てられたのは、慶長四年生の次男忠清である。幼名を「市松」と伝えられるが（前出「福島家系譜」）、定かではない。忠清の元服時期については、これまで明確にはされていないが、その初見発給文書であり、「名古屋御普請」から慶長十五年に比定される七月二十日付書状に（「名古屋大学所蔵滝川文書」[25]）、将軍秀忠に初御目見えし、「名をも御替被成、又御名乗字迄被下」とあることから、同月のことであったと推定される。ここで忠清は「羽柴備後守忠」と署名しており、先の「名をも御替被成、又御名乗字迄被下」というのが、備後守受領と「忠」字の偏諱を指していることはいうまでもない。おそらく、忠清はこの秀忠御前における元服により、幼名を廃し、受領名・実名を称したものとみられる。ここで、忠清は実名について「忠」字のみの署名となっているが、これは偏諱を授与された直後であり、いまだ下字が決せられていなかったためとみられる。[26]この忠清の初見発給文書において注目されるのは、やはり忠清も羽柴名字を称していることであり、忠清が元服と同時に同名字を称したものであることは明確であろう。そしてこの忠清の事例も、公家成大名の嫡子はその公家成以前において羽柴名字・豊臣姓を称し得たことを示すものである。

このように、関ヶ原合戦後においても、なお羽柴名字の再生産がなされていた。それは、豊臣期において既に羽柴名字を称していた存在に限定はされているものの、その嫡子は、元服もしくは公家成以後に同名字を称したのである。ここには羽柴秀頼の直接的関与は全く想定しえないことから、これはそれら羽柴名字を呼称する大名の主体的判断によるものといえる。合戦後においても、なお羽柴名字、さらに豊臣姓が、外様有力大名において一定の身分的階層を示す指標として機能していたことが知られるのである。

それでは、そうした羽柴名字・豊臣姓は、いわゆる外様有力大名のなかでどのような過程・理由により消滅していったのであろうか。本節の冒頭で、関ヶ原合戦後においても存続を果たした大名のうち、減知転封されたために羽柴名字を廃した毛利・上杉・佐竹各氏、自主的に羽柴名字を廃した最上・里見両氏などについては触れた。その後では、断絶・改易によって実質的に羽柴名字が消滅されたものとして、小早川・筒井両氏が存在している。しかし、最も事例が多いのは、当主もしくは二代目からの松平名字への改称である。徳川氏による外様国持大名への松平名字授与については中村孝也氏の研究が詳しく、十三家の事例を列挙している[27]。授与順に挙げれば、加賀前田・越後堀・陸奥会津蒲生・播磨池田・陸奥仙台伊達・長門毛利・伯耆中村・土佐山内・筑前黒田・阿波蜂須賀・薩摩島津・肥前鍋島・安芸浅野各氏である。ちなみに、この他に中村氏が挙げていない事例として肥後加藤氏の一例が存在している[28]。このように松平名字を授与された外様国持大名は十四家が存在していたが、それらのうち家康生前期におけるものは、蜂須賀氏までの十家である。

ここで、松平名字授与の状況について詳しく述べることは避けたいが、およそ授与の形態としては、①幼少の当主・嫡子の元服に際して（前田・堀・黒田・鍋島・浅野・加藤）、②当主の官位任官と同時に（池田・伊達・毛利・山内・島津）、

③その他（蒲生・中村・蜂須賀）に分類しうるであろう。ここで注目すべきは羽柴名字からの改称であり、十四家のうち前田・堀・蒲生・池田・伊達の五家が羽柴名字から松平名字に改称している。なお、島津氏も羽柴名字を称していたが、松平名字を授与されたのは羽柴名字を廃した後のことである。これらのうち、前田氏は慶長十年に嫡子利光が、堀氏は翌十一年に幼少の当主忠俊が、いずれも元服に際して授与されている。注意すべきは両者ともに徳川宗家の女婿となっていることであり、同十二年の蒲生秀行・池田輝直（利隆）もその部類といえ、この他、羽柴名字からの改称ではないが、毛利秀就・中村忠一・山内忠義・蜂須賀至鎮もいずれも徳川宗家の女婿である。また、これに準じるその外孫として、黒田忠長（忠之）・鍋島忠直・浅野光晟・加藤光正を挙げることができよう。この点、嫡流以外の分家に対する松平名字授与が前田・蒲生・池田・浅野各氏にみられるが、すべて外孫であり、既に中村氏が指摘しているように、徳川宗家との婚姻関係の存在が重要な指標にあったことが窺われる。

さて、この婚姻関係によって松平名字に改称した四家のうち、蒲生秀行を除けばすべて二代目であり、前田・池田両氏については、当主はその後も羽柴名字を称していた。ちなみに池田輝政については、慶長十七年に参議任官とともに松平名字を授与されているが、これは輝政が家康の女婿である上、参議という高官に任官したことに関連してのものとみられる。一方、婚姻関係によらないものとして伊達政宗がある。その理由については明確にしえないが、政宗が家康七男忠輝の岳父という密接な政治的関係にあったこと、その時期が慶長十三年と早いことは注目される。

このように、羽柴名字から松平名字への改称は、比較的早い慶長十年代前半に行われていたといえる。外様有力大名への松平名字授与自体、秀忠の将軍任官を契機に行われていることから、これが徳川政権の継続性に立脚した外様有力大名統制の政策の一つであったことは容易に想像されるが、しかし、豊臣政権が外様有力大名のほぼすべてに羽柴名字を授与していたのに対して、徳川氏はそのすべてに松平名字を授与しているわけではなく、その志向性も決して強くないととらえられる。さらに、徳川氏では徳川名字を将軍家継承資格者に限定し、徳川一門においても松平名字は将軍家継承資格のない名字として位置付けられることから、自らと全く同じ名字を授与していた豊臣政権による羽柴名字授与とは大きく性格が異なるものといえる。この松平名字授与の問題については、さらに元和・寛永期における一門・外様の有力大名に対する身分的・階層的序列形成のなかから検討していく必要があろう。

これらの結果、大坂の陣勃発の直前において依然として羽柴名字を称していた外様有力大名は、細川忠興・島津家久・同維新（義弘）・福島正則・同忠清・森忠政・京極高知・同高広・宗義智らがみられたにすぎない。そして、彼らが羽柴名字を廃し、旧名字に復すのは大坂の陣の結果、羽柴宗家（秀頼）が滅亡した後のことであった。この点について、（元和元年）八月十四日付島津家久宛書状において、福島正則が「追而拙者も前の名字ニ罷成候」と述べていることは極めて注目される（「島津文書」）[29]。すなわち、この直前頃に島津家久は羽柴名字を廃して旧名字の島津名字に復しており、福島正則も同様に羽柴名字を廃して旧名字の福島名字に復したことが知られる。ここに福島名字が「前の名字」と記されていることは興味深く、彼らにとって羽柴名字は、まさに正式な「家」の名字であったことが知られよう。

そして、これが羽柴宗家の滅亡を機になされていることは、羽柴名字の存続が羽柴宗家の存続故に意味を有していたこと、なお羽柴名字が羽柴宗家による擬制的同族編成として機能していたことを示し、その滅亡は羽柴名字が有していた政治的、身分的指標としての機能を全く喪失させるものであったといえる。そして同時に、豊臣譜代系の外様有力大名にとっては豊臣姓の存在意義も喪失され、いずれも旧姓に復し、あるいは別姓に改姓するに至る。例えば、福島正則の嫡子忠勝（忠清改名）は、翌元和二年十二月二十七日に従五位下・侍従に叙任されているが、口宣案には

「藤原忠勝」と記されており（「柳原家記録三九」所収兼賢公符案并御教書）、福島氏は豊臣姓から藤原姓に改姓しているのである。

註

（1）このうち、結城秀康の場合については、拙稿「結城秀康文書文書の基礎的研究」（『駒沢史学』四八号、一九九五年。本書第六章）を参照。
（2）下村B論文二〇八頁参照。
（3）なお、福島正則の安芸・備後二国の知行高については一般に四九万石とされているが、これは正則の慶長六年における領国検地を踏まえ、元和三年に確定されたものであり、その入部時の知行高ではない。入部時における両国の石高については明記された史料はみられないものの、前代の毛利氏の慶長検地高の四〇万二千石と推測される。
（4）『広島県史　古代・中世資料編Ⅲ』一〇九九頁。
（5）下村B論文二〇八頁参照。
（6）拙稿「池田輝政の発給文書について」（深谷克己編『岡山藩の支配方法と社会構造〈科研費研究成果報告書〉』所収、一九九六年。本書第四章）参照。
（7）これらのうち細川忠利・京極忠高・池田忠継・松平忠昌は数日後に従四位下に昇叙されている。以上の諸大夫の叙任事例については、口宣案の伝存、古記録に記載がみられないために下村B論文に所載されていないものもあるが、ほぼ、いずれも事実としては承認されるであろう。なお、それらの個別事実の検証については、ここでは省略させていただく。
（8）下村A論文一六頁・同B論文二一九頁参照。
（9）『熊本県史料　中世篇第五』一四九頁。
（10）『武家事紀　中巻』六六〇頁。

(11) なお、ここで注意しなければならないのは、加藤清正の従四位下・肥後守叙任が徳川家康の執奏によっていることに示されているように、その豊臣改姓には羽柴秀頼が全く関与していないことである。また、これが家康の要求の結果ととらえられないことはいうまでもないが、かといって、他の豊臣譜代系大名が同時に豊臣姓によって叙任していることから、清正の個人的趣向のみともとらえられない。

(12) なお、この清正次男の実名について、編纂物類は徳川秀忠の偏諱をうけて「忠正」と称したと伝えている。しかし、前掲史料により清孝と確認される。また、清孝については発給文書が一点残されており、これは十二月二日付むろをとをは、宛で、「加藤主計清孝」の署名、「江戸より加藤主計頭」の奥端ウハ書がある（「宗覚寺文書」『熊本県史料　中世篇第三』四五六頁。なお、同書では実名を「清朝」と翻刻しているが「清孝」が正しい）。同文書は清孝の元服以降のものであり、かつその死去以前のものであるから、必然的にその年次は慶長十一年に比定される。従って、清孝はその死去の一か月前において同名を称していたことが確認されることから、秀忠から偏諱を得て「忠正」と称したことは全く想定できず、これは後世における創作と判断される。

(13) 第一節註6書下巻六六三～六六五頁。

(14) 前註書六八一～六八六頁。

(15) 下村A論文一七頁。

(16) 『豊橋市史　第五巻』三七六頁。なお、同書では実名を「照国」と翻刻しているが「照直」が正しい。

(17) 『大日本史料』一二編二一巻補遺一九頁。

(18) 『吉備津彦神社史料　文書篇』四九頁。

(19) 『岡山県古文書集　第四輯』三五二頁。

(20) 『三原市史　第六巻』二八頁。

(21) 『広島県史　古代・中世資料編Ⅳ』一七頁。

(22) 『広島県史　近世資料編Ⅱ』二二一頁。なお、同史料には、「八助」の没年について慶長七年三月とする別伝を記載しているが、史料上における所見状況からみても明確な誤りである。

(23)『広島県史　古代・中世資料編Ⅱ』一〇一四頁。
(24)なお、「福島家系譜」（註22参照）においては「八助」の実名を「正友」と記し、そのため通説的にも同名が通用されてきたが、発給文書によって実名が確認される以上、訂正すべきであろう。
(25)『名古屋大学文学部研究論集　史学』二三号一四頁。
(26)ちなみに、「福島家系譜」（註22参照）では、忠清について「初正勝」と記載し、そのため通説的にも忠清の初名は「正勝」とされることが多いが、本文中に述べたように忠清は元服時に秀忠から偏諱を得たととらえられるので、最初の実名が「忠清」そのものであったのである。この点、同史料には実名「忠清」については記載されていないこと、忠清は後に「忠勝」と改名し、「正勝」の名はその「忠勝」に引きずられてのものととらえられることから、明らかな誤認ととらえられる。
(27)中村孝也『家康の族葉』（講談社刊、一九六五年）第九「松平称号」。
(28)（寛永八年）二月十四日付三郎丸能治書状（「藤崎八幡宮文書」『新熊本市史　史料編第三巻』一一三号文書）に「虎松様御元服、殊以被任松平豊後守」と、「加藤家滅亡之節被仰渡之覚」（「藻塩草」同前書一二八号文書）に「忠広嫡子光正十五歳、松平豊後守」とあり、加藤忠広（清正子）の嫡子虎松が、将軍徳川家光の元で元服し、松平名字と豊後守の受領名、さらに偏諱「光」字を授与されて「松平豊後守光正」と称したことが知られる。なお、忠広嫡子の実名については、通説的には「光広」とされているが、「光正」署名の発給文書が確認されることから（「広島大学所蔵猪熊文書」註9書六四頁）、光正が正しい。
(29)『鹿児島県史料　旧記雑録後編三』一九五一号文書。なお、本文書の年次について、同書では慶長九年に比定されているが、誤りである。

おわりに

本稿では、慶長期における中央政権による外様有力大名に対する身分的・階層的序列編成の解明という視角のもと、豊臣政権下における羽柴名字の政治的意味、身分的・階層的意味と、関ヶ原合戦後の初期徳川政権下における羽柴名字・豊臣姓残存の実態とそれらの消滅の過程について検討してきた。

第一に、豊臣期については、豊臣政権の主体たる秀吉・秀頼らの名字があくまでも「羽柴」であったことを認識したうえで、羽柴名字は公家成大名に授与された、公家成大名の名字であったこと、公家成大名は一門・外様の有力大名のほぼすべてが対象とされていることから、豊臣期においては羽柴名字を称し、公家成大名であるという「羽柴侍従」の称号が有力大名の身分的・政治的指標となっていたことを指摘した。

第二に、関ヶ原合戦後については、①そうした豊臣期における状況が初期徳川政権のもとでは、羽柴名字の廃止者が存在して公家成大名と羽柴名字との一体性が減退する一方で、なお西国の外様有力大名において存続されており、しかもその嫡子が元服もしくは公家成後に同名字を称しているように、その再生産がなされていたこと、②徳川政権も「羽林体制」そのものについては継承したものの、慶長期における新たな公家成大名の生産は、徳川一門、既存の公家成大名の嫡子および徳川宗家の女婿・外孫に限定され、公家成以上の官位昇進についても徳川氏との政治的関係の強い一部のものに限定されており、総体的に外様有力大名に対しては極めて抑制的であったこと、③合戦の結果、新たに豊臣譜代系の国持大名が多く成立したが、彼らは従四位下・「領国受領名」の官位に叙任されており、国持大名についての新たな身分的・階層的指標が創出されたこと、④それら豊臣譜代系の国持大名の姓は豊臣姓であり、それはその嫡子にも継承されて豊臣姓の再生産もなされていたこと、⑤そうした前代以来の公家成大名や豊臣譜代系の国持大名において存続していた羽柴名字・豊臣姓が最終的に消滅するのは、元和元年の大坂の陣による羽柴宗家（秀頼）の滅亡を契機として諸大名が自ら廃したことによること、などを指摘した。

最後に、これらの具体的な結果をもとに、慶長期における中央政権による外様有力大名に対する身分的・階層的秩序編成のなかにおいての、それら外様有力大名の占めた身分的・政治的位置について確認することとしたい。なお、本論中においては「国持大名」（「国主」「国大名」）・「大名」という用語を多様してきたが、いうまでもなく慶長期においてそれらの用語の適用対象が明確に規定されているわけではなく、特に「大名」が「万石以上」を指す用語として確立されるのが寛永期以降のことであることは周知の事実である。この「大名」規定は、徳川譜代系と外様を同一基準に序列編成するに際して有効性を発揮するものといえるが、むしろそれ以前においては、有力大名と中小大名、外様と譜代系の政治的区別が強かったことが看取される。従って、慶長期・元和期については当該期固有の大名類別とその階層的序列を抽出していく必要があろう。この点に関して、本稿において扱ってきた慶長期については、以下のようにまとめることができよう。

まず豊臣期においては、［史料A〜E］における諸大名の連署に際して、いずれも公家成大名が一堂に連署していることが注目される。これに対して、他の豊臣譜代系と外様中小大名とは一括して扱われており（［史料C］の一通）、それらはいわば秀吉「家中」の構成員として編成されていたといえる。公家成大名には「国主」と称される国持大名のほぼすべてが含まれているといえるが、本論においても述べたように豊臣譜代系については除外されていた。従って、豊臣期においてはそれら公家成大名が、本来的な「大名」身分を示していたと位置付けられる。そして彼らは一様に羽柴名字を授与され秀吉の「御一家」として位置付けられたのであり、豊臣政権による外様有力大名に対する身分的・階層的秩序編成は、一方においてはその「イエ」の論理と一体的に推進されていたといえる。

次に初期徳川政権期においては、［史料K・L］が注目される。ここで［史料K］と［史料L］の一通に連署しているのが、他の中小大名と区別される有力大名と措定され、このなかには「国主」がすべて含まれていることから、これらがおよそ当該期における国持大名ととらえられよう。両文書ともに官位順に連署されており、知行高は低くても公家成大名はすべて含まれているうえ、署判は公家成大名・四位諸大夫・五位諸大夫の順となっている。前者においては、飛騨金森氏が含まれており、後者においては陸奥南部氏・同津軽氏も含まれており、後年における「国持大名」の類別とは必ずしも一致していないことは注目されるであろう。そして、当該期においては公家成大名と国持大名とが有力大名として一括されていたのであり、公家成と国持が大名層において一線を画す政治的指標となっていたと位置付けられる。

このように、中央政権による外様有力大名に対する身分的・階層的序列の体系は、豊臣政権によって確立された「羽林体制」に従って、形成されていたのであるが、その具体的な在り方には、当然のことながら一定の相違もみられた。それは様々な政治的条件等に基づいたものととらえられるが、総じて、豊臣期に対して初期徳川政権においては、豊臣期における有力大名の身分的・階層的序列の体系の大枠を維持しつつも、その構成員や中味について徳川政権による改編が図られ、その途上にあった時期といえる。慶長期を通じてなお高官位の大名は豊臣期以来のものが大勢を占めており、大坂の陣後においても、大名中最高官の中納言に毛利宗瑞（輝元）・上杉景勝があり、続く参議に徳川義利（義直）・同頼将（頼宣）・松平忠直の徳川一門と細川・丹羽・毛利（秀元）・伊達・前田らの外様大名があり、いまだ徳川一門の占める割合は低いのである。そして、徳川一門が諸大名中において最高位に位置するのは元和三年における義直・頼宣の中納言昇進を経て、同九年までにおける毛利・上杉の隠居・死去をまたねばならないのである。また、国持大名の公家成も依然として限定されており、通説的に取り上げられる国持大名の従四位下・侍従、もしくは四品諸大夫という官位も、寛永三年（一六二六）の二条城行幸に伴う諸大名官位昇進の結果、大量の侍従任官・四位叙位が生み出されたことを直接的な前提として成立化に向かうととらえられるが、なおこの段階でも侍従の相当位は従五位下であり、さらに段階的にとらえていかなければならないであろう。豊臣政権によって確立された武家官位制は、いわゆる近世的確立を遂げるまでには、その具体的内容について幾多の変遷の存在が窺われるのである。

こうした有力大名についての身分的・階層的序列は、基本的には知行高と官位によって形成されていたといえ、これらがほぼ「家」により固定化されることにより、いわゆる家格制が成立していくといえる。しかし、慶長期については、それらの成立をみる寛文期以降の状況とはなお相当の距離があることが看取されるのであり、従って、それ以前の慶長〜寛文期における諸大名の身分的・階層的序列については、それらの叙任状況についての基礎的事実の集成を図り、さらに当該期の指標に基づいた位置付けを段階的に検討していく必要があろう。

本稿では、こうした身分的秩序の問題そのものを中心に検討してきたが、これらの問題は単なる氏姓論、官位論に止まるものではなく、政権構造の在り方そのものと密接な関係にあるのであり、その相違は政権構造の在り方の相違を反映しているといえる(2)。いわば、そうした身分的秩序の在り方は、政権構造の在り方、さらにその帰結的表現に他ならないと考える。身分的秩序の問題を踏まえての、それら各段階における政権構造の在り方とその変遷の解明については、別途の検討を期す。

註

（1）近時、徳川政権下における国持大名について全体的に論じたものとして、笠谷和比古「『国持大名』論考」（上横手雅敬監修『古代・中世の政治と文化』所収、思文閣出版刊、一九九四年）がある。国持大名の政治的地位に注目し、「単なる大名一般の中に埋没させてはならない」とする見解については全く同感であるが、国持大名の規定について後年における官位との一体性に立脚してのものとなっていること、領国支配権の特権について他の外様大名や徳川譜代の大身大名との相違が明確化されていないこと、その歴史的系譜を「守護公権に基づく一国支配権」に求め、そこからの質的・段階的展開が十分に論述されていないことなど、問題点も少なくない。もちろん、これらの諸点は一面では正しいといえるものの、なお不十分との感を抱く。これらの諸点については、私自身、今後における検討課題として、その追求を試みていきたい。

（2）例えば、豊臣政権では外様有力大名をすべて公家成化し、羽柴氏「御一家」とし、そして五大老という外様有力大名による政権への明確な参加がみられた。この外様の政権参加という事態は、彼らの公家成・「御一家」化を基礎として実現されたものであることは間違いない。ここに、こうした身分的秩序の問題が政権構造の在り方を反映しているという側面が示されていよう。

第二章　豊臣期公家成大名の政治的性格
―豊臣政権構造の一側面―

はじめに

豊臣政権の武家官位制の大きな特徴として、一門・外様の有力大名が侍従以上の官職に任官され、その官位制的秩序が対大名の身分的・階層的秩序として機能しているという点があげられる。彼ら公家成（侍従任官）した大名は「新公家衆」と称され、旧来の公家とは明確に区別された存在であり、同じく「公家」とはいっても、その本質的性格が武家領主としての性格にあることはいうまでもない。それゆえ、彼らの公家成、それに基づく身分的・階層的秩序は彼らそのものを対象として形成されたものであることもいうまでもない。この点に関しては、侍従以上の公家成大名は、一門・外様の有力大名をすべて含み、かつ同時に羽柴名字を授与され、侍従＝羽柴氏御一家という図式が成立していること、そのなかには一門・外様の国持大名がすべて含まれていることから、彼らは豊臣政権の主要構成員として、その中央「公儀」を分有する地域的「公儀」の主体として位置づけられるとともに、その編成は旧来の国家的秩序を利用した官位制と羽柴氏の「家」論理によってなされていることを指摘し、さらにそれは豊臣政権の政権構造の在り方を反映するものであることを想定した。[1]ここではその点について具体的に展開することとしたい。

一、公家成大名の成立状況

まず、公家成大名の成立状況について整理しておきたい。侍従もしくはそれ以上の官職に任官した時期、もしくはそれが確認される初見時期を整理し、一覧化したものを以下に掲げる。なお、これは下村效氏の研究に多くを拠っている。(2)

天正13年　2月△織田信雄（大納言→内大臣）
10月◎羽柴秀長（参議→大納言）・◎羽柴秀次（少将→関白）・◎羽柴秀康（→参議）・○宇喜多秀家（→中納言）・▽丹羽長重（→参議）・▽細川忠興（→参議）・△織田信秀・▽某義康×・▽毛利秀頼×・▽蜂谷頼隆×

天正14年　1月▽堀秀政・▽長谷川秀一×・▽前田秀以・▽佐々成政×・▽筒井定次
3月▽前田利家（少将→大納言）・△織田信兼（→中将）
6月□上杉景勝（少将→中納言）・▼前田利勝（利長、→中納言）
10月□徳川家康（中納言→内大臣）

天正15年　1月以前◎羽柴（小吉）秀勝（少将→参議）・▽蒲生氏郷（→参議）・▽池田照政・▽稲葉典通(3)
2月▽森忠政(4)

天正16年　1月▽稲葉貞通
3月□大友吉統×

4月○京極高次（→参議）・□長宗我部元親
4月以前○木下勝俊（→少将）・△織田長益・□井伊直政・◎羽柴秀俊（秀秋、→中納言）・△織田秀信（→中納言）・御衆侍従(5)
6月□島津義弘（→参議）
7月□立花統虎（親成・正成）・□龍造寺政家×・□毛利輝元（参議→中納言）・□小早川隆景（→中納言）・□吉川広家
天正17年　5月■大友義述×
7月■小早川秀包
天正18年　6月以前◎羽柴秀保（→中納言(6)）
11月□宗吉智・▼堀秀治(7)
12月■徳川秀忠（→中納言(8)）
天正19年　1月□佐竹義宣・□最上義光
2月□伊達政宗（→少将）
3月□里見義康
文禄元年　8月■毛利秀元（→参議）
文禄2年　閏9月▼前田利政
文禄4年　3月□宇都宮国綱×

慶長元年　7月以前▲織田秀雄（参議）・●京極生双（高知）(9)
慶長2年　3月■伊達秀弘（秀宗）
　　　　　同年以前▼蒲生秀隆（秀行）(10)
慶長3年　7月◇青木重吉・◇福島正則
　　　　　9月●宇喜多秀隆
慶長4年　1月以前■長宗我部盛親(11)
　　　　　4月●木下勝俊子
　　　　　5月▼細川忠隆(12)
　　　　　1月■島津忠恒（少将(13)）
　　　　　10月■毛利秀就(14)

＊注　人名の前の記号は、◎羽柴氏一門・○準羽柴氏一門・△織田氏一門・▽旧織田大名・□旧戦国大名・◇羽柴氏譜代、黒塗は二代目・庶子を示す。人名の後の×は絶家・断絶を示す。また人名の後に、初官が少将以上の場合は当該官職名を、最終官職名を↓で示した。

以下、この一覧をもとに公家成大名の成立状況についてみていきたい。豊臣政権の武家官位制は、天正十三年二月の織田信雄の大納言任官に始まるが、これは信雄が秀吉の旧主家である織田氏の惣領であることから、信雄の自身への事実上の従属を踏まえ、まずこれを自身（秀吉も大納言）と同等にし、次いで翌月に自身は内大臣に昇進し、これを自身の下位に明確に位置づけることによって、秀吉が織田政権の枠組みから脱皮し、同時に秀吉を主体とする政権形成を明確に示すものであるととらえられる。そして、同年十月に一門と旧織田大名有力者の公家成が行われ、これによって、すでに下村氏が指摘しているように、[15]豊臣政権の武家官位制は本格的に確立をみることとなる。そして同十四年中にかけては旧織田大名の公家成が顕著であり、旧織田大名についてはその後では同十五年の森忠政、同十六年の稲葉貞通らの事例がみられるにすぎない。それゆえ、旧織田大名については、天正十三～十四年に集中的に公家成がなされ、それ以降については若干の追加とその後継者についてのみ公家成がみられていると把握される。

また天正十四年においては、上杉氏と徳川氏の上洛・出仕をうけて、彼らの公家成がなされ、旧戦国大名の武家官位制への包摂がみられている。そして同十六年の大友氏・長宗我部氏、同年四月の聚楽第行幸後における島津・立花・龍造寺・毛利・小早川・吉川各氏の上洛・出仕をうけてその公家成がなされている。なお、当初は旧戦国大名に対しては公家成に際して羽柴名字授与は必ずしもともなっていなかったが、大友氏の場合を端緒とし、さらに聚楽第行幸後においては同時的になされるに至っている。そしてそれにともなって、それ以前に公家成していた上杉・長宗我部両氏も羽柴名字を授与され、さらに徳川氏も文禄期には明確に同名字を授与されており、それゆえ聚楽第行幸を契機として公家成＝羽柴氏御一家という図式の確立をみることができる。その後では、同十九年に佐竹・最上・伊達・里見各氏の上洛・出仕をうけてその公家成がなされており、ここに旧戦国大名有力者すべての公家成が遂げられている。その他、同十八年の宗氏、文禄四年の宇都宮氏の公家成がみられ、それ以降においては新たな公家成大名はみられていない。このように、天正十四年の上杉氏の上洛・出仕以降、地域的公権力として存在していた有力戦国大名の秀吉への従属を明確化する上洛・出仕をうけて、順次公家成が展開されていったことがうかがわれる。また、その後継者についてはその元服をうけて順次公家成がなされている。

そして慶長二年になって、青木・福島両氏の秀吉譜代の公家成がみられている。これが新たな公家成大名の成立としては最後の事例となるが、彼らは秀吉の縁戚にあると伝えられ、譜代のなかで彼らが公家成されたのは、その関係に拠っているとみられる。このように、公家成大名の成立状況については、おおよその傾向として、天正十三～十四年における一門・旧織田大名、同十四～十九年における旧戦国大名、慶長二年における譜代大名、という具合にとらえることができる。

また、それら公家成大名の二代目ないし庶子の公家成の状況についてみておくと、天正十四年の前田利家嫡子の利勝（利長）が初見であるが、その後しばらくそうした事例はみられないので、これは特殊的事例といえ、それゆえに豊臣政権における前田氏の存在は特別なものであったととらえうる。利家の娘が秀吉の側室および養女となっているという姻戚関係を踏まえ、同氏は旧織田大名としてよりも羽柴氏の準一門的存在であるととらえられているが[16]、利勝の公家成、後の文禄二年の利家次男の利政の公家成は、そうした前田氏の政治的立場に一致する事態といえるであろう。その後では、天正十七年に大友・小早川両氏の嫡子義述・秀包の公家成がみられ、以後、徳川・毛利・伊達・長宗我部・島津各氏の旧戦国大名の嫡子の公家成がみられている。

この他、嫡子の公家成は羽柴氏準一門の宇喜多・木下両氏、旧織田大名の細川氏にみられ、また織田氏一門の信雄系もこの部類に属すととらえられるであろう。さらに庶子の公家成が羽柴氏準一門の京極氏にみられ、家督継承後における二代目の公家成が旧織田大名の堀・蒲生両氏にみられている。これらは公家成大名の再生産を示すが、家督継承以前におけるものと、その後におけるものとが存在し、これは各大名の政治的地位の相違を示すものととらえられる。嫡子段階における公家成は、旧戦国大名と羽柴氏準一門にみられており、彼らについては原則的に嫡子の元服がみられれば、その公家成がなされたものととらえられる。問題となるのは旧織田大名の細川氏の事例であるが、考えられるのは当主が参議という高官職にあることによるということであろうか。

二、公家成大名の政治的性格

前節における公家成大名の成立状況に関する整理をもとに、それら公家成大名の政治的性格、それを踏まえての豊臣政権の政権構造について考察することとしたい。

先述したように豊臣政権の武家官位制は、天正十三年十月における一門・旧織田大名の一斉的な公家成によって確立をみるが、これは秀吉の参内にともなうものである。そしてこの参内は、同年における二月の織田信雄の従属、毛利氏との中国国分、七月の秀吉の関白任官、八月の四国国分、閏八月の北国国分をうけて[17]、いわば畿内政権としての秀吉政権の確立、同時に毛利氏・上杉氏を従属させる全国政権としての成立を示すものであったと位置づけられる[18]。したがって、それらの公家成はそうした豊臣政権の性格を制度的に表現するものととらえられ、同時に彼らが政権の主要構成員として位置づけられていたことを示すといえるであろう。ここでは、秀長・秀次・秀康の一門、宇喜多秀家の準一門、そして丹羽・細川・毛利・蜂谷の旧織田大名有力者と織田氏一門の織田信秀らが公家成し、一門の有力者である秀長・秀次が参議・少将に、秀康以下が侍従に位置づけられた。これにより、関白秀吉、大納言信雄、参議秀長、少将秀次、侍従の諸大名という身分的・階層的序列の形成がみられることとなった。

ここで注目されるのは、前政権の後継者である織田信雄が秀吉とそれら有力一門との中間に位置づけられたこと、同時にそれら有力一門が他の織田氏一門・旧織田大名よりも明確に高い政治的地位に位置づけられたことであろう。ここに、豊臣政権の確立が、織田政権の完全な改変によって遂げられたものであることが示されている。そして天正十五年までのうちに、さらに堀・長谷川・前田（秀以）・佐々・筒井・前田（利家）・蒲生・池田・稲葉・森らの旧織田大名の有力者、織田氏一門の信兼らの公家成がすすめられ、彼らについてはこの時点でその政治的地位とその序列化が遂げられたものといえよう。

ここにおける秀吉政権の確立は、織田政権の継承と秀吉を中心とした改変によっているが、いうなればそれは秀吉による「下剋上」に他ならない。秀吉は「下剋上」によって織田政権の枠組みをそのまま継承するとともに、秀吉を政権主体として改変したのであった。その確立を示すのが、前政権の後継者である信雄を明確に自己の下位に位置付け、他の織田氏一門・旧織田大名を自己の一門の下位に位置付けたことであったととらえられる。そして、そうした事態を制度的・身分的に表現するものとなったのが、新たに構築された武家官位制であったことは間違いなく、したがって武家官位制の構築は、何よりも秀吉の「下剋上」の正当性を表現し、さらに織田氏一門・旧織田大名と自身およびその一門との政治的関係を固定的に表現することを最大の目的とするものであったととらえられる(19)。その際、その手段として旧来の国家秩序である官位制が採られたのは、織田政権における政治秩序ではその「下剋上」を正当化しえないことはいうまでもなく、それは外部に求められなくてはならないことによろう。すでに織田政権段階より旧来の国家体系との「摺り合わせ」が課題となっていたことから、旧来の国家体系を取り込むとともに、これを新たな政権秩序と一体化させることによって、官位制を基本とする政治的・身分的秩序が構築されたととらえられる[20]。

その後における展開として注目されるのは、同十四年からの旧戦国大名の公家成の展開であり、これは秀吉への上洛・出仕という服属儀礼を踏まえた、彼らの政権への包摂、それを明確に政治的に表現するものとしての、彼らの武家官位制への編成であったと位置づけられる。そしてこれら旧戦国大名に対しては、同十五年の九州国分をうけて、同十六年の大友氏・長宗我部氏、同年四月の聚楽第行幸後における島津・立花・龍造寺・毛利・小早川・吉川各氏の上洛・出仕によって、その公家成がなされている。この時点で北陸・東海・中国・四国・九州の有力戦国大名が公家成しており、さらに聚楽第行幸を画期として、それらへの羽柴名字授与による羽柴氏御一家化が遂げられている。これはそれらの地域を独自的に支配する彼らを通じて、彼らとそれらの地域が明確に政権内に編成されたことを表現するものであったととらえられる。そして同十八年の関東国分・奥羽国分をうけて、同十九年に佐竹・最上・伊達・里見各氏の上洛・出仕によってその公家成がなされ、ここに豊臣政権の全国統一と、それにともなう全国の有力戦国大名の政権内への明確な編成が遂げられたといえるであろう。

このように、旧戦国大名についての公家成は、まさに秀吉の全国統一過程に沿って展開されており、各大名の上洛・出仕という服属儀礼を踏まえてなされたものであった。そして公家成がなされているのは、北陸では上杉氏、東海では徳川氏、中国では毛利氏とその一門の小早川氏・吉川氏、四国では長宗我部氏、九州では大友・立花・龍造寺・島津各氏、関東では佐竹・里見両氏、奥羽では伊達・最上両氏である。いうまでもなく彼らは従属以前においてそれらの地域において一定度の地域的統一を実現していた有力戦国大名およびその有力構成員であったのであり、それゆえ彼らの従属こそがそれらの地域の政権への包摂を意味したのであった。したがって彼らの公家成は、これを完全に政権内に編成したこと、同時にその主要構成員として位置づけたことを意味するものであったといえる。

彼らの政権への編成は、従属、そして上洛・出仕を踏まえてのものであるが、その従属は秀吉による各大名の「私的」武力行使の凍結という惣無事原理によって展開されたものである。さらに、それは当知行原則、いわば彼らの地域的公権力としての存在を前提とした、各大名領国そのものの包摂として実現されたものであった[21]。それゆえ、秀吉の全国政権としての体制を直接に基礎付けるのが彼らの存在であったといえる。したがって、彼らが政権内に編成されるにあたって、その主要構成員を意味する公家成がなされているのは、そうした惣無事原理に基づく政権の在り方を制度的に表現するものとしてとらえられる。このことは、彼らを政権の主要構成員として位置づける必要があったことを意味し、それは惣無事原理を基調とする豊臣政権の性格を顕著に反映するものとして把握されよう。すなわち、惣無事原理によって確立している豊臣政権の全国統一政権としての在り方を国家制度的に表現するものが、これら旧戦国大名を羽柴氏一門・旧織田大名らと同次元に編成する、公家成を特徴とする武家官位制であったといえるであろう[22]。

さらに注目すべきは、多くの大名が侍従を初官としているのに対して、上杉氏は少将、徳川氏は中納言、毛利氏は参議を初官としており、その後、徳川氏は内大臣、上杉・毛利両氏は中納言にすすみ、毛利氏一門の小早川隆景が別個に把握されて参議、次いで中納言にすすんでいることである。その他では、伊達氏が少将、島津氏が参議まですすんでいるが、すでに徳川氏嫡子の秀忠が中納言、毛利氏嫡子の秀元が参議にすすめられていることをみれば、彼らとの政治的地位の相違は明確である。旧戦国大名のなかで徳川・上杉・毛利三氏が別格的な位置にあったことが明確に示されている。彼らが別格的地位を与えられたのは、彼らが豊臣政権の確立にあたって重要な役割を担ったことによるとみられる。

すなわち、上杉・毛利両氏は天正十一年以降における秀吉による織田政権の改変過程において同盟関係を形成、同十三年における四国国分・北国国分も彼らとの同盟関係の持続を前提として達成されたものであるといえる。両氏は秀吉とは当初より友好関係にあり、いわば秀吉の畿内政権としての確立に大きく貢献した存在であったといえる。そして徳川氏は同十二年に敵対関係にあったが、同年末における和睦以後は明確には対立関係にはなく、同十四年に従属、その際、秀吉妹を妻に迎えるとともに、その上洛・出仕によって秀吉の九州侵略が可能となったのである。前代の織田氏の同盟者として織田政権の枠内において当初より高い政治的地位にあり、また秀吉への服属過程においてその義弟として位置づけられ、さらにその従属によって、豊臣政権は旧織田勢力を完全に包摂し、さらに九州・東国侵略を実現可能としえたという点で、まさに豊臣政権の全国政権化において極めて重要な画期をなしたといえる。徳川氏がいきなり中納言に任じられ、羽柴氏一門の最有力者である秀長と同格の地位を占めたのは、そうした同氏の政治的存在の重要性、それに基づく義兄弟関係に拠ったものであるととらえられる[23]。

天正十六年の聚楽第行幸後、上杉氏の参議昇進、毛利氏の同官任官があり、両氏は内大臣信雄、大納言秀長・家康、中納言秀次に次ぎ、参議宇喜多秀家と同列の地位に位置した。そして文禄三～四年に中納言に昇進、この時点で大納言家康に次ぎ、すでに中納言にすすんでいた羽柴氏一門の秀保・秀俊、準一門の秀家・織田秀信、家康嫡子秀忠、旧織田大名を代表する前田利家と同列に位置したのである[24]。そしていうまでもないが、これらのなかの徳川・前田・宇喜多・上杉・毛利各氏が秀吉死後に「御奉行衆」（五大老）としてその主従制的支配権を代行することとなるのである[25]。このように、徳川・上杉・毛利三氏は外様ながら、羽柴氏一門と全く同列に位置していたといえ、それは偏に豊臣政権の確立過程において果たした役割に基づいたものであったといえるであろう。そして、この外様の政権中枢への参加という事態に豊臣政権の構造における大きな特徴をみることができるが、それを可能とした要素の一つが、彼らの羽柴氏御一家としての政治的立場であったとみられる。彼らは羽柴名字を称したが、それは政権主体の秀吉・秀次・秀頼と同名であり、本来の一門とも全く同列化したものといえる。もちろん、本来の一門ではないのでその家督継承の権利はないが、同名であることによって政権構成員として、外様ながら外様ではないという特異的な立場に位置しえたといえる。秀吉生前における彼らの政治的役割については具体的な検討に基づき明確に位置づける必要があるが、死後における政権中枢の構成という事態は、中納言以上の官職と羽柴名字がそれを制度的・名分的に保証する役割を果たしたことは間違いないであろう。

おわりに

豊臣政権の武家官位制については、かつては公武関係の問題としてのみとらえられていたが、その本質は武家政権内部における身分秩序編成にあることが池氏によって指摘され、まさに諸大名に対する身分的・階層的秩序編成を示すものであることが明確となった。そして、そこにおける最大の特徴は、すでに述べているように一門・外様有力大名の公家成およびそれと羽柴氏御一家との一体性にあり、さらに踏み込んでとらえれば、外様有力大名に対する身分的・階層的秩序編成にあったといえる。

その展開については、天正十三年における武家官位制の確立、同十六年の聚楽第行幸後における展開と、大きく二つの画期を想定することができる。

第一の画期はまさに武家官位制の創出にあたるが、その理由について、池氏は徳川氏との対抗の必要性による身分的優越性の確立とし、下村氏は畿内周辺の制圧による旧戦国大名の政権包摂のための新秩序の形成としている。その契機について七月の関白任官か十月の参内のいずれを重視するかという相違はあるものの――それは武家官位制の性格把握の相違でもあるが――、ともに秀吉の畿内政権としての確立、同時に全国政権化への出発に際しての新秩序形成としてとらえ、いまだ服属していない戦国大名を射程においたものとする点で共通しているといえる。しかし、ここにおける公家成は一門・旧織田大名を対象とするものであること、畿内政権としての確立は織田氏勢力の再統合とその改変によって遂げられたものであることから、直接的には織田政権の継承にともなうものであったととらえられる。「下剋上」による織田政権の継承の完成、同時に秀吉を主体とする新政権の確立が、織田氏一門・旧織田大名を対象とした官位制秩序の形成として表現されたととらえられる。

第二の画期については、従来は聚楽第行幸そのものに設定されることが多いが、この時点では旧戦国大名の公家成＝羽柴氏御一家が制度化されていないことから、むしろその直後からの中国・九州大名の公家成、すでに公家成していた旧戦国大名の羽柴氏御一家化の進展に画期を認めるのが妥当であろう。これによって旧戦国大名の有力者すべてが、それまでの一門・旧織田大名を中心とした公家成大名と一体化することとなる。そしてこれは、惣無事原理に基づく秀吉の全国統一政権としての実態が、官位制秩序によって表現されたものであったととらえられる。

こうした外様有力大名に対する身分的秩序編成は、公家成という官位制秩序と羽柴名字授与による羽柴氏御一家化という「家」の論理とによって表現されたが、これは国家的秩序と「家」論理との完全な一体化を意味するものといえる。外様有力大名に対する身分秩序形成にあたって、旧国家秩序である官位制が採用された点について、従来は直ちに秀吉と旧国家との関係の問題としてとらえられてきたが、その前提として、秀吉による織田政権の継承とその改変という「下剋上」の正当化の構築という事態の存在を意識する必要がある。

秀吉は織田政権の枠組みから完全に逸脱したのではなく、それゆえ旧主家の惣領である信雄を自身に従属させた段階において、自身を主体とする権力秩序の形成が必要であったのであり、その際に採用されたのが旧国家における身分秩序である官位制であったといえる。すなわち、織田氏を主体とした権力秩序のなかでは、自身はあくまでも宿老の一人にすぎず、決して主君たりえないのであり、自身が織田氏一門・旧織田大名に対して主君として位置するうえで、新たな秩序の形成が求められ、その具体的素材として、旧国家体系の吸収も図られて、官位制が採用されたものととらえられる。一方の羽柴名字授与は、それらを自らの一門として位置づけるものであり、「家」の構成員とするものである。実質的には従属であるが、彼らを「家中」としてではなく、一門と同列に位置づけざるをえなかったのであり、それは前代における政治的同格性とそれによる彼らの政治的自立性によるものであることはいうまでもない。

いずれについても、政治的自立性を有する外様有力大名に対する主従制的秩序をどのように表現するかという問題であると把握することができ、その本質がその点こそに存在していることが認識される。この点、秀吉に先行する戦国大名においても、そうした政治的自立性の強い外様国衆に対して、「家中」に編成することはなく、「一門・家老同前」という高い政治的地位を認めていた(26)。ここでも政治的自立性ゆえに一門と同列に位置づけられていたのであり、それゆえ秀吉の外様有力大名への対応も、基本的にはその延長に措定することができる。すなわち、武家官位制の確立は、外様有力大名に対する主従制的秩序を国家秩序と「家」論理の両面から表現し、さらにそれが旧国家体系を吸収して新たに確立された武家政権としての国家的秩序としても機能したと位置づけうるであろう。その後における旧戦国大名の包摂は基本的にはこの性格の適用として処理しうるが、むしろこの点にこそ、惣無事原理に基づく全国政権という、豊臣政権の構造的特徴が存在しているのであり、以後において高官位に位置した大名が、一門の他は旧戦国大名が大半を占め、旧織田大名では「御奉行」前田氏の他は参議に昇った丹羽氏・蒲生氏・細川氏が存在しているにすぎないことがその証左である。そして、外様有力大名に対する主従制的秩序の表現としては、官位制よりもむしろ同名の付与による御一家化という現象のほうが豊臣政権の大きな特徴というべきである。

先にも触れたように戦国大名段階では、一門・家老への疑似待遇を行っていたが、同名の付与による御一家化はみられず、これは織田政権においても同様である。その意味で、秀吉による外様の一門化はすぐれて秀吉固有の事態であったといえよう。それは、一門化による「家」への包摂であり、その延長が「家中」への包摂であり、すなわち、政治的自立性の強い外様有力大名との不安定な主従関係を、「家」の論理によって補完しようとしたものといえるであろう。その御一家である故に、それら外様有力大名は政権運営に関わるものとなったのであった。その背景には急速な政権肥大化に対応しえなかった秀吉「家中」の未熟さ、あるいは一門の弱体さという側面もあろうが、何よりも惣無事原理に基づく急速な全国統一という事態を基底とし、それら外様有力大名との安定的関係の形成が必須のものであったことによると考えたい。

なお、続く徳川政権の武家官位制においては、外様有力大名の公家成および官位昇進は抑制的となり、寛永三年（一六二六）における前田・伊達・島津の中納言任官、池田・蒲生の参議任官を最後として、ほぼ参議以上の任官はみられなくなり、大半は侍従にとどまり、少将・中将にすすみえたのは極めて限定されるものとなっている。その一方で、徳川一門の優位性がみられ、有力一門の初官は少将であり、さらに徳川氏有力譜代らの侍従任官がみられ、徳川将軍家―有力一門―外様有力大名・徳川氏有力譜代という序列が確立されている。

こうした、徳川政権になっての武家官位制における性格の変化について、従来は対朝廷政策の相違に求められるのが一般的である。ちなみに池氏は豊臣氏の存続によるとしているが、そうした性格変化の端緒は同氏の存在と密接に関連していたであろうが、本質的な変化は寛永期以降に遂げられていることからすれば、ただちに豊臣氏の存在に還元させることは妥当ではない。武家官位制の本質が外様有力大名に対する身分的秩序編成にあるとすれば、その内容的変化は、外様有力大名との関係の変化に求められるであろう。徳川政権におけるその具体的内容については後日の検討を期すこととする。

註

（1）拙稿「慶長期大名の氏姓と官位」（『日本史研究』四一四号、一九九七年。本書第一章）。なお、これに先行する池享「武家官位制の創出」（永原慶二編『大名領国を歩く』所収、吉川弘文館刊、一九九三年）と下村效「豊臣氏官位制度の成立と発展―公家成・諸大夫成・豊臣授姓―」（同著『日本中世の法と経済』所収、続群書類従完成会刊、一九九八年。初出一九九四年）との間で、官位制上における侍従と諸大夫との身分的差異をめぐって意見の対立がある。池氏は、公卿は官位制に包摂されていないとし、これと侍従以下との差異を重視して侍従・諸大夫については一括的にとらえるのに対し、下村氏は、公卿も官位制に包摂されていることを明確化したうえで侍従・諸大夫間に大きな差異をみて、公家成大名の昇進過程に基づいてその官位制を「羽林体制」と呼称している。この点については、拙稿において公家成と諸大夫との間には、羽柴名字呼称、起請文における署判などに明確な政治的地位の相違が設定されていることを明らかにしたように、下村氏の見解が妥当である。これは武家官位制の本質的性格ないし特徴の把握と密接に関連するものであり、私は上記のような事象から、公家成大名を本質的な対象とするものであったととらえている。

（2）下村效「天正・文禄・慶長年間の公家成・諸大夫成一覧」（註1著書所収、初出一九九三年）。なお、同稿に指摘のない事例については、その典拠史料をそれぞれ註に示すこととする。

（3）以上は、天正十五年正月朔日付羽柴秀吉九州動座次第写（「旧記雑録後編」『鹿児島県史料　旧記雑録後編二』二二三号）による。

（4）天正十五年二月六日付口宣案写（「森家先代実録五」『岡山県史　第二十五巻津山藩文書』二〇頁）。

（5）以上は、「聚楽第行幸記」（『群書類従　第三輯』所収）による。

（6）『多聞院日記』天正十八年六月七日条。

（7）天正十八年十一月六日付口宣案（「大阪城天守閣所蔵延岡堀文書」）。

（8）註2下村論文では、徳川秀忠の侍従任官を天正十五年としているが、その典拠とされた口宣案は後に年月日を遡らせて改めて作成されたものとみられる。その点は次掲の口宣案の存在によって確認される（「菊亭文書」）。

上卿　今出川中納言
天正十八年十二月廿九日　　宣旨
従五位下豊臣秀忠
宜任侍従
蔵人左少弁藤原光豊奉

なお、同日付で次の口宣案も存在している。

上卿　今出川中納言
天正十八年十二月廿九日　　宣
正五位下豊臣秀忠
宜叙従四位下

これらにより、同日に侍従・従四位下に叙任されたことが知られるが、両史料では従五位下と正五位下と元の位階に齟齬がみられている。当該期において侍従の相当位が従五位下であったことについては、すでに註1下村論文が指摘しており（この点に関わることとして、すでに叙爵されているにもかかわらず、侍従任官と同時に改めて従五位下叙位の口宣案が出されている大友吉統・福島正則の例がある）、その後（数日から数ヵ月）に従四位下に昇叙される例が多くみられることも指摘している。その意味でこの秀忠の事例は、侍従任官と同時に従四位下に叙されるものとして、初例となるものであり、その後も豊臣期においては、宇喜多秀家の嫡子秀隆が侍従任官の翌日に従四位下に叙されている例が確認されるのみである（註2下村論文参照）。ただ、両者に共通しているのは、侍従任官時における位階が従五位下ではなく、正五位下であることである。これは両者が他の諸大名とは区別される存在であることを意味しているととらえられる。両者の侍従任官がその元服と同時とみられることから、それ以前における叙爵は現実的には想定されず、それゆえ両者は初任が正五位下であったととらえられる。徳川期になっても、侍従の相当位は基本は従五位下であり、有力大名については数日後に従四位下への昇叙がみられるが、その際に旧位階が従五位下ではなく、正五位下となっている例があり（池田照直・細川忠利）、さらに侍従任官時に正五位下である例もみられている（伊達忠宗）。

こうした点からみると、有力大名においては実際には初任は正五位下であり、侍従任官直後に従四位下に叙せられていたとみられる。そして元和期になると、有力大名については口宣案の日付は相違しているものの、実際には「四位侍従」への叙任として扱われている例がみられ（福島忠勝）、同九年（一六二三）の上杉定勝・蒲生忠郷・池田光政らの事例から、侍従・従四位下の同日叙任が明確化され、以降においてはこれが定式化されている。ただし、これらは有力大名の場合であり、高家などは従来通り従五位下とされている。

（9）以上は、文禄四年七月二十日付織田常真等二十八名連署起請文（「大阪城天守閣所蔵木下文書」『ねねと木下家文書』所収）による。
（10）「伏見普請役之帳」（「当代記巻二」『史籍雑纂　第二』所収）。
（11）（慶長三年）正月二十二日付羽柴秀吉朱印状写（『浅野家文書』二五五号）。
（12）「綿考輯録巻一二」（『綿考輯録　第二巻』一三七頁）。

(13)（慶長四年）正月九日付徳川家康等五名連署判物写（「旧記雑録後編」『鹿児島県史料　旧記雑録後編三』六四八号）。
(14)慶長四年十月十一日付口宣案写（「大阪城天守閣所蔵阿川毛利文書」）。
(15)註1下村論文。
(16)岩沢愿彦『前田利家』（吉川弘文館刊、一九六六年）。
(17)これらの経過については、藤田達生「豊臣政権と国分」（『歴史学研究』六四八号、一九九三年）に詳しい。
(18)この点、従来においては七月の関白任官が重視されていたが、註1下村論文は十月の参内を重視する見解を提示している。ただ、いずれにおいても、秀吉の畿内政権としての確立が、同時に全国政権としての成立でもあったととらえる点では共通しているといえるであろう。その際に問題となるのは、政権確立当初において、従属する戦国大名、さらに従属していない戦国大名を旧織田大名と同様に政権内に包摂するという志向の有無であり、武家官位制創出段階においては、そこまでは想定されていないととらえられる。
(19)もちろん、秀吉の関白任官がその武家政権としての確立を明示するものであることは間違いないが、従来は秀吉個人の任官のみが問題とされてきた感が強い。その場合には、旧国家体系における位置づけの問題として論じうるが、武家官位制の創出という視角からみるならば、それは政権内の秩序が旧国家身分秩序によって表現されたということであり、その政権内秩序とは何かが問題となろう。その際、旧国家秩序によって諸大名に対する統制を正当化ないし強化するという見解もあろうが、旧国家秩序に実際には強制力は存在していない以上、旧国家秩序の採用は、あくまでもある秩序を表現するための数ある手段の一つとして理解すべきであると考える。
(20)ちなみに、類似する状況として関東武家社会における身分秩序の問題があげられる。関東では古河公方を頂点とする身分秩序体系が存在し、それは書札礼の世界に明瞭に表現されている。そして戦国期後半におけるそれは、それ以前のものと内容的に大きく異なっており、最も顕著なのが北条氏の存在である。そこでは、北条氏が関東管領・足利氏御一家として公方に次ぐ地位を占め、次いでその一門が「大名」層と同列に位置している。さらに、従来において身分の低かった国衆が「大名」「国人」に位置しているが、いずれも北条氏が彼らを一門・重臣に準じていることに対応するものとなっている。

したがって、これらは北条氏との政治的関係の在り方に基づき、それが古河公方を頂点とする身分秩序体系に反映されたものであり、決して身分上昇が先にあるのではない。そして、そうした処置がとられたのは、彼ら国衆の政治的自立性に基づき、北条氏の「家中」に包摂されていなかったゆえに、その身分的表現として旧来の秩序体系が用いられたととらえられる。この点に関しては、不十分ではあるが北条氏にとっての古河公方の存在の意義について述べた、拙稿「古河公方・北条氏と国衆との政治的関係―足利義氏の森屋城移座を素材として―」(『野田市史研究』九号、一九九八年。のち拙著『戦国期東国の大名と国衆』岩田書院刊、二〇〇一年、に再録)を参照。

(21) 藤木久志『豊臣平和令と戦国社会』(東京大学出版会刊、一九八五年)参照。

(22) なお、公家成と羽柴氏御一家との一体性については、すでに前註藤木著書において、惣無事令における独自の大名編成原理として指摘があるが、豊後大友氏の事例が挙げられているにすぎない。そのためその対象が具体的に把握されておらず、漠然としていた感があるが、註1拙稿における公家成大名・羽柴名字呼称者の一体性の明確化によって、この藤木氏の指摘を具体化しうるものとなったといえる。

(23) なお、徳川家康の特別的な政治的地位について、従来は小牧・長久手合戦の問題など、家康の実力の高さから説明されることが多い。註1池論文も同様といえる。しかし、徳川氏の実力は、天正十三~十四年段階においてはそれほど評価しうるものとは思われない。むしろ、徳川氏の従属に際しての様々な事情、それが豊臣政権の展開において果たした役割、という視角からとらえるべきであると考える。

(24) なお、これらのうち宇喜多秀家・羽柴秀保・同秀俊・上杉景勝・毛利輝元・前田利家の参議以上の任官事例については(文禄四年)正月十二日付今出川晴季武家補任勘例(「上杉文書」『新潟県史　資料編3中世一』一〇二〇号)に詳細に記載されている。ちなみに同史料は註2下村論文では利用されていない。

(25) 阿部勝則「豊臣政権の権力構造」(『武田氏研究』一〇号、一九九三年)参照。

(26) 拙稿「戦国期外様国衆論」(拙著『戦国大名と外様国衆』所収、文献出版刊、一九九七年)参照。

第三章　小早川秀詮の発給文書について

はじめに

戦国期から近世へかけての大名権力の変質過程を解明するにあたって、いわゆる国持大名の領国支配の解明が最も重要な要素をなすと考えている。また、そこにおいてはその発給文書の分析が不可欠の作業であると考え、これまでに私は結城秀康・松平忠輝の発給文書について簡単ながらもその分析を試みた(1)。小早川秀詮も私が関心を寄せている国持大名の一人であり、本稿ではこの小早川秀詮の発給文書について分析を行うこととしたい。ところで、これまで秀詮については「小早川秀秋」の名が広く通用しているが、一般的に歴史上の人物に関しては最終的な実名をもって呼称するのが通例であることから、特別な場合を除いてこの秀詮についても原則的には「小早川秀詮」の呼称を用いるのが妥当であると考え、本稿においては秀詮の名を用いるものとする。

なお、秀詮については筑前・筑後領国支配については比較的研究が蓄積されているようであるが(2)、備前・美作領国支配については全くといっていいほど研究蓄積はみられないようであり、近刊の『岡山県史　近世Ⅰ』においても具体的な記述はほとんどみられない。秀詮の場合、検地帳や分限帳等の史料が残されていないため、その領国支配の解明は発給文書をもとにすすめていかざるをえないのであり、その意味でも、本稿は秀詮の両国支配の解明のための直接的な前提作業としての役割を担うものといえよう。

小早川秀詮の発給文書については、現在、管見の限りではあるが一四八点の存在を確認することができる。このうち何らかの形で活字化されているのは六九点であり、半数にも満たない状況である。発給文書の分析にあたっては、まずその総編年化作業が必要であるが、その際の重要な指標となるのが実名・官途・花押・印判の変遷であり、本稿ではまずこれらの諸点について整理し、次いで発給文書の内容について整理し、その特徴や残存傾向について検討することとしたい。なお、秀詮の発給文書の目録を表1として掲げておく。また、他大名との連署など秀詮の発給関連文書、秀詮の受給文書についてもそれぞれ表2、表3として掲げた。以下においてそれらに所載の文書を引用する場合は、その文書番号（№～）によることとする。但し、表1所載のものは単に№～で示し、表2・3所載のものについては、それぞれ表2・3を冠して示すものとする。

一、実名と官途

まず、秀詮の実名と官途の変遷について整理することとしたい。秀詮は、天正十年に木下家定の五男として生まれたという（但し、生年については諸説ある）。幼名を辰之助といい、同十二年に羽柴秀吉の養子となり、後に元服して実名「秀俊」を称し、左衛門督に任ぜられた。実名秀俊については、文禄三年四月の№１・２が初見史料であり、官途名左衛門督については天正十六年四月の表2№１・2が初見史料である。秀俊は、秀吉の養子であったことからも、既にこの時点で羽柴名字・豊臣姓を称していたことは間違いないであろう。同十七年十月に秀吉の養子秀勝の旧領丹波亀山を与えられた。同十九年十月一日に正四位下・参議に叙任され、さらに翌二十年（文禄元年）正月二十九日には従三位・権中納言に叙任された（「上杉文書」『新潟県史　資料編3』一〇二〇号）。以後、「（羽柴）丹波中納言」と称している（表2No.1・2、表3No.3）。

文禄三年十一月に羽柴（小早川）隆景の養嗣子となり、以後、「羽柴筑前中納言」と称した（表2No.3・4、表3No.4～10）。そして、翌四年九月に筑前に下向し、十二月に隆景の隠居によって家督を継承、筑前を中心に筑後・肥前の一部を合わせて約三三万石を領したといい、筑前名島城を居城とした。秀俊の実名は、慶長二年四月一日付のNo.29～31を終見とし、翌三年八月五日付のNo.35～42からは実名「秀秋」を称している。この間に秀俊から秀秋へ改名したことが確認される。ところで、No.32～34の三点は無年号文書であるが、秀秋の署名がみられ、筑前国内に宛てられたものであることから、その年次は慶長二年もしくは同四年のいずれかに絞られ、さらに内容からみて前者に比定されるものとみられる。従って、それらの文書が実名秀秋の初見史料となり、その改名は慶長二年四月から九月までの間になされたことが知られる。この間の六月十二日に養父隆景が死去していることから、秀俊から秀秋への改名は、この隆景死去を契機になされたものとみてよいであろう。

慶長三年五月に、秀秋は朝鮮在陣中における不首尾を問われて、越前北庄約一二万石に減知転封された。もっとも、同年七月一日付の表3No.10では依然として「筑前中納言」と称されているので、実際の北庄への入封はそれ以後のことと推測される。そして以後、「（羽柴）北庄中納言」と称した（No.43・44）。しかし、同年八月十八日に秀吉が死去し、その遺命として翌四年正月には筑前名島領へ再封され、正式には二月五日付で羽柴（徳川）家康等五名から知行充行状を与えられている（表3№11）。そして秀秋は再び「羽柴筑前中納言」と称することとなる（表2№4、表3№11〜14）。

慶長五年九月の関ヶ原合戦の結果、秀秋は家康から羽柴（宇喜多）秀家の旧領備前・美作二ヵ国を与えられ(3)、備前岡山城を居城とした。以後、「（羽柴）岡山中納言」と称した（№117・126）。実名秀秋の終見は、（慶長六年）閏十一月二十二日付の№110であり、翌七年二月十四日付の№116から実名「秀詮」を称している。すなわち同文書が実名秀詮に関する初見史料となり、慶長六年閏十一月から翌七年二月までの間に、秀秋から秀詮へと改名したことが知られる。そして以後、同年十月十八日に死去するまで秀詮の実名を用いた。従って、秀詮署名の無年号文書はすべて必然的に慶長七年に比定されることとなる。

以上、秀詮の実名と官途の変遷について概観してきたが、ここで中納言任官以降における秀詮の通称の変遷について整理しておくこととする。

羽柴丹波中納言秀俊（文禄元年正月〜同三年十一月）
羽柴筑前中納言秀俊（文禄三年十一月〜慶長二年四月）
羽柴筑前中納言秀秋（慶長二年九月〜同三年七月）
羽柴北庄中納言秀秋（慶長三年八月〜十二月）
羽柴筑前中納言秀秋（慶長四年正月〜同五年九月）
羽柴岡山中納言秀秋（慶長五年十一月〜同六年閏十一月）
羽柴岡山中納言秀詮（慶長七年二月〜同年十月）

二、花押と印判

次に秀詮の花押と印判の変遷について整理することとしたい。秀詮の花押形についてはおよそ六種の存在を確認することができ、以下、個々にその変遷の状況について検討することとしたい。

〔花押1〕

秀詮の花押が確認される初見史料である、文禄二年五月二十日付の羽柴（徳川）家康等二十名の大名による連署起請文（表2№1）の一点にのみみられる。この花押形は養父羽柴秀吉のそれに倣ったものとみられ、以後、花押4に至るまで秀詮の花押形の基本形をなすものといえる。

〔花押2〕

秀詮の初見発給文書である、文禄三年四月二日付の二点（№1・2）にみられる。花押1における右側外線と地線の湾曲した曲線がゆるやかな曲線となり、中央部内部の図案も複雑化され、全体的にも上下に圧縮されたものとなっている。

〔花押3〕

文禄三年八月二十一日付で伏見大光明寺再建のために諸大名が署判を加えた勧進書立（表2№2）と同四年七月二十日付の織田常真（信雄）等三十名の大名による連署起請文（同№3）にみられる。前者のものは、花押2における右側端の太い曲線部分より右側に地線が伸び、さらにその地線を貫く曲線が付け加えられ、また中央部内部の図案にも若干の変化がみられる。花押2から四ヵ月後のものであることから、微妙な変化といえる。後者のものは、それからさらに全体的に円形に近い丸みを帯び、中央部内部の図案も中央の縦線にギザギザ線を噛み合わせた単純化したものに変化している。全体的な雰囲気は花押1に近いものとなっている。

〔花押4〕

文禄四年十二月一日付のNo.3～27から慶長二年四月一日付のNo.28～31までのものにみられる。花押1～3が全体的に曲線によって構成され、それぞれが微妙な変化を遂げたものであったのに対し、この花押形は花押1以来の基本形に基づきつつも、縦の中央線を境に左側は斜めの外線、右側は三段のダンゴ形によって構成されたものとなっている。さらに、後者のものに移ると左側部分がより鋭角的になり、右側下段のダンゴ形も右側に大きく伸張し、全体的に富士山型となっている。花押3からこの花押4への変化は、この花押形が筑前領国支配の初見発給文書からみられることから、おそらく文禄四年九月の筑前入封を契機とするものと推測される。

〔花押5〕

慶長二年に比定される九月十九日付のNo.32から同四年十一月五日付のNo.73までのものにみられる。この花押形は花押1～4までのものとは基本形そのものを変化させたものであり、その初見であるNo.32は同時に実名秀秋の初見文書でもあることから、同年六月の養父羽柴〔小早川〕隆景の死去を契機とし、実名・花押形ともに改めたものと推測される。慶長二年九～十月のNo.32～34におけるものがこの花押形の最も初期のものといえ、同三年八月五日付のNo.35～42から、上部の逆三角形の右端から左下に伸びる曲線が太くなり、中央部内部の左側はほぼ塗り潰されたものへと変化し、さらに同四年に比定される九月十三日付のNo.70・71から[4]、その塗り潰し部分が曲線となり、左側外部の曲線が下方に伸張したものへと変化している。

〔花押6〕

慶長五年三月三日付の№.74から同七年に比定される十月十四日付で発給文書の終見にあたる№.148までのものにみられ、花押5から基本形そのものを変化させたものであり、この花押形がその死去まで使用されるものとなる。花押5の終見が前年十一月であり、その間に四ヵ月ほどの空白が存在することから、改判の契機については不明である。慶長五年に比定される七月五日付の№.76からは、(5) 右上から左斜め下に伸びる線が下側にいくにつれて太くなっていくものへと変化している。

次に秀詮の印判について検討することとしたい。秀詮の印判については五種の存在を確認することができ、以下、個々に検討することとしたい。

〔印判1〕

慶長五年八月十九日付の№.80〜82・84の四点にみられる。二重郭の円形で、印文は「秀穐（ひであき）」。いずれも黒印で、署名下に押捺されている。また同日付の№.78・79・83・85の四点の写文書についてもいずれも「黒印」等と記載されていることから、同じく印判1が押捺されていたものと推測され、この慶長五年八月十九日付の知行充行状はすべて印判1によって発給されたものととらえられる。また、その後にみえる（同年）九月十九日付の№.85におけ る「印」、同六年八月二十二日付の№.100における「黒印」も、この印判1である可能性が推測される。押捺文書はいずれも知行充行状・知行目録（No.85のみ感状）等の公的支配文書であり、押捺位置は署名下であることから、この印判は花押代用の公印としての性格のものであったと位置付けられる。

〔印判2〕

慶長七年四月二十日付のNo.117と同年九月三日付のNo.129を始めとする七点にみられる。二重郭の円形で、印文は未詳。いずれも黄印で、署名下に押捺されている。但し、No.117のみは花押の上に押捺され、重判の形式を取っている。この間の同年七月十七日付のNo.124・125の二点、No.129と同日付の写文書についても、同じく印判2が押捺されていたとみて間違いないであろう。それらの写文書では、No.125・130等のように「朱印」と注記されているが、これは注記上の誤りとみられ、実際には他と同じく黄印であったと想定される。ちなみにNo.141では「黒印」と注記されているが、これも注記上の誤りである可能性が高く、この印判2は黄印としての使用が原則であったとみられる。

なお、黄印が写文書では「朱印」と注記されていることを踏まえてみてみると、慶長六年十一月晦付のNo.107、同年閏十一月二十二日付のNo.109における「朱印」も同じく印判2であった可能性が想定され、印判2の使用は慶長六年十一月まで遡るものとみられる。また、押捺文書はいずれも知行充行状・知行目録（No.117のみ証文）であり、押捺位置も署名下であることから、その印判としての性格は印判1と同じく花押代用の公的なものと位置付けられ、印判1から明確に改印されたものであるととらえられる。その改印の時期については、印判1の終見と推測される慶長五年八月のNo.100から、印判2の初見と想定される同年十一月末までの間の、九月から十一月初めにおける写文書であるNo.102・104・105において印影まで書写されていないために確定できないが、ちょうどこの時期は筑前から備前・美作への転封の時期にあたっていることから、改印はこの転封を契機に行われた可能性が想定できようか。

〔その他〕

印判1・2が、主として公的な支配文書において署判部分に押捺されていたものであるのに対し、そうした署判以外の部分に押捺されている印判として三種の存在が確認される。いずれも使用例は一点のみであるために詳細は不明であるが、まず印判2が署名下に押捺されている慶長七年四月二十日付のNo.117において、印判2の右上部分に、署名の一部の「岡山中納言」の下に二重郭の黒印が押捺されている。この黒印は印判2と同一の印影であるが、規模が二回りほど小さいものである。この黒印の押捺に如何なる意味があるのかは不明であるが、同時に同一の印影で規模の異なる二種の印判を使用している例は、他にはみられないので、これは極めて興味深い事例といえよう。

また、同文書には借用金額部分に小型の二重郭長方形の黒印が押捺されている。その形式は羽柴秀吉後室高台院使用の黒印に類似していることから、その影響をうけてのものであろうか。この他にNo.106とNo.122とが貼り継がれている継目部分に二重郭円形の黒印が五ヵ所に押捺されている。両文書は写しであり、印影も明瞭ではないが、継目印としてのみ使用されたものであったとみられる。

以上、秀詮使用の五種の印判について検討してきたが、このうち印判1・2の二種が署判部分に押捺される主要な印判である。この二種の押捺にはいずれも署名を伴い、位置はいずれも署名下であり、印判のみの署判はみられない。また、押捺文書はいずれも公的な支配文書であり、書状等への押捺はみられない。当時、他の大名では印判の単独押捺や、書状への使用が一般的にみられることからみれば、あくまでも花押代用印であると同時に、公印であるという点に秀詮の印判使用における特徴をみることができよう。

三、内容分類とその特徴

ここでは、一四八点の秀詮の発給文書について、内容による分類を行い、全体的な特徴について述べることとしたい。一四八点のうち、書下系のいわゆる公的な支配文書は一二六点、書状が二二点みられる。さらに支配文書については、内容によって（1）家臣宛知行充行状・知行目録、（2）家臣宛蔵入目録、（3）寺社宛寄進状等、（4）その他の支配文書、に大別しうる。以下、個々に検討することとしたい。

（1）家臣宛知行充行状・知行目録

秀詮の発給文書のなかでは最も多く残存し、九四点がみられる。内訳は知行充行状が一六点、知行目録が七一点で、他に同心分の知行充行状が三点（No.28・29・31）、同心分の知行目録が四点（No.49・51・53・103）みられる。知行充行状と知行目録の書式の使い分けについては明瞭ではないが、両書式で同内容の文書が同時に同一人に与えられた例はみられないので[6]、いずれか片方が発給されたものととらえられる。また、同心分の知行充行状・知行目録というのは、宛名人に付属されたと推測される同心（No.28のみのぼり差、他はすべて鉄砲者）の扶助分としての知行地が寄親と推測される宛名人に与えられたものである。通常の知行充行状・知行目録では書止は「令扶助訖、全可領知者也」とあるが、この同心分の知行充行状では「令扶助訖、其方取沙汰可支配者也」と、知行目録では「右、〇〇人之者共ニ可令分配者也」とあって、宛名人に対しては知行権は認めていないが、支配（差配）権を付与したものとなっており、そのために宛名人に対して発給されているものととらえられる。すなわち、それらの知行地に対しては、宛名人は自身の知行地と同様に支配することが認められており、上納物のみそれらの同心に分配されたものと推測される。

これらの知行充行状・知行目録については、同日付で複数の発給が確認されるが、これはいうまでもなく家臣に対して一斉に知行割が行われたことを示すものであり、すなわち、A文禄三年四月二日（№1・2）、B同四年十二月一日（№3～27）、C慶長二年四月一日（№28～31）、D同三年八月五日（№35～42）、E同四年三月三日（№47～61）、F同五年八月十九日（№78～84）、G同五年十一月十一日（№86～95）、H同七年七月十七日（№124・125）、I同七年九月三日（№128～144）の九回である。このうちAは丹波領国期、B・Cは第一次筑前領国期、Dは北庄領国期、E・Fは第二次筑前領国期、G・H・Iは岡山領国期におけるものである。そして、第一次筑前領国期のうちBは文禄四年九～十月の筑前・筑後太閤検地の結果によるものであり、Cは四点のうち三点が同心分であることから、朝鮮出陣に伴う小規模のものととらえられる。Dは慶長三年六～七月の越前太閤検地の結果によるものである[8]。第二次筑前領国期のうちEは筑前再封によるものであり、Fは点数も少なく、№78・79の二点は替地充行であることからみて、部分的なものであったと推測される。岡山領国期については別に詳細に検討する予定であるので、簡単に結論的に述べておくが、Gは備前・美作入封によるものであり、Hは二点とも加増充行であることから部分的・小規模のものとみられ、Iは慶長七年七月の両国検地の結果によるものである。したがって、全領国規模で大規模に行われたものは、A・B・D・E・G・Iの六回であったとみられる。

この他、一点のみ残存しているものとして、№62・65・73・101～103・105～109の一一点があり、このうち№62・65・73の三点は第二次筑前領国期におけるものである。いずれもEとFの間の時期におけるものであるので、Eの後に補足的に部分的・個別的に実施されたものととらえられる。その他はいずれも岡山領国期の慶長六年後半におけるものである。前年と翌年に大規模な知行割が実施されていて、同年には実施されていないことからみると、それらの知行充行は個別的ではあるものの、時期的には近接していることもあり、ある程度一連的なものとしてとらえることができるであろう。ちなみに、それらのうち№102・107～109の四点は加増、№103は同心分の充行であり、№101・105・106の三点のみ通常の知行目録である。

また、それらの知行充行状・知行目録の書式について整理することとしたい。料紙の形態は、いうまでもなく知行充行状が折紙、知行目録が竪紙である。九回の一斉的な知行割のうち、A・Cは前者のみ、D・G・H・Iは後者のみで、B・E・Fは後者の数量が圧倒的に多いが両者混在している。一点のみ残存しているもののうちでは、№62のみ知行充行状で、他はすべて知行目録である。それらの署判形式についてみてみると、慶長四年十一月の№73までが「署名＋花押」、F以降においては基本的には「署名＋印判」となり、Gと№101・106のみ「署名＋花押」である。すなわち、F以降において「署名＋印判」という署判形式がみられ、慶長六年以降はそれに一元化されたことが知られる。なお、Bにおいては秀詮の署判とは別に、竪紙の知行目録では石高の合計部分に、折紙の知行充行状では袖に羽柴秀吉の朱印が押捺されて「複合文書」となっているが、これについては中野等氏によって、その知行充行が秀吉の意向に基づくものであり、秀詮と給人間の関係を秀吉を頂点とするそれへ包摂するためのものであったことが指摘されている。(9)

（2）家臣宛蔵入目録

№5・8・20・42・47・48・74・97・100・104の一〇点がみられる。蔵入目録というのは、秀詮の蔵入分を宛名人に預け、その年貢納入を命じたものである。形式・書式ともに家臣宛知行目録に倣い（№42のみ形態は竪冊）、個々の石高・蔵入地が列記された後に合計高が明記され、「右、令執沙汰可運上候也」「右、致取納可令運上者也」等と結ばれている。そして№5・8・20は（1）Bと同日付、№42は（1）Dと同日付、№47・48は（1）Eと同日付であることから、これら蔵入目録はほぼ家臣宛知行充行状・知行目録と同時に発給されるものであったことが知られ、すなわち、蔵入分の設定が家臣に対する知行割と同時に行われたことが知られる。

（3）寺社宛寄進状等

№43・44・66〜69・72・98・99・116の一〇点がみられる。№43・44は北庄領国期におけるもので、越前国外の寺社に宛てたものであり、内容的には前者は国内の寺領分の寄進状、後者は諸末寺に対する諸役免許状である。№66〜69・72は第二次筑前領国期におけるもので、№66・67・72は寄進状、№68・69は寺領充行状である。№98・99・116は岡山領国期におけるもので、№98・99は寄進状、№116は加増分の寺領充行状である。これらはいずれも家臣に対する知行割の後に発給されていることから、寺社領の設定は、家臣の所領・蔵入分の設定の後に行われたことが知られる。これらの書式についてみてみると、領国外の寺社に宛てた№43・44は「北庄中納言秀秋」と丁寧に署名しているが、他はすべて実名の署名のみであり、すべて花押を据え、印判を用いたものはみられない。また、寺領については充行状、社領については寄進状として明確な区別がみられる。これらは寺社の所領を規定したものであり、いうまでもなく家臣に対する知行割と同様の性格のものとして扱うことができよう。

（4）その他の支配文書

以上に分類されないものとして一二点がみられる。以下、その内容について簡単に触れることとしたい。No.45・46は筑前再封に際して、それぞれ筑前国志摩郡・早良郡に宛てて発給された定書、竪紙。No.61は（1）Eと同日付であるが、家臣国府弥右衛門尉に対して筑前国内の諸浜塩の収取を申付けたもの。No.63は筑前博多の有力商人神屋宗丹に対して博多「津内之儀」を以前のように安堵したもの、折紙。No.77は関ヶ原合戦に際して京都東寺境内に宛てた禁制、竪紙。No.85は家臣林丹波守に宛てた関ヶ原合戦における書状形式の感状。No.112は家臣管修理に宛てた松野主馬允衆の軍役人数を書き立てた書状形式の覚書、折紙。No.117は羽柴秀吉後室高台院に対する金子借用状、竪紙。No.120～122はいずれも軍役関係のもので、No.120は家臣毛利出羽守に宛てた、その与衆の書立、竪冊。No.121は同人に宛てたその与衆統制のための法度、竪紙、二枚継。No.122は家臣原田権佐に宛てた、同人を頭とする御長柄衆の人数等の書立。No.146は家臣林丹波守に宛てた銀子請取状である。

（1）～（3）のいわゆる知行関係以外のものは、このように非常に限定されているといえよう。しかし、内容的には例えばNo.120～122のような軍役関係のものは多くの有力家臣に対しては発給されたものとみられるので、これらは（1）のものに比して非常に残存率が悪い結果ととらえられる。しかし、その他の一般的な領国支配関係については内容的にも少ないことからみて、秀詮の発給する領国支配関係文書は内容的にはかなり限定されたものとなっているといえよう。

おわりに

以上、本稿では小早川秀詮の発給文書について若干の検討を行った。具体的には発給文書の総編年化作業をすすめる必要から、実名、官途、花押、印判といった基礎的事項について整理を行ったうえで、その支配文書について、内容ごとに整理・検討し、およその特徴について指摘してきた。いうまでもなく、これらは秀詮の領国支配、政治的動向を解明するための前提的な作業であり、またここにおける検討そのものについても表面的な素描に止まるものも少なくない。今後、さらに発給文書の蒐集・確認に努め、家臣発給文書の検討を含めて、その領国支配について詳細に検討をすすめていくこととしたい。

註

（1）拙稿「結城秀康文書の基礎的研究」（『駒沢史学』四八号、一九九五年）・「松平忠輝文書の基礎的研究」（駒沢大学『史学論集』二五号、一九九五年）。いずれも本書に収録。

（2）最近のものとして、中野等「文禄期豊臣政権の地域支配—筑前名島小早川領文禄四年検地の検討—」（『史学雑誌』一〇二編七号、一九九三年）・同「小早川秀俊の家臣団について」（『戦国史研究』二七号、一九九四年）・本多博之「豊臣期筑前国における支配構造の展開」（『九州史学』一〇八号、一九九三年）等が挙げられよう。なお、以下に述べる秀詮の事蹟については両氏の論文の成果から多くを学んでいる。

（3）なお、その知行高については、約四九万石、約五一万石等と諸説あるが、『当代記』巻二にみえる備前・美作両国の石高の合計は約四〇万八千石である。この点、秀詮死去直後の慶長七年十月二十二日付で秀詮の家老衆が徳川家康の側近に宛てた知行高目録には四〇万四千石とあることから（「藩中古文書十二」）、秀詮の両国における知行高は四〇万四千石であったことを確認することができる。慶長期の大名の知行高については、後世の編纂物における記載は正確ではない場合が多いが、この秀詮の場合においても例外ではなかったことが知られる。

（4）なお、両文書は無年号であるが、署名が秀秋で花押形が花押5であり、内容が筑前関係のものであることから慶長二年もしくは同四年のものであり、さらに内容が筑前入国に関するものであることから、その年次は慶長四年に比定されることとなる。

（5）なお、花押6の無年号文書のうち、署名が秀詮とあるものは前節において触れたようにすべて慶長七年に比定される。署名が秀秋とあるもののうち、No.75・76の二点は筑前時代のものであることから慶長五年に、No.96は岡山時代のものであることから同六年にそれぞれ比定される。No.111〜115の五点については明確に年次を比定することができないが、No.111〜113は慶長四年もしくは同五年、No.114・115は慶長四年〜同六年までの間のものである。ちなみに秀詮の発給文書のうち、その年次を比定できないものがこの五点である。

（6）なお、No.13・14は同日付で同一人に対して知行充行状と知行目録が発給されている唯一の例であるが、充行地がNo.13では「筑後国生葉郡隈上村千四百石」とあるのに対し、No.14では「筑後生葉郡隈上村内参百四拾六石」他で計四百五十石とあり、内容が相違している。両文書の関係については前者が写文書であるため明確にはしえないが、あるいは前者には誤写が存在する可能性も考えられる。

（7）註2中野第一論文参照。

（8）藤井譲治「豊臣期における越前・若狭の領主」（『福井県史研究』一二号、一九九四年）参照。

（9）註2中野第一論文。なお、中野氏はBにおける知行充行状と知行目録の書式の使い分けについて、およそ知行高四百石を境としてそれより上が後者、それより下が前者と推定しているが、管見の限りそうした原則を看取することはできない。

（付記）後掲の文書目録は、旧稿におけるものを改訂した、拙稿「小早川秀詮の備前・美作支配」（拙著『戦国期領域権力と地域社会〈中世史研究叢書15〉』（岩田書院刊、二〇〇九年）所収のものを掲げた。

印判 1

花押 4

花押 1

印判 2

花押 5

花押 2

花押 6

花押 3

表1　小早川秀詮発給文書目録

No.	年月日	署判	宛所	形	内容	出典（刊本）
1	文禄3・4・2	秀俊（花押2）	村田平左衛門尉とのへ	×	知行充行状	『思文閣古書資料目録』145
2	3・4・2	秀俊（花押2）	太田九左衛門尉とのへ		知行充行状写	新編会津風土記4（刊本1―53頁）
3	4・12・1	（花押）・「太閤秀吉公御朱印」			知行目録写	麻生文書（『久留米市史7』615頁）
4	4・12・1	秀俊判・「秀吉公御朱印」	村上三郎兵衛尉とのへ		知行目録写	萩藩閥閲録23（刊本1―599頁）
5	4・12・1	秀俊判・「秀吉公御朱印」	村上三郎兵衛尉とのへ		蔵入目録写	萩藩閥閲録23（刊本1―599頁）
6	4・12・1	秀俊（花押4）・（羽柴秀吉朱印）	清水五郎左衛門尉殿	○	知行目録	清水文書（『山口県史史料編中世2』186頁）
7	4・12・1	秀俊判・「朱印同前」	村上助右衛門尉殿		知行目録写	藩中古文書8
8	4・12・1	秀俊（花押4）・（羽柴秀吉朱印）	村上助右衛門尉殿		蔵入目録写	藩中古文書8
9	4・12・1	秀俊（花押4）・（羽柴秀吉朱印）	星野九左衛門尉とのへ	○	知行目録	星野文書（『福岡県史近世史料編柳川藩初期（上）』959号）
10	4・12・1	秀俊（花押4）・（羽柴秀吉朱印）	草刈太郎左衛門尉殿	○	知行目録	草刈文書（『萩藩閥閲録』1―814頁）
11	4・12・1	秀俊（花押4）・（羽柴秀吉朱印）	杉助右衛門尉とのへ		知行目録写	小幡文書（『山口県史史料編中世3』958頁）
12	4・12・1	秀俊（花押4）・（羽柴秀吉朱印）	問注所小兵衛尉殿	○	知行目録	問注所文書（『福岡県史近世史料編柳川藩初期（上）』1007号）
13	4・12・1	秀俊判・「秀吉公御朱印」	中島治右衛門尉殿		知行充行状写	古文書5
14	4・12・1	秀俊（花押4）・（羽柴秀吉朱印）	中島治右衛門尉殿	○	知行目録	吉井良尚氏所蔵文書
15	4・12・1	秀俊	深野平右衛門とのへ		知行目録写	萩藩閥閲録164（刊本4―362頁）
16	4・12・1	秀俊（花押4）・（羽柴秀吉朱印）	長崎弥左衛門尉殿	○	知行目録	長崎文書
17	4・12・1	秀俊	小田村彦四郎とのへ		知行充行状写	小城藩士佐嘉差出古文書写（『佐賀県史料集成古文書編26』90頁）
18	4・12・1	秀俊判・「秀吉公御朱印」	国司土佐守とのへ		知行目録写	萩藩閥閲録55（刊本2―378頁）
19	4・12・1	秀俊（花押4）	堀田初左衛門尉とのへ	○	知行目録	保井芳太郎氏所蔵文書（『大和古文書聚英』321）

20	4・12・1	秀俊（花押4）・（羽柴秀吉朱印）	堀田初左衛門尉とのへ	○	蔵入目録	保井芳太郎氏所蔵文書（『大和古文書聚英』322）
21	4・12・1	秀俊ノ判・「秀吉公御朱印」	林三郎右衛門尉とのへ		知行充行状写	萩藩閥閲録66（刊本2―557頁）
22	4・12・1	秀俊（花押4）・（羽柴秀吉朱印）	清水与右衛門尉殿	○	知行目録	清水文書（『山口県史史料編中世2』186頁）
23	4・12・1	秀俊御書判	樋口越前守との		知行充行状写	筑後歴世古文書中
24	4・12・1	秀俊（花押4）・（羽柴秀吉朱印）	金子平三郎とのへ		知行充行状写	大倉氏採集文書乾
25	4・12・1	秀俊（花押4）	神屋宗湛		知行充行状写	筑後歴世古文書中（『筑前国続風土記附録上』123頁）
26	4・12・1	秀俊（花押4）	小金丸式部丞殿		知行充行状写	児玉氏採集文書4（『筑前町村書上帳』213頁）
27	4・12・1	秀俊（花押4）・「秀吉公朱印」	大丸藤右衛門とのへ		知行充行状写	筑後歴世古文書中（『史学雑誌』102編7号66頁）
28	慶長2・4・1	秀俊判	伊木又左衛門とのへ		知行充行状写	藩中古文書12
29	2・4・1	秀俊ノ判	林三郎右衛門とのへ		知行充行状写	萩藩閥閲録66（刊本2―557頁）
30	2・4・1	秀俊（花押4）	原田真右衛門尉殿		知行充行状写	土佐国蠹簡集残編5
31	2・4・1	秀俊（花押4）	原田真右衛門尉殿		知行充行状写	土佐国蠹簡集残編5
32	（2カ）9・19	秀秋（花押5）	天満宮別当大鳥居とのへ	×	書状	太宰府天満宮所蔵西高辻文書（『大宰府・太宰府天満宮・博多史料続中世編（八）』1495頁）
33	（2カ）10・10	秀秋（花押5）	宗湛	×	書状	神屋文書
34	（2カ）10・10	中納言秀秋（花押5）	聖福寺	×	書状	聖福寺文書（『大宰府・太宰府天満宮・博多史料続中世編（八）』1494頁）
35	3・8・5	秀秋（花押5）	松野主馬正とのへ	○	知行目録	松野文書（『福井県史資料編2』891頁）
36	3・8・5	秀秋（花押5）	菅仁三郎とのへ	○	知行目録	大阪城天守閣所蔵文書（『福井県史資料編2』497頁）
37	3・8・5	秀秋（花押5）	佐々孫十郎とのへ	○	知行目録	綿向神社文書（『福井県史資料編2』604頁）
38	3・8・5	秀秋（花押5）	長崎伊豆とのへ	○	知行目録	長崎文書
39	3・8・5	秀秋判	国司土佐守とのへ		知行目録写	萩藩閥閲録55（刊本2―378頁）
40	3・8・5	秀秋（花押5）	龍野孫兵衛尉とのへ		知行目録写	黄薇古簡集5（刊本130頁）

41	3・8・5	秀秋（花押5）	原田四郎左衛門尉とのへ		知行目録写	土佐国蠹簡集残編5
42	3・8・5	秀秋（花押5）	代官青山修理とのへ	○	蔵入目録	名古屋市博物館所蔵文書
43	3・9・―	北庄中納言秀秋（花押5）	成就寺	○	判物	成就院文書（『福井県史資料編2』190頁）
44	3・9・―	北庄中納言秀秋（花押5）	高田専修寺堯真僧正御房	○	判物	専修寺文書（『福井県史資料編2』568頁）
45	（4）1・15	秀秋（花押5）	筑前国志摩郡	○	定書	朱雀文書（『福岡県史資料10』289頁）
46	（4）1・15	秀秋（花押5）	筑前国早良郡	○	定書	桧垣文庫文書
47	4・3・3	秀秋（花押5）	松野主馬とのへ	○	蔵入目録	松野文書（『宗像市史史料編3』18頁）
48	4・3・3	秀秋（花押5）	松野主馬正とのへ	○	蔵入目録	松野文書
49	4・3・3	秀秋（花押5）	松野主馬とのへ	○	知行目録	松野文書
50	4・3・3	秀秋御判	日野左近とのへ		知行目録写	萩藩閥閲録29（刊本1―703頁）
51	4・3・3	秀秋（花押5）	長崎伊豆とのへ	○	知行目録	長崎文書
52	4・3・3	秀秋判	伊岐又左衛門尉とのへ		知行目録写	藩中古文書12
53	4・3・3	秀秋判	伊木又左衛門尉とのへ		知行目録写	藩中古文書12
54	4・3・3	秀秋（花押5）	原田四郎左衛門とのへ		知行目録写	土佐国蠹簡集残編5
55	4・3・3	秀秋（花押5）	龍野孫兵衛とのへ		知行充行状写	黄薇古簡集5（刊本130頁）
56	4・3・3	秀秋（花押5）	荻野孫四郎とのへ	○	知行目録	荻野文書
57	4・3・3	秀秋（花押）	青又兵衛とのへ		知行目録写	藤田襍集
58	4・3・3	秀秋（花押5）	唯生文右衛門とのへ	○	知行目録写	楓軒文書纂66
59	4・3・3	秀秋（花押5）	川口源七とのへ		知行充行状写	黄薇古簡集4（刊本105頁）
60	4・3・3	秀秋（花押5）	清水与右衛門とのへ	○	知行目録	清水文書（『山口県史史料編中世2』186頁）
61	4・3・3	秀秋（花押5）	国府弥右衛門尉とのへ		判物写	因幡志37
62	4・3・晦	秀秋判			知行充行状写	藩中古文書12

63	4・③・9	秀秋（花押5）	博多宗丹	×	判物	神屋文書（『福岡県史資料5』184頁）
64	（4）③・17	秀秋（花押5）	（杉原下野守とのへ・西郡久左衛門とのへ・佐野下総守とのへ）	×	書状	神屋文書（『九州史学』108号23頁）
65	4・4・18	［　］（花押5）	岡田清介とのへ		知行目録写	黄薇古簡集2（刊本83頁）
66	4・6・27	秀秋（花押5）	大鳥居殿	○	社領寄進状	太宰府天満宮所蔵大鳥居文書（『福岡県史資料7』227頁）
67	4・6・27	秀秋（花押5）		○	社領寄進状	志賀海神社文書
68	4・7・7	秀秋（花押5）	聖福寺	△	寺領充行状	聖福寺文書（『筑前国続風土記附録上』104頁）
69	4・7・7	秀秋（花押5）	承天寺	△	寺領充行状	承天寺文書（『筑前国続風土記附録上』160頁）
70	（4）9・13	筑中秀秋（花押5）	滝川豊前守殿	×	書状	滝川文書（『名古屋大学文学部研究論集史学23』11頁）
71	（4）9・13	筑中秀秋（花押5）	溝江大炊殿	×	書状	お茶の水図書館所蔵溝江文書
72	4・9・18	秀秋（花押5）	箱崎座主坊	×	社領寄進状	筥崎宮文書（『福岡県史資料8』186頁）
73	4・11・5	秀秋（花押5）	松野主馬とのへ	○	知行目録	松野文書
74	5・3・3	秀秋（花押6）	松野主馬正とのへ	○	蔵入目録	松野文書
75	（5）4・9	秀秋（花押6）（筑前中納言）	（新門主様御返報）	○	書状	大阪城天守閣所蔵文書
76	（5）7・5	筑中秀秋（花押6）		○	書状	尊経閣文庫所蔵文書（『武家手鑑釈文』213頁）
77	5・7・26	秀秋（花押6）	東寺境内	○	禁制	東寺文書
78	5・8・19	秀秋黒印	伊岐又左衛門尉とのへ		知行目録写	藩中古文書12
79	5・8・19	秀秋御印形	日野左近とのへ		知行目録写	萩藩閥閲録29（刊本1―703頁）
80	5・8・19	秀秋（黒印1）	本部新左衛門尉とのへ	○	知行目録	小沢登美造氏所蔵文書（『新編会津風土記1』53頁）
81	5・8・19	秀秋（黒印1）	安藤九左衛門尉殿	×	知行充行状	「古文書纂31」所収山本骨董店所蔵文書
82	5・8・19	秀秋（黒印1）		×	知行充行状	反町文書（『史学』32巻4号93頁）
83	5・8・19	秀秋判	中野新太郎とのへ		知行目録写	中野平内家譜

84	5・8・19	秀秋（黒印1）	吉岡喜右衛門殿	○	知行目録	吉積文書
85	（5）9・19	秀秋印	林丹波守とのへ		感状写	古文書1
86	5・11・11	秀秋（花押6）	木下信濃守殿	○	知行目録	岡山県立博物館所蔵文書（『岡山県史家わけ史料』65頁）
87	5・11・11	秀秋御判	日野左近とのへ		知行目録写	萩藩閥閲録29（刊本1―703頁）
88	5・11・11	秀秋（花押6）	佐野下総守とのへ	○	知行目録	尊経閣文庫所蔵文書
89	5・11・11	秀秋（花押6）	松野大膳とのへ	○	知行目録写	多田文書
90	5・11・11	秀秋判	伊岐遠江守とのへ		知行目録写	藩中古文書12
91	5・11・11	秀秋（花押6）	岡田九右衛門尉とのへ		知行目録写	黄薇古簡集2（刊本83頁）
92	5・11・11	秀秋（花押6）	原田四郎右衛門尉とのへ		知行目録写	土佐国蠹簡集残編5
93	5・11・11	秀秋（花押6）	本部新左衛門尉とのへ	○	知行目録写	新編会津風土記4（刊本1―53頁）
94	5・11・11	秀秋書判	伊藤左源太とのへ		知行目録写	伊藤八衛家譜
95	5・11・11	秀秋判	中野新太郎とのへ		知行目録写	中野平内家譜
96	（6）2・17	岡中秀秋（花押6）	伊木清兵衛殿	×	書状	岡山大学所蔵伊木文書（『岡山県古文書集4』349頁）
97	6・5・7	秀秋	伊木遠江守とのへ		蔵入目録写	藩中古文書12
98	6・6・5	秀秋（花押6）	備前国一品宮社務大守殿	○	社領寄進状	吉備津彦神社文書（『吉備津彦神社史料文書篇』45頁）
99	6・6・5	秀秋（花押6）	酒折大明神神主	○	社領寄進状	大守文書（『吉備津彦神社史料文書篇』45頁）
100	6・8・22	秀秋黒印	伊岐遠江とのへ		蔵入目録写	藩中古文書12
101	6・9・1	秀詮〔秋〕（花押6）	徳平喜平次とのへ	○	知行目録写	狛文書
102	6・9・26	秀秋印	林丹波守とのへ		知行目録写	古文書1
103	6・10・2	秀秋判	林丹波守とのへ		知行目録写	古文書1
104	6・10・3	秀秋印	林丹波守とのへ		蔵入目録写	古文書1
105	6・11・1	秀秋印	林丹波守とのへ		知行目録写	古文書1

106	6・11・11	秀秋判（花押6）	原田権佐とのへ		知行目録写	藩中古文書10
107	6・11・晦	秀秋朱印	伊岐遠江守とのへ		知行目録写	藩中古文書12
108	6・⑪・2	秀秋印	林丹波守とのへ		知行目録写	古文書1
109	6・⑪・21	秀秋（朱印）	佐山外記とのへ		知行目録	中川文書（『東浅井郡志4』109頁）
110	（6）⑪・22	秀秋（花押6）	浅野弾正少弼殿御宿所	△	書状	木下文書
111	（年未詳）7・18	秀秋（花押6）		△	書状	高木文書
112	（　）9・3	秀秋（花押6）	（管修理殿）	×	覚書	菅文書（鳥取県博『資料調査報告書』7号14頁）
113	（　）10・1	秀秋（花押6）	博多宗湛	×	書状	神屋文書（『福岡県史資料5』184頁）
114	（　）12・3	秀秋（花押6）	博多宗湛	×	書状	神屋文書
115	（　）12・3	秀秋（花押6）	博多津中	×	書状	神屋文書
116	慶長7・2・14	秀詮（花押6）			寺領充行状写	黄薇古簡集8（刊本176頁）
117	7・4・20	岡山中納言秀詮（花押6）（黄印2）	御客人御披露	○	借用状	木下文書（『ねねと木下家文書』126頁）
118	（7）5・29	秀詮（花押6）	国府内蔵丞とのへ		書状写	因幡志37
119	（7）6・17	秀詮（花押6）	国府内蔵とのへ		書状写	因幡志37
120	7・6・23	秀詮（花押6）	毛利出羽とのへ	○	与帳	岡山県立博物館所蔵文書（『岡山県史家わけ史料』66頁）
121	（7）6・24	秀詮（花押6）	毛利出羽守とのへ	○	法度	松野尾章氏所蔵文書
122	（7）6・24	秀詮判	原田権佐とのへ		着到書出写	藩中古文書10
123	（7）7・14	秀詮判	原田権佐とのへ		書状写	藩中古文書10
124	7・7・17	秀詮印	林丹波守とのへ		知行目録写	古文書1
125	7・7・17	秀詮朱印	伊岐遠江守とのへ		知行目録写	藩中古文書12
126	（7）8・12	岡山中納言秀詮（花押6）	花房帯刀殿		書状写	黄薇古簡集11（刊本201頁）

127	(7)8・29	秀詮(花押6)	御きやくしん御ひろう	×	書状	木下文書(『ねねと木下家文書』124頁)
128	7・9・3	秀詮印	林丹波守とのへ		知行目録写	古文書1
129	7・9・3	秀詮(黄印2)	毛利出羽守とのへ	○	知行目録	松野尾章氏所蔵文書
130	7・9・3	秀詮朱印	伊岐遠江守とのへ		知行目録写	藩中古文書12
131	7・9・3	秀詮(黄印2)	下方覚兵衛とのへ		知行目録写	黄薇古簡集1(刊本55頁)
132	7・9・3	秀詮(印)	下石掃部とのへ		知行目録写	碩田叢史43
133	7・9・3	秀詮(黄印2)	志賀小左衛尉とのへ	○	知行目録	志賀文書(『熊本県史料中世篇2』634頁)
134	7・9・3	秀詮御朱印	島田権右衛門とのへ		知行目録写	雑録追加12
135	7・9・3	秀詮「印前ニ同シ」	栗生吉兵衛とのへ		知行目録写	黄薇古簡集1(刊本58頁)
136	7・9・3	御朱印	野間勘介とのへ		知行目録写	野間左橘家譜
137	7・9・3	秀詮「朱印前ニ同シ」	宮地平蔵とのへ		知行目録写	黄薇古簡集1(刊本56頁)
138	7・9・3	秀詮(黄印2)	岩田勝兵衛とのへ		知行目録写	黄薇古簡集4(刊本110頁)
139	7・9・3	秀詮(黄印2)	森本市右衛門尉とのへ	○	知行目録	荻野文書
140	7・9・3	秀詮(花押6)	川野又右衛門尉とのへ		知行目録写	黄薇古簡集4(刊本104頁)
141	7・9・3	秀詮(黒印2)	黒八右衛門とのへ		知行目録写	黄薇古簡集11(刊本221頁)
142	7・9・3	秀詮朱印	小島太兵衛とのへ		知行目録写	藩中古文書6
143	7・9・3	秀詮(印)	下石権左衛門とのへ		知行目録写	碩田叢史43
144	7・9・3	秀詮(黄印2)	徳平喜平太とのへ	○	知行目録	狛文書
145	(7)9・7	秀詮(花押6)	御きやくしん御ひろう	×	書状	木下文書(『ねねと木下家文書』125頁)
146	7・9・27	秀詮判	林丹波守とのへ		判物写	古文書1
147	(7)10・7	秀詮(花押6)	御きやくしん御ひろう	×	書状	木下文書(『ねねと木下家文書』125頁)
148	(7)10・14	秀詮(花押6)	宗湛	×	書状	神屋文書

補遺

1	20・11・17	秀俊（花押1）	栗田喜左衛門とのへ		知行充行状写	国会本紀伊国古文書15
2	文禄3・4・26	秀俊（花押2）		×	知行充行状	山本泉氏所蔵文書
3	4・12・1	秀俊（花押4）	栗田喜左衛門尉とのへ		蔵人目録写	国会本紀伊国古文書15
4	（慶長2）7・23	秀秋花押	藤堂新七郎とのへ		書状写	高山公実録5（刊本上巻97頁）
5	（2）9・29	筑前中納言秀秋（花押5）	（岩坊□）	×	書状	永藤一氏所蔵文書
6	（2）11・18	筑前中納言秀秋書判	天満宮大鳥居法印御返報		書状写	古書記録之控7（『大宰府・太宰府天満宮・博多史料続中世編8』1494頁）
7	3・4・1	筑中秀秋花押	長崎伝三郎とのへ	×	知行充行状写	東作誌（『新訂訳文作陽誌中巻』965頁）
8	4・3・3	秀秋（花押5）	赤塚作助とのへ	○	蔵人目録	本法寺文書（刊本127頁）
9	4・3・3	秀秋（花押5）	富松小藤太とのへ	○	知行目録	東京大学史料編纂所所蔵文書
10	5・8・19	秀秋（黒印1）	志方主殿とのへ		知行充行状	福岡市博物館所蔵文書（『宗像市史史料編3』18頁）
11	5・9・｜	秀秋（花押6）	柏原成菩提院		禁制	成菩提院文書（『山東町史史料編』55頁）
12	5・11・11	秀秋（花押6）	生駒次郎太郎とのへ	○	知行目録写	岡山県総合文化センター所蔵文書
13	7・1・14	岡山中納言秀詮（花押6）	村山民部大夫とのへ	×	檀那証文	神宮文庫所蔵文書

表2　小早川秀詮発給関連文書目録

No.	年月日	文書名	署判	形	出典（刊本）
1	文禄2・5・20	羽柴家康等二十名連署起請文	丹波中納言（花押1）	○	東京国立博物館所蔵文書
2	3・8・21	伏見豊光寺建立勧進書立	丹波中納言殿（花押3）	○	相国寺文書
3	4・7・20	織田常真等三十名連署起請文	羽柴筑前中納言（花押3）	○	大阪城天守閣所蔵木下文書（『ねねと木下家文書』153頁）
4	慶長4・5・11	羽柴秀秋等三十名連署請文案	筑前中納言	○	島津文書（『鹿児島県史料旧記雑録後編3』741）

表3　小早川秀詮受給文書目録

No.	年月日	文書名	宛所	形	出典（刊本）
1	天正16・4・15	織田信雄等六名連署起請文写	金吾殿		聚楽第行幸記（『群書類従3』612頁）
2	16・4・15	織田信兼等二三名連署起請文写	宛所同前		聚楽第行幸記（『群書類従3』612頁）
3	20・1・29	後陽成天皇口宣案	参議右近衛権中将豊臣朝臣秀俊（任権中納言）	○	久我文書（『久我家文書3』641頁）
4	20・3・20	羽柴秀吉知行目録	丹波中納言殿	○	田住孝氏所蔵文書（『豊臣秀吉展（図録別冊）』20頁）
5	20・10・2	羽柴秀吉朱印覚書	丹波中納言殿	○	大阪城天守閣所蔵文書（『秀吉と桃山文化』189頁）
6	（文禄4）4・22	羽柴秀吉朱印書状	（丹波中納言殿）	△	『思文閣古書資料目録』所収文書
7	（文禄4）9・16	羽柴秀吉朱印書状	筑前中納言とのへ	×	木倉豊信氏所蔵文書
8	4・12・1	羽柴秀吉知行目録	筑前中納言女中	○	教行寺文書
9	慶長2・2・21	羽柴秀吉朱印条書	羽柴筑前中納言とのへ	○	大阪城天守閣所蔵木下文書（『ねねと木下家文書』156頁）
10	（2）12・4	羽柴秀吉朱印書状	筑前中納言とのへ	×	田住孝氏所蔵文書（『豊臣秀吉展（図録別冊）』20頁）
11	（3）1・1	加藤清正・浅野長慶連署書状	筑前中納言様		浅野文書（『浅野家文書』112頁）
12	（3）1・17	羽柴秀吉朱印書状	（筑前中納言殿）	△	大阪城天守閣所蔵文書（『秀吉と桃山文化』189頁）
13	（3）7・1	羽柴秀吉朱印書状	（筑前中納言とのへ）	×	木下文書（『ねねと木下家文書』115頁）
14	4・2・5	羽柴家康等五名連署知行充行状案	羽柴筑前中納言殿		毛利文書（『毛利家文書3』371頁）
15	（5）8・28	浅野幸長・黒田長政連署書状	筑前中納言様人々御中		桑原羊次郎氏所蔵文書（『豊臣秀頼展（図録別冊）』7頁）
16	（5）9・24	徳川家康書状	筑前中納言殿	×	木下文書（『ねねと木下家文書』127頁）
17	（年未詳）3・21	徳川家康書状	（筑前中納言殿）	○	広島大学文学部所蔵猪熊文書
18	（年未詳）11・7	近衛信尹書状	岡山黄門	△	高木文書

（注）年月日欄における○は閏月を示す。署判欄・宛所欄における（　）はウハ書等における記載を示す。形＝形態欄における略号は以下の通り。○―竪紙・竪冊、△―切紙、×―折紙。なお、原本未確認のものについては刊本の記載通りとした。

第四章　池田輝政の発給文書について

はじめに

池田輝政は関ヶ原合戦後に最もその政治的地位を上昇させた国持大名といえ、最終的にその知行高は播磨・備前・淡路三国八六万石[1]、その官位は正四位下・参議にのぼり、さらに松平名字を授与されている。知行高は加賀・越中・能登三国一二〇万石の羽柴（前田）利長に次ぐ数値であり、官途では中納言の上杉景勝・毛利輝元・羽柴（前田）利長に次ぐものであり、同じく参議には羽柴（細川）忠興・丹羽長重・毛利秀元・徳川義利・徳川頼将がいる。これらのうち徳川氏一門を除くとすべて豊臣政権期に任官していたものであり、徳川政権期になってから参議に上った国持大名は、徳川氏一門を除けば輝政が最初であったのである。これは、輝政が徳川家康の娘婿であったという徳川氏との姻戚関係に大きくよっているといえるが、輝政が関ヶ原合戦後の初期徳川政権期において極めて有力な国持大名であったことは間違いない。したがって、初期徳川政権、慶長期の国持大名を検討していくうえで、この輝政の存在は欠かすことのできない検討材料の一つといえるであろう。

本稿は、輝政の領国支配や政治的地位を解明していくうえでの基礎的作業の一つとして、その発給文書について分析しようとするものである。輝政の発給文書については管見の限りで三七〇点の存在を確認することができ、それを目録化したものが後掲の表1である。このうち何らかの形で活字化されているのは一五八点にすぎず、半数にも満たない状況である。発給文書の分析にあたっては、まずその総編年化作業が必要であるが、その際の重要な指標となるのが実名・氏姓・官途・花押・印判の変遷であり、本稿ではまずこれらの諸点について整理し、次いで発給文書の内容について整理し、その特徴や残存傾向について検討することとしたい。なお、他大名との連署など輝政の発給関連文書、輝政の受給文書についてもそれぞれ表2・3として掲げておく。また、以下においてそれらに所載の文書を引用する場合は、その文書番号（No.～）によることとする。但し、表1所載のものは単にNo.～で示し、表2・3所載のものについてはそれぞれ表2・3を冠して示すものとする。

一、実名・氏姓・官途

まず、輝政の実名・氏姓・官途の変遷について整理することとしたい。輝政は永禄七年に池田恒興の次男として生まれたといい、幼名を古新といった（「岡山池田文書」『岡山県古文書集第四輯』三三五頁）。その後、正確な時期は不明であるが、元服して実名「照政」を称した。その初見史料は初見発給文書である天正十二年六月のNo.1であり、既に同年四月の長久手合戦における父恒興・嫡兄元助の戦死により、その家督と所領美濃岐阜約一〇万石を継承していた時期のものである。実名「照政」は慶長十二年閏四月九日まで確認され（No.281）、同年七月三日からは実名「輝政」が所見され（No.297）、以後、その死去まで輝政の実名が用いられている。すなわち、慶長十二年閏四月から七月までの間に実名を「照政」から「輝政」に改名していることが知られる。これは「照政」の「照」字を「輝」字に改めたものであるが、その契機や理由については不明である。

輝政の氏姓と官途について明確に確認することができる初見史料は、やはり初見発給文書である天正十二年六月のNo.1であり、そこでは「池田三左衛門尉照政」と署名しており、池田名字と「三左衛門尉」の官途名を称していることが確認される。なお、輝政は天正八年閏三月二日までは「池田幸新」(古新)として所見されているので(『信長公記』同日条)、元服後も幼名をそのまま仮名として用いていたことが知られ、また官途名「三左衛門尉」を称したのはそれ以後のことであることが知られる。そして、「池田三左衛門尉」としては同十三年三月二十二日まで所見される(表3No.3)。ちなみに官途名「三左衛門尉」については、輝政自身、晩年まで称しており(No.347・348等)、他者からもそう称されていることから(表3No.43・44等)、輝政はその死去まで官途名「三左衛門尉」を称していたことが知られる。これは以下にみる官途とはやや性格を異にしており、むしろ通称的なものとして用いられていたものであったととらえられる。

その後、輝政は天正十五年六月二十一日から「羽柴岐阜侍従」として所見される(表3No.4)。これはそれ以前に、輝政が従五位下・侍従に任官し、羽柴秀吉から羽柴名字を授与されたことを示している。その正確な時期については不明であるが、同年正月における秀吉の九州出陣の陣立書においては既に輝政は「羽柴岐阜侍従」としてみえていることから(『鹿児島県史料　旧記雑録後編二』二二三号)、それ以前にさかのぼるものとみられる。天正十三年十月の秀吉の参内に伴う羽柴氏一門・外様有力大名の公家成以後、断続的にそれらの公家成が実施されていたことから、輝政の侍従任官もその過程でなされたものであることは間違いない。また、それらの大名は侍従任官とともにほぼ例外なく羽柴名字・豊臣姓を授与されており、輝政の場合も侍従任官と同時に羽柴名字・豊臣姓を授与されたものととらえられる。(2)ちなみに輝政の豊臣姓に関する確実な史料としては、同十六年四月十五日付の後陽成天皇の聚楽亭行幸に際しての諸大名による連署起請文（表2No.1）があり、「岐阜侍従豊臣照政」と署名している。なお、その後においても記録類等においては輝政は池田名字で呼称される場合がみられるが、輝政自身は発給文書には池田名字は用いておらず、他者からの受給文書においても表3No.36を除いてすべて池田名字は用いられていない。従って、羽柴名字拝領後、輝政の正式な名字は羽柴氏であり、池田名字は通称的に呼称されたものととらえられる。(3)ちなみに輝政の羽柴名字に関する終見史料は慶長十六年十二月六日のNo.339である。

天正十八年七月、小田原合戦後における関東仕置によって羽柴（徳川）家康が関東に転封された後をうけて、輝政は三河吉田一五万二千石を与えられ、以後、「羽柴吉田侍従」と称した（表2No.2〜4、表3No.6〜10他）。その所領は東三河四郡（設楽・八名・宝飯・渥美）全域と西三河（額田郡）の一部、西遠江の一部から構成されていたとみられるが、(4)今後さらに詳細に検討していく必要があろう。そして慶長五年の関ヶ原合戦の結果、播磨五二万石を与えられ、同国姫路城を居城とした。ここに輝政は国持大名という政治的地位を獲得したのであり、その知行高は当時でも八番目に高いものであった。同八年二月六日に五男忠継（家康外孫）に備前二八万石を与えられた。輝政に対する実質的な加増であり、これによりあわせて八〇万石を領することとなり、その知行高は一躍、羽柴（前田）利長に次ぐものとなった。そして、同月十二日には徳川家康の将軍任官に伴って従四位下・右近衛権少将に叙任された（『家譜』他）。(5)官位的にも有力大名の仲間入りを遂げ、以後は「（羽柴）播磨少将」と称した（No.297、表2No.5、表3No.31〜34等）。ちなみに、関ヶ原合戦後における徳川氏一門以外の大名による少将以上の任官は、前年三月における羽柴（福島）正則に次いでのものであり、関ヶ原合戦、初期徳川政権における両者の政治的役割の高さを示すものといえよう。

慶長十五年二月三日に六男忠長（忠雄、家康外孫）に淡路六万石を与えられた。備前同様、輝政に対する実質的な加増であり、これによりあわせて八六万石を領することとなった。そして、同十七年八月二十三日に正四位下・参議に叙任され、あわせて松平名字を授与された（『家譜』『本光国師日記』同年十月七日条他）[6]。以後、「松平三左衛門尉」（No.347〜348）と称し、また「松平播磨宰相」と称された（『孝亮宿禰日次記』同年十月二十二日条他）。いうまでもなく、徳川政権期において徳川氏一門以外の大名で参議に任官されたのはこの輝政が最初である。また、松平名字については池田氏では既に輝直（利隆）・忠継・忠長（忠雄）ら輝政の子息がこれ以前に授与されており、輝政は子息よりも遅いということになる。そして松平名字拝領により、輝政はそれ以前の羽柴名字・豊臣姓を廃したことはいうまでもなく、その姓については、この後池田氏は源姓を称していることからみて、輝政も源姓を称することとなったとみられる。

二、花押と印判

次に輝政の花押と印判の変遷について整理することとしたい。輝政の花押形についてはおよそ九種、印判については一種の存在を確認することができる。以下、個々にその変遷の状況について検討することとしたい。

〔花押1〕

輝政の花押の確認される初見史料であり、その初見発給文書である天正十二年六月付のNo.1から、同年八月九日付のNo.5までの二点にみられる。右側の大きな円形は父恒興・兄元助の花押にも特徴的にみられた部分であり、その継承といえるであろう。

〔花押2〕

天正十三年七月付のNo.9から、伏見大光明寺再建のために諸大名が署判を加えた勧進書立である文禄三年八月二十一日付の表2No.2までみられる。花押1における左上の線と右下の線を大きく伸長させたものとなっている。花押1の終見が天正十二年八月であり、花押2の初見が翌年七月であることから、その間に改判されたことが知られる。

〔花押3〕

織田常真（信雄）等三十名の大名による連署起請文である文禄四年七月二十日付の表2No.3と同年八月二十六日付のNo.60の二点にみられる。花押2の終見が文禄三年八月であり、花押3の初見が翌年七月であることから、その間に改判されたことが知られる。この花押形は一見して羽柴（徳川）家康の花押形に倣ったものといえ、輝政は丁度その間の文禄三年十二月二十七日に家康の次女督姫（富子、のち播磨御前）を継室に迎えていることから（『言経卿記』等）、この婚姻を契機として、岳父家康のそれに倣った花押形に改判したものと想定される。

〔花押4〕

文禄五年（慶長元年）二月六日付のNo.63と慶長二年二月一日付のNo.64の二点にみられる。花押3からさらに全体的に改判したものといえる。花押3の終見であるNo.60と花押4の初見であるNo.63との間の七ヵ月ほどの間に改判されたことが知られる。その契機については不明であるが、花押3とともにこの花押4の使用時期は極めて短期間であったといえよう[7]。

〔花押5〕

（年未詳）九月二十二日付の№69の一点にみられる。この花押形は花押4からさらに全体的に改判したものであり、以降における花押6～9とは基本形を同じくするものである。所見史料の年次を特定することはできないが、花押6～9の変化の態様からみて、この花押形が最も初期のものであると推測される。この花押形も一見して岳父徳川家康の花押形に倣ったものとみられるが、花押3とは大きく異なっている。また宛名が山中長俊であることからも慶長五年の関ヶ原合戦以前のものであることは間違いないであろう。年次未詳のため、その使用期間については不明であるが、花押4と花押6の間、およそ慶長二年から同四年までの間におけるものとみられる。

〔花押6〕

慶長五年八月二十四日付の№72から、（同年）十二月十二日付の№130までみられる。花押5の右下に膨らみをもたせたものとなっている。

〔花押7〕

慶長五年十二月二十日付の№134から、同十三年十一月二十三日付の№303までみられる。花押6から地線と中央部横線を太くし、全体的にも縦に伸びたものとなっている。花押6から花押7への移行時期については、その判別は微妙といえるが、およそ慶長五年末を境としているととらえられる。関ヶ原合戦の結果による播磨入部を受けての改判と推測される。

〔花押8〕

慶長十四年と推定される十月七日付のNo.308から、（同十五年）閏二月二十二日付のNo.317までみられる。No.308は無年号文書であるが、花押形と月付から必然的に慶長十四年に比定されることとなる。花押7からさらに地線の左端部分が左上に跳ねたものとなっている。

〔花押9〕

（慶長十五年）五月十五日付のNo.319から、輝政の最終発給文書である同十七年十二月十八日付のNo.351までみられる。花押8からさらに、中央部から地線左側に伸びる線と地線の交差部分に左上に向けて跳ねが加わったものとなっている。

〔印判〕

慶長十六年五月二十二日付のNo.331と無年号九月十四日付のNo.344の二点にみられる。(8) 両文書に押捺されている印判は異なり、前者は単郭の楕円形印で印文は「吾長福」。日下に単独で押捺されている。後者は不鮮明であるが単郭の円形印で印文は未詳。署名の下に押捺されている。両文書ともに書状であることから、いずれも私的な花押代用印として使用されていたものとみられる。輝政の場合、現存の限りでは、公的な支配関係文書にはすべて花押を据えており、いわゆる印判状様式のものは全くみられない。(9) そのため、印判を使用していたとしても、史料の性格上、その残存は極めて確率の低いものとなっているといえよう。この点、他の大名に印判状様式の発給文書や、公的な支配関係文書に押捺される花押代用印の存在が広範にみられることをみると、興味深い相違といえるであろう。

三、内容分類とその特徴

ここでは三七〇点の輝政の発給文書について、内容による分類を行い、全体的な特徴について述べることとしたい。なお、この三七〇点というのは他者数名との連署状を含めたものであり、このうち輝政単独の発給は三三五点、他者との連署状は三五点である。また、三七〇点のうち、いわゆる公的な支配文書は三〇二点、書状は六八点がみられる。さらに支配文書については、内容によって（1）家臣宛知行充行状・知行目録、（2）寺社宛寄進状、（3）禁制、（4）その他の支配文書、に大別しうる。以下、個々に検討することとしたい。

（1）家臣宛知行充行状・知行目録

輝政の発給文書のなかでは最も多く残存し、二一九点がみられる。全体の約六割を占めている。このうち知行充行状は二〇六点、知行目録は一三点がみられる。この両様式がどのように使い分けされていたのかは明確ではないが、後者のほとんどは大身家臣宛にみられている。また、両様式のものが同日付で同一人に与えられた例として、唯一、№143・144の例がみられる。これは№143においては郡名のみ記載され、№144において郡内の各村名までが記載されたものとなっていることから、前者を補完するものとして後者が同時に発給されたものととらえられる。同日付のもので前者と同書式をとるものとしては他に№142・145の二点がみられるにすぎず、いずれも高知行であることから、そうした場合にのみ両様式のものが発給されたものととらえられ、通常はいずれかのものが発給されたものとみられる。

これらの知行充行状・知行目録については、同日付で複数の発給が確認されるが、これは言うまでもなく家臣に対して一斉的に知行割が行われたことを示すものであり、以下に列記することとしたい。

A天正十二年八月九日（No.3〜6）、四点
B天正十二年九月二十一・二十二日（No.7・8）、二点
C天正十三年九月二十五日（No.10〜11）、二点
D天正十七年十一月二十日（No.16〜28）、一三点
E天正十八年十月十八日（No.31〜47）、一七点
F文禄五年二月六日（No.62・63）、二点
G慶長四年十二月二十四日（No.66・67）、二点
H慶長五年十一月十一日（No.126〜128）、三点
I慶長六年十一月三日（No.142〜172・174〜226）、八四点
J慶長七年十月十八日（No.229〜233）、五点
K慶長八年十月六日（No.235〜253）、一九点
L慶長九年十月十八日（No.254〜271）、一八点
M慶長十年十一月五日（No.272〜277）、六点
N慶長十一年十一月二十六日（No.279・280）、二点
O慶長十二年十月二十八日（No.298〜302）、五点

P慶長十四年十一月二十六日（№309〜315）、七点
Q慶長十五年十一月二十三日（№321〜328）、八点
R慶長十六年九月十一日（№332〜335）、四点
S慶長十七年十二月十八日（№349〜355）、七点

以上のように十九例の存在を確認することができる。このうち、A〜Dは岐阜領国期、E〜Gが吉田領国期、H〜Sが播磨領国期におけるものである。この他、現在は一点のみ残存しているものとして九点があり、吉田領国期の天正十八年七月一日付の№30、同年十月二十八日付の№48（Eと一体か）、同十九年七月八日付の№51、文禄三年十二月十二日付の№59、年未詳三月十八日付の№68、同十二月二十一日付の№69、播磨領国期の慶長十三年十一月二十三日付の№303、年未詳二月三日付の№330[10]、年月日未詳の№370である。これらについても今後における史料蒐集によって複数の存在が確認される可能性は極めて高いといえるであろう。そしてこれらによって、輝政はおよそ慶長四年以降はほぼ毎年冬に知行割を行っていたことが知られる。

ところで、それらの残存数は各知行割によってかなり偏差が存在しているが、それはいうまでもなくそれら知行割の規模を反映したものととらえられる。すなわち、岐阜領国期のD、吉田領国期のE、播磨領国期のI・K・Lは、全家臣もしくは大部分の家臣に対して行われた全領国規模のものであることが窺われ、その他のものは新規召抱、加増、知行替などによる一部の家臣に対して行われた部分的なものであったことが窺われる。なお、こうした知行割の実施の背景や状況については、輝政の領国支配を解明するうえで重要な要素をなすものであるため、その詳細については後日の検討を期すこととしたい。ちなみに、これら知行充行状・知行目録の大半は「鳥取藩士家譜」に収められ

ているものであり、すなわちその大半は鳥取藩士系のものであり、岡山藩士系のものは極めて少数が伝来されているにすぎない。従って、これらをもととして輝政による家臣に対する知行割の全体像を解明することには大きな限界が存するのであり、この点を十分に踏まえるとともに、この点を補う分析方法を追求する必要があろう。

（2）寺社宛寄進状

一二点がみられ、時期別にみていくと、岐阜領国期が一点（№15）、吉田領国期が四点（№49・53・60・64）、播磨領国期が八点（№133〜135・137・138・173・329）である。これらのうち№53・173・329の三点はいずれも伊勢御師上部氏に宛てたものであり、いわば領国外の寺社に宛てたものといえる。この寺社領の寄進は、いうまでもなく寺社に対してその所領を確定するものであり、家臣に対する知行割とその意味では同様のものととらえられる。領国内寺社に宛てたもののうち、同日付で発給されているのは播磨領国期における№133〜135・137・138であり、両者は二日違いのものであることから一体的なものとして扱うことができよう。これらは輝政の播磨入封直後におけるものであり、輝政が播磨入封後に領国内寺社に対して一斉に寺社領を寄進したものととらえられ、以後において輝政による寄進状はみられないことから、播磨領国期において輝政が寺社に対して寺社領を寄進したのは、これ一回であったと推測される。現在、残存しているものはこの五点にすぎないが、おそらく他にも多く発給されたことは間違いない。また、吉田領国期のうち、№60は住持職相続に伴って発給されたものであることから個別的なものととらえられ、その他の岐阜領国期・吉田領国期における三点は、政策的に行われたものである可能性が高いが、残存数が極めて少数であるため、詳細は不明といわざるをえない。なお、料紙の形態は№64のみ竪紙で、他はすべて折紙である。

（3）禁制

三七点がみられ、このうちNo.9・278の二点が領国内の寺社に対して発給されたものであり、残りの三五点はいずれも関ヶ原合戦関係で領国外の寺社・在地に対して発給されたものである。領国内寺社宛のものについては残存数が少ないために、その発給の背景等については不明とせざるをえない。一方、関ヶ原合戦関係のものでは、No.71・74・75の三点が輝政単独の発給であり、その他のNo.72・73・90〜95・97〜109・111・112・115・116・118・119・122の二八点が羽柴（福島）正則との連署、No.110・113・114・120の四点が羽柴（福島）正則・浅野幸長との連署によるものである。これらの禁制は、合戦前の慶長五年八月下旬から合戦後の十月初めにわたってみられており、月日・在所・署判順・文言の相違を詳細に整理することによって、合戦前後の東軍軍政における彼らの政治的・軍事的役割やその動向が具体的に明らかになるものと思われる。この点については、羽柴（福島）正則・浅野幸長の禁制の整理とともに、後日の課題としておきたい。なお、それらの料紙の形態はNo.72が折紙である他は、すべて竪紙である。

（4）その他の支配文書

以上に分類されないものとして三四点がみられる。そのうちNo.76〜89・121の一五点は関ヶ原合戦前に美濃国の寺社・在所に宛てた判物であり、「当手」軍勢の乱妨狼藉の禁止を保証したものであり、内容的にはまさに禁制といえるものである。輝政は東軍搦手の総大将であったことから、「当手」とはこの搦手軍を指すものとみられる。先にみた輝政発給の禁制、羽柴（福島）正則との連署禁制と合わせて、相互の関連を検討する必要があろう。その他の一九点が領国内に発給されたものであり、時期別にみると岐阜領国期が五点（No.1・2・12〜14）、吉田領国期が四点（No.50・

52・55・61）、播磨領国期が一〇点（№124・125・129・136・139〜141・228・234・320）である。

岐阜領国期のものはその多くが前代以来の特権等を改めて安堵（諸役免除等）したものであり、時期や内容が統一されていないことから個別的に発給されたものとみられるが、いずれも岐阜領国の継承に伴い、「代替わり」政策の一環として発給されたものであると位置付けられよう。ちなみにいずれも天正十二〜十四年におけるものであることから、そうした政策が展開されたのがその時期であったことが知られる。吉田領国期のもののうち、家臣神戸平介宛の№55を除く他のものは、それらと同様の性格を持つものといえよう。№50は伝馬役賦課の規定、№52は寺領安堵と諸役免除、№61は渡船役賦課と屋敷給与・諸役免除という内容となっている。そして家臣宛知行充行状・知行目録、寺社宛寄進状の発給状況からみて、吉田領国期では天正十八・十九年にそうした政策が展開されたものとみられる。また、№55は「新蔵（照国＝利隆）不慮」（病気か）が異議なかったことについての神戸の尽力を賞し、知行の加増を約したものであり、いわば感状と知行充行の約諾状といえる。

播磨領国期のうち、入封直後の発給である№124・125・129を始め、№139・140・228は在所・市・町・寺に対して種々の事柄を規定した定書・掟書であり、また、№136・141は役勤仕に伴う諸役免除である。ちなみに№130・131は書状であるが、内容的には諸役免除であり、同様のものとして扱うことが可能であろう。これらは家臣宛知行充行状・知行目録、寺社宛寄進状の発給とともに慶長五年末から翌六年末にかけての時期に集中していることから、輝政による播磨入封に伴う「代替わり」政策の一環としてのものととらえられよう。また、№234は領国全域を対象として在所支配・百姓支配に関する種々の事柄を規定した定書、№320は淡路国宛の同種の掟書であり、前者は備前領有、後者は淡路領有に伴って発給されたものと推測される。いうまでもなく、これらはいわば輝政の統治方針を統一的に示したものといえ、こうした内容のものはそれ以前にはみられないことから、輝政の領国支配の展開を検討していくうえで極めて重要な要素をなすものととらえられるのであり、その詳細な内容検討については後日を期すこととしたい。

これら（1）～（3）以外の支配文書はその残存数は非常に限定されているが、しかし、岐阜領国期・吉田領国期におけるものが個別的に発給され、その内容も戦国期的な諸役関係のものが大半を占めていたのに対して、播磨領国期におけるものは領国全域を対象として広く全般的な内容のものが定書・掟書として発給されていることに大きな相違と変化を認めることができるであろう。この点については、さらに詳細に追求していく必要があるが、発給文書の内容変化の検討から領国支配の機構変化、質的転換を浮かびあがらせることができる可能性を示すものといえよう。

おわりに

以上、本稿では池田輝政の発給文書について若干の検討を行った。具体的には発給文書の総編年化作業をすすめる必要から、実名・氏姓・官途、花押・印判といった基礎的事項について整理を行ったうえで、その支配文書について、内容ごとに整理・検討し、およその特徴について指摘してきた。いうまでもなく、これらは輝政の領国支配、政治的動向を解明するための前提的な作業であり、また、ここにおける検討そのものについても表面的な素描に止まるものも少なくない。今後、さらに発給文書の蒐集・確認に努めるとともに、家臣発給文書の検討も含めて、その領国支配について詳細に検討をすすめていくこととしたい[11]。

註

（1）なお、備前・淡路両国はそれぞれ名目的には輝政の子忠継・忠長（忠雄）に与えられたものであるが、当時、両者は実際に領国支配を行ったわけではなく、それらはすべて輝政が管掌しており、他者からも輝政は三ヵ国の国主ととらえられている。従って、輝政については播磨・備前・淡路三国の国主ととらえる方が妥当である。

（2）下村效「豊臣氏官位制度の成立と発展―公家成・諸大夫成・豊臣授姓―」（『日本史研究』三七七号、一九九四年）参照。なお、天正十三年十月の侍従任官の大名のなかには輝政は含まれていなかったようであり、それから同十五年初めまでの間に侍従に任官した大名八名のうち、そのうち四名は同十四年正月に任官していることから、この輝政の侍従任官もそれらと同時のものであった可能性が高いとみられる。ちなみに、『池田家譜』（『姫路市史第十巻』所収、以下、『家譜』と略す）にみえる輝政の官位叙任に関する記載は、官位・期日ともに多くの誤りが認められ、ほとんど参考にならない。

（3）輝政の事例ではないが、福島正則が羽柴名字から福島名字に復した際に「前の名字ニ罷成候」と述べている（「島津文書」『鹿児島県史料　旧記雑録後編三』一九五一号。同書では慶長九年に比定されているが、元和元年が正しい）。従って、羽柴名字は名誉的な呼称ではなく、正式な名字であったのであり、本来の名字はあくまでも「前の」名字であったことが確認される。また、羽柴名字に対応する姓は豊臣姓であり、羽柴名字を称していたならば例外なくその姓は豊臣姓であると考えてよく、その意味では両者は一体的に機能していたといえるが、その逆の場合、すなわち豊臣姓を授与されたからといって必ずしも羽柴名字であるとは限らない。そして一般に豊臣姓で呼称される秀吉・秀頼らもその名字はあくまでも羽柴氏であり、彼らを武家としてとらえるならば、その名字を冠して、すなわち「羽柴秀吉」「羽柴秀頼」というように呼称する方が妥当であり、これによって、彼らによる羽柴名字・豊臣姓の授与が自らのそれと全く同一のものを授与していたということが明確に認識されるのである。この点は徳川氏による松平名字の授与とは、松平名字がその旧名字であり、その姓については規定しないものであることから、大きく相違するものであるといえる。なお、これらの点に関しては、別に検討することとしたい。

（4）『豊橋市史　第一巻』（豊橋市刊、一九七三年）第三章第五節。

（5）なお、この時輝政は正四位下・左近衛権少将に叙任されたとするものもみられるが、当時の大名の叙任状況から鑑みて、このように想定しておくのが妥当であろう。

（6）なお、この時の位階について正三位・従三位とする記載もみられるが、当時の大名の叙任状況から鑑みて、このように想定しておくのが妥当であろう。

（7）なお、この間の文禄四年十二月二十二日付のNo.61の花押形については確認できていないので、同文書の花押形を確認することにより、その花押の改判時期についてはさらに限定することが可能である。

（8）この他、No.144・357にも黒印が押捺されていることが知られるが、未確認のためここでは除外しておく。

（9）前註文書のうち、後者は本文で取り上げたものと同様に書状であるが、前者は知行目録に単独で押捺されており、いわゆる公的な支配文書に公印として押捺されたものであることが窺われる。これが事実であるならば、輝政も公印の使用、印判状の発給が認められることとなる。

（10）なお、本文書には慶長六年の年付がみられるが、内容からみて同年ではありえず、少なくとも輝政が備前支配を展開した同八年以降のものとみられる。

（11）なお、参考までに、付表として輝政の父恒興・兄元助、嫡子利隆、五男忠継の発給・受給文書目録を後掲しておく。それぞれについても本稿におけるような基礎的な分析を行う必要があろう。また、当初は六男忠雄についても発給・受給文書目録を作成する予定であったが、数量が多いため作成までに至らなかった。これについては他日の公表を期したい。

花押 1

花押 2

花押 3

花押 4

花押 5

花押 6

花押 7

花押 8

花押 9

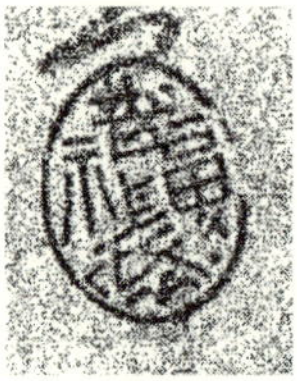
印判

表1　池田輝政発給文書目録

№.	年月日	署判	宛所	形	内容	出典（刊本）
1	天正12・6・―	池田三左衛門尉照政（花押1）	聖徳寺内中	○	判物	聖徳寺文書（大日史11―7―680頁）
2	12・7・―	三左衛門尉（花押1）	加納	○	掟書	円徳寺文書（岐1―15頁）
3	12・8・9	御名御判	神戸平助とのへ		知行充行状写	神戸光太郎家譜
4	12・8・9	御名御判	高木平作とのへ		知行充行状写	高木正次家譜
5	12・8・9	照政（花押1）	乾平右衛門殿	×	知行充行状	乾文書（『資料調査報告書』7号32頁）
6	12・8・9	照政御判	平尾喜左衛門殿		知行充行状写	平尾喜左衛門軍功書（大日史11―6―583頁）
7	12・9・21	御名御判	小原孫次郎殿		知行充行状写	大原直鑑家譜
8	12・9・22	御名御判	鷲見源十郎殿		知行充行状写	鷲見甚蔵家譜
9	13・7・―	三左衛門尉（花押2）	立政寺	○	禁制	立政寺文書（岐1―202頁）
10	13・9・25	照政（花押2）	乾平右衛門尉殿	×	知行充行状	乾文書（『資料調査報告書』7号32頁）
11	13・9・25	御名御判	賀藤十左衛門尉殿		知行充行状写	加藤治平家譜
12	14・2・―	照政（花押2）	崇福寺	×	判物	崇福寺文書（岐1―93頁）
13	14・2・―	照政（花押2）		×	判物	竜徳寺文書（岐1―456頁）
14	14・10・18	照政（花押2）	専福寺	×	判物	専福寺文書（岐1―89頁）
15	14・12・18	照政（花押2）	別当坊	×	寄進状	西部神社文書（岐1―1頁）
16	17・11・20	国清公御名判	田中真吉殿		知行目録写	黄薇古簡集5（刊本127頁）
17	17・11・20	御名御判	神戸平助とのへ		知行充行状写	神戸光太郎家譜
18	17・11・20	御名御判	高木平作とのへ		知行充行状写	高木正次家譜
19	17・11・20	御名御判	加藤十左衛門殿		知行充行状写	加藤治平家譜
20	17・11・20	照政（花押2）	乾平右衛門尉殿	×	知行充行状	乾文書（『資料調査報告書』7号32頁）

21	17・11・20	御名御判	臼井全左衛門とのへ		知行充行状写	臼井貞雄家譜
22	17・11・20	御名御判	小原孫次郎殿		知行充行状写	大原直鑑家譜
23	17・11・20	御名御判	鷲見源十郎殿		知行充行状写	鷲見甚蔵家譜
24	17・11・20	照政（花押2）	野崎七兵衛殿	×	知行充行状	『思文閣古書資料目録』121号
25	17・11・20	照政御判	平尾喜左衛門殿		知行充行状写	平尾喜左衛門軍功書
26	17・11・20	照政（花押2）	岡島五平次殿	×	知行充行状	岡島文書
27	17・11・20	御名御判	加野五助とのへ		知行充行状写	鹿野義智家譜
28	17・11・20	照政（花押2）	松原新八殿	×	知行充行状	岡山池田文書（岡古4―342頁）
29	（18）5・27	羽柴東郷侍従秀一判・羽柴岐阜侍従輝（照）政判・羽柴丹後少将――判	北条左京大夫殿御宿所		書状写	北微遺文6（『戦国遺文後北条氏編』四五四一）
30	（18）7・1	照政（花押2）	才庵	×	知行充行状	岡山池田文書（『豊橋市史』5―371頁）
31	18・10・18	照政御書判	やうとくゐんさま		知行充行状写	岡山池田文書（岡古4―343頁）
32	18・10・18	御名御判	神戸平介とのへ		知行充行状写	神戸光太郎家譜
33	18・10・18	照政（花押2）	加賀野次郎右衛門尉殿	×	知行充行状	香河文書（『資料調査報告書』17号22頁）
34	18・10・18	照政（花押2）	乾平右衛門尉殿	×	知行充行状	乾文書（『資料調査報告書』7号33頁）
35	18・10・18	御名御判	加藤十左衛門殿		知行充行状写	加藤治平家譜
36	18・10・18	御名御判	秋田国		知行充行状写	秋田実家譜
37	18・10・18	御名御判	臼井全右衛門とのへ		知行充行状写	臼井貞雄家譜
38	18・10・18	御名御判	小原孫次郎殿		知行充行状写	大原直鑑家譜
39	18・10・18	御名御判	加賀源介殿		知行充行状写	加賀兒彦家譜
40	18・10・18	御名御判	鷲見源十郎殿		知行充行状写	鷲見甚蔵家譜
41	18・10・18	照政（花押2）	岡島五平次殿	×	知行充行状	岡島文書

42	18・10・18	照政御判	平尾喜左衛門との		知行充行状写	平尾喜左衛門軍功書
43	18・10・18	御名御判	八田加兵衛殿		知行充行状写	八田秀也家譜
44	18・10・18	御名御判	加野五介とのへ		知行充行状写	鹿野義智家譜
45	18・10・18	御名御判	沢次右衛門とのへ		知行充行状写	沢敏太郎家譜
46	18・10・18	御名御判	両二		知行充行状写	柴山辰三郎家譜
47	18・10・18	照政（花押2）	松原新八殿	×	知行充行状	岡山池田文書（岡古4―343頁）
48	18・10・28	照政判	荒尾平左衛門殿		知行目録写	牛窪記（『豊橋市史5』371頁）
49	（18）12・20	照政（花押）	神明長右衛門とのへ		寄進状写	神明社雑事記（『豊橋市史5』372頁）
50	19・6・1	照政（花押2）	参州赤坂町中	×	判物	平松真氏所蔵文書（『豊橋市史5』373頁）
51	19・7・8	御名御判	佐藤宮千世殿		知行充行状写	佐藤長樹家譜
52	19・7・9	照政（花押2）	天恩寺	×	判物	国立公文書館所蔵文書（『豊橋市史5』373頁）
53	19・12・9	羽柴三左衛門尉照政	上部久八郎殿		寄進状写	伊勢古文書集3上
54	（19）12・17	照政（花押2）（三左）	（平介殿）	×	書状写	岡山池田文書
55	20・4・21	照政（花押2）	神戸平介殿	×	判物写	岡山池田文書
56	（年未詳）3・3	羽柴三左衛門尉照政（花押2）	駒井中務少輔殿		書状写	古文雑聚下
57	（　）10・19	羽三左照政（花押2）	土勘兵様御返報	×	書状	熱田加藤文書
58	（　）10・21	羽三左照政（花押2）	日比備後守殿御宿所	×	書状	岡山池田文書
59	文禄3・12・12	御名御判	佐藤勝兵衛殿		知行充行状写	佐藤長樹家譜
60	4・8・26	照政（花押3）	天恩寺潔堂和尚	×	寄進状	国立公文書館所蔵文書（『豊橋市史5』375頁）
61	4・12・22	照政（花押）	舟守中		判物	新居町役場所蔵文書（『豊橋市史5』375頁）
62	5・2・6	御名御判	神戸彦四郎殿		知行充行状写	神戸光太郎家譜
63	5・2・6	照政（花押4）	松原新八とのへ	×	知行充行状	岡山池田文書（岡古4―345頁）

64	慶長2・2・1	照政（花押4）	小松原山東観音寺	○	寄進状	東観音寺文書（『豊橋市史5』376頁）
65	（2）4・10	御名御判	岩越次郎左衛門殿		書状写	池田氏家譜集成38所収岩越家譜
66	4・12・24	御名御判	加藤次兵衛とのへ		知行充行状写	加藤治平家譜
67	4・12・24	御名御判	小川兵吉とのへ		知行充行状写	小川利衛家譜
68	（年未詳）3・18	御名御判	矢島十右衛門とのへ		知行充行状写	矢島幹太郎家譜
69	（　）9・22	羽三左照政（花押5）	山々城様御返報	×	書状	富岡文書
70	（　）12・21	御名御判	野々村弥六兵へ		知行充行状写	梶浦清蔵家譜
71	5・8・21	池田三左衛門判	六条惣寺内		禁制写	村瀬文書（岐阜・近世3―350頁）
72	5・8・24	三左衛門尉（花押6）・左衛門大夫（花押）	さらき村中	×	禁制	赤座文書（岐1―931頁）
73	5・8・26	羽柴三左衛門（花押6）・羽柴左衛門大輔（花押）	今寺	○	禁制	覚成寺文書（岐1―523頁）
74	5・8・―	羽柴三左衛門尉（花押6）	伏屋	○	禁制	伏屋文書（岐1―652頁）
75	5・8・―	三左衛門尉在判	千手堂寺内		禁制写	諸国高札3
76	5・8・―	三左衛門（花押）	ゑんしやう寺野々かけ源兵衛殿		判物	野々垣文書（岐阜・近世9―1044頁）
77	（5）8・―	三左衛門尉（花押6）	濃州関惣中	×	判物	長谷川文書
78	5・8・―	三左衛門尉（花押6）	聖徳寺	×	判物	聖徳寺文書
79	5・8・―	三左衛門（花押6）	かの村	×	判物	円徳寺文書（岐1―15頁）
80	5・8・―	三左衛門尉（花押6）	木田郷中	×	判物写	専長寺文書（岐1―88頁）
81	5・8・―	三左衛門（花押6）	北かた村中	×	判物	西順寺文書（岐1―606頁）
82	5・8・―	三左衛門尉（花押6）	しまの西円寺	×	判物	西円寺文書（岐1―567頁）
83	5・8・―	三左衛門尉（花押6）	そかや	×	判物	超宗寺文書（岐1―113頁）

84	5・8・―	三左衛門尉（花押6）	大ほう寺	×	判物	大宝寺文書（岐1―101頁）
85	5・8・―	三左衛門尉（花押6）	ほうらい村	×	判物	鳥本順八氏所蔵文書（岐1―457頁）
86	5・8・―	三左衛門尉（花押6）	西庄之内宝林坊	×	判物	敬念寺文書（岐1―44頁）
87	5・8・―	三左衛門尉（花押6）	西庄之内立政寺	×	判物	立政寺文書（岐1―202頁）
88	5・8・―	三左衛門尉（花押6）	くらりやう薮田村中	×	判物	円福寺文書（岐1―19頁）
89	5・8・―	三左衛門尉（花押6）	ひかし島村ようけいし	×	判物	養教寺文書（岐1―150頁）
90	5・8・―	羽柴三左衛門尉（花押6）・羽柴左衛門大夫（花押）	崇福寺村	○	禁制	崇福寺文書（岐1―98頁）
91	5・8・―	羽柴三左衛門尉（花押6）・羽柴左衛門大夫（花押）	竜徳寺	○	禁制	竜徳寺文書（岐1―437頁）
92	5・8・―	羽柴三左衛門尉（花押6）・羽柴左衛門尉大夫（花押）	多賀	○	禁制	多賀大社文書（『多賀大社叢書文書篇』97頁）
93	5・9・1	羽柴三左衛門尉（花押6）・羽柴左衛門尉大夫（花押）	犬上郡多賀	○	禁制	多賀大社文書（『多賀大社叢書文書篇』97頁）
94	（5）・9・1	羽柴左衛門尉太夫（花押）・羽柴三左衛門尉（花押6）	多賀御社并不動院	○	禁制	多賀大社文書（『多賀大社叢書文書篇』98頁）
95	5・9・2	羽柴左衛門大夫（花押）・羽柴三左衛門尉（花押6）	かたかたこうりのうちそかや村	○	禁制	超宗寺文書（岐1―113頁）
96	（5）・9・3	羽左衛門太夫正則（花押）・羽三左衛門尉照政（花押6）・本多中書忠勝（花押）・井［　］	加藤左衛門尉殿・稲葉甲斐守殿	×	書状	大洲加藤文書（岐4―1127頁）
97	5・9・19	羽柴三左衛門尉（花押6）・羽柴左衛門大夫（花押）	太泰寺	○	禁制	広隆寺文書
98	5・9・19	羽柴左衛門大夫（花押）・羽柴三左衛門尉（花押6）	梅津長福寺	○	禁制	長福寺文書（『長福寺文書の研究』509頁）

99	5・9・19	羽柴左衛門大夫（花押）・羽柴三左衛門尉（花押6）	西岡松尾惣中	○	禁制	松尾神社文書（『松尾大社史料集文書篇1』58頁）
100	5・9・19	羽柴三左衛門尉（花押6）・羽柴左衛門大夫（花押）	妙心寺	○	禁制	妙心寺文書
101	5・9・19	羽柴左衛門大夫（花押）・羽柴三左衛門尉	竹田村	○	禁制	安楽寿院文書
102	5・9・20	羽柴三左衛門尉（花押6）・羽柴左衛門太夫（花押）	いく島	○	禁制	栗山文書（『尼崎市史5』31頁）
103	5・9・20	羽柴三左衛門尉（花押6）・羽柴左衛門太夫（花押）	塚口村	○	禁制	興正寺文書（『尼崎市史5』31頁）
104	5・9・20	三左衛門尉（花押6）・左衛門大夫（花押）	興戸村	○	禁制	「古文書纂31」所収堀部功太郎氏所蔵文書
105	5・9・20	羽柴左衛門太夫（花押）・羽柴三左衛門（花押6）	あしうら村	○	禁制	芦浦観音寺文書（『近江栗太郡志2』146頁）
106	5・9・20	羽柴左衛門大夫（花押）・羽柴三左衛門尉（花押6）	河内平野村	○	禁制	末吉文書
107	5・9・21	羽柴左衛門大夫御書判・羽柴三左衛門御書判	摂津国すい田之内しんけん村		禁制写	橋本義敏氏所蔵文書（『吹田市史6』3頁）
108	5・9・21	羽柴左衛門大夫（花押）・羽柴三左衛門尉（花押6）	道明寺	○	禁制	道明寺天満宮文書（『藤井寺市史5』4頁）
109	5・9・21	羽柴三左衛門尉（花押6）・羽柴左衛門太夫（花押）	柱本村	○	禁制	葉間文書（『高槻市史4』126頁）
110	5・9・22	左京大夫（花押）・三左衛門尉（花押6）・左衛門大夫（花押）	天王寺	○	禁制	秋野房文書
111	5・9・23	羽柴左衛門大夫（花押）・羽柴三左衛門尉（花押6）	播州赤穂仮屋中	○	禁制	奥藤文書（兵・中3―129頁）

112	5・9・23	羽柴左衛門大夫（花押）・羽柴三左衛門尉（花押6）	播州立野惣町中	○	禁制	市立龍野図書館所蔵文書（兵・中3—102頁）
113	5・9・23	左京大夫御書判・三左衛門御書判・左衛門大夫御書判	吹田三ケ庄		禁制写	橋本義敏氏所蔵文書（『吹田市史6』4頁）
114	5・9・23	左京大夫（花押）・三左衛門尉（花押6）・左衛門大夫（花押）	法金剛院	○	禁制	仁和寺文書
115	5・9・25	羽柴左衛門大夫（花押）・羽柴三左衛門尉	河内国天野山	○	禁制	金剛寺文書（『金剛寺文書』429頁）
116	5・9・25	羽柴左衛門太夫在判・羽柴三左衛門尉在判	河内国石川郡伊藤左馬頭代官所		禁制写	叡福寺文書
117	（5）9・25	藤堂佐渡守・浅野左京大夫・黒田甲斐守・羽柴左衛門大夫・羽柴三左衛門尉	輝元		起請文写	毛利文書（『毛利家文書』1026）
118	5・9・26	羽柴三左衛門尉（花押6）・羽柴左衛門大夫（花押）	幡州清水	○	禁制	清水寺文書（兵・中2—339頁）
119	5・9・26	羽柴左衛門大夫（花押）・羽柴三左衛門（花押6）	播磨国神西郡内ひろむね	○	禁制	広峰神社文書（兵・中2—657頁）
120	5・9・26	羽柴三左衛門・浅野左京大夫・羽柴左衛門大夫	仏毎摩耶山		禁制写	諸国高札1
121	5・9・—	三左衛門尉輝（照）政（花押6）	西庄之内立政寺	×	判物写	立政寺文書（岐1—204頁）
122	5・10・2	羽柴三左衛門尉・羽柴左衛門大夫（花押）		○	禁制	芦田文書（兵・中3—320頁）
123	（5）10・7	羽三左衛門尉	本田上野介殿上る人々中		書状写	士林泝洄2（『新訂徳川家康文書の研究中巻』294頁）
124	慶長5・10・16	三左衛門（花押6）		○	定書	岡島文書（兵・近2—86頁）
125	5・11・9	照政（花押）	完粟郡之内山田山崎町中	○	定書	山崎八幡神社文書（兵・中3—264頁）

126	5・11・11	照政御印	和田夫兵衛殿・同かな殿		知行目録写	和田信美家譜（『太子町史3』543頁）
127	5・11・11	御名御判	福田牛介殿		知行目録写	福田久道家譜（『加古川市史5』4頁）
128	5・11・11	御名御判	佐藤少兵衛とのへ		知行目録写	佐藤長樹家譜
129	5・11・29	照政（花押）	淡川	○	定書	村上文書（兵・中2―136頁）
130	（5）12・12	羽三左照政（花押6）	播州清水惣中	×	書状	清水寺文書（兵・中2―340頁）
131	（年未詳）7・12	三左衛門尉輝（照）政（花押6）	常在寺文書		書状写	常在寺文書（岐1―59頁）
132	（ ）8・6	羽柴三左衛門尉照政（花押6）	田中民部太輔殿御宿所		書状写	田中文書
133	5・12・20	照政（花押）	惣社大明神社家中		寄進状	総社文書（『姫路城史上巻』567頁）
134	5・12・20	照政（花押7）	正明寺	×	寄進状	正明寺文書（兵・中2―592頁）
135	5・12・20	照政（花押7）	東光寺	×	寄進状	東光寺文書（兵・中2―607頁）
136	5・12・21	照政（花押）	町太郎兵衛へ		判物	池内文書（『姫路城史上巻』569頁）
137	5・12・22	照政（花押）	書写山		寄進状	円教寺文書（『姫路城史上巻』568頁）
138	5・12・22	照政（花押）	朝光寺	×	寄進状	朝光寺文書（兵・中2―373頁）
139	6・3・11	照政（花押）	加古郡今津町		定書写	高砂志（『姫路城史上巻』569頁）
140	6・3・23				掟書写	姫路市立城内図書館所蔵文書（兵・近2―86頁）
141	6・8・4	照政（花押7）	彦兵衛・又左衛門	×	判物	安積文書
142	6・11・3	照政御花押	和田夫兵衛尉殿		知行充行状写	和田信美家譜（『太子町史3』543頁）
143	6・11・3	御名御判	福田牛介殿		知行充行状写	福田久道家譜（兵・近1―376頁）
144	6・11・3	御黒印			知行目録写	福田久道家譜（兵・近1―376頁）
145	6・11・3	御名御判	神戸大炊助とのへ		知行充行状写	神戸光太郎家譜
146	6・11・3	御名御判	津田源次郎殿		知行充行状写	津田与四郎家譜（兵・近1―377頁）

147	6・11・3	御名御判	天野四郎右衛門とのへ		知行充行状写	天野成玄家譜
148	6・11・3	御名御判	円山太郎右衛門とのへ		知行充行状写	円山峰良家譜（兵・近1―377頁）
149	6・11・3	御名御判	三浦四兵衛殿		知行充行状写	三浦太郎八家譜
150	6・11・3	御名御判	佐藤少兵衛とのへ		知行充行状写	佐藤長樹家譜（兵・近1―378頁）
151	6・11・3	御名御判	佐藤少兵衛とのへ		知行充行状写	佐藤長樹家譜
152	6・11・3	照政（花押7）	加賀野次郎右衛門とのへ	×	知行充行状	香河文書（『資料調査報告書』17号22頁）
153	6・11・3	御名御判	賀須屋伊右衛門とのへ		知行充行状写	加須屋武重家譜
154	6・11・3	御名御判	河毛勝二郎とのへ		知行充行状写	河毛楢藻家譜
155	6・11・3	御名御判	神戸彦四郎殿		知行充行状写	神戸光太郎家譜
156	6・11・3	御名御判	高木甚左衛門とのへ		知行充行状写	高木正次家譜
157	6・11・3	御名御判	山岡三郎右衛門殿		知行充行状写	山岡景明家譜
158	6・11・3	御名御判	荒川半右衛門とのへ		知行充行状写	箕浦貞太郎家譜（『姫路市史10』58頁）
159	6・11・3	照政（花押7）	乾平右衛門尉殿	×	知行充行状	乾文書（『資料調査報告書』7号33頁）
160	6・11・3	御名御判	賀藤十左衛門とのへ		知行充行状写	加藤治平家譜
161	6・11・3	御名御判	秋田夫左衛門とのへ		知行充行状写	秋田実家譜
162	6・11・3	御名御判	岡次右衛門とのへ		知行充行状写	栗田覚也家譜
163	6・11・3	御名御判	片山五兵衛とのへ		知行充行状写	片山健五郎家譜
164	6・11・3	御名御判	佐久間小左衛門とのへ		知行充行状写	佐久間貞之家譜
165	6・11・3	御名御判	沢助左衛門殿		知行充行状写	沢新吾家譜
166	6・11・3	御名御判	野崎吉右衛門とのへ		知行充行状写	野崎氏永家譜
167	6・11・3	御名御判	福原清左衛門とのへ		知行充行状写	福原力家譜（『龍野市史5』30頁）
168	6・11・3	御名御判	道家左太郎とのへ		知行充行状写	道家佐太郎家譜

169	6・11・3	御名御判	毛利孫左衛門とのへ		知行充行状写	毛利慎吾家譜（『姫路市史10』58頁）
170	6・11・3	照政（花押7）	渡辺次郎右衛門殿	×	知行充行状	九州文化史研究所所蔵文書
171	6・11・3	御名御判	粟生宗左衛門とのへ		知行充行状写	浅田利一家譜
172	6・11・3	御名御判	井上甚右衛門とのへ		知行充行状写	井上運家譜
173	6・11・3	照政御判	上部久八郎殿		寄進状写	上部文書（『三重県史資料編近世1』797頁）
174	6・11・3	御名御判	佐治彦左衛門とのへ		知行充行状写	佐治幾衛家譜
175	6・11・3	御名御判	菅沼半平とのへ		知行充行状写	菅沼武次郎家譜
176	6・11・3	御名御判	鷲見文右衛門とのへ		知行充行状写	鷲見甚蔵家譜（『姫路市史10』58頁）
177	6・11・3	御名御判	柘植市兵衛とのへ		知行充行状写	柘植貞利家譜（『姫路市史10』58頁）
178	6・11・3	御名御判	三品甚二郎とのへ		知行充行状写	三品久幸家譜
179	6・11・3	御名御判	荒尾伝助とのへ		知行充行状写	荒尾成勲家譜
180	6・11・3	御名御判	臼井重大夫とのへ		知行充行状写	臼井貞雄家譜（『姫路市史10』58頁）
181	6・11・3	照政（花押7）	岡島五郎右衛門殿	×	知行充行状	岡島文書
182	6・11・3	御名御判	鷲見五郎兵衛とのへ		知行充行状写	鷲見保利家譜
183	6・11・3	御名御判	鷲見源十郎とのへ		知行充行状写	鷲見甚蔵家譜（『姫路市史10』59頁）
184	6・11・3	御名御判	多田半右衛門とのへ		知行充行状写	多田正敏家譜
185	6・11・3	御名御判	村山八郎左衛門とのへ		知行充行状写	村山留蔵家譜（『太子町史3』543頁）
186	6・11・3	御名御判	山田兵左衛門とのへ		知行充行状写	山田易直家譜（『姫路市史10』58頁）
187	6・11・3	御名御判	秋田十介とのへ		知行充行状写	笹尾喜藤次家譜
188	6・11・3	御名御判	安部久介とのへ		知行充行状写	真田幸明家譜
189	6・11・3	御名御判	黒部猪右衛門とのへ		知行充行状写	黒部勝次郎家譜
190	6・11・3	御名御判	櫨彦太郎とのへ		知行充行状写	寺島宗敬家譜

191	6・11・3	御名御判	竹村与右衛門とのへ		知行充行状写	竹村勝任家譜
192	6・11・3	御名御判	多羅尾孫八郎とのへ		知行充行状写	多羅尾喜平家譜
193	6・11・3	御名御判	円山四郎右衛門とのへ		知行充行状写	円山峰良家譜
194	6・11・3	御名御判	宮脇清七とのへ		知行充行状写	宮脇熊太郎家譜（『姫路市史10』59頁）
195	6・11・3	御名御判	狩野五介とのへ		知行充行状写	鹿野義智家譜
196	6・11・3	御名御判	大西五郎左衛門とのへ		知行充行状写	大西辰治家譜
197	6・11・3	御名御判	小川兵吉とのへ		知行充行状写	小川利衛家譜
198	6・11・3	御名御判	隠岐善兵衛とのへ		知行充行状写	隠岐鈴蔵家譜
199	6・11・3	御名御判	小原三郎兵衛殿		知行充行状写	大原直鑑家譜（『姫路市史10』59頁）
200	6・11・3	御名御判	賀藤次兵衛とのへ		知行充行状写	加藤治平家譜
201	6・11・3	御名御判	粟生茂兵衛とのへ		知行充行状写	浅田利一家譜
202	6・11・3	御名御判	栗木助三郎とのへ		知行充行状写	栗木繁栄家譜
203	6・11・3	御名御判	柴山勘四郎とのへ		知行充行状写	柴山辰三郎家譜（『姫路市史10』59頁）
204	6・11・3	御名御判	両二		知行充行状写	柴山辰三郎家譜（『姫路市史10』59頁）
205	6・11・3	御名御判	那須忠右衛門とのへ		知行充行状写	那須勝蔵家譜（兵・近1―378頁）
206	6・11・3	御名御判	野崎長右衛門とのへ		知行充行状写	野崎氏永家譜
207	6・11・3	御名御判	長谷川甚九郎とのへ		知行充行状写	長谷川政男家譜（『姫路市史10』59頁）
208	6・11・3	御名御判	八田加兵衛とのへ		知行充行状写	八田秀也家譜
209	6・11・3	御名御判	前田市兵衛とのへ		知行充行状写	前田保家譜
210	6・11・3	御名御判	矢島十右衛門とのへ		知行充行状写	矢島幹太郎家譜
211	6・11・3	御名御判	山本加兵衛とのへ		知行充行状写	山本宣政家譜
212	6・11・3	御名御判	中村市右衛門とのへ		知行充行状写	中村義信家譜

213	6・11・3	御名御判	赤座吉蔵とのへ		知行充行状写	赤座為蔵家譜
214	6・11・3	御名御判	加藤久次郎とのへ		知行充行状写	加藤弥次郎家譜
215	6・11・3	御名御判	小泉権内とのへ		知行充行状写	小泉啓明家譜
216	6・11・3	御名御判	清水善兵衛殿		知行充行状写	清水千万人家譜
217	6・11・3	御名御判	清水弥一郎殿		知行充行状写	清水千万人家譜
218	6・11・3	御名御判	鱸藤二郎とのへ		知行充行状写	鱸小藤次家譜
219	6・11・3	御名御判	中村宗三殿		知行充行状写	中村定夫家譜
220	6・11・3	御名御判	村岡弥右衛門とのへ		知行充行状写	村岡匡弘家譜
221	6・11・3	御名御判	金井山城とのへ		知行充行状写	金井武次郎家譜
222	6・11・3	御名御判	馬場甚介とのへ		知行充行状写	馬場正雄家譜
223	6・11・3	御名御判	伴藤左衛門とのへ		知行充行状写	番義登家譜
224	6・11・3	御名御判	丹羽助九郎とのへ		知行充行状写	丹羽長義家譜（『龍野市史5』30頁）
225	6・11・3	御名御判	三郎右衛門		知行充行状写	野間政次郎家譜
226	6・11・3	照政（花押7）	松原新八殿	×	知行充行状	岡山池田文書（岡古4―348頁）
227	（6）⑪・23	羽三左照政（花押7）	遠勘右［　］	×	書状	大守文書（岡古4―67頁）
228	6・12・1	照政（花押7）	広嶺山	○	定書	肥後長男氏所蔵広嶺神社文書（『姫路市史10』102頁）
229	7（10・18）	御名御判	由井助左衛門殿		知行目録写	唯武次郎家譜（兵・近1―378頁）
230	7・10・18	御名御判	石川左近殿		知行充行状写	石川政格家譜
231	7・10・18	御名御判	渡部大学殿		知行充行状写	渡辺弥家譜
232	7・10・18	御名御判	石黒久六とのへ		知行充行状写	石黒忠一家譜
233	7・10・18	照政（花押7）	乾平右衛門尉殿	×	知行充行状	乾文書（『資料調査報告書』7号33頁）
234	8・2・18	照政（花押7）		○	定書	芥田文書（兵・近2―88頁）

235	8・10・6	照政（花押7）	菅宮内殿	×	知行充行状	菅文書（『資料調査報告書』7号15頁）
236	8・10・6	御名御判	黒田四郎兵衛とのへ		知行充行状写	黒田定清家譜（兵・近1—379頁）
237	8・10・6	御名御判	高木善右衛門とのへ		知行充行状写	高木間家譜（兵・近1—379頁）
238	8・10・6	御名御判	高木長兵衛とのへ		知行充行状写	高木政定家譜
239	8・10・6	御名御判	田中兵助とのへ		知行充行状写	田中律蔵家譜（『龍野市史5』31頁）
240	8・10・6	御名御判	加藤小十郎とのへ		知行充行状写	加藤松蔵家譜
241	8・10・6	御名御判	菅次郎太夫とのへ		知行充行状写	菅権九郎家譜
242	8・10・6	御名御判	詫間源之丞とのへ		知行充行状写	詫間半蔵家譜
243	8・10・6	御名御判	野間勘介とのへ		知行充行状写	野間左橘家譜
244	8・10・6	御名御判	河毛四郎三郎とのへ		知行充行状写	河毛清如家譜（『相生市史5』284頁）
245	8・10・6	御名御判	中野九右衛門とのへ		知行充行状写	中野平内家譜（『相生市史5』284頁）
246	8・10・6	御名御判	不破四郎右衛門とのへ		知行充行状写	不破景福家譜（『太子町史3』543頁）
247	8・10・6	御名御判	伊藤八右衛門とのへ		知行充行状写	伊藤八衛家譜
248	8・10・6	照政（花押7）	梅原左兵衛とのへ	×	知行充行状	関西大学図書館所蔵文書
249	8・10・6	御名御判	沢住加兵衛とのへ		知行充行状写	沢住信省家譜
250	8・10・6	御名御判	武宮久兵衛とのへ		知行充行状写	武宮丹治家譜
251	8・10・6	御名御判	中島茂左衛門とのへ		知行充行状写	中島鉄太郎家譜
252	8・10・6	照政（花押7）	花井九介殿	×	知行充行状	紙の博物館所蔵文書（『百万塔』28号62頁）
253	8・10・6	御名御判	平井源八郎殿		知行充行状写	平井十次郎家譜
254	9・10・18	御名御判	渡瀬淡路守とのへ		知行充行状写	渡瀬政雄家譜
255	9・10・18	照政（花押7）	乾平右衛門殿	×	知行充行状	乾文書（『資料調査報告書』7号33頁）
256	9・10・18	御名御判	佐藤半左衛門とのへ		知行充行状写	佐藤繁雄家譜

257	9・10・18	照政（花押7）	寺西忠左衛門尉殿	×	知行充行状	寺西文書（大日史12―23―補16頁）
258	9・10・18	御名御判	伏屋作十郎殿		知行充行状写	伏屋親吾家譜
259	9・10・18	御名御判	大島五郎兵衛とのへ		知行充行状写	大島貞州家譜
260	9・10・18	御名御判	佐治彦左衛門とのへ		知行充行状写	佐治幾衛家譜
261	9・10・18	御名御判	荒川半右衛門とのへ		知行充行状写	箕浦貞太郎家譜
262	（9）・10・18	御名御判	加藤小十郎とのへ		知行充行状写	加藤松蔵家譜
263	9・10・18	御名御判	野間市蔵とのへ		知行充行状写	野間左橘家譜
264	9・10・18	御名御判	毎野彦右衛門殿		知行充行状写	毎野八十二家譜
265	9・10・18	御名御判	小川兵吉殿		知行充行状写	小川利衛家譜
266	9・10・18	御名御判	清水弥一郎殿		知行充行状写	清水千万人家譜
267	9・10・18	御名御判	櫨彦太郎とのへ		知行充行状写	寺島宗敬家譜
268	9・10・18	御名御判	平井源八郎殿		知行充行状写	平井十次郎家譜
269	9・10・18	御名御判	伊藤八右衛門とのへ		知行充行状写	伊藤八衛家譜
270	9・10・18	御名御判	赤座多左衛門とのへ		知行充行状写	赤座為蔵家譜
271	9・10・18	御名御判	高木甚左衛門とのへ		知行充行状写	高木正次家譜
272	10・11・5	御名御判	佐治彦左衛門とのへ		知行目録写	佐治幾衛家譜
273	10・11・5	御名御判	野瀬喜左衛門殿		知行目録写	能勢彦太郎家譜
274	10・11・5	御名御判	神戸彦四郎とのへ		知行充行状写	神戸光太郎家譜
275	10・11・5	照政（花押7）	多田九郎三郎殿	×	知行充行状	多田文書
276	10・11・5	御名御判	吉村喜斎		知行充行状写	吉村織人家譜
277	10・11・5	照政（花押7）	宮田清三郎殿	×	知行充行状	宮田文書
278	10・12・―	照政（花押7）	増位山	○	禁制	随願寺文書（『姫路市史10』103頁）

279	11・11・26	御名御判	安養寺内蔵助殿		知行充行状写	安養寺貞家譜（兵・近1―380頁）
280	11・11・26	御名御判	円山平四郎とのへ		知行充行状写	円山万寿吉家譜
281	（12）④・9	羽三左照政（花押7）	落合主膳殿御宿所		書状写	藩中古文書3
282	（年未詳）1・28	羽三左照政（花押7）	（金田源兵衛殿）	×	書状	古林庸夫氏所蔵文書
283	（　）2・26	羽三左照政（花押）	野々垣源兵衛殿		書状	野々垣文書（岐阜・近9―1044頁）
284	（　）4・28	照政（花押7）（羽三左）	（滝豊前様人々御中）	○	書状	名古屋大学文学部所蔵滝川文書（『名古屋大学文学部研究論集』史学23号18頁）
285	（　）5・4	三左照政（花押7）	右衛門督殿	×	書状	岡山池田文書（岡古4―352頁）
286	（　）6・22	照政（花押7）（羽三左）		○	書状	河毛文書
287	（　）6・27	羽三左衛門尉照政（花押7）	村越茂介殿御返報	×	書状	持田文書（『新編武州古文書下』437頁）
288	（　）7・19	羽三左照政（花押7）	河次郎左様人々御中	△	書状	河毛文書
289	（　）7・23	照政（花押7）	山脇源太夫殿	△	書状	岡本貞休氏所蔵文書
290	（　）8・16	照政（花押7）（羽三左）	（滝豊前殿御宿所）	○	書状	堀江滝三郎氏所蔵滝川文書
291	（　）8・24	照政（花押7）（羽三左衛門尉）	（進上秀康様［　］）	○	書状	『思文閣古書資料目録』40号
292	（　）9・3	羽三左照政（花押7）		△	書状	『源喜堂古文書目録』7号
293	（　）9・7	照政（花押7）（羽三左）	（伏左衛殿御在所）	○	書状	毛利家文庫文書
294	（　）11・9	羽三左照政（花押7）	甫庵	△	書状	尊経閣文庫所蔵文書（『武家手鑑釈文』205頁）
295	（　）12・4	羽三左照政（花押7）	（［　］）	×	書状	慈光寺文書（『新編岡崎市史6』521頁）
296	（　）12・16	羽三左照政（花押7）	河次郎左様御宿所	△	書状	河毛文書
297	（慶長12）7・3	播磨少将輝政	進上広橋大納言殿・勧修寺中納言殿		書状案写	玉滴隠見7
298	12・10・28	御名御判	国府内蔵允殿		知行目録写	国府久孝家譜（兵・近1―380頁）
299	12・10・28	御名御判	森次郎右衛門とのへ		知行充行状写	森英秋家譜（『龍野市史5』31頁）

300	12・10・28	御名御判	大窪八兵衛とのへ		知行充行状写	大久保忠綱家譜
301	12・10・28	御名御判	国田理兵衛とのへ		知行充行状写	国田重定家譜（『太子町史3』543頁）
302	12・10・28	輝政（花押7）	林新五郎殿	×	知行充行状	岡山池田文書（岡古4―353頁）
303	13・11・23	輝政（花押7）	藤田民部少輔殿	○	知行目録	藤田文書（大日史12―5―1026頁）
304	（年未詳）6・24	三左輝政（花押7）	武蔵守殿	×	書状	国清寺文書（岡・家わけ45頁）
305	（　）7・23	輝政（花押7）	宮木因幡守殿	△	書状	芝田幹夫氏所蔵文書
306	（　）12・17	羽三左輝政（花押7）	河毛二郎左衛門殿御宿所	△	書状	河毛文書
307	（慶長14）4・19	（三左）	（おしん参）	×	書状	鳥取池田文書
308	（14カ）10・7	羽三左輝政（花押8）		△	書状	本法寺文書（刊本120頁）
309	14・11・26	輝政（花押8）	下間越前守殿	○	知行目録	岡山池田文書（兵・近1―380頁）
310	14・11・26	輝政（花押8）	津田木工殿	×	知行充行状写	阿波国古文書1
311	14・11・26	輝政（花押8）	村治新助とのへ		知行充行状写	聚古文書ワ
312	14・11・26	御名御判	愛洲孫丞とのへ		知行充行状写	愛洲政幸家譜
313	14・11・26	御名御判	伊丹十助とのへ		知行充行状写	伊丹金治家譜
314	14・11・26	御名御判	矢野弥左衛門とのへ		知行充行状写	矢野年雄家譜
315	14・11・26	御名御判	杉山惣三郎とのへ		知行充行状写	杉山昌世家譜
316	（15）2・24	御名	きさい		書状写	矢野春太郎家譜
317	（15）②・22	羽三左輝政（花押8）	後藤庄三郎殿御宿所		書状写	後藤庄三郎家古文書
318	（15）4・14	御名	きさい		書状写	矢野春太郎家譜
319	（15）5・15	てる政（花押9）（三さ）	（おか山まいる申給へ）	×	書状	岡山池田文書（岡古4―354頁）
320	15・9・―	（花押9）	淡路国	○	掟書写	池田氏家譜集成附録4（兵・近2―88頁）
321	15・11・23	御名御判	矢野助進殿		知行目録写	矢野春太郎家譜

322	15・11・23	御名御判	加須屋文右衛門とのへ		知行充行状写	糟谷小三郎家譜
323	15・11・23	輝政（花押9）	埴谷内膳殿	×	知行充行状写	井伊文書
324	15・11・23	御名御判	高橋半右衛門とのへ		知行充行状写	後醍院頼直家譜
325	15・11・23	御名御判	吉田左太夫とのへ		知行充行状写	吉田本一家譜
326	15・11・23	御名御判	大坪孫助とのへ		知行充行状写	大坪正道家譜
327	15・11・23	御名御判	田渕茂右衛門とのへ		知行充行状写	田渕唯衛家譜
328	15・11・23	御名御判	吉村久三郎とのへ		知行充行状写	吉村織人家譜
329	15・11・23	輝政御判	上部左近大夫殿		寄進状写	上部文書（『三重県史資料編近世1』799頁）
330	（16カ）2・3	御名御判	長谷川古太郎とのへ		知行充行状写	長谷川美喜家譜
331	16・5・22	（「吾長福」黒印）	おか島五郎右衛門	×	書状	岡島文書
332	16・9・11	輝政（花押9）	佐分利九丞殿	×	知行充行状	平成4年『古典籍下見展観大入札会目録』（『龍野市史5』32頁）
333	16・9・11	御名御判	佐治半右衛門とのへ		知行充行状写	佐治所平家譜
334	16・9・11	御名御判	佐藤小左衛門とのへ		知行充行状写	佐藤政治家譜
335	16・9・11	御名御判	吉村忠右衛門とのへ		知行充行状写	吉村忠家譜
336	（16）9・11	羽三左衛門尉輝正（政）在判	伝長老侍者御中		書状写	本光国師日記5（大日史12―9―10頁）
337	（16）10・11	羽三左	板伊賀様御返報		書状写	本光国師日記5（刊本128頁）
338	（16）10・14	羽三左衛門	円光寺　金地院侍者御中		書状写	本光国師日記5（大日史12―9―28頁）
339	（16）12・6	羽三左	円光寺　金地院侍者御中		書状写	本光国師日記6（大日史12―9―35頁）
340	（年未詳）2・28	羽三左輝政（花押9）	本多中務様人々御中		書状	『源喜堂古文書目録3』
341	（　）6・20	羽三左輝政（花押9）	（河一郎左様御返報）	×	書状	河毛文書
342	（　）9・1	羽三左輝政（花押）	花助兵殿御宿所		書状	八木文書（岡古4―83頁）
343	（　）9・5	輝政花押（羽三左）	藤堂和泉様人々中		書状写	宗国史（『宗国史上』439頁）

344	(　)9・14	輝政(印文未詳黒印)(羽三左)	(岡本四郎左衛門殿)	○	書状	『日本の古書・世界の古書展目録』
345	(　)10・15	羽三左衛門尉輝政(花押9)	高橋源左衛門尉方		書状写	高橋文書
346	(　)12・5	羽三左輝政(花押9)	松右衛門尉様人々御中	△	書状	保阪潤治氏所蔵文書
347	(慶長17)⑩・26	松三左輝政御印判	宗瑞様人々御中		書状写	福原文書(『福原家文書上』92頁)
348	(17)⑩・26	松三左輝政御印判	松長州様人々御中		書状写	福原文書(『福原家文書上』92頁)
349	17・12・18	御名御判	村上内匠とのへ		知行充行状写	村上信明家譜
350	17・12・18	御名御判	佐藤半左衛門殿		知行充行状写	佐藤繁雄家譜
351	17・12・18	輝政(花押9)	志賀孫左衛門殿		知行充行状写	杜本志賀文書
352	17・12・18	御名御判	臼井重大夫とのへ		知行充行状写	臼井貞雄家譜
353	17・12・18	御名御判	粟生茂兵衛とのへ		知行充行状写	浅田利一家譜
354	17・12・18	御名御判	寺島彦太郎殿		知行充行状写	寺島宗敬家譜
355	17・12・―	輝政(花押)	八木山仏作浄慶		知行充行状	八木文書(岡古4―83頁)
356	(年未詳)2・1	輝政(花押9)	山田兵左衛門尉とのへ	×	書状	来住文書(岡古4―103頁)
357	(　)2・10	輝政(黒印)	山田兵左衛門殿		書状	蓮台寺文書(岡古4―47頁)
358	(　)5・6	御名乗御判	寺島彦太郎殿		書状写	寺島宗敬家譜
359	(　)5・19	三左衛門尉輝政(花押9)	武蔵守殿参	△	書状	鳥取池田文書
360	(　)7・9	三左	(［　］)	×	書状	岡島文書
361	(　)7・11	輝政(花押9)	田宮対馬守殿		書状写	藩中古文書7
362	(　)8・5	御名御判	荒尾儀太夫とのへ		書状写	荒尾成勲家譜
363	(　)8・17	(三左)	(兵左衛門尉)		書状	来住文書(岡古4―104頁)
364	(　)10・14	御名御判	佐治二郎左衛門へ		書状写	佐治幾衛家譜
365	(　)10・21	御名御諱御判	矢島十右衛門とのへ		書状写	矢島幹太郎家譜

366	（　）6	（三左）	（十四咲）		書状	岡山美術館所蔵文書（『日本書蹟大鑑13』206頁）
367	（　）12	（三さ）	（ち□もつ）	△	書状	魚角象三氏所蔵文書
368	（　）24	三左	五平次	×	書状	岡島文書
369	（　）27	（三左）	（おなあ参）	×	書状	庄司浅水氏持参文書
370	（　）	御名御判	佐々弥二殿		知行充行状写	佐々弥次郎家譜

補遺

1	慶長9・10・18	照政（花押7）	佐々左源太とのへ		知行充行状写	筑前叢書114
2	10・11・5	照政書判	佐々左源太とのへ	○	知行目録写	筑前叢書114
3	17・12・18	輝政（花押9）	小崎半兵衛殿	×	知行充行状	小崎文書

表2　池田輝政発給関連文書目録

No.	年月日	文書名	署判	形	出典（刊本）
1	天正16・4・15	織田信兼等二十三名連署起請文写	岐阜侍従豊臣照政		聚楽第行幸記（『群書類従3』612頁）
2	文禄3・8・21	伏見大光明寺建立勧進書立	よし田侍従殿（花押2）	○	相国寺文書
3	4・7・20	織田常真等三十名連署起請文	羽柴吉田侍従（花押3）	○	大阪城天守閣所蔵木下文書（『ねねと木下家文書』153頁）
4	慶長4・5・11	羽柴秀秋等三十名連署請文案	吉田侍従	○	島津文書（『鹿児島県史料　旧記雑録後編3』741頁）
5	16・4・12	羽柴忠興等二十二名連署請文写	播磨少将輝政（花押9）・備前侍従輝直（花押）	○	尊経閣文庫所蔵文書（大日史12―8―152頁）

表3　池田輝政受給文書目録

№.	年月日	文書名	宛所	形	出典（刊本）
1	（天正12）4・11	羽柴秀吉書状	池三左殿御宿所		岡山池田文書（大日史11―7―38頁）
2	（12）8・4	羽柴秀吉書状	池田三左衛門尉殿御宿所	×	岡山池田文書（岐4―1065頁）
3	（13）3・22	羽柴秀吉書状	長谷川藤五郎殿・稲葉彦六殿・池田三左衛門尉殿・牧村長兵衛尉殿・甲賀衆	△	慶応義塾大学図書館所蔵文書（大日史11―14―81頁）
4	（15）6・21	羽柴秀吉朱印状	羽柴丹後侍従とのへ・羽柴松加島侍従とのへ・羽柴岐阜侍従とのへ・羽柴曽根侍従とのへ・羽柴若狭守とのへ・林長兵衛とのへ・戸田民部少輔とのへ・竜造寺民部大夫とのへ	×	田尻文書（『佐賀県史料集成古文書編7』290頁）
5	（17カ）3・23	羽柴秀吉朱印状	羽柴岐阜侍従とのへ	×	岡山池田文書（岡古4―343頁）
6	19・8・20	羽柴秀次条書	羽柴三左衛門尉殿	○	岡山池田文書（岡古4―343頁）
7	20・1・11	羽柴秀吉知行目録	羽柴吉田侍従とのへ	○	岡山池田文書（岡古4―344頁）
8	20・1・―	羽柴秀次条書写	羽柴吉田侍従殿	○	尊経閣文庫所蔵文書
9	（文禄元）5・13	羽柴秀吉朱印状	羽柴吉田侍従とのへ	×	岡山池田文書
10	（元）7・26	羽柴秀吉朱印状	羽柴吉田侍従とのへ	×	岡山池田文書（岡古4―344頁）
11	（年未詳）9・8	羽柴秀吉朱印状	羽柴吉田侍従とのへ	×	岡山池田文書（岡古4―344頁）
12	慶長4・11・18	養徳院書状写	三さゑまいる		岡山池田文書（岡古4―346頁）
13	（5）8・4	徳川家康書状写	吉田侍従殿・池田備中守殿・九鬼長門守殿	×	山田文書（『新訂徳川家康文書の研究中巻』553頁）
14	（5）8・13	徳川家康書状	吉田侍従殿・池田備中守殿・九鬼長門守殿	×	岡山池田文書（岡古4―346頁）
15	（5）8・25	徳川家康書状写	清須侍従殿・吉田侍従殿・浅野左京大夫殿・黒田甲斐守殿・加藤左馬助殿・丹後宰相殿		譜牒余録20（『新訂徳川家康文書の研究中巻』627頁）

16	（5）8・26	徳川家康書状	吉田侍従殿	×	岡山池田文書（岡古4―347頁）
17	（5）8・27	徳川家康書状	吉田侍従殿	×	岡山池田文書（岡古4―347頁）
18	（5）9・1	徳川家康書状	清須侍従殿・吉田侍従殿	×	岡山池田文書（岡古4―347頁）
19	（5）9・1	徳川家康書状写	清須侍従殿・吉田侍従殿各衆中		中村不能斎採集文書4（『新訂徳川家康文書の研究中巻』658頁）
20	（5）9・2	徳川家康書状	吉田侍従殿	×	岡山美術館所蔵文書（『新修徳川家康文書の研究』285頁）
21	（5）9・5	徳川家康書状写			池田家履歴略記3（『池田光政公伝上』243頁）
22	（5）9・6	徳川家康書状写			池田家履歴略記3（『池田光政公伝上』243頁）
23	（5）9・22	徳川家康書状写	吉田侍従とのへ・浅野左京大夫とのへ		因幡志37（『新訂徳川家康文書の研究中巻』739頁）
24	（5）9・22	毛利輝元起請文前書案	羽柴三左衛門尉殿・井伊侍従殿・本多中務大輔殿		毛利文書（『毛利家文書』1025）
25	（5）9・25	徳川家康書状写	吉田侍従殿・浅野左京大夫殿		譜牒余禄22（『新訂徳川家康文書の研究中巻』754頁）
26	（5）9・25	徳川秀忠書状写	羽柴左衛門大夫殿・黒田甲斐守殿・藤堂佐渡守殿・浅野左京大夫殿・羽三左衛門殿		譜牒余禄22（『新訂徳川家康文書の研究中巻』753頁）
27	（年未詳）12・19	徳川家康書状写	吉田侍従殿		岡山池田文書
28	（慶長6）9・6	山岡道阿・岡江雪連署書状写	羽三左様参人々御中	×	中川文書（『中川家文書』83頁）
29	7・4・2	養徳院書状写	三さまいる		岡山池田文書（岡古4―349頁）
30	7・4・2	養徳院書状写	三さまいる		岡山池田文書（岡古4―350頁）
31	8・3・21	養徳院書状写	三さまいる（せう々々とのまいる人々申給へ）		岡山池田文書（岡古4―350頁）
32	（14）5・18	勧修寺光豊書状案	播磨少将殿		勧修寺光豊公文案1（大日史12―6―355頁）
33	（14）5・21	勧修寺光豊書状案	播磨少将殿		勧修寺光豊公文案1（大日史12―6―355頁）
34	（14）5・24	勧修寺光豊書状案	播磨少将殿		勧修寺光豊公文案1（大日史12―6―356頁）

35	（14）5・28	勧修寺光豊書状案	播磨少将殿		勧修寺光豊公文案1（大日史12―6―356頁）
36	14・12・12	とうせん坊・せんまつ連署条書	いけた三左衛門尉殿　同五せんさま同いはさま両三人まいる		歓喜院文書（大日史12―10―717頁）
37	（15）9・晦	徳川家康書状写	播磨少将殿		因幡志37（大日史12―7―677頁）
38	（15）10・1	勧修寺光豊書状案	播磨少将殿		勧修寺光豊公文案3（大日史12―6―1052頁）
39	（15）11・24	勧修寺光豊書状案	播磨少将殿		勧修寺光豊公文案3
40	（16）3・25	平岩親吉書状	羽柴三左右衛門様人々御中	×	平田院文書（大日史12―7―1104頁）
41	（16）7・16	徳川秀忠書状写	播磨少将殿		黄薇古簡集1（刊本43頁）
42	（16）10・2	金地院崇伝・円光寺元佶連署書状写	播磨少将殿尊報		本光国師日記5（大日史12―9―14頁）
43	（16・10・2カ）	板倉勝重書状写	羽三左様		本光国師日記5（大日史12―9―14頁）
44	（16）10・15	板倉勝重書状写	羽三左衛門様人々御中		本光国師日記5（刊本1―129頁）
45	（16）11・3	金地院崇伝・円光寺元佶連署書状写	播磨少将殿人々御中		本光国師日記6（大日史12―9―31頁）
46	（16）12・17	金地院崇伝・円光寺元佶連署書状写	播磨少将殿貴報		本光国師日記6（刊本1―172頁）
47	（17）6・26	徳川秀忠書状	（播磨少将殿）	×	岡山池田文書（岡古4―356頁）
48	（年未詳）1・2	島津家久書状案	羽柴三左様	○	島津文書（『鹿児島県史料　旧記雑録附録2』485頁）
49	（　）2・3	細川忠利書状写	羽三左衛門様人々御中		古今消息集4
50	（　）2・5	徳川秀忠書状写	羽柴三左衛門殿		黄薇古簡集後篇（刊本274頁）
51	（　）2・21	羽柴忠興書状写	羽柴三左衛門殿人々御中		古今消息集4
52	（　）4・3	本多忠勝書状写	羽柴三左様人々御中		黄薇古簡集5（刊本117頁）
53	（　）5・18	徳川秀忠書状	羽柴三左衛門尉殿	△	柳原義光氏所蔵文書

54	（　）5・24	勧修寺晴豊書状案	播磨少将殿		「勧修寺家旧蔵記録」所収晴豊卿記
55	（　）7・23	徳川秀忠書状写	（羽柴三左衛門殿人々御中）		黄薇古簡集1（刊本43頁）
56	（　）8・30	石田三成書状写	羽三左様御報		黄薇古簡集5（刊本129頁）
57	（　）9・1	結城秀康書状写	羽三左様人々御中	△	賜芦文庫文書38
58	（　）11・6	徳川秀忠書状	播磨少将殿	△	『思文閣古書資料目録』121号
59	（　）12・25	徳川秀忠書状	播磨少将殿	△	桑原羊次郎氏所蔵文書

（注）年月日欄における○は閏月を示す。署判欄における（　）はウハ書等における記載を示す。宛所欄における（　）はウハ書等における記載を示す。形＝形態欄における記号は以下の内容を示す。○―竪紙、△―切紙、×―折紙。刊本欄における略号は以下の通り。大日史―『大日本史料』編・巻・頁数、岐―『岐阜県史史料編古代・中世』巻・頁数、岐阜・近世―『岐阜県史史料編近世』巻・頁数、岡古―『岡山県古文書集』巻・頁数、岡・家わけ―『岡山県史家わけ史料』頁数、兵・中―『兵庫県史史料編中世』巻・頁数、兵・近―『兵庫県史史料編近世』巻・頁数。なお、原本未確認のものについては刊本の記載通りとした。

付表1　池田恒興・元助発給文書目録

No.	年月日	署判	宛所	形	内容	出典（刊本）
1	天正9・10・11	御名（恒興）御判	高木宮江		知行充行状写	高木正次家譜
2	9・10・17	恒興（花押）	郷司作内殿	×	知行充行状	岡山池田文書（岡古4―335頁）
3	9・10・17	御名（恒興）御判	神戸平助とのへ		知行充行状写	神戸光太郎家譜
4	（9）10・18	元助（花押）	乾平右衛門尉殿	×	知行充行状	乾文書（『資料調査報告書』7号32頁）
5	10・6・16	元助（花押）	鹿王院	×	判物	鹿王院文書
6	10・6・27	羽柴筑前守秀吉（花押）・惟住五郎左衛門尉長秀（花押）・池田勝三郎恒興（花押）・柴田修理亮勝家（花押）	蒲生忠三郎殿	×	知行充行状	本居宣長記念館所蔵文書（『三重県史資料編近世1』431頁）
7	（10）6・27	柴田修理亮勝家（花押）・惟住五郎左衛門尉長秀（花押）・羽柴筑前守秀吉（花押）・池田勝三郎経興（花押）	堀久太郎殿		知行充行状写	堀家文書并系図（大日史11―1―780頁）

8	10・6・27	惟住五郎左衛門尉長秀（花押）・羽柴筑前守秀吉（花押）・池田勝三郎経興（花押）・柴田修理亮勝家（花押）	高山右近助殿	×	知行充行状	塚本文書（大日史11―1―781頁）
9	10・10・―	恒興（花押）	摂州塚口	○	定書	興正寺文書（大日史11―2―790頁）
10	（10）12・21	羽筑秀吉・惟五郎左長秀・池勝恒興	遠山佐渡守殿・同半左衛門殿御宿所		書状写	遠山文書（『新編香川叢書史料篇2』263頁）
11	（10）12・26	羽筑秀吉（花押）・惟五郎左長秀（花押）・池勝恒興（花押）	小島殿御宿所	×	書状	行山辰四郎氏所蔵小島文書（大日史11―3―166頁）
12	10・12・28	池田勝九郎元助（花押）	湯山年寄江	○	寄進状	余田文書（兵・中1―508頁）
13	（10ヵ）⑫・22	恒興（花押）（勝入）	（土彦御宿所）		書状写	見聞雑志
14	11・1・―	勝三郎（恒興）御書判	摂州吹田津		禁制写	橋本義敏氏所蔵文書（『吹田市史6』2頁）
15	（11）①・2	い勝入恒興判	上辺越中守殿御宿所		書状写	伊勢古文書集3上
16	11・5・1	池田紀伊守元助（花押）	阿弥陀堂床下	×	寺領安堵状	余田文書（兵・中1―500頁）
17	11・5・18	御名（元助）御判	加藤十蔵殿		知行充行状写	加藤治平家譜
18	11・5・―	備中守（日根野弘就花押）・勝入（花押）	瑞竜寺		禁制	瑞竜寺文書（大日史11―4―581頁）
19	11・6・18	元助（花押）	法花寺	×	寄進状	法華寺文書（岐1―119頁）
20	11・6・―	（元助花押）	加納		掟書	円徳寺文書（岐1―14頁）
21	11・6・―	紀伊守（花押）	大宝寺	○	禁制	大宝寺文書（岐1―100頁）
22	11・6・―	紀伊守（花押）	立政寺	○	禁制	立政寺文書（岐1―201頁）
23	11・7・―	（元助花押）	瑞竜寺	○	禁制	瑞竜寺文書（岐1―82頁）
24	11・7・―	（元助花押）	正木郷	○	禁制	山田文書（岐1―142頁）
25	11・8・27	恒興（花押）（勝入）	山県之内真長寺	×	寄進状	真長寺文書（岐1―72頁）
26	11・9・17	紀伊守元助（花押）	崇福寺	×	寄進状	崇福寺文書（岐1―96頁）

27	12・3・14	恒興（花押）	小松寺	○	条書	小松寺文書（『小松寺文書』3頁）
28	12・3・—	恒興（花押）	赤坂寺内西円寺	○	禁制	西円寺文書（岐1—563頁）
29	12・3・—	紀伊守御有判	尾州町屋		禁制写	寺社制札留（『新編一宮市史資料編6』402頁）
30	（年未詳）2・—	紀伊守之〔元〕助（花押）			書状写	常在寺文書（岐1—58頁）
31	（　）3・27	紀伊守（花押）	村山織部正殿		書状写	村山文書（岐1—671頁）
32	（　）9・22	池田勝入恒興（花押）	玉井小兵衛殿進之候	×	書状	玉井文書

付表2　池田恒興受給文書目録

No.	年月日	文書名	宛所	形	出典（刊本）
1	永禄6・12・—	織田信長判物	池田勝三郎殿		岡山池田文書（『増訂織田信長文書の研究上巻』78頁）
2	天正元・9・7	織田信長朱印状	池田勝三郎殿	×	岡山池田文書（岡古4—335頁）
3	（年未詳）5・24	織田信長判物写	池田勝三郎殿		武家事紀29（『増訂織田信長文書の研究上巻』687頁）
4	（　）7・27	某書状案	池田勝三郎とのへ・兼松又四郎とのへ	×	兼松文書（岐4—771頁）
5	（天正12）3・20	羽柴秀吉書状写	池勝入御返報	△	岡山池田文書（岐4—1065頁）

付表3　池田利隆発給文書目録

No.	年月日	署判	宛所	形	内容	出典（刊本）
1	慶長元・3・吉	池田新蔵照国書判	太子堂		寄進状写	正太寺文書（『豊橋市史5』376頁）
2	2・6・19	池新蔵□□	本田豊前殿へ	△	起請文	岡山池田文書
3	8・3・7				掟書写	武州様法令（『藩法集1』931頁）
4	8・6・16				掟書写	武州様法令（『藩法集1』931頁）
5	8・6・20				条書写	武州様法令（『藩法集1』932頁）
6	8・6・20				条書写	武州様法令（『藩法集1』932頁）
7	8・10・10	池田新蔵照直（花押）	八幡山中坊		寄進状	三浦周行氏所蔵文書（大日史12―21―19頁）
8	9・⑧・28	判			掟書写	武州様法令（『藩法集1』933頁）
9	9・11・11	御名御判	柘植市兵衛とのへ		知行充行状写	柘植貞利家譜
10	（9）11・11	御名御判	鷲見五郎兵衛とのへ		知行充行状写	鷲見保利家譜
11	9・11・11	御名御判	加納五助とのへ		知行充行状写	鹿野義智家譜
12	9・11・11	御名御判	小原平作とのへ		知行充行状写	大原直鑑家譜
13	9・11・11	御名御判	柴山勘四郎とのへ		知行充行状写	柴山辰三郎家譜
14	9・11・11	御名御判	山本加兵衛とのへ		知行充行状写	山本宣政家譜
15	9・11・11	御名御判	栗木助三郎とのへ		知行充行状写	栗木繁栄家譜
16	9・11・11	照直（花押）	本田又助殿	×	知行充行状写	井伊文書
17	9・11・11	照直（花押）	磯部半右衛門とのへ	×	知行充行状	平成三年『古典籍下見展観大入札会目録』
18	9・11・11	照直（花押）	伊庭右衛門作とのへ	×	知行充行状	岡山池田文書
19	9・11・11	御名御判	加藤久兵衛とのへ		知行充行状写	加藤弥太郎家譜
20	9・11・11	御名御判	番藤左衛門とのへ		知行充行状写	番義登家譜

21	9・12・2	照直（花押）	社務大守		寄進状	吉備津彦神社文書（『吉備津彦神社史料』P49）
22	9・12・4	照直（花押）	松原弥平次殿	×	知行充行状	岡山池田文書（岡古4—352頁）
23	9・12・20	照直（花押）	遍照院		判物	金山寺文書（岡古2—45頁）
24	（10）1・26	新蔵照直（花押）	佐橋三右衛門とのへ		書状	吉備津彦神社文書（『吉備津彦神社史料』49頁）
25	10・6・20	判			掟書写	武州様法令（『藩法集1』933頁）
26	11・2・18				定書写	武州様法令（『藩法集1』933頁）
27	11・11・20	判	鵜飼次大夫		掟書写	武州様法令（『藩法集1』933頁）
28	（年未詳）3・17	新蔵照直（花押）	ト安	△	書状	平成三年『古典籍下見展観大入札会目録』
29	慶長12・9・29	御名御判	番藤左衛門とのへ		知行充行状写	番義登家譜
30	13・8・10				掟書写	武州様法令（『藩法集1』940頁）
31	13・8・10				掟書写	武州様法令（『藩法集1』940頁）
32	15・②・23	判			掟書写	武州様法令（『藩法集1』939頁）
33	15・3・23	御名御判	番藤左衛門とのへ		知行充行状写	番義登家譜
34	15・8・27	輝直（花押）	松原弥平次殿	×	知行充行状	岡山池田文書（岡古4—354頁）
35	（15）11・6	松武蔵輝直（花押）	（滝豊前様人々御中）	×	書状	名古屋大学所蔵滝川文書（『名古屋大学文学部研究論集』史学23号4頁）
36	16・3・4	輝直判			法度写	武州様法令（『藩法集1』941頁）
37	16・3・10	判			定書写	武州様法令（『藩法集1』941頁）
38	16・3・10				定書写	武州様法令（『藩法集1』941頁）
39	17・11・21				定書写	武州様法令（『藩法集1』943頁）
40	17・11・21				定書写	武州様法令（『藩法集1』943頁）
41	（年未詳）1・20	武蔵輝直（花押）	田宮対馬殿		書状写	藩中古文書7
42	（　）2・9	松武蔵守輝直（花押）	滝川豊前様人々御中	×	書状	堀江滝三郎氏所蔵滝川文書

43	（　）3・3	松武蔵輝直（花押）		△	書状	佐藤行信氏所蔵文書
44	（　）5・28	松武蔵輝国（直）花押	可児兵太との・武藤庄右衛門との御宿所		書状写	東作誌（『新訂訳文作陽誌中巻』567頁）
45	（　）7・3	松武蔵輝国（直）花押	可児兵太との御宿所		書状写	東作誌（『新訂訳文作陽誌中巻』572頁）
46	（　）7・5	武蔵輝直（花押）	高木甚左衛門殿・加賀九郎左衛門殿・滝山太郎左衛門殿・宮脇清七殿	×	書状	香河文書（『資料調査報告書』17号24頁）
47	（　）7・7	松武蔵輝直（花押）	□庵老御宿所	△	書状	尊経閣文庫所蔵文書
48	（　）7・20	御名御名乗	臼井重大夫とのへ		書状写	臼井貞雄家譜
49	（　）11・16	武蔵輝直（花押）	保斎	△	書状	『思文閣古書資料目録』121号
50	（　）12・4	武蔵輝直（花押）	飯間猪左衛門殿・岡島五郎右衛門殿・中村助兵衛殿	×	書状	岡島文書
51	（　）12・7	武蔵輝直（花押）	山田兵左衛門尉殿		書状	来住文書（岡古4—104頁）
52	慶長18・6・1	判			定書写	武州様法令（『藩法集1』944頁）
53	18・7・13				定書写	武州様法令（『藩法集1』944頁）
54	18・8・4	玄隆御判			定書写	武州様法令（『藩法集1』946頁）
55	18・8・4				定書写	武州様法令（『藩法集1』946頁）
56	18・8・4				条書写	武州様法令（『藩法集1』945頁）
57	18・8・4				条書写	武州様法令（『藩法集1』945頁）
58	18・8・9				掟書写	武州様法令（『藩法集1』945頁）
59	（18）8・20	武蔵玄隆（花押）	（荒尾但馬殿）	×	書状	津田元徳氏所蔵文書（大日史12—21—359頁）
60	（18）9・25	松平武蔵守玄隆（花押）・松平左衛門督忠継（花押）	松平土佐守様人々御中	×	書状	山内文書（『山内家史料第二代忠豊公第一篇』192頁）

61	18・11・7	玄隆（花押）	池田越前守殿	×	知行充行状	岡山池田文書（兵・近1―381頁）
62	18・11・7	御名御判	神戸式部少輔とのへ		知行充行状写	神戸光太郎家譜
63	18・11・7	玄隆（花押）	伊庭当大夫とのへ	×	知行充行状	岡山池田文書
64	18・11・―	御名御判	小原平大夫とのへ		知行充行状写	大原勘蔵家譜
65	18・11・7	玄隆（花押）	花井仁左衛門とのへ	×	知行充行状	紙の博物館所蔵文書
66	18・11・7	御名御判	山本加兵衛とのへ		知行充行状写	山本宣政家譜（『龍野市史5』32頁）
67	18・11・7	御名御判	中村宗三郎とのへ		知行充行状写	中村定夫家譜
68	18・11・7	御名御判	道雲		知行充行状写	番義登家譜
69	18・11・7	玄隆（花押）	松原平右衛門尉とのへ	×	知行充行状	岡山池田文書（岡古4―356頁）
70	18・11・25	松平武蔵守玄隆（花押）	清水寺	×	判物	清水寺文書
71	18・11・25	池田武蔵守玄隆花押	書写山		寄進状	円教寺文書（『姫路城史上巻』701頁）
72	18・11・25	松平武蔵守玄隆（花押）	増位山	×	寄進状	随願寺文書（『姫路市史10』337頁）
73	18・11・25	松平武蔵守玄隆（花押）	国清寺	×	寄進状	国清寺文書
74	18・11・25	玄隆花押	総社社家中		寄進状	総社文書（『姫路城史上巻』702頁）
75	18・11・25	松平武蔵守玄隆（花押）	鵤寺	×	寄進状	斑鳩寺文書（『太子町史3』542頁）
76	18・11・25	松平武蔵守玄隆（花押）	鶴林寺	×	寄進状	鶴林寺文書（大日史12―13―284頁）
77	18・11・25	松平武蔵守玄隆御判	上部左近大夫殿		寄進状写	上部文書（『三重県史資料編近世1』800頁）
78	19・2・15	玄隆花押	総社		禁制	総社文書（『姫路城史上巻』702頁）
79	（19）6・7	武蔵	（蒲田七兵へ殿）	×	書状	岡山池田文書（岡古4―356頁）
80	（19）6・7	むさし	うは参		書状	古田氏所蔵文書（『池田光政公伝上巻』260頁）
81	（19）8・16	むさし	うは参		書状	古田氏所蔵文書（『池田光政公伝上巻』261頁）
82	（19）8・29	むさし	うは参		書状	古田氏所蔵文書（『池田光政公伝上巻』261頁）

83	19・10・10	興国公御名判			軍法写	池田家履歴略記4（大日史12―15―514頁）
84	19・10・15	御名御判	神戸式部少輔とのへ		知行充行状写	神戸光太郎家譜
85	19・10・18	松平武蔵守（花押）	生島村		禁制	栗山五左衛門氏所蔵文書（『尼崎市史5』32頁）
86	19・10・18	松平武蔵守（花押）	吉志部村		禁制	竹原秀三氏所蔵文書（『吹田市史6』10頁）
87	19・10・18	松平武蔵守（花押）	塚口村	○	禁制	興正寺文書（大日史12―15―762頁）
88	19・10・18	松平武蔵守花押	西宮		禁制写	尼崎志（『姫路城史上巻』708頁）
89	19・10・18	松平武蔵守（花押）		○	禁制	西村文書（兵・中1―440頁）
90	（19）10・20	武蔵御居判	丹羽山城守殿		書状写	池田家履歴略記4（大日史12―15―516頁）
91	（19）10・21	武蔵	（土肥周防殿）	×	書状	庄司浅水氏持参文書
92	（19）10・21	武蔵	（土肥周防守殿）	×	書状	庄司浅水氏持参文書
93	（19）12・1	松平武蔵守玄隆（花押）	羽柴備後守様御報	△	書状	尊経閣文庫所蔵文書
94	（20）2・2	松武蔵守玄隆（花押） 松右衛門督忠継（花押）	松右衛門様・与安法印様・後藤少三郎様人々御中		書状写	後藤庄三郎家古文書（大日史12―17―780頁）
95	（20）2・27	松平武蔵守玄隆（花押）	安藤帯刀様人々御中	△	書状	大阪城天守閣所蔵文書（『大阪城天守閣紀要』10号12頁）
96	（年未詳）10・1	武蔵玄隆（花押）	加賀対馬守殿	×	書状	香河文書（『資料調査報告書』17号23頁）
97	（　）11・6	武蔵玄隆（花押）	加賀対馬殿	×	書状	香河文書（『資料調査報告書』17号24頁）
98	（　）11・11	武蔵玄隆（花押）	加賀対馬守殿	×	書状	香河文書（『資料調査報告書』17号23頁）
99	（　）12・5	武蔵玄隆（花押）	荒尾但馬守殿・和田壱岐守殿・津田将監殿・荒尾志摩守殿		書状	吉備津彦神社文書（『吉備津彦神社史料』51頁）
100	（元和元）4・28	むさし	うは参		書状	古田氏所蔵文書（『池田光政公伝上巻』254頁）
101	（　元）5・1	武蔵御名判	土肥周防殿		書状写	池田家履歴略記4（大日史12―18―532頁）

102	（元）5・6	（武蔵）	（丹羽山城殿）		書状写	池田家履歴略記4（大日史12―19―509頁）
103	（元）5・10	武蔵御判なし	土肥周防殿		書状写	池田家履歴略記4（大日史12―20―345頁）
104	（元）⑥・9	武蔵	（養元まいる）	×	書状	岡山池田文書（岡古4―358頁）
105	（元）⑥・10	利隆（花押）（松平武蔵守）	（伝長老様侍衣閣下）	○	書状	金地院文書
106	（元）⑥・15	むさし	うは参		書状	古田氏所蔵文書（『池田光政公伝上巻』262頁）
107	元・10・29	利隆（花押）	佐分利四郎左衛門尉とのへ		知行充行状	佐分文書（岡古4―117頁）
108	（元）12・28	武蔵	養元まいる	×	書状	岡山池田文書（岡古4―359頁）
109	（2）3・6	むさし	うは参		書状	古田氏所蔵文書（『池田光政公伝上巻』263頁）
110	2・3・21	利隆（花押）	花井二左衛門尉殿	×	知行充行状	紙の博物館所蔵文書
111	（年未詳）4・11	武蔵利隆（花押）	（池田越前守殿）	×	書状	岩坂義郎氏所蔵文書
112	（　）4・12	松武蔵守利隆（花押）	羽右近様御報		書状断簡	明眼院文書
113	（　）4・23	武蔵利隆（花押）	加賀対馬守殿	×	書状	香河文書（『資料調査報告書』17号24頁）
114	（　）5・17	松平武蔵守	羽柴右近様人々御中		書状写	森家先代実録6（『岡山県史25』95頁）
115	（　）5・23	武蔵利隆（黒印）	佐分利四郎左衛門とのへ		書状	佐分文書（岡古4―117頁）
116	（　）9・1	（かん原より）	（おちや□□まいる）	×	書状	岡山池田文書
117	（　）12・25	武蔵	山田兵左衛門尉殿		書状	来住文書（岡古4―105頁）

付表4　池田利隆受給文書目録

No.	年月日	文書名	宛所	形	出典（刊本）
1	（年未詳）1・4	徳川秀忠御内書	池田新蔵殿	×	岡山池田文書（岡古4―352頁）
2	慶長10・4・21	後陽成天皇口宣案写	正五位下豊臣照直（叙従四位下）		「柳原家記録38」所収総光卿符案御教書等
3	（年未詳）5・4	徳川秀忠御内書	羽柴右衛門督とのへ	×	岡山池田文書（岡古4―352頁）
4	（　）12・27	徳川秀忠御内書	羽柴右衛門督とのへ	×	岡山池田文書（岡古4―352頁）
5	（慶長12）10・4	徳川家康御内書	松平武蔵守とのへ	×	岡山池田文書（岡古4―353頁）
6	（14）5・11	徳川秀忠御内書写	松平武蔵守とのへ		池田家履歴略記3（大日史12―6―155頁）
7	（14）8・10	徳川家康御内書	松平武蔵守とのへ	×	岡山池田文書（岡古4―354頁）
8	（17）3・4	徳川秀忠御内書	松平武蔵守とのへ	×	岡山池田文書（岡古4―355頁）
9	（17）3・5	徳川秀忠御内書	松平武蔵守とのへ	×	岡山池田文書（『池田光政公伝上巻』274頁）
10	（17）3・6	徳川秀忠御内書	松平武蔵守とのへ	×	岡山池田文書（岡古4―355頁）
11	（17）3・8	徳川秀忠御内書	松平武蔵守とのへ	×	岡山池田文書（岡古4―355頁）
12	（年未詳）3・21	徳川秀忠御内書	松平武蔵守とのへ	×	岡山池田文書（岡古4―355頁）
13	（　）9・5	羽柴秀頼書状	松平武蔵守殿	×	岡山池田文書（岡古4―354頁）
14	（　）12・17	羽柴秀頼書状	松平武蔵守殿	×	岡山池田文書（岡古4―355頁）
15	（慶長19）10・4	板倉勝重書状写	松平武蔵守様貴報		黄薇古簡集5（刊本129頁）
16	（19）10・16	戸川達安書状	武州様	×	岡山池田文書（岡古4―357頁）
17	（19）10・25	島津家久書状	（池田武蔵守殿人々御中）	×	島津文書（『鹿児島県史料　旧記雑録後編4』1186）
18	（元和元）4・17	浅野長晟書状案写	松武蔵守様・松平宮内様・加式部様・生讃岐様・松平土佐守様		浅野家旧記1（大日史12―18―233頁）
19	（　元）9・1	徳川秀忠御内書	松平武蔵守とのへ	×	岡山池田文書（岡古4―358頁）

付表5　池田忠継発給文書目録

No.	年月日	署判	宛所	形	内容	出典（刊本）
1	慶長18・1・11	忠継判	上部久八郎殿		寄進状写	上部文書（『三重県史資料編近世1』800頁）
2	（18）9・25	松平武蔵守玄隆（花押）・松平左衛門督忠継（花押）	松平土佐守様人々御中	×	書状	山内文書（『山内家史料第二代忠豊公紀第一篇』192頁）
3	（18）12・4	忠継御花押	和田壱岐守殿		知行目録写	和田信美家譜
4	18・12・4	御名御判	福田和泉守殿		知行目録写	福田久道家譜
5	18・12・4	御判	管権助殿	○	知行目録写	管文書（『資料調査報告書』7号15頁）
6	18・12・4	御名御判	矢野助進とのへ		知行目録写	矢野春太郎家譜
7	18・12・4	御名御判	国府内蔵丞とのへ		知行充行状写	国府久孝家譜
8	18・12・4	御名御判	由井伊豆守とのへ		知行充行状写	唯武次郎家譜
9	18・12・4	御名御判	黒田八右衛門とのへ		知行充行状写	黒田定清家譜
10	18・12・4	御名御判	佐藤半左衛門とのへ		知行充行状写	佐藤繁雄家譜
11	18・12・4	御名御判	高木外記とのへ		知行充行状写	高木正次家譜
12	18・12・4	御名御判	円山太郎右衛門とのへ		知行充行状写	円山峯良家譜
13	18・12・4	御名御判	渡瀬淡路守とのへ		知行充行状写	渡瀬政雄家譜
14	18・12・4	忠継（花押）		×	知行充行状写	阿波国古文書1
15	18・12・4	御名御判	佐藤少兵衛とのへ		知行充行状写	佐藤長樹家譜
16	18・12・4	御名御判	高木善右衛門とのへ		知行充行状写	高木間家譜
17	18・12・4	御名御判	加藤小十郎とのへ		知行充行状写	加藤松蔵家譜
18	18・12・4	御名御判	河毛十兵衛とのへ		知行充行状写	河毛楢藻家譜
19	18・12・4	忠継（花押）	佐分利九丞殿	×	知行充行状	平成四年『古典籍下見展観大入札会目録』

20	18・12・4	御名御判	深田六郎右衛門とのへ		知行充行状写	深田半家譜
21	18・12・4	御名御判	森次右衛門とのへ		知行充行状写	森英秋家譜
22	18・12・4	御名御判	山岡三郎右衛門とのへ		知行充行状写	山岡景明家譜
23	18・12・4	御名御判	高木長兵衛とのへ		知行充行状写	高木政定家譜
24	18・12・4	御名御判	田中兵助とのへ		知行充行状写	田中律造家譜
25	18・12・4	御名御判	石黒善右衛門殿		知行充行状写	石黒忠一家譜
26	18・12・4	御名御判	加藤次兵衛とのへ		知行充行状写	加藤治平家譜
27	18・12・4	御名御判	秋田少吉とのへ		知行充行状写	秋田実家譜
28	18・12・4	御名御判	井上甚左衛門とのへ		知行充行状写	井上運家譜
29	18・12・4	忠継（花押）	植木権大夫殿	×	知行充行状	滝川文書
30	18・12・4	御名御判	臼井重大夫とのへ		知行充行状写	臼井貞雄家譜
31	18・12・4	御名御判	岡角介とのへ		知行充行状写	栗田覚也家譜
32	18・12・4	御名御判	佐久間小三郎とのへ		知行充行状写	佐久間貞之家譜
33	18・12・4	御名御判	沢助左衛門とのへ		知行充行状写	沢新吾家譜
34	18・12・4	御名御判	寺島彦太郎とのへ		知行充行状写	寺島宗敬家譜
35	18・12・4	御名御判	福原清左衛門殿		知行充行状写	福原力家譜
36	18・12・4	御名御判	伏屋作十郎殿		知行充行状写	伏屋親吾家譜
37	18・12・4	御名御判	道家左太郎とのへ		知行充行状写	道家佐太郎家譜
38	18・12・4	御名御判	毛利孫左衛門とのへ		知行充行状写	毛利慎吾家譜
39	18・12・4	御名御判	山田兵左衛門とのへ		知行充行状写	山田易直家譜
40	18・12・4	忠継（花押）		×	知行充行状	昌蔵寺文書（『福井県史資料編4』35頁）
41	18・12・4	御名御判	管忠左衛門とのへ		知行充行状写	管権九郎家譜

42	18・12・4	御名御判	浅田茂兵衛とのへ		知行充行状写	浅田利一家譜
43	18・12・4	御名御判	大島五郎兵衛とのへ		知行充行状写	大島貞州家譜
44	18・12・4	御名御判	鷲見五郎兵衛とのへ		知行充行状写	鷲見保利家譜
45	18・12・4	御名御判	詫間源之丞とのへ		知行充行状写	詫間半蔵家譜
46	18・12・4	御名御判	三品甚五兵衛とのへ		知行充行状写	三品久幸家譜
47	18・12・4	御名御判	吉村久三郎とのへ		知行充行状写	吉村織人家譜
48	18・12・4	御名御判	竹村金左衛門とのへ		知行充行状写	竹村勝任家譜
49	18・12・4	御名御判	小川新左衛門とのへ		知行充行状写	小川利衛家譜
50	18・12・4	御名御判	鷲見源十郎とのへ		知行充行状写	鷲見甚蔵家譜
51	18・12・4	御名御判	愛洲孫丞とのへ		知行充行状写	愛洲政幸家譜
52	18・12・4	御名御判	安部助右衛門とのへ		知行充行状写	真田幸明家譜
53	18・12・4	御名御判	小原平大夫とのへ		知行充行状写	大原直鑑家譜
54	18・12・4	御名御判	河毛四郎三郎とのへ		知行充行状写	河毛清如家譜
55	18・12・4	御名御判	佐治半右衛門とのへ		知行充行状写	佐治所平家譜
56	18・12・4	御名御判	篠尾半兵衛とのへ		知行充行状写	笹尾喜藤次家譜
57	18・12・4	忠継（花押）	志賀孫左衛門殿	×	知行充行状写	杉本志賀文書
58	18・12・4	御名御判	柴山勘四郎とのへ		知行充行状写	柴山辰三郎家譜
59	18・12・4	御名御判	円山九郎兵衛とのへ		知行充行状写	円山峯良家譜
60	18・12・4	御名御判	宮脇又兵衛とのへ		知行充行状写	宮脇熊太郎家譜
61	18・12・4	御名御判	柘植久次郎とのへ		知行充行状写	柘植貞利家譜
62	18・12・4	御名御判	大久保八兵衛とのへ		知行充行状写	大久保忠綱家譜
63	18・12・4	御名御判	隠岐善兵衛とのへ		知行充行状写	隠岐鈴蔵家譜

64	18・12・4	御名御判	栗木四郎左衛門とのへ		知行充行状写	栗木繁栄家譜
65	18・12・4	御名御判	佐々久兵衛とのへ		知行充行状写	佐々弥次郎家譜
66	18・12・4	御名御判	沢次右衛門とのへ		知行充行状写	沢敏太郎家譜
67	18・12・4	御名御判	沢住加兵衛とのへ		知行充行状写	沢住信省家譜
68	18・12・4	御名御判	清水忠兵衛とのへ		知行充行状写	清水千万人家譜
69	18・12・4	御名御判	神弥次右衛門とのへ		知行充行状写	神茂明家譜
70	18・12・4	忠継御判	平尾喜左衛門とのへ		知行充行状写	平尾喜左衛門軍功書
71	18・12・4	御名御判	矢野弥左衛門とのへ		知行充行状写	矢野年雄家譜
72	18・12・4	御名御判	渡辺十左衛門とのへ		知行充行状写	渡辺弥家譜
73	18・12・4	忠継（花押）	多田九郎三郎殿	×	知行充行状	多田文書
74	18・—・—	御名御判	石黒久六郎とのへ		知行充行状写	石黒忠一家譜
75	18・12・4	御名御判	大坪孫助とのへ		知行充行状写	大坪正道家譜
76	18・12・4	御名御判	加藤久兵衛とのへ		知行充行状写	加藤弥太郎家譜
77	18・12・4	御名御判	国田理兵衛とのへ		知行充行状写	国田重定家譜
78	18・12・4	御名御判	菅沼勘十郎とのへ		知行充行状写	菅沼武次郎家譜
79	18・12・4	御名御判	武宮久兵衛とのへ		知行充行状写	武宮丹治家譜
80	18・12・4	御名御判	柘植竜介とのへ		知行充行状写	柘植梅清家譜
81	18・12・4	御名御判	中島茂左衛門とのへ		知行充行状写	中島鉄太郎家譜
82	18・12・4	御名御判	那須忠右衛門とのへ		知行充行状写	那須勝蔵家譜
83	18・12・4	御名御判	西村加右衛門とのへ		知行充行状写	西村久恒家譜
84	18・12・4	御名御判	八田加兵衛とのへ		知行充行状写	八田秀也家譜
85	18・12・4	御名御判	円山平四郎とのへ		知行充行状写	円山万寿吉家譜

86	18・12・4	御名御判	宮田清三郎とのへ		知行充行状写	宮田虎吉家譜
87	18・12・4	御名御判	矢島十右衛門とのへ		知行充行状写	矢島幹太郎家譜
88	18・12・4	御名御判	吉村忠右衛門とのへ		知行充行状写	吉村忠家譜
89	18・12・4	御名御判	大原清大夫とのへ		知行充行状写	小原武利家譜
90	18・12・4	御名御判	杉山勘右衛門とのへ		知行充行状写	杉山昌世家譜
91	18・12・4	御名御判	村岡弥七殿		知行充行状写	村岡伝内家譜
92	18・12・4	御名御判	金井山城とのへ		知行充行状写	金井武次郎家譜
93	18・12・4	御名御判	丹羽助九郎とのへ		知行充行状写	丹羽長義家譜
94	18・12・4	御名御判	三郎右衛門江		知行充行状写	野間政次郎家譜
95	18・12・4	忠継（花押）	備前一品宮社務大守	×	寄進状	吉備津彦神社文書（『吉備津彦神社史料』53頁）
96	18・12・4	忠継判	上部久八郎殿		寄進状写	上部文書（『三重県史資料編近世1』800頁）
97	（19）10・13	松平左衛門督忠継花押	本多上野様・安藤帯刀様御報		書状写	中村不能斎採集文書10
98	19・11・5	忠継（花押）		○	軍法写	因幡志40
99	（19）11・晦	忠継（花押）	管権介殿	×	感状	管文書（『資料調査報告書』7号17頁）
100	（20）2・2	松武蔵守玄隆（花押）・松右衛門督忠継（花押）	松右衛門様・与安法印様・後藤少三郎様人々御中		書状写	後藤庄三郎家古文書（大日史12—17—780頁）
101	（年未詳）7・5	忠継（花押）	飯沼伊左衛門殿・岡島五郎右衛門殿・中村助兵衛殿・清水忠兵衛殿	×	書状	岡島文書
102	（　）12・24	御名御判	三品五兵衛とのへ		書状写	三品久幸家譜
103	（　）—・—			×	書状	崇福寺文書（『岐阜県史史料編古代・中世1』98頁）

補遺

1	慶長18・12・4	忠継（花押）	小崎半兵衛殿	×	知行充行状	小崎文書
2	18・―・―	忠継（花押）	森本作兵衛とのへ	×	知行充行状写	東作誌（『新訂訳文作陽誌下巻』2110頁）

付表6　池田忠継受給文書目録

No.	年月日	文書名	宛所	形	出典（刊本）
1	（慶長14）10・21	勧修寺光豊等連署書状案	播磨松平侍従殿		勧修寺光豊公文案2（大日史12―6―732頁）
2	（慶長14）10・21	勧修寺光豊書状案	播磨松平侍従殿		勧修寺光豊公文案2（大日史12―6―732頁）
3	（18）2・14	松平利光書状写	松平左衛門督様人々御中		古今消息集4
4	（19）11・7	徳川家康御内書	松平左衛門督とのへ		鳥取池田文書（大日史12―15―851頁）
5	（20）2・21	徳川秀忠御内書	松平左衛門督とのへ		塚本文書（大日史12―17―832頁）

（注）年月日欄・署判欄・宛所欄・形（形態）欄・刊本欄における要項・略号は池田輝政発給文書目録等に同じ。また、受給文書のうち輝政発給文書については省略した。なお、原本未確認のものについては刊本の記載通りとした。

補論一　池田忠継宛徳川家康領知判物写について

先に私は、池田輝政の発給文書について基礎的検討を行うとともに、そこにおいて輝政・利隆・忠継について発給・受給文書目録を掲げておいたが、[1] その後における史料蒐集によって、さらに数点の史料を見いだすに至っている。その数字だけを示せば、輝政発給五点、同受給一四点、利隆発給三点、同受給一五点、忠継受給四点、という具合である。それらのなかには、既に刊本史料集に収録されている、いわば見落としというべきものもあるが、その大半は未刊史料である。ここでは、それらの未刊史料のうちでも、初期徳川政権期における輝政父子の政治的地位を考えていくうえで特に興味深いものの一つと思われる、忠継宛徳川家康領知判物写について紹介し、あわせて若干の検討を行うこととしたい。

まず、史料の全文を掲げる。

備前一ケ国之事、」永充行訖、」全可」領知者也、仍如件、

慶長八年二月十四日　御判（徳川家康）

藤松殿（池田忠継）

本文書は、鳥取県立博物館所蔵「鳥取藩政資料」のなかの一点である（資料番号14201）。その存在についてはこれまではほとんど知られておらず、昨年、同館より刊行された『鳥取藩政資料目録』に収録されたことにより、そ

の存在が公にされたといっても過言ではないであろう。内容はいうまでもないが、輝政の五男忠継が徳川家康より備前一国を充行われたものである。文書そのものは後世の写しであり、署判部分には「御判」とあるにすぎないが、包紙ウハ書に「権現様御判物　松平左衛門督事藤松頂戴」とあるのをみるまでもなく、年代・内容から判断して、家康の判物であることは間違いない。

忠継は慶長四年の生まれで、この年、わずか五歳にすぎない。輝政の五男であるが、後妻良正院（家康次女）所生の長子であったため、嫡兄利隆に次ぐ、実質的には次男の地位に位置付けられたといえる。忠継の備前拝領については、「池田家履歴略記」巻三によれば、この年二月六日に、忠継は伏見城において初めて家康に拝謁し、備前一国を充行われたといい[2]、また「当代記」巻三によれば、同国は輝政が充行われ、その「朱印」が出されたというが[3]、いずれも確実な史料とはいえない。しかし本文書の存在によって、少なくとも、備前国は忠継に判物をもって充行われたものであったことが確認される。なお、忠継の家康拝謁については確認しえないが、その可能性は高いであろう。ちなみに、記録類の伝える拝領日と本文書の日付は一致していないが、同月十二日、すなわち本文書の二日前に家康は将軍宣下をうけていることからみると、忠継の拝謁と同国拝領は六日に行われ、判物はその後に発給された、と考えられようか。

さて、本文書が注目されるのは、第一に、その存在そのものにある。家康生前における国持クラスの大名宛の領知判物の残存は極めて少なく、そのためそれらの大名に対して、基本的に領知判物が発給されていたのかどうかということも明確とはなっていない。その初見は、慶長七年七月二十七日付佐竹侍従（義宣）宛で出羽国内秋田・仙北両所を充行ったものである[4]。本文書はそれに次ぐものであるが、それだけではなく、一国以上の充行としては初見のものとなる。これまでは、国持大名に対する一国規模の安堵・充行は、同十三年三月の越後松平（堀）忠俊宛[5]が初見であったが、本文書はそれよりも五年さかのぼるものとなる。そして、前年における佐竹氏宛に続き、この忠継宛の存在が確認されたことをみると、関ヶ原合戦直後におけるものについてはともかくとして、以降における一国規模の領知の充行・安堵については、基本的には随時に領知判物が発給されていたと想定していいであろう。

また、それらの領知判物に特徴的なのは、本文書についても単に「備前一ケ国之事、永充行訖」とあるように、石高記載がみられないことである。この点は、慶長十三年八月の尾張徳川義直宛秀忠判物[6]、同十九年九月の加賀松平（前田）利光宛家康判物・秀忠判物[7]についても同様であるので、家康生前期においては、かなり一般的な状況であったと想定される。その一方、慶長十三年十一月の伊賀藤堂高虎宛[8]、同十七年六月の肥後加藤忠広宛[9]など、石高記載が明記されるものもみられるようになっており、それは、元和三年九月における秀忠の一斉的な代替わり安堵判物によって、一般化するに至る。これは、当初においては家康による国持大名に対する充行は、国そのものを充行うものであったこと、そのためそれについての石高設定は必ずしも伴うものではなかったことを示していると考えられる。そして、その後において、徳川氏とそれら国持大名との間で領知高の明確化が、具体的には役負担等をめぐって図られていき、最終的には慶長十八年の御前帳高改定によって確定されることとなるとみられる。

ちなみに、本文書は、輝政父子に関して、領知判物としては初めて確認されるものとなる。関ヶ原合戦直後における輝政の播磨拝領についてはともかくとして、この忠継の備前拝領に際して領知判物が出されていたことが確認されたことから、その後における忠雄の淡路拝領、利隆の播磨継承、忠雄の備前継承に際しても、同様にこうした領知判物が発給されたことは、ほぼ間違いないと想定されるであろう。

注目すべき第二は、本文書の宛名の記載の仕方にある。すなわち、宛名が単に「藤松殿」とのみあることである。当時、父輝政・兄利隆ともに「羽柴」名字を称していたが、ここで忠継については何らの名字も冠されていない。一般に、格下の者に対して名字を省略する場合は、「同名」であることを意味し、すなわち一門の扱いをうけているととらえることができる。この忠継の場合も、そのようにとらえうるであろう。忠継は、後に家康もしくは秀忠から「松平」名字を拝領し、成人後は一貫して「松平」名字を称する。その拝領の年次について、系図類では慶長十三年四月十八日とし、秀忠への拝謁にともなっての、元服・任官と同時のこととしているが、その元服・任官は翌十四年五月のことであることから、[10]同日は秀忠への拝謁を示しているかと想定されるにすぎず、[11]従って、名字拝領についても同日時とすることに確証があるわけではない。むしろ、本文書において、既に名字を省略されていることから考えると、忠継は当初より徳川氏から一門としての扱いをうけており、成人後における「松平」名字呼称は、それを公式に示すものととらえることもできよう。

この点は、忠継の元服と同時における侍従任官とも関連している。国持大名において侍従以上の任官は、ほぼ当主およびその嫡子に限定されており、庶子の侍従任官は原則的にはみられていない。その意味では、忠継の侍従任官は、嫡子以外における場合のものとして最初の事例となる。そして、その種の事例は以後、寛永期までをみても、越前松平氏、忠継・忠雄の弟輝澄、会津蒲生忠郷の弟忠知、加賀前田光高の弟利次などにみられるにすぎない。これらに共通しているのは、彼らがいずれも徳川氏宗家の外孫であることであり、その侍従任官は、まさにその点に基づくものであったとみられる。そして、それが純粋な徳川氏一門である越前松平氏と同等のものとなっていることをみると、彼らは宗家の直接の外孫（したがって、養女の所生は該当しない）であったという点で、その一門としての扱いをうけたことが窺われるであろう。

したがって、忠継はおそらく当初より輝政の庶子としてではなく家康の外孫として、その一門と位置付けられていた存在であったととらえられる。しかも、忠継の場合は、忠継の家系（弟忠雄が継承し、鳥取藩池田氏として続く）は、歴代侍従以上の任官を遂げ、本家たる利隆の家系（岡山藩池田氏）と対等の存在であったこと、すなわち、本家の「分家」ではなく、「別家」であったことである。この点に関連して注目されるのは、忠継の同母の弟忠雄・輝澄・政綱・輝興がいずれも「松平」名字を拝領しているだけでなく、彼らは利隆系の「分家」ではなく、忠継系の「分家」として位置付けられていたことである。これらのことからみれば、輝政以後の池田氏は、利隆系と忠継系とに分立されたものととらえられる。これは、同様の立場にあった蒲生氏・前田氏にもみられない状況であるが、両氏の場合は本家そのものが徳川氏宗家の外孫であったのに対し、池田氏の場合は本家たる利隆がそうではなかったのであり、そのため忠継系の本家からの分立という事態が生じたものとみられ、むしろそれゆえにこそ、利隆系に対しての、忠継系の徳川氏の一門的性格がより際立たされることとなったとみられる。

こうした忠継系の特殊ともいえる政治的性格については、その後における展開も含めて、なお丹念に追跡していくことが課題とされるが、ここでは、それは忠継の元服以前から、既に用意されていたととらえられるものであることを指摘しておきたい。わずか五歳における備前一国、しかも新規の領国の拝領という事態も、そうした観点に立ってはじめて納得しうる事態といえるであろう。そしてそれは、実質的には父輝政への加増でもあったことから考えれば、徳川政権における輝政の政治的立場についても、単なる外様国持大名として理解するのでは不十分であるとみられ、より広範な視点に立って、その位置付けを追究していくことが必要であると考える。

註

（1）拙稿「池田輝政の発給文書について」（深谷克己編『岡山藩の支配方法と社会構造〈科研費研究成果報告書〉』所収、一九九六年。本書第四章）。

（2）『池田家履歴略記』（日本文教出版株式会社刊、一九六三年）六二頁。

（3）『史籍雑纂第二』（続群書類従完成会刊、一九七四年）七九頁。

（4）「義宣家譜」（『新訂徳川家康文書の研究　下巻之二』二一八頁）。

（5）「堀家文書」（同上、五三二頁）。

（6）「徳川美術館所蔵文書」（『新修徳川家康文書の研究』三九三頁）。

（7）「権現様御朱印写」（註4書、八四三～八四五頁）。

（8）「宗国史」（註4書、五六〇頁）。

（9）「下川文書」（『熊本県史料　中世篇第五』三八六頁）。

（10）この点については、堀新「史料紹介　岡山藩官位関係紹介（二）」（『早稲田大学図書館紀要』四五号、一九九八年）を参照。

（11）ただし、忠継らの秀忠への拝謁についても、「当代記」巻五（註3書、五四九～五五一頁）等では慶長十四年四月のこととしている。とするならば、十三年四月という所伝は実は翌十四年の誤りである可能性も高く、その場合には、忠継・忠雄・輝澄の秀忠拝謁・元服・「松平」名字拝領、忠継の侍従任官は、慶長十四年の四月十八日のことであったと考えることができる。

第五章　福島正則文書の基礎的研究

はじめに

中世から近世への移行期社会の解明については、現在さまざまな視角から研究がすすめられているが、近世が幕藩制社会ととらえられる以上、「藩」＝大名の研究が極めて重要な位置を占めるものであることはいうまでもない。中世～近世移行期という視点からいえば、戦国期から近世へかけての大名権力の変質過程の解明が必須の課題であるといえよう。しかしながら、この期の領主権力についての研究は、中央政権を対象としたものがほとんどであり、大名権力に関する研究は極めて少ない。しかも、そうした大名研究はその大半が藩政史研究の前史、すなわち藩権力の確立過程を追求したものであり、その対象とされる問題や題材とされる大名は極めて限定されたものとなっている。何よりも、その分析視角がいわゆる「近世的」性格の確立過程の解明、あくまでも当該大名の「近世的」転換過程の解明となっているといえ、この期の大名権力の全体像やその固有の在り方の解明という視点は、極めて乏しいといえる。戦国大名から近世大名への転換を、安易に「石高制成立」「兵農分離」に収斂させるのではなく、多様な視角から豊かに具体的な展開過程を明らかにしていくことが必要であろう。

したがって、この時期の大名権力の変質過程を総体的に解明するためには、戦国大名と、いわゆる藩権力が確立した近世大名との間を、「初期近世大名」としてとらえ、当該期の問題関心からその全体像を究明していくという視点と方法が必要であると考える。そして、そこにおいてはとりわけ国持大名に注目することが最も有効であると考える。

慶長〜寛永前期の国持大名については、その多くが改易され、幕末期まで存続したものは極めて少なく、しかも現在までその藩政史料を十分に伝えているものはさらに少ない。また、これまでの大名研究の大半は検地帳や分限帳のみを主たる分析材料としており、その領国支配の全体像の解明という試みはあまりみられていない。さらに慶長〜寛永前期においては、幕藩制的政治構造が確立されていく、その政治史の解明も重要な課題となり、そこでは国持大名の政治動向とその在り方が重要な位置を占めるものといえるが、こうした政治史研究において、これまではほとんど後世に編纂された家譜・記録類に多くを拠ったものとなっている。こうした現状を踏まえて、「初期近世大名」の領国支配とその政治動向を明らかにするためには、当該期の古文書・古記録をもとに追求していくことが必要であり、とりわけその最も基礎的な史料である発給文書に注目する必要があると考える。もとより、発給文書も万能の史料ではなく、内容・性格ともにある程度限定された「部分的」史料であるといわざるをえない。しかし、改易された国持大名を含めた全体像の解明という課題を念頭におくならば、それら発給文書についての分析は必要不可欠な作業であり、同時にそれに基づいた個別大名研究の蓄積によって、はじめて相互の比較検討が可能となり、全体像解明のための視角も共有しうるものになると考える。

本稿では、右の問題意識のもと、福島正則の発給文書について基礎的な考察をおこなうこととしたい(1)。正則は羽柴秀吉の旗本出身の、いわゆる豊臣譜代系の国持大名である。慶長五年の関ヶ原合戦後に安芸・備後二国を領し、その知行高は四九万八千石余、その官位は正四位下・参議にのぼり、当該期の豊臣譜代系大名のなかでは最も政治的地位の高い存在といえる。したがって、関ヶ原合戦後の初期徳川政権期、慶長〜元和期の国持大名を検討していくうえで、この正則は欠かすことのできない検討材料の一つといえる。

正則の発給文書については、現在管見の限りで四二二点の存在を確認することができる。それらを目録化したものが後掲の文書目録（表1）である。[2] このうち何らかの形で活字化されているものは三一三点であり、残る一〇九点は未刊とみられる。ちなみに、正則の発給文書を最も多く収録しているのは『広島県史』であり、一〇五点を収録しているが、全体の四分一以下に止まるものとなっている。発給文書の分析にあたっては、まずその総編年化作業が必要であり、その際の重要な指標となるのが名字・官途などの通称、花押・印判の変遷である。本稿では、まずこれらの点について整理し、次いで発給文書の内容について整理し、その特徴について概観することとしたい。

一、通称・官途と知行高

まず、正則の通称・官途および知行高の変遷について整理することとしたい。正則は、永禄四年（一五六一）に福島市兵衛尉正信の長男として、尾張海東郡二寺村において生まれたといい、母は羽柴秀吉の伯母といわれ、幼少より秀吉に仕え、はじめ知行二百石を与えられたといわれている（「福島家系譜」[3]）。幼名を市松と称し、天正十年（一五八二）九月二十五日に同年の山崎合戦における戦功により播磨神東郡内において知行三百石を加増され（「南郷文書」[4]）、同十一年八月一日には同年の賤ヶ岳合戦における戦功により、近江栗太郡内において改めて知行五千石を与えられている（「大坪正義氏所蔵文書」「京都大学所蔵福島文書」広・近Ⅱ五）[5]。同十三年七月十六日に、秀吉の関白任官にともなって、その諸大夫とされて従五位下・左衛門大夫に叙任された（「書肆渡辺氏待買文書」）[6]。その口宣案には「平正則」とあり、これが実名「正則」についての初見史料となるとともに、これにより、正則が主君秀吉の旧姓にあたる平姓を称していることが知られる。

天正十五年九月五日に、九州仕置にともなって伊予国内において知行一一万三千余石を与えられ（「東京国立博物館所蔵福島文書」広・近Ⅱ六）、ここに正則は「分国」を形成する大名的領主となった。また正則は、知行地とは別に秀吉蔵入地九万石を預けられて合わせて二〇万石を領し、湯築城、次いで国分城を本拠としたといわれている。[7]次いで文禄四年（一五九五）八月に、羽柴秀次改易にともなって尾張国内において知行二〇万石（一説に二四万石）を与えられ（「伏見普請役之帳」）[8]、清須城を本拠とした。なお、この知行地の他に秀吉蔵入地一〇万石余を預けられたといわれる（「福島家系譜」）。そして、慶長二年（一五九七）七月二十六日に従五位下・侍従に叙任され、同時に秀吉より羽柴名字・豊臣姓を与えられた（「柳原家記録三七所収総光卿符案御教書等」）[9]。これにより、正則は平姓から豊臣姓に改姓し、また福島名字から羽柴名字に改称するとともに、侍従任官によって諸大夫から公家成したのである。

以後においては「羽柴左衛門大夫」（No.63他）・「羽柴清須侍従」（No.64他）と称しており、また羽柴名字を称している間は、福島名字はほとんど使用されていない。[10]羽柴名字拝領と公家成大名化は一体的な性格のものであり、これは豊臣政権を構成する諸大名のなかでも秀吉「御一家」（一門）に位置付けられた、極めて特別な政治的地位であった。それらの大半は、秀吉の一門、外様の有力大名であり、ここに正則はそれら有力大名の一員に列せられたととらえられる。そして、そうした政治的地位は、秀吉譜代ではこの正則と青木重吉にのみみられるにすぎないことからみて、正則は秀吉譜代のなかで最も高い政治的地位に位置付けられたといえる。[11]

慶長五年九月の関ヶ原合戦では徳川家康に与してその大手軍総大将を務め、十月にその功賞によって毛利氏旧領の安芸・備後二か国を与えられて、両国を領する国持大名となり、安芸広島城を本拠とした。なお、拝領時の両国の知行高については明確ではないが、前代の毛利氏の慶長検地高によれば四〇万二千石であったと推測される。その後、慶長六年以降における正則の領国検地による増高などが踏まえられ、両国の知行高は元和三年（一六一七）九月に四九万八千余石として確定されることとなる（「京都大学所蔵福島文書」広・近Ⅱ八一）。

そして、慶長七年三月七日に従四位下・左近衛権少将に叙任された（「柳原家記録三八所収総光卿符案御教書等」[12]）。これは、関ヶ原合戦後における外様大名についての侍従以上の官位任官・昇進としてはほぼ最初の事例であり、それ故、これはこの段階において正則の政治的存在が徳川氏から極めて尊重されていたことを示すものといえ、以後においてはそれまでの「羽柴左衛門大夫」という通称とともに、「羽柴安芸少将」（No.176他）・「羽柴広島少将」（No.158他）と称している。ちなみに、この段階で正則以上の官職にある大名としては、中納言の毛利輝元・上杉景勝・小早川秀詮・前田利長、参議の細川忠興・京極高次・丹羽長重・毛利秀元・結城秀康があり、正則と同じ少将には伊達政宗・島津忠恒（家久）がある。

元和元年五月の大坂夏の陣による羽柴氏本宗家（秀頼）の滅亡を契機として、正則は羽柴名字を廃して福島名字に復した。羽柴名字呼称の終見は閏六月十二日（No.257）、福島名字再呼称の初見は八月十四日であり（No.275）、その間に改称したことが知られ、以後においては、その死去まで福島名字を称し、その姓についても豊臣姓から藤原姓に改姓している（表5No.4）。そして元和三年六月二十一日に参議に任官され（「福島家系譜」[13]）、以後においては「福島安芸宰相」（No.328・「京都大学所蔵福島文書」広・近Ⅱ八一他）と称した。正則は元和五年六月に、広島城普請が「武家諸法度」に抵触したことにより、安芸・備後両国を収公され、同年七月に越後魚沼郡内二万五千石・信濃川中島二万石の計四万五千石に転封され、信濃高井郡高井野村に居住した（「福島家系譜」等）。この実質的には改易ともいうべき措置によって、正則は国持大名の地位から退くこととなった。

ちなみに、この転封直前において正則の諸大名中において占めた位置についてみておくと、官職については、中納言の毛利輝元・上杉景勝・徳川義利（義直）・同頼将（頼宣）に次ぐものであり、同じく参議には細川忠興・丹羽長重・毛利秀元・松平忠直・伊達政宗・前田利光（利常）・島津家久があった。また、四九万八千余石の知行高は、前田利光（一二〇万石）・松平忠直（六八万石）・伊達政宗（六二万石）・島津家久（六一万石）・蒲生忠郷（六〇万石）・最上家親（五四万石）・加藤忠広（五四万石）・黒田長政（五〇万石）に次ぐものであった。官位・知行高双方からみても、正則が諸大名中において極めて高い地位にあったことがうかがわれよう。

正則は、両国収公直前の五月末まで「宰相」を称しているが（No.373）、以後においては同官を称しておらず、「福島左衛門大夫」の通称を称している。おそらく、両国収公という処罰にともない、官職については事実上、解官の措置がとられたものと推測される。また、「左衛門大夫」の通称についても、翌六年三月を終見としており（No.383）、同年十二月からは「高斎正印」と称している（No.413）。すなわち、この間に正則は出家し、斎号「高斎」、法名「正印」を称したことが知られる。ちなみに、正則の発給文書は同年閏十二月十八日付のNo.415が終見である。そして正則は、それから四年後の寛永元年（一六二四）七月十三日に信濃高井郡において六十四歳で死去するに至る。

二、花押と印判

次に正則の花押と印判の変遷について整理することとしたい。正則の花押形についてはおよそ六種、印判については六種の存在を確認することができる。以下、個々にその変遷の状況について検討することとしたい。

〔花押1〕

正則の花押形の確認される初見史料であり、正則の初見発給文書である天正十五年（一五八七）八月八日付の№1からみられ、同十九年二月十五日付の№13まで確認することができる。天線と地線を縦中央線で結び、中央線より右側は円形、左側は数本の線によって構成されるという在り方は、浅野長吉・加藤清正・黒田長政などにもみられ、いわば豊臣譜代系大名に共通する特徴の一つであるといえる。正則については、この花押形が以後における花押形についてもその基本形をなしている。なお、この花押1の使用期間にあって、№3は花押3aが据えられており、年紀と整合しないが、これは史料の性格に問題があるととらえられる。

〔花押2〕

天正二十年（文禄元年）二月八日付の№14からみられ、同三年十一月六日付の№23まで確認される。花押1と比べると大幅に簡略化されたものとなっており、具体的には、縦の二本の中央線が太くなって一本化され、中央線より右側の円形部分の外苑部に地線から上に向けてハネが加わり、中央線より左側にあったギザギザが中央線と地線に分かれて乗り、右側円形から伸びていた横線を地線と結んでいた縦線がなくなったものとなっている。花押1からの改判は、天正十九年二月から翌年二月までの間におけるものとなる。その理由は不明であるが、同年からの朝鮮侵略において正則も出陣していることから、この朝鮮渡海との関係が想定される。

〔花押3〕

花押3についてはさらに細かく二種に分類することができ、それぞれ花押3a・花押3bと区別することとする。まず花押3aについては、文禄四年(一五九五)に推定される九月二十六日付の№34からみられ、慶長七年(一六〇二)と推定される十月十二日付の№164まで確認される。花押2と比べると、地線に乗っていたギザギザが、地線と中央縦線の交差部分から左斜め上に伸びる二本線に変化し、地線左端から右斜上に伸びていたハネが、T字型に変化して地線左端から中央よりの部分に接したものとなっている。全体的に、花押2よりも落ち着いた形となっている。花押2からの改判は、文禄三年十一月から翌四年九月までの間におけるものであり、この間の同年八月に正則は尾張清須領を拝領していることから、この清須拝領を契機とするものであったと想定される。

次に花押3bについては、慶長七年十月二十六日付の№176から、同八年と推定される二月十四日付の№178までの三点にみられる。花押3aと比べると、右側円形から左側に伸びていた横線が、細い柔らかい線から強い線に変化し、さらに左側の二本のハネが伸びて、双方がその左上端で接するような形に変化している。極めて微妙な変化といえるが、全体的な雰囲気は、より体裁が整えられている印象を与えるものとなっている。そしてその変化は、慶長七年十月の十二日から二十六日までのごく短い間になされているといえる。

〔花押4〕

慶長八年五月十七日付の№179からみられ、同十五年に推定される六月二日付の№212まで確認される。花押3と比べると、右側円形の外苑部にあった太いハネが消え、地線から中央縦線に右斜め上に伸びていた線が左斜め上に伸びたものに変化し、右側円形から左側に伸びている線と接するようになっており、左側全体が鋭角的になっている。花押3からの改判は、慶長八年二月から五月までの間になされている。なお、この花押4の使用期間にあって、№182は花押6、№187は花押3ａが据えられている。いずれも年紀と整合せず、年紀に誤りがあるか、史料の性格自体に問題があるかいずれかと判断される。

〔花押5〕

慶長十五年十二月七日付の№224の他、年未詳の七点にみられる。花押4と比べると、地線から左斜め上に伸びて、右側円形から左側に伸びていた線と鋭角的に接していた線が、右側円形から伸びている線の左端から垂直に下がって地線に接するように変化している。年次の明確なものは№224のみしかみられないため、その使用期間がどれほどに及んでいたのかは不明であるが、花押4からの改判は、同年六月から十二月までの間におこなわれていることが知られる。ちなみに、次の花押6との間には三年程の間隔がある。

〔花押6〕

慶長十八年に推定される九月九日付の№238からみられ、正則の花押形を確認することができる終見文書である元和六年（一六二〇）に比定される閏十二月十日付の№414までみられる。すなわち、正則が最後まで使用した花押形ということになる。花押5と比べると、地線から左斜め上に伸びていた二本のハネが、一本となって三角形型の突起状のものに変化し、地線左側にあったT字型のものが左に向かった鍵状のものに変化している。花押5からの改判時期については、花押5から三年程の間隔があるため、時期の限定は不可能であるが、この花押形はこれまでのもののなかで、最も単純化されたものであるといえる。

〔印判1〕

正則の印判使用が確認される最初は、天正十七年（一五八九）二月二十四日付の№9であり、刊本によれば署名下に印判が押捺されているようであるが、原文書については確認しえていない。今後の確認を期したいが、ここではさしあたり印判1として扱っておく。

〔印判2〕

次いで、正則の印判使用が確認されるのは年未詳四月二十九日付の№55であり、ここでは、同文書にみえる印判を印判2として扱う。この印判2は同文書一点のみにみられる。同文書は、福島名字を称し、花押形は花押3であることから、およそ文禄四年（一五九五）から慶長二年（一五九七）までの間のものとみられる。印判は、本紙の奥に貼り継がれたウワ書部分の左下に、割印として押捺されている。原文書の存在が不明であるため、正則の使用によるものかどうかも確定しえないうえに、割印のため印影は右半分のみがみられるにすぎず、印文も判然としないが、単郭の円形黒印である。

〔印判3〕

慶長五年（一六〇〇）十二月四日付の№122にみられる。写文書のため厳密ではないが、印判2とは異なるものと判断され、単郭の円形黒印で印文は「正則」。「正則」の文字は横に配列されている。同文書は代官知行目録であり、合計高の最下部に押捺されていることから、いわば数字確定のために使用されたものとなっている。また、慶長六年十一月七日付の№132・136と同八年五月十七日付の№179において紙継目表部分に、同年十二月十八日付の№185において預置米高の合計高部分と日付部分に、同十三年十一月九日付の№206・207において署名下に、同種の印判が押捺されている。それらにみえる印判はいずれも直系一・六センチの印文「正則」の単郭円形黒印で、印文は横に配列されており、この印判3と同一のものとみられるが、所見史料には写文書が多く、原文書についても実見していないものが存在しているため、寸法等を含めて厳密な同定はしえないものの、ここでは一応、同一の印判として扱っておきたい。№132・136・179・185においては、紙継目と数字確定のために使用されており、№122における使用と同一の機能を果たしているといえ、印判3の基本的な性格はそうした紙継目印的なものであったととらえられる。

しかし、最後の№206・207においては、知行目録において署名下に押捺されており、公文書における花押代用印として使用されている。正則の知行充行関係文書において、こうした印判が押捺されたものはこの二点のみであり、しかも同年における発給文書もこの二点の存在が確認されるのみであることをみると、両文書における署判形式は極めて例外的なものであったととらえることができ、正則は知行充行関係文書には原則的には印判は使用しなかったものとみられる。

〔印判4〕

慶長十六年（一六一一）に推定される六月二十日付の№225を初見として、№227・228・229・230・270・335・345・363・364・406・412の一二点にみられる。直径二・一センチの二重郭円形黒印で、印文は未詳。いずれも書状等の私的文書に署名下に押捺されており、私的文書における花押代用印として使用されたものとなっている。一二点のうち、№270までは大坂の陣以前におけるものである。その他の六点のうち年未詳の№406・412の二点を除く、№335・345・363・364の四点については、ここでは元和四年～五年に比定しているが、あるいは次に触れる印判5の使用時期との関係から、それらの年次比定には再考の必要があるかもしれない。

〔印判5〕

慶長十九年（一六一四）に推定される十二月二十四日付の№246において、紙継目裏部分に押捺されているのを初見として、元和三年に推定される六月二十一日付の№304・305から、№306・315・339にみられる。高さ二・〇センチ、幅一・六センチの単郭楕円形黒印で印文は「正則」。印文は印判3とは異なって縦に配列されている。№246・315においては紙継目印として、№304～306・339の四点においては、書状における花押代用印として使用されている。この印判は、両種の性格を有したものとなっているが、その初見が紙継目印としての使用であることをみると、本来は印判3に代わる紙継目印として使用され、後に印判4と同じ花押代用印としても使用されるに至ったと推測することができよう。

〔印判6〕

元和五年（一六一九）に推定される五月二十五日付の№373の一点のみにみられる。同文書は写文書であるため厳密ではないが、二重郭円形朱印で印文は「宝」とみられる。同文書は、正則の印判使用に関する文書としては終見のものであり、従って、この印判6は正則の印判使用としても終見のものとなる。同文書は書状であり、印判6は署名下に押捺されている。すなわち、私的文書における花押代用印として使用されており、いわば印判4・5に代わるものとして使用されたものとみられる。また、これは正則の使用印判のなかでは唯一の朱印であり、注目されるであろう。

以上、正則の花押と印判の変遷について整理してきたが、花押・印判双方ともに、いまだ原本を確認しえていないものが若干存在していることから、これはあくまでも現時点での概要にすぎないといえ、今後、それらについての調査によってさらに詳細に整理しうるものとなろう。とりわけ印判については、原文書に接していく過程で紙継目印の確認や、それらの同定作業をすすめうることは間違いなく、今後におけるさらなる調査を期したい。

三、内容分類とその特徴

ここでは、四二二点の正則の発給文書について、内容による分類をおこない、全体的な特徴について述べることとしたい。なお、この四二二点というのは他者数名との連署状を含めたものであり、それらの連署状は四三点がある。従って、正則単独の発給は三七九点であり、以下においては、主としてこの三七九点について検討していくものとする。この三七九点については、まず大きくいわゆる公的な支配文書と私的な書状類とに区分すると、公的な支配文書は一〇九点、書状類は二七〇点となる。そして、支配文書についてはさらに内容によって、（1）家臣宛知行充行状・知行目録、（2）寺社宛寄進状、（3）禁制、（4）その他の家臣宛支配文書、（5）その他の在地・寺社宛支配文書、に大別しうるであろう。また、書状についても、（6）家臣宛書状、（7）他大名宛書状、（8）その他の書状、に大別しうるであろう。以下、それら個々について検討することとしたい。

（1）家臣宛知行充行状・知行目録

正則の支配関係文書のなかでは最も多く残存しており、五八点がみられる。時期別にみると、伊予半国期が三点、尾張清須領期が三点、残る五二点が安芸・備後領国期のものである。

伊予半国期の三点は、天正十六年（一五八八）二月五日付のNo.3、同十七年七月二日付のNo.10、同十九年二月十五日付のNo.13であり、それぞれ別人宛のものが一点ずつ残されたものとなっている。ただし、No.3・13については、他の知行充行状にはみられない個別的な文言が多く含まれており、充行内容も田地面積で示されていることから、他の知行充行状とは同列には扱いえないといえ、またその史料性についても検討の余地があるとみられる。これに対してNo.10は一般的な知行充行状といえ、形態は折紙で、全文は次のとおりである。

令扶助知行分之事、宇戸郡はたの村之内を以、弐百五拾石余遣之畢、全可有領知者也、仍如件、

天正拾七年　左衛門大輔

七月二日　　正則（花押）

寺内与市とのへ

尾張清須領期の三点は、文禄四年（一五九五）に推定される十月七日付のNo.36、同五年八月六日付のNo.49、慶長五年（一六〇〇）三月二十八日付のNo.67であり、ここでもそれぞれ別人宛のものが一点ずつ残されたものとなっている。このうちNo.36のみ年紀の記載がなく、形態も折紙であり、全文は次のとおりである。

相渡知行方之事

一、九拾五石四斗四升

かすかい
大やま村
一、百四石五斗五升
かいとう
くまいた村
合弐百石者、全可被領知者也、
十月七日　左衛門大夫（花押）
かわた多兵衛殿

これに対して、他の二点は年紀が記され、署名には官途に加えて実名も記載されている。いずれも写文書のため形態については判断できないが、形式的には知行目録といえるであろう。しかし、書出文言や記載様式、充行文言については、相互に多少の相違はみられるものの、ほぼ共通したものとなっている。

安芸・備後領国期の五二点は、慶長五年十二月四日付の№122を初見としている。もっとも、同文書は重臣尾関隠岐守に預ける代官所（蔵入地）についての目録であり、通常の知行充行状とは性格の異なるものであることはいうまでもない。しかし、これにより、正則は領国内に設定した蔵入地については、そうした重臣に預けて代官支配させていたことが知られる。実際の家臣宛の知行充行関係のものは、同月八日付の№123、同月十四日付の№124が初見となる。両文書は同形式のもので、原本の前者から判断すると、いずれも知行充行状で形態は折紙、署名は官途名のみである。知行地については合計高のみの記載となっているので、本来は別に知行地を列記した知行目録も同時に発給されていたと推定される。これら三点は、それぞれ別日に発給されているが、日にちが極めて近接していることからみて、内容的には新領国入部にともなう給人領・蔵入地設定による、一斉的な知行割の結果として出されたものととらえられ、本来はそれらと同時期に、ほぼ全家臣を対象として大量に発給されていたものと推測される。

ここまでは、それぞれ一点づつ残存したものとなっているが、翌六年十一月七日付のNo.131～155のように、同日付で複数の発給が確認されるようになる。いうまでもなく、これは家臣に対する一斉的な知行割がおこなわれたことを示すものである。以後における知行充行関係文書の発給状況を列記しておく。

A慶長6・11・7（No.131～155、二五点・一八人）
B慶長7・7・25（No.163、一点・一人）
C慶長9・8・18（No.187、一点・一人）
D慶長9・10・12（No.189～192、四点・四人）
E慶長10・11・16（No.196、一点・一人）
F慶長11・10・2（No.201、一点・一人）
G慶長12・11・25（No.205、一点・一人）
H慶長13・11・9（No.206・207、二点・二人）
I慶長15・11・23（No.213・214、二点・二人）
J慶長15・12・7（No.224、一点・一人）
K元和2・8・11（No.282、一点・一人）

L元和2・9・16（No.283～285、三点・二人）
M元和2・9・22（No.286～289、四点・二人）
N元和3・11・15（No.311・312、二点・一人）

以上のように十四例を確認することができる。このうち一点ないし一人宛のもののみがみられるにすぎないのは、B・C・E・F・G・J・K・Nの八例あるが、これらについても、今後の史料蒐集によって複数の存在を確認しうる可能性が高いであろう。

これらのうち、Aは他よりも圧倒的に多く残存しており、このことからだけでも、Aが多くの家臣を対象とした大規模な知行割であったことをうかがうことができる。正則は、同年十月から十一月にかけて領国全域にわたって検地を施行しており、Aの知行割はこの検地をうけてなされたものであるとみられる。従って、この知行割は、ほぼ全家臣を対象とした全領国規模にわたるものであり、しかもこれが以後における知行関係を基本的に規定するものであった、ととらえられる。ちなみに、前年十二月における知行充行をうけていた家臣で、この知行割においても同様に知行充行をうけていたことが確認されるものとして、No.144・145の山田喜兵衛がある。前年のNo.124では三百三十石を充行われているが、ここでは三百三十三石を充行われ、うち三石については加増分とされている。こうした端数が加増分とされている例は他にもみられ、この加増分は検地による増分の一部である可能性が想定される。おそらく、検地の施行により、前年に充行われた知行地から増分が生じ、ここでその一部については加増分として付与されたものと推測される。

Bについては詳細は不明、Cは前節において触れたように、年次と花押形が整合せず、検討を要する。DのうちNo.

190の福島藤右衛門尉についてはAにもみられ、それとは知行地は異なり、知行高も低いことからみて、これは加増分とみられる。№192にも加増分の記載がみられるので、他についても同様にとらえられよう。Eは当年分は蔵米で遣わす旨がみえているので、新規召し抱えによる充行、Fについても同様と推測される。GはEについての知行充行とみられ、あわせて加増分も充行われている。Hについてもその詳細は不明、これのみ署判形式が官途+印判となっている。Iはいずれも加増分の充行、Jは「如前々」とあるので、代替わりによる継目安堵であろうか。他はいずれも署名は官途のみであるのに対して、これのみ「羽少将正則」と片名字・実名が記載されたものとなっており、この署名形式からみても特殊な理由による発給と推定される。Kは加増分の充行、Lは新規の充行と加増、Mのうち№288・289は加増、№286・287は分家の取り立てか。Nも加増分がみえている。このように、B以下については、そのほとんどは加増分、新規召し抱え・取り立てにともなって発給されたものといえ、いずれも部分的な知行割であったと推測される。

ちなみに、それらの様式についてみてみると、形態については知行充行状が折紙、知行目録が竪紙と統一されており、署判形式については官途名+花押が基本であり、Hのみ官途名+印判、Jのみ官途名+実名+花押となっていて、他と異なっている。また、知行充行状と知行目録とは、この二点が一組として発給されるのが原則となっている。まず、知行充行状については次のような形式となっている（№131）。

相渡知行方之事、

都合四千五百石遣之訖、全可令領知者也、仍如件、

慶長六年

十一月七日　左衛門大夫（花押）

福島藤右衛門尉殿

なお、Ⅰ・Ｊのみは知行充行状のなかで知行地も列記されたものとなっており、これらについては知行充行状のみの発給であったとみられる。次に知行目録については次のような形式となっている（№132）。

安芸・備後之内を以遣知行方目録之事
あきの国　たかた郡
一、高六百参拾八石四斗九升弐合　上入江村
物成四百石
同　同郡
一、高五百弐拾七石九斗四升三合　下入江村
物成参百参拾五石
同　同郡
一、高七百七拾参石七斗　ありとミ村
物成参百八拾六石八斗五升
びこの国　ゑそ郡
一、高千百参拾七石六斗七升九合　下村
物成六百弐拾五石七斗弐升四合
同　同郡いつミ田の内

一、高八百八拾石九斗参升五合　上村
　物成四百八拾四石五斗壱升四合
同　同郡いつミ田の内
一、高五百弐拾五石弐斗七升参合　大つき村
　物成弐百八拾九石九升三合
高合四千五百石
　物成合弐千五百弐拾壱石壱斗七升七合
慶長六年
　十一月七日　左衛門大夫（花押）
　　福島藤右衛門尉殿

このように、各知行地について、所属国、知行高、所属郡と村名、物成高が列記され、そして、合計知行高と合計物成高が記載されたものとなっている。なかでも、すべてに物成高が記載されていることは注目されるものといえる。これは、正則がすべての給人知行地について知行高と、そこにおける物成高を把握していたことを示すものといえる。さらに、こうした知行充行の際に物成高が記載されているということは、物成高そのものが正則によって決定されていたことを示しているともいえるが、むしろ、本来的には物成高の把握が先行して、それをもとに知行高が算出されていた可能性も想定しうるであろう。

（２）寺社宛寄進状

住持宛の知行充行や寺産の安堵についてのものも含めて二〇点がみられ、伊予半国期が№11・12・14の三点、尾張清須領期が№24・34・35・37～47・50の一五点、安芸・備後領国期が№129・176の二点である。このうち、№11・12・37の三点は伊勢御師上部氏に宛てたものであり、領国内の寺社宛は一七点となる。形態はいずれも折紙、署判形式はほぼ名字＋官途＋実名＋花押の形式であり、家臣宛のものよりも丁寧な形式がとられている。とりわけ、清須領期のものは、文禄四年（一五九五）九月から翌慶長元年にかけてのものであり、日にちは多少のずれがみられるものの、清須領入部にともなって発給された一連のものといえる。ちなみに、文禄四年九月に発給されている三寺については、既に羽柴秀吉によって寺領が確定されているものであり（「小松寺文書」[14]）、正則はそれに従って引き渡しを約したものとなっている。

（３）禁制

№66・69・71・84・85・98の六点がみられる。そのうち領国内に発給したものは№66の一点のみであり、清須領の万松寺に対して山内における殺生や宿借りなどの禁止を認めたものである。他はすべて関ヶ原合戦にともなって領国外の在地・寺社に対して発給されたものである。ちなみに、この関ヶ原合戦前後における禁制としては、他に池田照政（輝政）・浅野幸長との連署によるものが、№74～81・87～89・99～109・111～113・115の三四点みられている。それらの禁制は、関ヶ原合戦以前においては八月下旬からみられて美濃・近江に、以後においては十月初めまでみられて近江・山城・摂津・河内・播磨に対して発給されている。また、池田照政との連署は当初からみられているが、浅野幸長との三名連署は合戦後の九月二十二日からみられるものとなっている[15]（No.102・103）。

（4）その他の家臣宛支配文書

No.51・197・226・244・254・313〜322の一五点がみられる。このうちNo.51が清須領期のもので、津島社の社人の諸約免除を認めたものであり、他はすべて安芸・備後領国期のものである。No.197は安芸厳島社から伐採した材木代の渡状、No.226は三原町の家付、No.244は大坂の陣における軍役人数帳、No.254は同陣における感状（ただし、検討を要す）、No.313・322は寺社などの扶持分や支払い代金などの渡状類である。

（5）その他の在地・寺社宛支配文書

No.1・2・9・64・121・159・179・182・185・186の一一点がみられる。No.1・2・9が伊予半国期のもので、No.1は新居郡長安村の検地帳、No.2は高野山上蔵院に対する領内民衆の宿坊証文、No.9は桑村郡河原津に対して船役等について規定した掟書である。No.64は尾張清須領期のもので、清須鉄屋大工頭太郎左衛門に対して、従来通り鉄屋大工職を申付け、棟別諸役を免除したものである。No.121以下が安芸・備後領国期のもので、No.121は安芸厳島社に対して従来の特権等を承認した掟書、No.159は同社に対する修復した経典類の奉納状、No.179は仏通寺の僧衆についての扶持分の書立、No.182は厳島社社家三方についての人数の書立（ただし、年次と通称・花押形は整合せず）、No.185は尾道の商人に預けている蔵入年貢の算用証文、No.186は不動院に対する祈祷米銭の渡状である。

これら（4）（5）にみられる様々な支配文書は、数量的には少ないが、これらは正則の領国支配構造を解明するうえで貴重な素材であるといえよう。また、（1）～（3）も含めた正則の領国支配関係文書の発給時期は相互に近接しており、これを安芸・備後領国期について正則の動向と照合してみると、いずれも在国が確認されるか、上洛・在江戸などが確認されない時期にあたっている。今後において、正則の具体的な動向について詳細に解明していく必要があるものの、現時点においては、安芸・備後領国期における正則の領国支配関係文書の発給は、原則的には正則の在国時にのみなされたものであったと考えられる。

（6）家臣宛書状

書状についても多数が残存しているため、ここでその詳細について述べることは不可能なので、その概略を述べるにとどめたい。

家臣宛の書状（嫡子忠勝宛も含める）は、一二〇点がみられる。このうち尾関氏・大橋氏については大量の家伝文書が残されており、その他、黒田氏・福島氏（丹波守、「福島文書」）・上月氏（「三原志稿」）・小河氏（「徴古雑抄」他）についても家伝文書が比較的まとまって伝存されており、これらが多くの割合を占めているといえる。これらのなかには、正則が在国の家臣に宛てて、領国支配について様々な指示を与えているものもみられ、正則の領国支配の実態を解明していくうえで重要な素材となるものといえる。また、形態等を確認・推定できるものは一〇九点がみられるが、そのうち形態についてはすべて折紙もしくは切紙であり、竪紙は一点もみられない。このことから、家臣宛の書状では竪紙の形態は用いられなかったといえよう。署名については多様な在り方がみられているが、そのなかで「左衛門大夫」の略称である「大夫」とのみあるものが六三点あり、半数以上を占めている。また、これと同質ととらえられる「少将」「宰相」の官途のみ、出家後の「高斎」の斎号のみのものが合わせて三二点あり、これらによって九割近くを占めるものとなっている。

（7）他大名宛書状

他大名とその家臣、および羽柴氏・徳川氏の家臣に宛てた書状は、八七点がみられる。そのうちの大半が島津氏宛のものである。これは、島津氏の家伝文書が大量に残されていることに最大の要因があるが、同時に正則がかなり早い段階から島津氏と親交を有していたという、両者間の親密な政治的関係の存在も大きくかかわっているとみられる。その他については残存数は限られているものの、これらは正則の他大名との政治的交友関係を示すものであり、同時に正則の政治的立場を解明していくうえにおいて重要な素材となるものとみられる。

また、形態等を確認・推定できるものは七五点がみられるが、そのうち形態が折紙もしくは切紙のものは六一点、竪紙のものは一四点ある。前者の折紙・切紙について、その署名形式は五通りみられるが、そのうち「福島（羽柴）左衛門大夫正則」というように名字＋官途＋実名の形式が二五点と最も多く、次いで「福（羽）左衛門大夫正則」というように名字が片名字となっているものが一九点、「福（羽）左太正則」というように名字・官途ともに省略されているものが一五点ある。この三通り以外のものはわずか二例がみられるにすぎないことから、折紙・切紙における署名形式はほぼこの三通りが使い分けられていたといえよう。後者の竪紙についての署名形式は三通りがみられるが、本紙の日下に実名「正則」のみを記し、端裏ウワ書に宛名と実名を記し、それに「福島（羽柴）左衛門大夫」と名字

＋官途を裏書するものが一二点みられ、大半を占めている。他の形式は二例がみられるにすぎないことから、竪紙における署名形式は、ほぼこの形式が採られていたといえよう。

（8）その他の書状

その他のものに宛てた書状は六一点がみられ、そのうち、領国内の寺社とその関係者や給人ではない在地の住人等に宛てた書状は四四点、領国外の寺社とその関係者などに宛てた書状は一七点がみられている。領国内に宛てたもののほとんどは安芸・備後領国期におけるものであり、その大半は厳島社を始めとする有力寺社に宛てたものである。それらは、正則と領国内の有力寺社との関係の在り方の一端を示すものであり、そうした寺社統制の在り方を解明していくうえでの素材となるといえる。

また、点数は少ないながらも、商人など在地の有力者に宛てた書状もみられ、それらは正則の領国支配の実態を解明していくうえでの貴重な素材となるといえよう。このうち、形態等が確認・推定されるものは五二点あり、その大半が折紙もしくは切紙であり、竪紙は四点がみられるにすぎず、すべて領国外のものである。署名形式については、領国内の寺社宛のものは名字（もしくは片名字）＋官途＋実名がほとんどであり、在地の住人宛のものは「大夫」などの官途のみとなっている。また、竪紙については前項において述べたものと同一である。

おわりに

以上、本稿では福島正則の発給文書について若干の検討をおこなった。具体的には、無年号文書を含めての発給文書の総編年化作業をすすめていく必要から、官途・実名・印判などの基礎的事項について整理し、さらに発給文書について内容ごとに分類・整理し、それらの個々について検討して、およその特徴について指摘してきた。もとより、これらはあくまでも正則の領国支配や政治的動向の解明のための前提的な作業にすぎず、またここにおける検討そのものも概略に止まるものといえる。今後、さらに発給文書の蒐集・確認に努めるとともに、その分析方法を研鑽していく必要がある。また、家臣の発給文書についても蒐集し、その分析をすすめることにより、相互の関係の在り方の解明が果たされ、延いては正則の領国支配における文書の発給体系が明らかとなるとみられ、これにより、それら発給文書の史料的性格がより明確になるであろう。そして、それらと合わせて、正則の領国支配についてもより詳細に検討をすすめていくこととしたい。

註

(1) これまでに、私は以下の諸論稿において同様の作業をおこなっており、あわせて参照いただきたい（いずれも本書収録）。「結城秀康文書の基礎的研究」（『駒沢史学』四八号、一九九五年）・「松平忠輝文書の基礎的研究」（駒沢大学『史学論集』二五号、一九九五年）・「小早川秀詮の発給文書について」「池田輝政の発給文書について」（深谷克己編『岡山藩の支配方法と社会構造』〈科学研究費研究成果報告書〉所収、一九九六年）。また現在、この他にも、松平忠直、池田輝政子息三人（利隆・忠継・忠雄）、加藤清正・忠広父子、蒲生秀行・忠郷父子などについても同様の作業をおこなうべく準備をすすめており、大方の御教示を賜りたい。

（2）本目録は、以下における諸事項についての整理作業や内容検討を通じて総編年化したものである。そのため、従来における年次比定を訂正したもの、新たに年次比定したものも少なくないが、それらの理由等について逐一示すことは繁雑となるので、ここではすべて省略する。また、本目録の出典と該当刊本における出典とが異なるものも存在するが、それについての注記もすべて省略する。ちなみに、本文脱稿後に発給文書一六点の存在を新たに確認しえた。これらについては、表1の末尾に補遺として掲げた。これにより、正則の発給文書は四三八点となる。また、多くの他大名との連署など正則の発給関係文書、正則の嫡子正長・忠勝・正利の発給・受給文書についても、それぞれ表2～6として掲げた。なお、忠勝・正利については数種の花押形が確認でき、それぞれ表中に区別して示したが、花押影そのものの提示は省略する。以下においてそれらに所載の文書については、その目録番号（№～）によって示すこととする。但し、表1所載のものは単に№～で示し、表2以下所載文書についてはそれぞれ表番号を冠して示すものとする。なお、正則の受給文書については現在一三七点の存在を確認しえているが、それらについては付録として掲載し、内容については、正則の家伝文書についての検討を中心に、別途の検討を期すこととしたい。

（3）『広島県史　近世資料編Ⅱ』（広島県刊、一九七六年）三～三三頁。

（4）『大日本史料　一一編之二』六〇一頁。

（5）広・近Ⅱ～は、註（3）書所収頁数を示す。以下、同じ。

（6）『大日本史料　一一編之一七』一〇四頁。

（7）伊予半国期の正則については、さしあたり『松山市史　第二巻近世』（松山市刊、一九九三年）第一章「近世初頭の松山」を参照。

（8）「当代記巻二」所収（『史籍雑纂　第二』〈続群書類従完成会刊、一九七四年〉六二～六六頁）。なお、「福島家系譜」は正則の知行高を二四万石としている。

（9）拙稿「慶長期大名の氏姓と官位」（『日本史研究』四一四号、一九九七年）八～九頁。本書第一章に収録。

（10）ちなみに、その間に正則が福島名字を自称した事例は№245のわずか一点が存在しているにすぎない。なお、№182においても福島名字で署名されているが、同文書における年紀と官職・花押形は整合せず、それゆえ同文書については慎重な扱いが求められよう。

(11) これらの点については、註9拙稿を参照。

(12) 註9拙稿一二頁。

(13) なお、同史料では同時に従三位に叙位されたと記しているが、当該期における参議の相当位は正四位下である。同史料には「口宣所持」と記されているが、現在のところその伝来は確認されていない。なお、正則の実際の参議任官の経過については、すでに六月一日に将軍徳川秀忠に召されて、秀忠から江戸城において「参議」の官職を与えられ（№304・305）、同月十八日に上洛し、同二十三日に朝廷から口宣案を頂戴し、同二十六日に任官の御礼のために参内した（№307）、というものであった。これにより、大名の官位についての執奏権が将軍に一元的に掌握されていることはもちろん、その任官は既に元和期において将軍による「上意」によって成立しており、口宣案の発給はそれをうけて、形式的に調えられているにすぎないものであることが知られる。

(14) 『小松寺文書〈小松叢書10〉』（小松市教育委員会刊、一九八六年）一三頁。

(15) なお、これら関ヶ原合戦にともなって発給された禁制には、形態・署判形式・文言について数種のバリエーションがあり、数種の雛形が用意されていたことが推測される。現時点ではその使い分けの基準については明らかにしえないが、連署のもので一方に花押が据えられていないものがみられることからみて（№91・108・115）、これらは実際には一人の責任によって発給されたものであることが推測され、さらに、数種の様式の在り方はそうした発給状況と密接に関連していると想定される。また、東軍において禁制の発給が確認されるのは、徳川家康とその重臣（井伊直政・本多忠勝）を除いた大名層では、この正則・池田照政・浅野幸長がみられるにすぎず、単独発給は正則・照政両名のみである。これは両名がそれぞれ大手軍・搦手軍の大将を務めたことに基づくものととらえられる。合戦後においては単独発給は消滅し、正則・照政両名、もしくは幸長を加えた三名連署となるが、これらは合戦直後の東軍軍政において三名が畿内の治安維持を担ったことを示すものであり、合戦直後における三名の政治的役割の重要性をうかがわせるとともに、三名の政治的位置について注目させるものといえる。今後において、合戦後の徳川氏を中心とした政治秩序の形成過程とあわせて検討することにより、彼らの政治的役割・政治的位置はより鮮明なものとなると考える。

印判 3

花押 4

花押 1

印判 4

花押 5

花押 2

印判 5

花押 6

花押 3a

印判 6

印判 2

花押 3b

表1　福島正則発給文書目録

No.	年月日	署判	宛所	形	内容	出典（刊本）
1	天正15・8・8	左衛門大輔（花押1）		○	長安村検地帳	矢野文書（『今治郷土史2』P794）
2	16・2・3	福島左衛門大夫正則（花押1）	上蔵院	○	判物	金剛三昧院文書（『今治郷土史2』P794）
3	16・2・5	正則（花押3）	越智源右江	○	知行充行状	越智文書（『愛媛県史資料編近世上』P52）
4	（16）3・22	福島左衛門太輔正則（花押1）	島津兵庫頭御報		書状	島津文書（鹿―旧附2―156）
5	（16）4・7	福左太正則（花押1）	吉蔵様御報	×	書状	吉川文書（『吉川家文書』964）
6	（16）4・8	福左太正則（花押1）	吉蔵様人々中	×	書状	吉川文書（『吉川家文書』965）
7	（16）5・15	浅野弾正少弼長吉（花押）・加藤主計頭清正（花押）・福島左衛門太夫正則（花押1）・小西摂津守行長（花押）・黒田勘解由孝高（花押）・毛利壱岐守元成（花押）・戸田民部少輔勝隆（花押）・蜂須賀阿波守家政（花押）・生駒雅楽頭近親（花押）	新納武蔵入道殿御宿所	×	書状	新納文書（鹿―旧後2―461）
8	（16）5・21	加藤主計頭清正（花押）・福島左衛門大夫正則（花押1）・浅野弾正少弼長吉（花押）	島津兵庫頭殿御返報	×	書状	島津文書（鹿―旧附2―141）
9	17・2・24	左衛門太輔（印）	くわ村郡かわら津		掟書	松木文書（『愛媛県史資料編近世上』P52）
10	17・7・2	左衛門太輔正則（花押1）	寺内与市とのへ	×	知行充行状	平成2年度『古典籍下見展観大入札会目録』
11	18・12・7	福島左衛門大輔正則	上部越中守殿		寄進状写	伊勢古文書集3上
12	18・12・7	福島左衛門太輔正則（花押1）	「上部越中守」殿	△	寄進状	伊勢神宮文書（『今治郷土史2』P796）
13	19・2・15	福島左衛門尉大輔正則（花押1）	武田富若丸殿	△	知行充行状	武田文書（『今治郷土史2』P795）

14	20・2・8	正則（花押2）		×	寄進状	光林寺文書（『愛媛県史資料編近世上』53頁）
15	（文禄2）2・15	大夫（花押2）	武井宗意		書状	武井文書（『今治郷土史2』797頁）
16	（2）5・14	生駒雅楽守近規（花押）・前野但馬守長泰（花押）・加藤遠江守光泰（花押）・福島左衛門大夫正則（花押2）・戸田民部少輔勝隆（花押）・蜂須賀阿波守家政（花押）	長束大蔵大輔殿・木下半介殿・山中橘内殿	×	書状	尊経閣文庫所蔵文書
17	（2）5・17	正則（花押2）（福左太）	武井宗意御返事		書状	武井文書（『今治郷土史2』797頁）
18	（3）9・12	福左太正則（花押2）	羽左近様参人々御中・小早川殿御番衆中	△	書状	立花文書（『福岡県史近世資料編柳川藩初期（上）』464号）
19	（3）9・16	正則（花押）（福左太）	羽兵様まいる御陣所		書状	島津文書（鹿―旧附2―152）
20	（3）10・7	福左太正則（花押2）	羽兵様参	×	書状	島津文書（鹿―旧後2―1397）
21	（3）10・14	福左太正則（花押2）	（羽兵様参）	×	書状	島津文書（鹿―旧附2―150）
22	（3）11・5	福左太正則（花押2）	（羽兵様まいる人々御中）	×	書状	島津文書（鹿―旧附2―149）
23	（3）11・6	福左太正則（花押2）	（羽兵庫様御報）	×	書状	島津文書（鹿―旧附2―151）
24	（4）9・19	福島左衛門大夫書判	春日井郡小松寺村百姓中	×	寄進状写	小松寺文書（『小松寺文書』15頁）
25	（年未詳）1・3	福島左衛門大夫正則（花押2）	尾上亀右衛門尉殿	△	書状	神田孝平氏所蔵文書
26	（　）2・16	福左太正則（花押2）	羽兵様まいる御報	×	書状	島津文書（鹿―旧後3―378）
27	（　）5・3	福左太正則（花押2）	羽兵様まいる御報	×	書状	島津文書（鹿―旧附2―140）
28	（　）7・22	福左太正則（花押2）	（羽柴兵庫頭様まいる御報）	×	書状	島津文書（鹿―旧附2―148）
29	（　）7・29	福左太正則（花押2）	（羽兵様御報）	×	書状	島津文書（鹿―旧附2―143）
30	（　）8・14	福左太正則（花押2）	（羽兵様まいる御陣所）	×	書状	島津文書（鹿―旧附2―145）

31	（　）10・2	福左太正則（花押2）	羽左近様御報	△	書状	立花文書（『福岡県史近世資料編柳川藩初期（上）』466号）
32	（　）11・1	福左太正則（花押2）		×	書状	堀内文書
33	（　）11・9	大夫（花押2）			書状	松本文書（『福岡県史近世資料編福岡藩初期（下）』1131号）
34	（文禄4）9・26	福島左衛門大夫正則（花押3）	甚目寺坊中参	×	寄進状	甚目寺文書（『名古屋叢書続編7』174頁）
35	（4）9・26	福島左衛門太輔正則判	名古屋天王坊住寺様参		寄進状写	尾張国寺社領文書
36	（4）10・7	左衛門大夫（花押3）	かわた多兵衛殿	×	知行充行状	名古屋市博物館所蔵下村文書
37	4・10・8	福島左衛門大夫正則判	上部久八郎殿		寄進状写	伊勢古文書集3上
38	（4）10・13	福島左衛門大夫正則（花押3）	かいつ妙勝寺	×	寄進状写	妙勝寺文書（『名古屋叢書続編7』195頁）
39	（4）10・13	福島左衛門大夫正則書判	かいつ実成寺	×	寄進状写	実成寺文書
40	4・10・22	福島左衛門大夫正則（花押3）	うわはたの御神明神主殿	×	寄進状	上畠神社文書
41	4・10・22	福島左衛門大夫正則（花押3）	みその御神明神主殿	×	寄進状	御園神社文書
42	4・10・22	福島左衛門大夫正則（花押3）	南蔵坊	×	寄進状	明眼院文書
43	4・10・23	福島左衛門大夫正則書判	蔵南坊		寄進状写	尾張徇行記（『名古屋叢書続編7』217頁）
44	4・11・7	福島左衛門大夫正則（花押3）	蔵南坊	×	判物	明眼院文書
45	（4）11・23	福島左衛門大夫正則（花押3）	西市場あんさい公	×	寄進状	安斎院文書（『名古屋叢書続編7』359頁）
46	4・11・25	福島左衛門大夫正則（花押3）	祢宜新介殿	×	寄進状	御園神社文書
47	4・12・5	正則花押	御園延命寺		寄進状	那古野府城志下（『名古屋叢書9』346頁）
48	（5）4・24	左衛門大夫正則（花押3）	上月助右衛門とのへ	×	書状	津島神社文書（『津島市史資料編2』160頁）
49	5・8・6	左衛門太夫正則判	中野新太郎とのへ		知行目録写	中野平内家譜
50	慶長1・12・2	福島左衛門大夫正則（花押3）	笠寺東光院	×	寄進状	東光院文書
51	1・12・26	福左衛門大夫正則（花押3）	上月助右衛門殿		証文写	張州雑志77（『津島市史資料編2』161頁）
52	（2）7・11	福島左衛門太輔正則（花押3）	（島津又八殿人々御中）	×	書状	島津文書（鹿—旧後3—256）

53	（年未詳）2・22	福左太正則（花押3）	但馬様人々御中		書状写	張州雑志36
54	（　）4・27	福左太正則（花押3）	（毛利六郎左様・杉孫兵様御報）	△	書状	右田毛利文書
55	（　）4・29	正則（花押3）（福左太）	尾上亀右衛門尉殿	△	書状	田中脩二氏所蔵文書
56	（　）8・14	福島左衛門大夫正則（花押3）	実成寺中足下	△	書状	実成寺文書（『美和町史』753頁）
57	（　）9・6	福島左衛門大夫正則（花押3）	（昌海寺住持様参）	×	書状	性海寺文書（『新修稲沢市史資料編7』228頁）
58	（　）11・8	正則（花押3）（福左太）	（ひろいゑ様参人々）	◯	書状	吉川文書（『吉川家文書』968）
59	（　）12・1	福島左衛門大夫正則判	上部久三郎様御報		書状写	伊勢古文書集3上
60	（　）	（福左太）	（ひろいゑ様まいる人々）		書状	吉川文書（『吉川家文書』966）
61	（　）	（福左太）	（ひろいゑ様まいる人々）		書状	吉川文書（『吉川家文書』967）
62	（慶長3）7・8	羽左太正則（花押3）	たちま殿・せんしうきひのかミ殿参		書状写	張州雑志36
63	（3）7・11	羽左衛門太輔正則（花押3）	（神主殿・右馬大夫殿）	×	書状	津島神社文書（『津島市史資料編2』162頁）
64	3・11・13	羽柴清須侍従正則（花押3）	清須鉄屋大工かしら大郎左衛門とのへ	×	判物	水野桂太郎氏所蔵文書
65	（4）③・29	羽左衛門大夫正則（花押）	越智源右殿		書状	越智文書（『今治郷土史2』795頁）
66	4・9・9	羽柴左衛門太夫（花押）	万松寺		禁制写	金鱗九十九之塵66（『名古屋叢書8』34頁）
67	5・3・28	羽柴清須侍従正則（花押3）	梶原外記殿		知行目録写	甲子夜話続編71（刊本6―146頁）
68	（5）8・21	大夫（花押3）		△	覚書	岡文書（『信濃史料30』54頁）
69	5・8・23	羽柴左衛門大夫（花押3）	（ほうらい村）	◯	禁制	島本順八氏所蔵文書（岐―古中1―457頁）
70	（5）8・24	羽柴左衛門大夫正則（花押3）	本せい寺	×	書状	本誓寺文書（岐―古中1―121頁）
71	5・8・24	左衛門大夫（花押3）	養教寺	×	禁制	養教寺文書（岐―古中1―149頁）
72	（5）8・24	羽左衛門大夫正則（花押）	浅弾正様		書状	浅野文書（『浅野家文書』114）

73	（5）8・24	羽柴左衛門大夫正則判	羽三州様人々御中		書状写	福島家系譜（広—近Ⅱ—14頁）
74	5・8・24	三左衛門尉（花押）・左衛門大夫（花押）	さらき村中	×	禁制写	赤座文書（岐—古中1—931頁）
75	5・8・26	羽柴三左衛門（花押）・羽柴左衛門大輔（花押）	今寺		禁制写	覚成寺文書（岐—古中1—523頁）
76	5・8・—	羽柴三左衛門尉（花押）・羽柴左衛門大夫（花押3）	崇福寺村	○	禁制	崇福寺文書（岐—古中1—98頁）
77	5・8・—	羽柴三左衛門尉（花押）・羽柴左衛門大夫（花押3）	龍徳寺村	○	禁制	龍徳寺文書（岐—古中1—437頁）
78	5・8・—	羽柴三左衛門尉（花押）・羽柴左衛門大夫（花押3）	多賀	○	禁制	多賀大社文書（『多賀大社叢書文書篇』97頁）
79	5・9・1	羽柴三左衛門尉（花押）・羽柴左衛門大夫（花押3）	犬上郡多賀	○	禁制	多賀大社文書（『多賀大社叢書文書篇』97頁）
80	（5）9・1	羽柴左衛門尉大夫（花押3）・羽柴三左衛門尉（花押）	多賀御社并不動院	○	禁制	多賀大社文書（『多賀大社叢書文書篇』98頁）
81	5・9・2	羽柴左衛門尉大夫（花押3）・羽柴三左衛門尉（花押）	かた〳〵こうりのうちそかや村	○	禁制	超宗寺文書（岐—古中1—113頁）
82	（5）9・3	羽左衛門大夫正則（花押3）・羽三左衛門照政（花押）・本多中書忠勝（花押）・井［　］	加藤左衛門尉殿・稲葉甲斐守殿	×	書状	大洲加藤文書（岐—古中4—1127頁）
83	（5）9・14	黒田甲斐守長政（花押）・羽柴左衛門尉大夫（花押）	吉川侍従殿・福原式部少輔殿	○	起請文	毛利文書（『毛利家文書』1021）
84	5・9・17	羽柴左衛門大夫（花押3）	城州之内醍醐山科	○	禁制	随心院文書
85	5・9・17	羽柴左衛門太輔（花押3）	くさ津村	○	禁制	金沢季三郎氏所蔵文書（『近江栗太郡志2』137頁）
86	（5）9・17	黒田甲斐守長政（花押）・羽柴左衛門大夫正則（花押）	輝元様人々御中	×	書状	毛利文書（『毛利家文書』1022）

87	5・9・19	羽柴左衛門大夫（花押3）・羽柴三左衛門（花押）	梅津長福寺	○	禁制	長福寺文書（『長福寺文書の研究』509頁）
88	5・9・19	羽柴左衛門大夫（花押3）・羽柴三左衛門（花押）	西岡松尾物中	○	禁制	松尾神社文書（『松尾大社史料集文書篇1』58頁）
89	5・9・19	羽柴三左衛門尉（花押）・羽柴左衛門大夫（花押3）	太秦寺	○	禁制	広隆寺文書
90	5・9・19	羽柴三左衛門尉（花押）・羽柴左衛門大夫（花押3）	妙心寺	○	禁制	妙心寺文書
91	5・9・19	羽柴左衛門大夫（花押3）・羽柴三左衛門尉	竹田村	○	禁制	安楽寿院文書
92	5・9・19	羽柴左衛門大夫書判・羽柴三左衛門書判	壬生物中		禁制写	雑花錦語集73
93	5・9・20	羽柴三左衛門（花押）・羽柴左衛門大夫（花押）	いく島	○	禁制	栗山文書（『尼崎市史5』31頁）
94	5・9・20	羽柴三左衛門（花押）・羽柴左衛門大夫（花押3）	塚口村	○	禁制	興正寺文書（『尼崎市史5』31頁）
95	5・9・20	三左衛門尉（花押）・左衛門大夫（花押3）	興戸村	○	禁制	「古文書纂31」所収堀部功太郎氏所蔵文書
96	5・9・20	羽柴左衛門大夫（花押3）・羽柴三左衛門（花押）	あしうら村	○	禁制	芦浦観音寺文書（『近江栗太郡志2』146頁）
97	5・9・20	羽柴左衛門大夫（花押3）・羽柴三左衛門（花押）	河内平野村	○	禁制	末吉文書
98	5・9・21	羽柴左衛門大夫（花押3）	古市村	○	禁制	森田周作氏所蔵文書（『羽曳野市史5』14頁）
99	5・9・21	羽柴三左衛門尉（花押）・羽柴左衛門大夫（花押）	柱本村	○	禁制	葉間文書（『高槻市史4』126頁）
100	5・9・21	羽柴左衛門大夫（花押3）・羽柴三左衛門尉（花押）	道明寺	○	禁制	道明寺天満宮文書（『藤井寺市史5』4頁）

101	5・9・21	羽柴左衛門大夫御書判・羽柴三左衛門御書判	摂津国すい田村之内しんけん村		禁制写	橋本義敏氏所蔵文書（『吹田市史6』3頁）
102	5・9・22	左京大夫（花押）・三左衛門尉（花押）・左衛門大夫（花押3）	天王寺	○	禁制	秋野房文書
103	5・9・22	左京大夫（花押）・三左衛門尉（花押）・左衛門大夫（花押3）	勧修寺村	○	禁制	『秀吉展』所収文書
104	5・9・23	羽柴左衛門大夫（花押）・羽柴三左衛門尉（花押）	播州立野惣町中	○	禁制	市立龍野図書館所蔵文書（兵―中3―102頁）
105	5・9・23	羽柴左衛門大夫（花押）・羽柴三左衛門尉（花押）	播州赤穂仮屋中	○	禁制	奥藤教所蔵文書（兵―中3―129頁）
106	5・9・23	左京大夫（花押）・三左衛門尉（花押）・左衛門大夫（花押3）	法金剛院	○	禁制	仁和寺文書
107	5・9・23	左京太夫御書判・三左衛門尉御書判・左衛門太夫御書判	吹田三ヶ庄		禁制写	橋本義敏氏所蔵文書（『吹田市史6』4頁）
108	5・9・25	羽柴左衛門大夫（花押3）・羽柴三左衛門尉	河内国天野山	○	禁制	金剛寺文書（『金剛寺文書』429頁）
109	5・9・25	羽柴左衛門太夫在判・羽柴三左衛門尉在判	河内国石川郡伊藤左馬頭代官所	○	禁制写	叡福寺文書
110	（5）・9・25	藤堂佐渡守・浅野左京大夫・黒田甲斐守・羽柴左衛門大夫・羽柴三左衛門尉	輝元		起請文写	毛利文書（『毛利家文書』1026）
111	5・9・26	羽柴三左衛門尉（花押）・羽柴左衛門大夫（花押3）	幡州清水	○	禁制	清水寺文書（兵―中2―339頁）
112	5・9・26	羽柴左衛門大夫（花押3）・羽柴三左衛門（花押）	播磨国神西郡内ひろむね	○	禁制	広峯神社文書（兵―中2―657頁）
113	5・9・26	羽柴三左衛門・浅野左京大夫・羽柴左衛門大夫	仏毎摩耶山		禁制写	諸国高札1

114	（5）9・晦	黒田甲斐守（花押）・羽柴左衛門大夫（花押）	吉川蔵人殿・福原式部少輔殿・渡辺石見守殿・鹿戸備前守殿御宿所	×	書状	毛利文書（『毛利家文書』1027）
115	5・10・2	羽柴三左衛門尉・羽柴左衛門大夫（花押3）		○	禁制	芦田文書（兵―中3―320頁）
116	（年未詳）1・4	右（左）衛門大夫正則御判	道安・梅村三郎次郎殿・西尾又右衛門殿		書状写	寛延旧家集（『名古屋叢書12』7頁）
117	（　）1・24	羽侍従正則（花押3）	性海寺御報	×	書状	性海寺文書（『新修稲沢市史資料編7』228頁）
118	（　）2・10	羽左衛門大夫正則（花押3）	性海寺御報	×	書状	性海寺文書（『新修稲沢市史資料編7』228頁）
119	（　）4・16	羽清須侍従（花押3）	田島伝四郎殿御宿所		書状写	張州雑志36
120	（　）7・27	羽左衛門大夫正則（花押3）	甚目寺知慶上人御返事	△	書状	釈迦院文書（『戦国の五十人』図録別冊4頁）
121	慶長5・11・1	羽柴左衛門大夫御判	安芸国厳島		定書写	巻子本厳島文書（広―古中Ⅲ―66頁）
122	5・12・4	大夫（花押）	おせきおき殿		代官所目録写	黄薇古簡集2（『三原市史6』27頁）
123	5・12・8	左衛門大夫（花押）	山田左兵衛殿	×	知行充行状	反町十郎氏蒐集文書（『史学』32―4号93頁）
124	5・12・14	左衛門太夫	山田喜兵衛殿		知行充行状写	美作古簡集（広―近Ⅱ―424頁）
125	（5）2・2	羽左衛門大夫正則（花押）	吉川蔵人殿・福原越前守殿人々中		書状写	福原文書（『福原家文書上巻』73頁）
126	（6）3・2	羽左衛門大夫正利（則）判	小笠原対馬様・富永三右様人々御中		書状写	張州雑志58（『名古屋市博物館研究紀要』14号27頁）
127	（6）3・24	羽左衛門大夫正則（花押3）	（羽兵庫頭様御報）	×	書状	島津文書（鹿―旧後3―1482）
128	（6カ）4・10	羽侍従正則（花押3）	尾関六右衛門殿		書状写	黄薇古簡集2（『三原市史6』27頁）
129	6・5・11	羽柴左衛門大夫（花押3）	座司・棚森左近将監殿		寄進状	巻子本厳島文書（広―古中Ⅲ―60頁）
130	（6）7・12	羽左衛門大夫正則（花押3）	（羽兵庫様御報）	×	書状	島津文書（鹿―旧附2―166頁）
131	6・11・7	左衛門大夫（花押3）	福島藤右衛門尉殿	×	知行充行状	平成八年度『古典籍下見展観大入札会目録』所収文書
132	6・11・7	左衛門大夫（花押3）	福島藤右衛門尉殿	○	知行目録	名古屋市博物館所蔵福島文書

133	6・11・7	左衛門大夫「花押右に同し」	真鍋五郎兵衛殿		知行充行状写	藩中古文書1
134	6・11・7	左衛門大夫（花押3）	真鍋五郎兵衛殿		知行目録写	藩中古文書1
135	6・11・7	左衛門大夫（花押3）	高月筑後守殿	×	知行充行状	下条正雄氏所蔵文書（広―近Ⅱ―424頁）
136	6・11・7	左衛門大夫（花押3）	高月筑後守殿	○	知行目録	下条正雄氏所蔵文書（広―近Ⅱ―425頁）
137	6・11・7	左衛門大夫（花押3）	志賀小左衛門殿	×	知行充行状	志賀文書（『熊本県史料中世篇2』632頁）
138	6・11・7	左衛門大夫（花押3）	志賀小左衛門殿	○	知行目録	志賀文書（広―近Ⅱ―425頁）
139	6・11・7	左衛門大夫（花押3）	夫間正五郎殿	×	知行充行状	武間文書（広―近Ⅱ―426頁）
140	6・11・7	左衛門大夫判	大屋十蔵殿		知行目録写	記録御用所本古文書3（広―近Ⅱ―427頁）
141	6・11・7	左衛門大夫（花押3）	河村九介殿	○	知行目録写	筑前叢書114
142	6・11・7	左衛門大夫（花押3）	赤林喜太郎殿	×	知行充行状	富田仙助氏所蔵文書
143	6・11・7	左衛門大夫（花押3）	坂井猪三郎殿	○	知行目録	酒井利彦氏所蔵文書（『三好酒井家・小牧江崎家文書抄』12頁）
144	6・11・7	左衛門大夫	山田喜兵衛殿		知行充行状写	美作古簡集（広―近Ⅱ―426頁）
145	6・11・7	左衛門大夫	山田喜兵衛殿		知行目録写	美作古簡集（広―近Ⅱ―427頁）
146	6・11・7	左衛門大夫（花押3）	中村嘉兵衛殿		知行充行状	中村一郎氏所蔵文書（広―近Ⅱ―428頁）
147	（6）・11・7	左兵衛門太夫	柴山八兵衛殿		知行充行状写	美作古簡集（広―近Ⅱ―427頁）
148	6・11・7	左衛門大夫	柴山八兵衛殿		知行目録写	美作古簡集（広―近Ⅱ―427頁）
149	6・11・7	左衛門大夫	妹尾与右衛門殿		知行充行状写	東作誌（『新訂訳文作陽誌下巻』1854）
150	6・―・―	左衛門大夫	妹尾与右衛門殿		知行目録写	東作誌（『新訂訳文作陽誌下巻』1854頁）
151	6・11・7	左衛門大夫（花押）	中山善九郎殿		知行目録	富永文書（『静岡県史料4』128頁）
152	6・11・7	左衛門太夫	中野理右衛門殿		知行目録写	黄薇古簡集2（刊本66頁）
153	6・11・7	左衛門大夫（花押）	篠野平兵衛殿		知行目録	尾関文書（『三原市史6』28頁）
154	6・11・7	左衛門大夫（花押）	山田助右衛門殿		知行目録写	黄薇古簡集2（刊本65頁）

155	6・11・7	左衛門大夫（花押）	松本忠蔵殿		知行目録写	阿波国古文書7（広―近Ⅱ―426頁）
156	（6）12・10	大夫（花押）	尾関隠岐殿		書状	尾関文書（『三原市史6』28頁）
157	（年未詳）10・3	羽侍従正則（花押3）	（福島藤内殿）	×	書状	名古屋市博物館所蔵福島文書
158	（慶長7）4・12	羽広島少将正則（花押3）	（羽兵庫様御報）	×	書状	島津文書（『島津家文書』471）
159	7・5・1	従四位下行左近衛権少将豊臣朝臣正則			奉納状写	野坂文書（広―古中Ⅲ―1099頁）
160	（7ヵ）6・2	羽左衛門大夫正則（花押3）	金松又四郎様人々御中	×	書状	兼松文書（『新編一宮市史資料編6』249頁）
161	（7）7・9	羽左衛門大夫正則（花押3）	（羽兵入様御報）	×	書状	島津文書（『島津家文書』478）
162	（7）7・9	羽柴広島少将正則判	（龍伯様・羽少将様御報）	×	書状写	島津文書（鹿―旧後3―1656）
163	7・7・25	左衛門大夫（花押3）	水野正九郎殿	○	知行目録	水野文書（大阪市博『研究紀要』9号18頁）
164	（7）10・12	羽左衛門大夫正則（花押3）	（羽少将様人々御中）	×	書状	島津文書（鹿―旧後3―1718）
165	（年未詳）4・22	羽左衛門大夫正則（花押3）	田民部少様御報		書状写	田中文書
166	（　）6・3	大夫（花押3）	一双老上候	×	書状	松本快蔵氏所蔵文書（広―古中Ⅳ―808頁）
167	（　）7・3	はしはさへもん大夫（花押3）	（［　］ちうなこんさま）	×	書状	佐藤行信氏所蔵文書
168	（　）8・1	大夫（花押3）	尾関隠岐殿御返事		書状写	黄薇古簡集2（『三原市史6』31頁）
169	（　）8・25	大夫（花押3）	（星野越後殿・小河若狭殿・戸田半兵衛殿・山本小兵衛殿・坂井竹［　］）	×	書状	遊就館所蔵文書
170	（　）8・26	羽左衛門大夫正則（花押3）	（福島藤内殿）	×	書状	名古屋市博物館所蔵福島文書（『弘文荘待賈古書目』32号44頁）
171	（　）9・11	大夫正則（花押3）	衣斐市左衛門殿・松田吉助殿	△	書状	野田大次郎氏所蔵文書
172	（　）9・13	正則（花押3）（羽左衛門大夫）	（土橋右近様御報）	○	書状	河野美術館所蔵文書（『今治郷土史2』788頁）
173	（　）10・15	正則（花押3）（大夫）	入さこん殿参	×	書状	下条正雄氏所蔵文書

174	（　）11・23	正則（花押3）（羽左衛門大夫）	（神谷信濃様人々御中）	○	書状	『日本書蹟大鑑14』（224頁）
175	（　）12・24	羽左衛門大夫正則（花押3）	ひち山法印様人々御中	△	書状	多聞院文書（『新修広島市史6』452頁）
176	慶長7・10・26	羽柴安芸少将正則（花押3b）	宗光寺侍者禅師	×	知行充行状	宗光寺文書（広―近Ⅱ―428頁）
177	（8）2・9	安芸少将正則（花押3b）	（羽兵庫入様御報）	×	書状	島津文書（鹿―旧後3―1787）
178	（8カ）2・14	大夫（花押3b）	小河若狭殿・坂井信濃殿・［　］殿・山本四郎衛殿		書状写	徴古雑抄46雑々文書8
179	8・5・17	正則（花押4）		○	書立	仏通寺文書（広―古中Ⅲ―476頁）
180	（8カ）5・22	羽左衛門大夫正則（花押4）	（薩摩少将様人々御中）	×	書状	島津文書（鹿―旧後3―1634）
181	（8）5・25	羽左衛門大夫正則（花押4）	（薩摩少将様貴報）	×	書状	島津文書（鹿―旧後3―1822）
182	8・5・吉	福島宰相（花押6）			書立写	徴古雑抄16安芸4（広―古中Ⅴ―1415頁）
183	（8）11・11	羽左衛門大夫正則（花押4）	（羽薩摩少将様御報）	×	書状	島津文書（鹿―旧後3―1887）
184	（8）12・4	羽左衛門大夫正則（花押4）	（羽兵庫入様御報）	×	書状	島津文書（鹿―旧附2―167頁）
185	8・12・18	大夫（花押4・黒印3）	おのミにて一そう・同又さゑもん	○	請取状	松本快蔵氏所蔵文書（広―古中Ⅳ―809頁）
186	9・1・2	正則（花押4）	不動院様まいる	○	覚書	不動院文書（広―古中Ⅳ―17頁）
187	9・8・18	左衛門大夫（花押3）	中村牛右衛門殿	×	知行充行状	中村一郎氏所蔵文書（広―近Ⅱ―429頁）
188	（9）⑧・7	正則（花押4）（羽左衛門大夫）	（竹貞土様人々御中）	○	書状	谷森真男氏所蔵文書
189	9・10・12	左衛門太夫（花押4）	尾関隠岐守殿		知行目録写	黄薇古簡集2（刊本66頁）
190	9・10・12	左衛門大夫（花押4）	福島藤右衛門尉殿	○	知行目録	名古屋市博物館所蔵福島文書
191	9・10・12	左衛門大夫（花押4）	湯浅物右衛門尉殿	○	知行目録	河野美術館所蔵文書（『今治郷土史2』789頁）
192	9・10・12	左衛門大夫（花押4）	野田藤七殿		知行充行状	野田文書（『今治郷土史2』796頁）
193	（10）2・20	羽左衛門大夫正則（花押4）	（羽柴陸奥守様御報）	×	書状	島津文書（鹿―旧後4―12）

194	（10カ）・2・20	大夫（花押）	大崎兵庫殿・上月助右衛門殿・尾関隠岐殿・松田七左衛門殿・本庄将監殿・武市蔵介殿・「林亀介殿」・間島源次殿		書状写	黄薇古簡集2（『三原市史6』29頁）
195	（10）・8・1	羽左衛門大夫正則（花押4）	羽柴陸奥守様御報	×	書状	島津文書（鹿—旧後4—90）
196	10・11・16	左衛門太夫判	衣川正兵衛殿		知行充行状写	絹川勘市家譜
197	10・12・28	大夫	□（お）かわわかさ殿		渡状	巻子本厳島文書（広—古中Ⅲ—61頁）
198	（11）・4・2	大夫（花押4）	尾関隠岐殿・武市蔵介殿・林亀介殿・千石新八殿・山路太郎左衛門殿・山路作兵衛殿		書状写	黄薇古簡集2（『三原市史6』29頁）
199	（11カ）・4・14	大夫（花押4）	尾関隠岐守殿・千石新八殿・武市蔵介殿・林亀介殿・山路太郎左衛門殿・山路作兵衛殿		書状写	黄薇古簡集2（『三原市史6』30頁）
200	（11カ）・5・8	大夫（花押4）	尾関隠岐守殿		書状写	黄薇古簡集2（『三原市史6』30頁）
201	11・10・2	左衛門大夫（花押4）	林道休	×	知行充行状	林文書
202	（11）・12・15	羽左衛門太夫正則（花押4）	「　」御報	×	書状	島津文書（鹿—旧後4—309）
203	（12）・3・10	羽左衛門大夫正則（花押4）	水野如雪様御報	△	書状	水野文書（大阪市博『研究紀要』9号9頁）
204	（12）・5・27	羽左衛門大夫正則（花押4）	（羽柴陸奥守様御報）	×	書状	島津文書（鹿—旧後4—358）
205	12・11・25	左衛門太夫判	衣川正兵衛殿		知行充行状写	絹川勘市家譜
206	13・11・9	左衛門大夫（黒印3）	本部新左衛門尉殿		知行目録写	新編会津風土記4（刊本1—54頁）
207	13・11・9	左衛門大夫（黒印3）	梶原平介殿		知行目録写	伊予古文35
208	（14）・7・3	羽柴左衛門大夫正則（花押4）	羽柴陸奥守様貴報	×	書状	島津文書（鹿—旧後4—590）
209	（14）・7・29	羽柴左衛門大夫正則（花押4）	羽柴陸奥守様人々御中	×	書状	島津文書（鹿—旧後4—618）

210	（14）10・10	羽柴左衛門大夫正則（花押4）	（羽柴陸奥守様御報）	×	書状	島津文書（鹿―旧後4―1310）
211	（15ヵ）2・13	大夫（花押4）	黒田蔵人殿	×	書状	三奈木黒田文書
212	（15ヵ）6・2	羽左衛門大夫正則（花押4）	滝川豊前守様御報	×	書状	滝川文書（『名古屋大学文学部研究論集史学23』12頁）
213	15・11・23	少将判	絹川正兵衛とのへ		知行充行状写	絹川勘市家譜
214	15・11・23	少将（花押）	滝川加平治との	×	知行充行状写	阿波国古文書4
215	（年未詳）2・1	左衛門大夫正則（花押4）	棚守殿御返事	×	書状	厳島野坂文書（広―古中Ⅱ―978頁）
216	（　）4・11	大夫（花押4）（羽左衛門大夫）	（泰長老様人々御中）	○	書状	三浦周行氏所蔵文書
217	（　）5・2	大夫（花押4）	大橋茂右衛門殿・吉村又右衛門殿・長尾太郎左衛門殿・そぶへ仁右衛門殿・藤堂飛騨守殿・山田太郎左衛門殿	×	書状	大橋文書（広―近Ⅱ―405頁）
218	（　）5・28	羽左衛門大夫正則（花押4）	（福島武蔵守殿人々御中）	×	書状	保阪潤治氏所蔵文書
219	（　）6・22	羽柴左衛門大夫正則（花押4）	宗光寺御報	△	書状	宗光寺文書（広―近Ⅱ―418頁）
220	（　）8・11	羽左衛門大夫正則（花押4）	棚守将監殿御返事	×	書状	厳島野坂文書（広―古中Ⅱ―980頁）
221	（　）8・28	羽左衛門大夫正則（花押4）	本門様人々御中	△	書状	保阪潤治氏所蔵文書
222	（　）8・29	羽左衛門大夫正則（花押4）	水野如雲様御報	△	書状	水野文書（大阪市博『研究紀要』9号11頁）
223	（　）11・22	大夫（花押4）	大はしもへもん殿・加藤五さへもん殿	×	書状	大橋文書（広―近Ⅱ―406頁）
224	慶長15・12・7	羽少将正則（花押5）	水野内記殿	×	知行充行状	久留島文書（『今治郷土史2』579頁）
225	（16）6・20	羽柴左衛門大夫正則（黒印4）	羽兵庫頭様人々御中	×	書状	島津文書（鹿―旧後4―842）
226	17・8・11	大夫書判	上月ふんこのかミ・ましまミまさかのかミ・ましまミまさかのかミ		判物写	三原志稿1（『三原市史4』19頁）

227	（17カ）10・17	大夫（黒印4）	（福島丹波守殿・長尾隼人正殿）	×	書状	『思文閣墨跡資料目録』155号（36頁）
228	（17カ）10・17	大夫（黒印4）	尾関石見守殿・尾関右衛門太郎殿		書状写	黄薇古簡集2（『三原市史6』31頁）
229	（17）10・26	羽柴左衛門大夫正則（黒印4）	不動院様御同宿中	△	書状	不動院文書（広―古中Ⅳ―18頁）
230	（17）10・26	大夫（黒印4）	尾関右衛門太郎殿		書状写	黄薇古簡集2（『三原市史6』31頁）
231	（年未詳）7・9	はしはさへもんの大夫（花押5）	（ないくうまいるけいくわういん上人さま御返事）	×	書状	神宮徴古館所蔵文書（『日本書蹟大鑑14』225頁）
232	（　）8・14	正則（花押5）（羽柴左衛門大夫）	（稲彦六様御報）	○	書状	佐藤行信氏所蔵文書
233	（　）8・22	羽柴左衛門大夫正則（花押5）	道三法印様人々御中	△	書状	志賀槙太郎氏所蔵文書
234	（　）8・24	羽柴左衛門大夫正則（花押5）	赤□□□様御報	△	書状	牧田茂兵衛氏所蔵文書
235	（　）9・5	羽左衛門大夫正則（花押5）	主水殿御宿所		書状写	張州雑志68（『津島市史資料編2』167頁）
236	（　）9・8	羽柴左衛門大夫正則（花押5）	観音寺御同宿中	×	書状	観音寺文書
237	（　）10・28	羽柴左衛門大夫正則（花押5）	羽兵庫入様参人々御中	×	書状	島津文書（鹿―旧附2―164）
238	（慶長18）9・9	羽柴左衛門大夫正則（花押6）	（本門様御報）	○	書状	下間九鬼三郎氏所蔵文書
239	（18）12・14	羽柴左衛門大夫正則（花押6）	（羽柴兵庫頭様御報）	×	書状	島津文書（鹿―旧後4―1070）
240	（19）10・8		進上秀頼様		書状案	大坪正義氏所蔵文書（広―近Ⅱ―23頁）
241	（19）10・12	大夫	坂井信濃守殿・村上彦右衛門殿・佃式部殿・大崎玄蕃殿・間島美作守殿・上月文右衛門殿・長尾隼人正殿・尾関石見守殿・福島丹波守殿		書状写	福島文書（広―近Ⅱ―390頁）
242	（19）10・14	御判	福島丹波守殿・尾関石見守殿・長尾隼人正殿		書状写	福島文書（広―近Ⅱ―391頁）

243	（19）10・25	羽柴左衛門大夫正則（花押6）	西尾丹後守様人々御中	△	書状	高橋政雄氏所蔵文書（『新修徳川家康文書の研究』499頁）
244	19・11・6	太夫正則判	福島丹波守殿・尾関石見守殿・上月文右衛門殿		人数帳写	大坪正義氏所蔵文書（広―近Ⅱ―82頁）
245	（19）12・12	福島左衛門大夫正則（花押6）・加藤左馬助嘉明（花押）・黒田筑前守長政（花押）	本上州様貴報	△	書状	林原美術館所蔵文書（『岡山県古文書集4』372頁）
246	（19）12・24	大夫（花押6）	羽柴備後守殿御宿所	△	書状	今井吉之助氏保管文書
247	（19）12・24	太夫御判	長尾隼人正殿・津田豊前守殿・武藤修理殿・斎藤武右衛門殿・黒田蔵人殿・長尾平右衛門殿・紀太二郎左衛門殿・吉村又右衛門殿・津田虎之介殿・橋本宗兵衛殿・水野二郎右衛門殿		書状写	福島文書（広―近Ⅱ―392頁）
248	（元和元）3・20	羽柴左衛門大夫正則（花押6）	伊兵部少輔様		書状	伊勢文書（『宮崎県史史料編中世1』232頁）
249	（元）4・5	大夫	福島丹波守殿・尾関石見守殿・長尾隼人正殿・大崎玄蕃頭殿・尾関右衛門太郎殿・本庄与太郎殿・梶田新介殿・長尾平右衛門殿・松田下総守殿・紀太二郎左衛門殿		書状写	福島文書（広―近Ⅱ―394頁）
250	（元）4・17	羽柴左衛門大夫正則（花押6）	宗光寺様侍者御中	△	書状	宗光寺文書（広―近Ⅱ―419頁）
251	（元）4・24	大夫（花押6）	（福島丹波守殿）	×	書状	早稲田大学図書館所蔵文書（『早稲田大学所蔵荻野研究室収集文書下』247頁）
252	（元）4・24	大夫御判	長尾隼人正殿		書状写	福島文書（広―近Ⅱ―395頁）

253	（元）5・2	太夫御判	長尾隼人正殿		書状写	福島文書（広—近Ⅱ—396頁）
254	元・5・18	正則（花押6）	（鼓兵大夫との）	×	感状写	鼓大三氏所蔵文書（『備後叢書1』506頁）
255	（元カ）6・17	大夫（花押6）	武藤修理殿・津田豊前守殿・尾関右衛門太郎殿・かちた新介殿・松田下総守殿・本庄与二郎殿・かまたとのも殿・くろ田蔵人殿・坂井主膳殿・津田いなは殿・斎藤武右衛門殿・千石但馬守殿・林亀介殿・柴田源左衛門殿・真鍋五郎右衛門殿・はちや市兵衛殿・さわい右京殿・鳥羽左介殿・森平右衛門殿・長尾平右衛門殿・そふへ仁右衛門殿・北二郎左衛門殿・きぬ川正兵衛殿・くかた助三郎殿		書状写	黄薇古簡集2（『三原市史6』34頁）
256	（元）⑥・1	羽柴左衛門大夫正則（花押6）	（島津陸奥守様御報）	×	書状	島津文書（鹿—旧後4—1276）
257	（元）⑥・12	羽柴左衛門大夫正則（花押6）	羽柴兵庫頭様貴報	×	書状	島津文書（鹿—旧附2—162）
258	（元）7・14	大夫御判	福島丹波守殿・尾関石見守殿・長尾隼人正殿・牧主馬頭殿		書状写	福島文書（広—近Ⅱ—396頁）
259	（年未詳）1・2	正則（花押6）（羽柴左衛門大夫）		○	書状断簡	お茶の水図書館所蔵文書
260	（　）1・14	羽柴左衛門大夫正則（花押6）	宗光寺様御報	△	書状	宗光寺文書（広—近Ⅱ—418頁）
261	（　）1・19	羽左衛門大夫正則（花押6）	心雑坊まいる	×	書状	光福寺文書（岐—古中1—634頁）
262	（　）2・3	正則（花押6）（羽柴左衛門大夫）	（稲彦六様人々御中）	○	書状写	国会本紀伊国古文書15

263	（　）4・2	羽柴左衛門大夫正則（花押6）	中村又蔵様御報	×	書状	洲崎神社文書
264	（　）4・16	羽柴左衛門太夫正則	悉地院御報		書状写	伊東家御系図
265	（　）5・8	羽左衛門大夫正則（花押6）	棚守将監殿御返報	×	書状	厳島野坂文書（広―古中Ⅱ―979頁）
266	（　）7・16	羽柴左衛門大夫正則（花押6）	後庄三郎様		書状写	後藤庄三郎家古文書
267	（　）7・27	正則（花押6）（羽柴左衛門大夫）	（島田次兵様人々御中）	○	書状	竹内清介氏所蔵文書（『日本書蹟大鑑14』（224頁）
268	（　）8・17	羽左太正則御判	山路久之丞殿・武藤長		書状写	福島文書（広―近Ⅱ―397頁）
269	（　）10・6	羽左衛門太夫正則書判	神兵部少様御館		書状写	津島神社文書（『津島市史資料編2』168頁）
270	（　）10・13	羽左太（黒印4）	［　］宗理老		覚書写	睡余小録上
271	（　）10・28	正則（花押6）（羽柴左衛門大夫）	（盛方法印様人々御中）		書状写	後撰芸葉14
272	（　）10・28	羽柴左衛門太夫正則	悉地院老御報		書状写	伊東家御系図
273	（　）11・29	羽柴左衛門大夫正則（花押6）	宗光寺御報	×	書状	宗光寺文書（広―近Ⅱ―419頁）
274	（　）12・26	羽左衛門大夫正則（花押3）	不動院御同宿中	△	書状	不動院文書（広―古中Ⅳ―16頁）
275	（元和元）8・14	福島左衛門太夫正則（花押6）	島津陸奥守様御報	×	書状	島津文書（鹿―旧後3―1951）
276	（元）9・24	福島左衛門太夫正則（花押6）	（島津陸奥守様人々御中）	×	書状	島津文書（鹿―旧後4―1304）
277	（元カ）12・25	福島左衛門大夫正則（花押6）	（島津陸奥守様御報）	×	書状	島津文書（鹿―旧後4―653）
278	（2）2・23	福島左衛門大夫正則（花押6）	（浅野右近様人々御中）	×	書状	岡本貞烋氏所蔵文書（大日史12―24―61頁）
279	（2カ）2・27	大夫（花押6）	尾関右衛門太郎殿		書状写	黄薇古簡集2（『二原市史6』39頁）
280	（2）4・2	正則（花押6）（福島左衛門大夫）	（島津陸奥守様人々御中）	○	書状	島津文書（鹿―旧後4―1336）
281	2・7・25	少将正則（花押6）	不動院	△	書状	不動院文書（広―古中Ⅳ―16頁）
282	2・8・11	左衛門大夫御判	上月平三郎殿		知行充行状写	三原志稿5（広―近Ⅱ―432頁）
283	2・9・16	安芸少将書判	黒田七郎殿		知行充行状写	黒田御用記乾（『黒田御用記乾坤・長政公御代御書出令条』32頁）

284	2・9・16	安芸少将印判	黒田七郎殿		知行目録写	黒田御用記乾（『黒田御用記乾坤・長政公御代御書出令条』32頁）
285	2・9・16	少将（花押6）	梶原平介殿		知行目録写	伊予古文35
286	2・9・22	少将（花押6）	林権七殿	×	知行充行状	林文書
287	2・9・22	少将（花押6）	林権七殿	〇	知行目録	林文書
288	2・9・22	少将（花押6）	水野正兵衛殿	×	知行充行状	水野文書（大阪市博『研究紀要』9号18頁）
289	2・9・22	少将（花押6）	水野正兵衛殿	〇	知行目録	水野文書（大阪市博『研究紀要』9号19頁）
290	（年未詳）2・6	福少将正則（花押6）	棚守将監殿御返報	×	書状	厳島野坂文書（広―古中Ⅱ―977頁）
291	（　）2・6	福少将正則（花押6）	大願寺御報	×	書状	大願寺文書（広―古中Ⅲ―1415）
292	（　）2・6	福少将正則（花押6）	いつくしま座主御報	×	書状	岡本貞烋氏所蔵文書
293	（　）7・7	少将正則（花押6）	棚守左近衛将監殿	×	書状	厳島野坂文書（広―古中Ⅱ―977頁）
294	（元和3）3・4	大夫（花押6）	大橋もへもん殿・くり田藤へもん殿・かち原半ゑもん殿	×	書状	大橋文書（広―近Ⅱ―416頁）
295	（3）3・14	大夫（花押6）	大橋茂右衛門殿・栗田藤右衛門殿・梶原半右衛門殿	×	書状	大橋文書（広―近Ⅱ―412頁）
296	（3）3・26	大夫（花押6）	大橋茂右衛門殿・くり田藤右衛門殿・梶原半右衛門殿	△	書状	大橋文書（広―近Ⅱ―416頁）
297	（3）5・10	大夫（花押6）	大橋茂右衛門殿・くり田藤右衛門殿・梶原半右衛門殿	×	書状	大橋文書（広―近Ⅱ―414頁）
298	（3）5・11	大夫（花押6）	大橋茂右衛門殿・梶原半右衛門殿	×	書状	大橋文書（広―近Ⅱ―413頁）

299	（3）5・22	大夫（花押6）	大橋もへもん殿・くり田藤へもん殿・かち原半へもん殿	×	書状	大橋文書（広―近Ⅱ―411頁）
300	（3）6・10	大夫（花押6）	大橋もへもん殿・くり田藤へもん殿・かち原半右衛門殿	×	書状	大橋文書（広―近Ⅱ―411頁）
301	（3）6・14	大夫（花押6）	大橋茂右衛門殿・くり田藤右衛門殿・かち原半右衛門殿	×	書状	大橋文書（広―近Ⅱ―408頁）
302	（3）6・15	大夫（花押6）	大橋もへもん殿・くり田藤へもん殿・かち原半右衛門殿	×	書状	大橋文書（広―近Ⅱ―408頁）
303	（3）6・16	大夫（花押6）	大橋茂右衛門殿・くり田藤右衛門殿・梶原半右衛門殿	×	書状	大橋文書（広―近Ⅱ―413頁）
304	（3）6・21	大夫（黒印5）	（黒田蔵人殿）	×	書状	三奈木黒田文書
305	（3）6・21	大夫（黒印5）	尾関右衛門太郎殿		書状写	黄薇古簡集2（『三原市史6』41頁）
306	（3）6・30	大夫（黒印5）	黒田蔵人殿	×	書状	三奈木黒田文書
307	（3）7・1	宰相正則（花押6）	（棚守将監殿御返報）	×	書状	厳島野坂文書（広―古中Ⅱ―964頁）
308	（3カ）7・10	大夫正則書判	斎藤加左衛門殿	△	書状写	所蔵未詳（『小田原合戦特別展』86頁）
309	（3）7・19	福島左衛門大夫正則（花押6）	島津陸奥守様人々御中	×	書状	島津文書（鹿―旧後4―1431）
310	（3）9・22	福島左衛門大夫正則（花押6）	松平薩摩守様御報	×	書状	島津文書（鹿―旧後4―1468）
311	3・11・15	宰相（花押6）	近藤久介殿	×	知行充行状	近藤文書（大日史12―28―705頁）
312	3・11・15	宰相（花押6）	近藤久介殿	○	知行目録	近藤文書（大日史12―28―706頁）
313	3・12・25	宰相御書判	間島美作守殿		判物写	三原志稿2（広―近Ⅱ―432頁）

314	3・12・25	宰相（花押6）	間島美作守殿	×	判物	糸碕神社文書（広—近Ⅱ—432頁）
315	4・1・7	宰相（花押6）		○	割付状	厳島野坂文書（広—古中Ⅱ—965頁）
316	4・1・7	宰相御在判			割付状写	厳島野坂文書（広—古中Ⅱ—968頁）
317	4・1・20	大夫	さかいしなの、かミ・村かミひこゑもん	△	判物	普門寺文書（『新修広島市史6』577頁）
318	4・1・23	大夫（花押6）	のた九郎へもん	◇	判物	野田文書（大日史12—30—152頁）
319	4・2・19	大夫（花押6）	のた九郎へもん	◡	判物	野田文書（大日史12—30—264頁）
320	4・3・19	大夫（花押6）	のた九郎へもん	○	判物	野田文書（大日史12—30—264頁）
321	4・3・20	大夫（花押6）	まきしゆめ殿・村かミひこゑもん殿・さかいしなの殿	○	判物	野田文書（大日史12—30—223頁）
322	4・3・26	宰相（花押6）	大崎玄蕃頭殿		判物写	備陽六郡志外篇沼隈郡之二（『備後叢書1』594頁）
323	（4カ）4・4	宰相「花押同前」	尾関右衛門太郎殿		書状写	黄薇古簡集2（『三原市史6』41頁）
324	（4カ）4・18	大夫印	野間忠介殿		書状写	藩中古文書11
325	（4）4・27	大夫（花押6）	牧新九郎殿	△	書状	牧野文書（『細居俊司所蔵牧野文書』165頁）
326	（4）4・29	宰相（花押6）	大橋もへもん殿・吉村又右衛門殿	×	書状	大橋文書（広—近Ⅱ—409頁）
327	（4）5・19	宰相（花押6）	大橋茂右衛門殿・吉村又右衛門殿	)(	書状	大橋文書（広—近Ⅱ—415頁）
328	（4）5・26	福宰相正則（花押6）	棚守次郎八殿・同左京殿	×	書状	厳島野坂文書（広—古中Ⅱ—975頁）
329	（4カ）6・4	福宰相正則（花押6）	いつくしま大願寺御報	△	書状	大願寺文書（広—古中Ⅲ—1415）
330	（4）6・4	宰相（花押6）	尾関右衛門太郎殿・堀田新介殿・堀田新介殿		書状写	黄薇古簡集2（『三原市史6』42頁）
331	（4カ）6・8	大夫印	野間忠介殿		書状写	藩中古文書11

332	（4カ）7・5	宰相（花押6）	尾関右衛門太郎殿		書状写	黄薇古簡集2（『三原市史6』42頁）
333	（4）7・27	宰相（花押6）	大橋もへもん殿	×	書状	大橋文書（広—近Ⅱ—400頁）
334	（4カ）7・29	大夫（花押6）	大橋もへもん殿・くり田藤へもん殿・かち原半右衛門殿		書状写	張州雑志77（『津島市史資料編2』166頁）
335	（4カ）8・1	大夫（黒印4）	黒田蔵人殿	×	書状	三奈木黒田文書
336	（4カ）8・9	大夫（花押6）	大橋もへもん殿・くり田藤へもん殿・かち原半右衛門殿	×	書状	大橋文書（広—近Ⅱ—412頁）
337	（4カ）8・12	宰相（花押6）	（大橋もへもん殿）	×	書状	大橋文書（広—近Ⅱ—403頁）
338	（4カ）8・12	宰相（花押6）	黒田蔵人殿	×	書状	三奈木黒田文書
339	（4カ）8・12	大夫（黒印5）	川口や助一郎	△	書状	川口文書（広—近Ⅱ—420頁）
340	（4カ）8・26	福島宰相正則（花押6）	（国泰寺様貴報）	×	書状	国泰寺文書（『新修広島市史7』105頁）
341	（4）8・29	大夫（花押6）	大橋もへもん殿・くり田右へもん殿・かち原半右衛門殿	×	書状	大橋文書（広—近Ⅱ—407頁）
342	（4カ）9・7	宰相「花押同前」	尾関右衛門太郎殿		書状写	黄薇古簡集2（『三原市史6』43頁）
343	（4カ）9・21	宰相（花押6）	大橋茂右衛門殿	×	書状	大橋文書（広—近Ⅱ—402頁）
344	（4）11・22	宰相（花押6）	大橋もへもん殿・吉村又ゑもん殿	×	書状	大橋文書（広—近Ⅱ—402頁）
345	（4）11・23	大夫（黒印4）	（大橋茂右衛門尉殿）	×	書状	大橋文書（広—近Ⅱ—403頁）
346	（4）12・11	宰相（花押6）	（福島藤右衛門尉殿）	×	書状	名古屋市博物館所蔵福島文書
347	（4）12・13	大夫（花押6）	大橋茂右衛門殿	×	書状	大橋文書（広—近Ⅱ—401頁）
348	（4カ）12・16	宰相（花押6）	黒田蔵人殿	×	書状	三奈木黒田文書
349	（4カ）12・22	宰相判	野間忠介殿		書状写	藩中古文書11

350	（4カ）12・26	大夫（花押6）	湯浅宗右衛門殿	×	書状写	因幡志40
351	（4カ）12・27	福宰相正則（花押6）	棚守二郎八殿・同左京亮殿	×	書状	厳島野坂文書（広―古中Ⅱ―976頁）
352	（4カ）12・27	大夫（花押6）	尾関右衛門太郎殿		書状写	黄薇古簡集2（『三原市史6』40頁）
353	（5）1・7	宰相（花押6）	大橋もへもん殿	×	書状	大橋文書（広―近Ⅱ―400頁）
354	（5カ）1・9	宰相（花押6）	大橋もへもん殿・吉村又へもん殿	×	書状	大橋文書（広―近Ⅱ―401頁）
355	（5）1・12	宰相（花押6）	よし村又右衛門殿・大はしもへもん殿	×	書状	大橋文書（広―近Ⅱ―407頁）
356	（5カ）1・30	大夫（花押6）	尾関右衛門太郎殿		書状写	黄薇古簡集2（『三原市史6』40頁）
357	（5カ）1・30	大夫（花押6）	村上才蔵殿	×	書状	「古文書纂17」所収東郷重光氏所蔵文書
358	（5カ）2・1	宰相（花押6）	棚守次郎八殿・同左京亮殿御返報	×	書状	厳島野坂文書（広―古中Ⅱ―979頁）
359	（5カ）2・1	福島宰相正則（花押6）	いつくしま大願寺御報	×	書状	大願寺文書（広―古中Ⅲ―1414頁）
360	（5カ）2・1	宰相（花押6）	黒田蔵人殿	×	書状	三奈木黒田文書
361	（5カ）2・1	宰相（花押6）	尾関右衛門太郎殿		書状写	黄薇古簡集2（『三原市史6』41頁）
362	（5）2・1	宰相（花押6）	森平右衛門殿		書状写	徴古雑抄1阿波5（『阿波国徴古雑抄』545頁）
363	（5カ）2・2	大夫（黒印4）	はくやそうぜん・くすりやそうゐ・あくた川じやうう		書状	芥河唯太郎氏所蔵文書（広―近Ⅱ―389頁）
364	（5カ）2・6	大夫（黒印4）	牧新九郎殿	△	書状	牧野文書（『細居俊司所蔵牧野文書』165頁）
365	（5カ）2・9	大夫（花押6）	福島備後守殿	×	書状	大坪正義氏所蔵文書（広―近Ⅱ―398頁）
366	（5カ）2・10	宰相（花押6）	水野正兵衛殿	∧	書状	水野文書（大阪市博『研究紀要』9号16頁）
367	（5カ）2・10	宰相（花押6）	小河梅千代殿	∧	書状	遊就館所蔵文書

368	（5カ）3・7	宰相（花押）	尾関右衛門太郎殿		書状写	黄薇古簡集2（『三原市史6』44頁）
369	（5カ）4・27	大夫（黒印4）	尾関右衛門太郎殿		書状写	黄薇古簡集2（『三原市史6』33頁）
370	（5カ）5・3	宰相（花押6）	黒田蔵人殿	×	書状	三奈木黒田文書
371	（5カ）5・3	宰相（花押6）	尾関右衛門太郎殿		書状写	黄薇古簡集2（『三原市史6』42頁）
372	（5カ）5・24	大夫印	野間忠介殿		書状写	藩中古文書11
373	（5カ）5・25	宰相（朱印6）	小河梅千代殿		書状写	徴古雑抄46雑々文書8（『信濃史料23』312頁）
374	（年未詳）8・12	宰相（花押6）	三木左兵衛殿	△	書状	平成六年『明治古典会七夕大入札会目録』
375	（　）8・26	福島宰相正則（花押6）	六町目観音坊御報	△	書状	普門寺文書（『新修広島市史6』576頁）
376	（　）11・25	宰相（花押6）	ならやそうく	△	書状	岡本貞休氏所蔵文書
377	（元和5）6・14	福島左衛門大夫	酒井雅楽頭様・本多上野介様・土井大炊介様・安藤対馬守様・板倉伊賀守様		書状写	福島略系（広―近Ⅱ―398頁）
378	（5）6・14	左衛門大夫判	備後守殿	×	書状写	森田完氏所蔵文書（広―近Ⅱ―399頁）
379	（5）7・24	大夫（花押6）	尾関右衛門太郎殿		書状写	黄薇古簡集2（『三原市史6』45頁）
380	（5）8・8	御判写	福島丹波守殿・本庄与太郎殿・吉村又右衛門殿・林猪兵へ殿・槙田猪左衛門殿・野田九郎右衛門殿	×	書状写	菊泉院文書（『戦国の五十人』図録別冊4頁）
381	（5）11・10	福島左衛門大夫正則（花押6）	棚守殿返報	×	書状	厳島野坂文書（広―古中Ⅱ―976頁）
382	（5）11・10	福島左衛門大夫正則（花押6）	大願寺様御報	×	書状	大願寺文書（広―古中Ⅲ―1414）
383	6・3・23	大夫判	かう月平三郎		書状写	三原志稿5（広―近Ⅱ―423頁）
384	（年未詳）1・9	正則（花押6）		○	書状	建仁寺文書
385	（　）1・12	大夫（花押6）	ふくしまひん□の□ミ殿	×	書状	大坪正義氏所蔵文書
386	（　）1・22	大夫（花押6）	大橋茂右衛門尉殿	×	書状	大橋文書（広―近Ⅱ―405頁）

387	（　）1・23	正則（花押6）（福島左衛門大夫）	（片桐出雲守様人々御中）	○	書状	『日本書蹟大鑑14』（224頁）
388	（　）1・30	大夫（花押）	三原にて九庵・助一郎・弥九郎・惣左衛門・彦右衛門・弥五郎・七郎兵衛・宗右衛門		書状写	三原志稿8（広―近Ⅱ―421頁）
389	（　）2・7	正則（花押6）（福島左衛門大夫）	（土井大炊助様御報）		書状写	諸家文書上
390	（　）3・2	大夫（花押6）	尾関石見守殿	△	書状写	広島県立歴史博物館所蔵文書（『開館5周年記念広島県立歴史博物館新収蔵資料展』82頁）
391	（　）3・3	大夫（花押6）	小河梅千代殿	△	書状	福島於菟吉氏所蔵文書（『信濃史料30』359頁）
392	（　）3・6	福左太（花押6）	川口屋助一郎殿	△	書状	川口文書（広―近Ⅱ―420頁）
393	（　）3・8	大夫判	上月平三郎殿		書状写	三原志稿5（広―近Ⅱ―422頁）
394	（　）3・18	正則（花押6）（福島左衛門大夫）	（金地院様侍者中）	○	書状	佐藤行信氏所蔵文書
395	（　）4・2	福島左衛門大夫正則（花押6）	寺沢志摩守様人々御中		書状写	甲子夜話15（刊本1―257頁）
396	（　）4・18	大夫（花押6）	大橋茂右衛門殿・くり田藤右衛門殿・梶原半右衛門殿	×	書状	大橋文書（広―近Ⅱ―410頁）
397	（　）4・23	大夫（花押6）	（福島市丞殿）	×	書状	大坪正義氏所蔵文書
398	（　）7・10	福島左衛門大夫正則（花押6）	観音寺様御報	×	書状	芦浦観音寺文書
399	（　）7・16	福島左衛門大夫正則（花押6）	金地院様尊報	△	書状	大阪城天守閣所蔵文書（『大阪城天守閣名品展』20頁）
400	（　）7・17	大夫判	上月豊後守殿・大崎玄蕃頭殿・間島美作守殿		書状写	三原志稿5（広―近Ⅱ―421頁）
401	（　）8・19	福島左衛門大夫正則（花押6）	兼松修理様人々御中	×	書状	兼松文書（『新編一宮市史資料編6』253頁）
402	（　）8・21	正則（花押6）（福島左衛門大夫）	（木下右衛門大夫様人々御中）	○	書状	木下文書
403	（　）9・6	福左衛門大夫正則（花押6）	西川孫左衛門殿	×	書状	蓮生寺文書

404	（　）9・20	正則（花押6）（福島左衛門大夫）	（織田刑部太輔様御報）	○	書状	佐藤行信氏所蔵文書
405	（　）9・21	福島左衛門大夫正則（花押6）	平野五郎兵衛殿人々御中	△	書状	末吉文書（大日史12―26―656頁）
406	（　）9・24	大夫（黒印4）	水野正兵衛殿	△	書状	水野文書（大阪市博『研究紀要』9号16頁）
407	（　）10・20	福左衛門大夫正則（花押6）	棚守将監殿御返報	×	書状	厳島野坂文書（広―古中Ⅱ―980頁）
408	（　）10・21	福左太正則（花押6）	（谷のあんじしや老）	×	書状	森田博三氏所蔵文書
409	（　）10・24	正則（花押6）（福島左衛門大夫）	（木下宮内少様御報）	○	書状	林省三氏所蔵文書
410	（　）12・1	福島左衛門大夫正則（花押6）	（多尾与兵衛様御報）	×	書状	富田仙助氏所蔵文書
411	（　）12・2	正則（花押6）		○	書状	船崎昇誠氏所蔵文書
412	（　）12・29	大夫（黒印4）	（大はし茂右衛門殿）	×	書状	大橋文書（広―近Ⅱ―404頁）
413	（元和6ヵ）12・19	福高斎正印（花押6）	小河梅千代殿	△	書状	福島於菟吉氏所蔵文書（『信濃史料30』359頁）
414	（6）⑫・10	福高斎（花押6）	小河梅千代殿御報		書状写	徴古雑抄46雑々文書8（『信濃史料23』311頁）
415	（6）⑫・18	高斎判	上月平三郎殿		書状写	三原志稿5（広―近Ⅱ―423頁）
416	（年未詳）2・2	高斎判	上月平三郎殿・波田主水殿		書状写	三原志稿5（広―近Ⅱ―419頁）
417	（　）3・22	高斎（花押6）	かわ口や助市郎殿	△	書状	川口文書
418	（　）8・12	高斎判	上月平三郎殿		書状写	三原志稿5（広―近Ⅱ―422頁）
419	（　）10・19	高斎判	上月平三郎殿		書状写	三原志稿5（広―近Ⅱ―422頁）
420	（　）	福高斎正印（花押6）	小河梅千代殿		書状写	徴古雑抄46雑々文書8（『信濃史料23』312頁）
421	（　）5・22		平三郎		書状写	三原志稿5（広―近Ⅱ―422頁）
422	（　）		尾関右衛門太郎殿		書状写	黄薇古簡集2（刊本72頁）

補遺

1	（天正16）9・晦	福島左衛門大夫正則（花押1）	村上掃部頭殿御報	×	書状	村上文書（『宮窪町史』1131頁）

2	（文禄4ヵ）10・13	福島左衛門大夫正則（花押1）	熱田神主孫大夫殿		寄進状	野田昌氏所蔵文書（『美和町史』752頁）
3	慶長6・11・7	左衛門大夫（花押3）	武藤助左衛門尉殿	×	知行充行状	武藤文書（徳島城博物館『寄贈資料展』5頁）
4	慶長6・11・7	左衛門大夫（花押3）	武藤助左衛門尉殿	◯	知行目録	武藤文書
5	慶長7・10・28	羽柴安芸少将正則書判	国泰寺		寄進状写	知新集12（『新修広島市史6』497頁）
6	（年未詳）10・9	羽柴左衛門大夫正則（花押4）	（小堀作介様人々御中）	×	書状	佐治重賢氏所蔵文書（『佐治重賢氏所蔵小堀政一関係文書』4頁）
7	（慶長18）12・3	羽柴左衛門大夫正則（花押6）	（浅野但馬守様御報）	×	書状	早稲田大学図書館所蔵文書（『美和町史』718頁）
8	（元和元）4・5	大夫（花押）	牧主馬頭殿・村上彦右衛門殿・千石但馬守殿・津田豊前守殿・武藤修理殿・鎌田主殿殿・黒田蔵人殿・斎藤武右衛門殿・坂井主膳殿・真鍋五郎右衛門殿・柴田源左衛門殿・津田因幡守殿・沢井右京殿・蜂屋市兵衛殿・高月左介殿・林亀介殿・森平右衛門殿・絹川正兵衛殿・吉村又右衛門殿・祖谷伊右衛門殿・加藤五左衛門殿・陸田助三郎殿・佃式部殿		書状写	知新集4（『新修広島市史6』156頁）
9	2・7・25	少将正則	戒善寺		寄進状写	知新集14（『新修広島市史6』626頁）
10	（3）6・吉	さいしやう		◯	書状	常和寺文書
11	（3）7・14	宰相正則（花押）			書状写	知新集24（『新修広島市史6』958頁）
12	（5）2・6	宰相（花押）	中島の備中屋助左衛門		書状写	知新集2（『新修広島市史6』43頁）
13	（年未詳）2・28	正則（花押6）（福島左衛門大夫）	（金地院様返報）	◯	書状	『思文閣古書資料目録』155号所収文書

14	（　）3・5	正則（花押6）（福島左衛門大夫）	（片桐出雲守様人々御中）	○	書状	大阪城天守閣所蔵文書（『大阪城天守閣紀要』25号13頁）
15	（　）4・3	正則（花押6）（福島左衛門大夫）	（安藤帯刀様人々御中）	○	書状	島田吉一氏所蔵安藤文書
16	（　）5・21	大夫	（坂井しな之守殿・村上ひこへもん殿）	×	書状写	武藤文書

表2　福島正則発給関連文書目録

No.	年月日	文書名	署判	形	出典（刊本）
1	（文禄2）2・27	羽柴秀家等十七名連署契状	福島左衛門大夫正則（花押2）	○	吉川文書（『吉川家文書』136）
2	（2）3・3	羽柴秀家等十七名連署条書写	福島左衛門大夫正則（花押2）	○	土佐国蠹簡集残編7
3	慶長4・5・11	羽柴秀秋等三十名連署請文案	清須侍従	○	島津文書（鹿―旧後3―741）
4	16・4・12	羽柴忠興等二十二名連署請文写	安芸少将正則（花押5）	○	尊経閣文庫所蔵文書（大日史12―8―152頁）

付録　福島正則受給文書目録

No.	年月日	文書名	宛所	形	出典（刊本）
1	天正10・9・25	羽柴秀吉知行充行状	福島市松殿	×	南郷文書（大日史11―2―601頁）
2	11・6・5	羽柴秀吉感状	福島市松殿	×	大坪正義氏所蔵文書（広―近Ⅱ―5頁）
3	11・8・1	羽柴秀吉知行充行状	福島市松殿	×	大坪正義氏所蔵文書（広―近Ⅱ―5頁）
4	11・8・1	羽柴秀吉知行目録	福島市松殿	○	京都大学所蔵福島文書（広―近Ⅱ―5頁）
5	13・7・16	正親町天皇口宣案	従五位下平正則（任左衛門大夫）		渡辺氏待買文書（大日史11―17―104頁）

6	（14）9・24	羽柴秀吉朱印状	福島左衛門大夫殿	×	大坪正義氏所蔵文書
7	15・1・1	羽柴秀吉定書	福島左衛門大夫とのへ	○	京都大学所蔵福島文書（広―近Ⅱ―6頁）
8	（15）3・26	羽柴秀吉書状写	羽柴与市郎殿へ・明石左近殿へ・高山大蔵大輔殿へ・赤松左兵衛尉殿へ・中川右衛門大夫殿へ・福島左衛門大夫殿へ		綿考輯録10（刊本2―71頁）
9	（15）5・晦	浅野長吉書状	福島左衛門大夫殿御宿所	×	高橋ハツ氏所蔵文書（『熊本県史料中世篇3』470頁）
10	15・9・5	羽柴秀吉知行目録	福島左衛門大夫殿	○	東京国立博物館所蔵文書（広―近Ⅱ―6頁）
11	（15）9・8	羽柴秀吉条書	福島左衛門大夫とのへ	○	京都大学所蔵福島文書（広―近Ⅱ―7頁）
12	（16カ）5・2	羽柴秀吉書状	浅野弾正少弼とのへ・生駒雅楽頭とのへ・蜂須賀阿波守とのへ　戸田民部少輔とのへ・黒田勘解由とのへ・森壱岐守とのへ・加藤主計頭とのへ・小西摂津守とのへ・福島左衛門大夫とのへ	×	三原浅野文書（『三原市史5』27頁）
13	（16）5・11	羽柴秀吉書状写	福島左衛門大夫とのへ		京都大学所蔵福島文書（広―近Ⅱ―6頁）
14	17・1・18	羽柴秀吉朱印状	福島左衛門大夫とのへ		松林寺文書（『静岡県史料5』250頁）
15	17・3・9	羽柴秀吉朱印状	ふくしまさへもんの大夫	◇	堅田愛次郎氏所蔵文書（『豊太閤真蹟集解説』33頁）
16	（17）9・11	羽柴秀吉書状写	福島左衛門大夫とのへ		東照宮御書写
17	（17）9・24	羽柴秀吉書状写	福島左衛門大夫とのへ		東照宮御書写
18	（18）6・2	羽柴秀吉書状	福島左衛門大夫とのへ	△	永青文庫所蔵文書（広―近Ⅱ―7頁）
19	（18）7・晦	羽柴秀吉書状写	羽柴土佐侍従とのへ・蜂須賀阿波守とのへ・生駒雅楽頭とのへ・福島左衛門大夫とのへ・脇坂中務少輔とのへ		武徳編年集成39
20	（18）8・3	羽柴秀吉書状写	福島左衛門大夫とのへ		東照宮御書写
21	19・3・24	羽柴秀吉朱印状写	ふくしまさへもんの大ゆふ		福島家系譜（広―近Ⅱ―12頁）
22	20・2・1	羽柴秀吉朱印状写	ふくしまさへもん大夫		福島家系譜（広―近Ⅱ―12頁）

23	（20）2・27	羽柴秀吉書状写	羽柴土佐侍従とのへ・蜂須賀阿波守とのへ・福島左衛門大夫とのへ・戸田民部少輔とのへ・生駒雅楽頭とのへ		京都大学所蔵福島文書（広―近Ⅱ―7頁）
24	（20）3・13	羽柴秀吉朱印状	福島左衛門大夫とのへ・戸田民部少輔とのへ・羽柴土佐侍従とのへ・蜂須賀阿波守とのへ・生駒雅楽頭とのへ・来島兄弟	○	永青文庫所蔵文書（『細川家近世文書目録』228頁）
25	（20）4・22	羽柴秀吉書状	福島左衛門大夫殿	△	永青文庫所蔵文書（『細川家近世文書目録』227頁）
26	20・4・26	羽柴秀吉掟書	福島左衛門大夫とのへ	○	東京国立博物館所蔵文書（広―近Ⅱ―8頁）
27	（20）4・28	羽柴秀吉書状	福島左衛門大夫とのへ	△	永青文庫所蔵文書（『細川家近世文書目録』227頁）
28	（20）6・3	羽柴秀吉書状写	福島左衛門大夫とのへ		京都大学所蔵福島文書（広―近Ⅱ―9頁）
29	（20）9・8	羽柴秀次書状	福島左衛門大夫とのへ		永青文庫所蔵文書（『細川家近世文書目録』233頁）
30	（20）9・22	羽柴秀吉書状	福島左衛門大夫とのへ	△	永青文庫所蔵文書（『細川家近世文書目録』231頁）
31	（20）11・10	羽柴秀吉書状	福島左衛門大夫とのへ	△	永青文庫所蔵文書（『細川家近世文書目録』227頁）
32	（20）11・23	羽柴秀次書状	福島左衛門大夫とのへ	△	永青文庫所蔵文書（『細川家近世文書目録』233頁）
33	（20）12・6	羽柴秀吉書状	羽柴土佐侍従とのへ・生駒雅楽頭とのへ・蜂須賀阿波守とのへ・福島左衛門大夫とのへ・戸田民部少輔とのへ	△	中川文書（『中川家文書』30頁）
34	（文禄元）12・8	羽柴秀吉書状	釜山浦早川主馬首とのへ・百々三郎左衛門尉とのへ・二輪五右衛門尉とのへ・とくねき岐阜衆・りゆうさん岐阜衆・ミりやき岐阜衆別所豊後・せくとい岐阜衆・大丘羽柴郡上侍従とのへ・斎村左兵衛尉とのへ・明石左近とのへ・仁同木下備中守とのへ・南条左衛門尉とのへ・善山宮部兵部少輔とのへ・しやくしう戸田民部少輔とのへ・はむちやん羽柴土佐侍従とのへ・竹山福島左衛門大夫とのへ・新城二ケ所生駒雅楽頭とのへ	○	中川文書（『中川家文書』33頁）

35	（元）12・10	羽柴秀吉書状	釜山浦百々三郎左衛門尉とのへ・同三輪五右衛門尉とのへ・東莱岐阜衆・梁山同・蜜陽別所豊後守とのへ・同岐阜衆・大丘羽柴郡上侍従とのへ・同斎村左兵衛とのへ・同明石左近とのへ・仁同木下備中守とのへ・同南条左衛門尉とのへ・善山宮部兵部少輔とのへ・尚州戸田民部少輔とのへ・咸昌羽柴土佐侍従とのへ・聞慶同・忠州蜂須賀阿波守とのへ・生駒雅楽頭とのへ・竹山福島左衛門大夫とのへ・陽智中川小兵衛尉とのへ・羽柴備前宰相とのへ・都増田右衛門尉とのへ・同石田治部少輔とのへ・同大谷刑部少輔とのへ		鍋島文書（『佐賀県史料集成古文書編3』304頁）
36	（元）12・10	長束正家副状	釜山浦百々三郎左衛門尉殿・同三輪五右衛門尉殿・東莱岐阜衆・梁山同・蜜陽別所豊後守殿・同岐阜衆・大丘羽柴郡上侍従殿・同斎村左兵衛尉殿・同明石左近殿・仁同木下備中守殿・同南条左衛門尉殿・善山宮部兵部少輔殿・咸昌羽柴土佐侍従殿・聞慶同・忠州蜂須賀阿波守殿・生駒雅楽頭殿・竹山福島左衛門大夫殿・陽智中川小兵衛尉殿・羽柴備前宰相殿・都増田右衛門尉殿・同石田治部少輔殿・同大谷刑部少輔殿各御中		鍋島文書（『佐賀県史料集成古文書編3』306頁）
37	（元）12・20	羽柴秀吉書状	（福島左衛門大夫とのへ・毛利民部大輔とのへ）	×	寺村助右衛門氏所蔵文書（広―近Ⅱ―9頁）
38	（2）2・9	羽柴秀吉書状	福島左衛門大夫とのへ	△	神田孝平氏所蔵文書（広―近Ⅱ―10頁）
39	（2）2・9	羽柴秀吉書状	戸田民部少輔とのへ・羽柴土佐侍従とのへ・蜂須賀阿波守とのへ・生駒雅楽頭とのへ・福島左衛門大夫とのへ・中川小兵衛尉とのへ	×	中川文書（『中川家文書』38頁）
40	（2）2・14	羽柴秀吉書状写	福島左衛門大夫とのへ		京都大学所蔵福島文書（広―近Ⅱ―10頁）
41	（2）2・18	羽柴秀吉書状写	福島左衛門大夫とのへ		京都大学所蔵福島文書（広―近Ⅱ―10頁）

42	（2）4・16	羽柴秀吉書状写	福島左衛門大夫とのへ		京都大学所蔵福島文書（広―近Ⅱ―11頁）
43	（2）4・12	羽柴秀吉覚書写	羽柴備前宰相とのへ・羽柴安芸宰相とのへ・羽柴丹後少将とのへ・羽柴東郷侍従とのへ・羽柴小早川侍従とのへ・羽柴土佐侍従とのへ・前野但馬守とのへ・加藤遠江守とのへ・石田治部少輔とのへ・大谷刑部少輔とのへ・増田右衛門尉とのへ・加藤主計頭とのへ・小西摂津守とのへ・黒田甲斐守とのへ・毛利壱岐守とのへ・蜂須賀阿波守とのへ・生駒雅楽頭とのへ・福島左衛門大夫とのへ・戸田民部少輔とのへ・浅野弾正少弼とのへ・木村常陸介とのへ・舟手衆・其外在陣中	○	毛利文書（『毛利家文書』928）
44	（2）4・18	増田長盛等三名連署条書写	羽柴兵庫頭殿・中川少兵衛殿・福島左衛門大夫殿・生駒雅楽頭殿・蜂須賀阿波守殿・土佐侍従殿・戸田民部少輔殿・宮部兵部少輔殿・木下備中守殿・南条左衛門尉殿・羽柴右京亮殿・斎村左兵衛殿・一柳右近殿・明石左近殿・竹中源介殿・服部采女正殿・別所豊後守殿・石川備後守殿・谷出羽守殿・三輪五右衛門殿・百々三郎左衛門尉殿各御中	×	毛利文書（『毛利家文書』928）
45	（2）7・15	羽柴秀吉書状写	福島左衛門大夫とのへ・徳井半右衛門とのへ・村上助兵衛とのへ		京都大学所蔵福島文書（広―近Ⅱ―11頁）
46	3・3・15	蜂須賀家政条書写	福左太様まいる		蜂須賀文書
47	（3）5・24	羽柴秀吉書状	羽柴薩摩侍従とのへ・福島左衛門大夫とのへ・蜂須賀人数	×	大坪正義氏所蔵文書（広―近Ⅱ―11頁）
48	（3）5・29	羽柴家康書状	福島左衛門大夫殿		酒井利彦氏所蔵文書（『新修徳川家康文書の研究』231頁）
49	（3）7・17	羽柴義弘証文写	福島左衛門大夫殿・毛利民部大輔殿参		旧記雑録後編32（鹿―旧後2―1356）

50	3・10・2	帖佐某・河上某連署証文写	福島左衛門大夫殿様・毛利民部大輔殿様参		旧記雑録後編33（鹿―旧後2―1392）
51	（4）8・28	長束正家等三名連署条書案	（福左太様参人々御中）	×	小松寺文書（『小松寺文書』13頁）
52	（4）9・6	羽柴秀吉書状	福島左衛門大輔殿	×	大坪正義氏所蔵文書
53	（4）9・8	増田長盛等二名連署書状写	福島左衛門大夫殿人々御中		張州雑志54
54	（4）9・24	前田玄以等三名連署書状写	福左太殿		後撰芸葉4
55	（年未詳）3・18	羽柴秀吉書状写	福島左衛門大夫とのへ		東照宮御書写
56	（　）5・16	長束正家等三名連署書状	福島左衛門大夫殿人々御中	×	早稲田大学図書館所蔵文書（『美和町史』762頁）
57	（　）8・7	羽柴秀吉書状	（福島左衛門大夫とのへ）	×	大坪正義氏所蔵文書
58	（　）8・25	羽柴秀吉書状	福島左衛門大夫とのへ	×	三原浅野文書
59	（　）9・8	羽柴秀吉書状写	福島左衛門大夫とのへ		東照宮御書写
60	（年月日未詳）	羽柴秀吉ヵ書状写			東照宮御書写
61	慶長2・7・26	後陽成天皇口宣案写	豊臣正則（叙従五位下）		「柳原家記録37」所収総光卿符案御教書等
62	（2・7・26）	後陽成天皇口宣案写	従五位下豊臣正則（任侍従）		「柳原家記録37」所収総光卿符案御教書等
63	（慶長4）③・5	羽柴家康書状写	丹後少将殿・蜂須賀阿波守殿・清須侍従殿・藤堂佐渡守殿・黒田甲斐守殿・加藤主計頭殿・浅野左京大夫殿		譜牒余禄22（新訂家康・中―398頁）
64	（4）③・9	羽柴家康書状	清須侍従殿・蜂須賀阿波守殿・浅野弾正殿		浅野文書（『浅野家文書』110）
65	（年未詳）3・14	羽柴秀忠書状	羽柴左衛門大夫殿御返報	△	本妙寺文書（『本妙寺歴史資料調査報告書古文書篇』35頁）
66	（慶長5）6・25	長束正家等三名連署書状	新庄東玉・駒井中務殿・岡本次兵衛殿・羽柴左衛門大夫殿・田中兵部大輔殿・堀尾信濃守殿・山内対馬守殿・中村式部少輔殿	×	兼松文書（『兼松家文書抄』14頁）
67	（5）7・19	徳川家康書状写	清洲侍従殿		京都大学所蔵福島文書（広―近Ⅱ―13頁）
68	（5）8・4	徳川家康書状写	清須侍従殿		京都大学所蔵福島文書（広―近Ⅱ―13頁）

69	（5）8・4	徳川家康書状写	羽柴左衛門大夫殿		福島家系譜（広―近Ⅱ―13頁）
70	（5）8・5	徳川家康書状	清須侍従殿・徳永法印		善導寺文書（新訂家康・中―558頁）
71	（5）8・9	徳川家康書状写	清須侍従殿・徳永法印		東照宮御書写
72	（5）8・10	徳川家康書状	清須侍従殿・徳永法印	△	『源喜堂古文書目録7』（42頁）
73	（5）8・13	徳川家康書状	清須侍従殿	△	平野文書
74	（5）8・25	徳川家康書状写	清須侍従殿		京都大学所蔵福島文書（広―近Ⅱ―15頁）
75	（5）8・25	徳川家康書状写	清須侍従殿・吉田侍従殿・浅野左京大夫殿・黒田甲斐守殿・加藤左馬助殿・丹後宰相殿		細川家記10（新訂家康・中―627頁）
76	（5）8・26	徳川家康書状写	清須侍従殿		京都大学所蔵福島文書（広―近Ⅱ―15頁）
77	（5）8・27	徳川家康書状写	清須侍従殿		京都大学所蔵福島文書（広―近Ⅱ―15頁）
78	（5）9・1	徳川家康書状写	清須侍従殿・黒田甲斐守殿		京都大学所蔵福島文書（広―近Ⅱ―15頁）
79	（5）9・1	徳川家康書状	清須侍従殿・吉田侍従殿	×	池田文書（『新修徳川家康文書の研究』794頁）
80	（5）9・1	徳川家康書状写	清須侍従殿・吉田侍従殿各衆中		中村不能斎採集文書4（新訂家康・中―658頁）
81	（5）9・2	徳川家康書状写	清須侍従殿		福島家系譜（新訂家康・中―662頁）
82	（5）9・5	徳川秀忠書状写	清洲侍従・吉田侍従・丹後侍従・伊奈侍従		諸家古案
83	（5）9・6	徳川家康書状写	清須侍従殿		京都大学所蔵福島文書（広―近Ⅱ―16頁）
84	（5）9・18	徳川家康書状	清須侍従殿・黒田甲斐守殿	△	普済寺文書（新訂家康・中―718頁）
85	（5）9・19	毛利輝元書状案	羽左太・黒甲		毛利文書（『毛利家文書』1023）
86	5・9・22	毛利輝元起請文	羽柴左衛門大夫殿・黒田甲斐守殿	○	吉川文書（『吉川家文書』152）
87	（5）9・23	徳川家康書状	清須侍従殿・黒田甲斐守殿		黒田文書2（新訂家康・中―744頁）
88	（5）9・25	徳川秀忠書状写	羽柴左衛門大夫殿・黒田甲斐守殿・藤堂佐渡守殿・浅野左京大夫殿・羽三左衛門殿		譜牒余禄22（新訂家康・中―753頁）
89	（5）9・晦	井伊直政等三名連署覚書	羽柴左衛門大夫殿・黒田甲斐守殿		毛利文書（『毛利家文書』1028）

90	5・10・3	吉川広家起請文写	福島左衛門大夫殿・黒田甲斐守殿		吉川家什書20（新訂家康・中―774頁）
91	（年未詳）12・16	本願寺准如書状	清須侍従殿人々御中	×	正福寺文書
92	（慶長5）12・5	片桐且元書状	羽左太様御報	×	北島文書（『出雲国造家文書』262頁）
93	（6）2・3	吉川広家等二名連署書状写	羽左太様貴報		福原文書（『福原家文書上巻』73頁）
94	7・3・7	後陽成天皇口宣案写	侍従豊臣正則朝臣（任左近衛権少将）		「柳原家記録38」所収総光卿符案御教書等
95	（7）11・3	本多正信書状案	（羽柴左衛門大夫様貴報）	×	島津文書（鹿―旧後3―1735）
96	（7）11・4	徳川秀忠書状写	羽柴左衛門大夫殿		東照宮御書写
97	（7）12・4	羽柴忠恒書状案	広島［　］	△	島津文書（鹿―旧附2―821）
98	7・12・29	羽柴忠恒証文	広島少将殿	○	島津文書（鹿―旧後3―1757）
99	（11）1・9	羽柴維新書状写	広島少将様まいる人々御中		旧記雑録後編60（鹿―旧後4―157）
100	（11カ）12・20	加藤清正書状	（羽柴左衛門大夫様人々御中）	△	水野文書（大阪市博『研究紀要』9号7頁）
101	15・7・18	禅有奉書写	福島左衛門大夫殿		極楽寺浄土王院諸控（『廿日市町史資料編』3頁）
102	（15・8・12）	羽柴家久書状写	羽柴左右衛門大輔殿		旧記雑録後編64（鹿―旧後4―723）
103	（17）6・22	羽柴維新書状写	羽柴左衛門大夫殿御報		旧記雑録後編67（鹿―旧後4―907）
104	（17）6・22	羽柴維新書状写	羽柴左衛門大夫殿御報		旧記雑録後編67（鹿―旧後4―908）
105	（17）10・2	羽柴維新書状写	広島少将様人々御中		旧記雑録後編67（鹿―旧後4―958）
106	（19）6・10	浅野長晟書状写	羽左衛門大夫様人々御中		自得公済美録7上ノ上
107	（19）8・3	浅野長晟書状写	羽柴左衛門大夫様		自得公済美録7上ノ上
108	（19）10・13	羽柴維新書状写	羽柴左衛門大夫殿参人々御中		島津義弘書状写集書（鹿―旧拾家わけ7―386頁）
109	（19）12・9	本願寺准如書状写	安芸少将殿御宿所		名家墨跡上
110	（元和元）1・5	徳川秀忠御内書写	安芸少将とのへ		京都大学所蔵福島文書（広―近Ⅱ―17頁）
111	（元）7・28	浅野長晟書状写	羽左衛門大夫様		自得公済美録8上

112	（年未詳）1・9	吉川広家書状	（羽少将様参人々御中）	×	水野文書（大阪市博『研究紀要』9号14頁）
113	（元和2）1・22	浅野長晟書状写	福島左衛門大夫様		自得公済美録8中
114	（2）1・24	松平至鎮書状写	福島左衛門大夫様貴報		至鎮様御代旧記帳1
115	（2）1・25	松平至鎮書状写	左衛門大夫様人々御中		至鎮様御代旧記帳1
116	（2）5・15	浅野長晟書状写	福島左衛門大夫様		自得公済美録9上
117	（年未詳）9・7	徳川秀忠書状写	安芸少将殿		東照宮御書写
118	（　）11・13	徳川秀忠御内書	安芸少将とのへ	×	久留島文書（『今治郷土史2』584頁）
119	（　）2・12	円光寺元佶等二名連署書状	羽柴左衛門大夫殿御報		伊東家御系図
120	（元和3）8・28	浅野長晟書状写	福島左衛門大夫様		自得公済美録10
121	3・9・5	徳川秀忠領知判物写	安芸宰相とのへ		京都大学所蔵福島文書（広―近Ⅱ―81頁）
122	（4）5・3	松平至鎮書状写	福島左衛門大夫様		至鎮様御代草案9
123	（4）5・6	松平至鎮書状写	左衛門大夫様貴報		至鎮様御代草案10
124	（4）6・5	松平至鎮書状写	福左衛門大夫様人々御中		至鎮様御代草案12
125	（4）6・24	松平至鎮書状写	福島左衛門大夫様貴報		至鎮様御代草案13
126	（4）7・26	松平至鎮書状写	福島左衛門大夫様		至鎮様御代草案15
127	（4）7・27	松平至鎮書状写	左衛門大夫様貴報		至鎮様御代草案15
128	（4）8・1	松平至鎮書状写	福左衛門大夫様・寺志摩守様・平遠江様		至鎮様御代草案15
129	（4）8・1	松平至鎮書状写	福島左衛門大夫様貴報		至鎮様御代草案15
130	（4）8・2	松平至鎮書状写	福島左衛門大夫様人々御中		至鎮様御代草案15
131	（4）8・2	松平至鎮書状写	福島左衛門大夫様貴報		至鎮様御代草案16
132	5・6・2	酒井忠世等五名連署奉書写	福島左衛門大夫殿		江戸幕府朱黒印内書留1（広―近Ⅱ―441頁）
133	5・6・2	酒井忠世等五名連署奉書写	福島左衛門大夫殿		江戸幕府朱黒印内書留1（広―近Ⅱ―441頁）

134	（5）7・2	酒井忠世等三名連署書状写	福島左衛門大夫殿		玉滴隠見（広—近Ⅱ—443頁）
135	5・7・21	徳川秀忠条書写			玉滴隠見（広—近Ⅱ—443頁）
136	（5）7・22	酒井忠世等四名連署書状写	福島左衛門大夫殿		玉滴隠見（広—近Ⅱ—444頁）
137	（8）5・12	神竜院梵舜書状案	福島左衛門大夫様人々御中		舜旧記24（大日史12—51—202頁）

表3　福島正長発給文書目録

No.	年月日	署判	宛所	形	内容	出典（刊本）
	（年未詳）11・24	羽柴八介正長（花押）	棚守殿	×	書状	厳島野坂文書（広・古中Ⅱ—1014頁）
	（年未詳）11・25	羽柴八助正長（花押）	棚守将監殿御返報	×	書状	厳島野坂文書（広・古中Ⅱ—1014頁）

表4　福島忠勝発給文書目録

No.	年月日	署判	宛所	形	内容	出典（刊本）
1	（慶長15カ）7・20	羽柴備後守忠（花押1）	（滝川豊前守様人々御中）	×	書状	名古屋大学文学部所蔵滝川文書（『名古屋大学文学部研究論集』史学23号14頁）
2	（19）10・11	羽備後守忠清（花押1）	棚守将監殿御報	×	書状	浅野忠允氏所蔵厳島文書（広・古中Ⅲ—1493頁）
3	（19）11・30		秀頼様	△	書状案	大坪正義氏所蔵文書（広・近Ⅱ—24頁）
4	（19）11・30		まいるひと〳〵	×	書状案	大坪正義氏所蔵文書（広・近Ⅱ—24頁）
5	（19）11・30		大野修理様	×	書状案	大坪正義氏所蔵文書（広・近Ⅱ—25頁）
6	（19カ）12・9	羽備後守忠清（花押1）	棚守左近将監殿御報	×	書状	厳島野坂文書（広・古中Ⅱ—981頁）
7	（元和元）1・19	羽柴備後守忠清（花押1）	棚守将監殿御報	×	書状	厳島野坂文書（広・古中Ⅱ—981頁）
8	（元）6・1	羽備後守忠清（花押1）	厳島棚守殿御報	×	書状	厳島野坂文書（広・古中Ⅱ—981頁）
9	（元）6・3	羽備後守忠清（花押1）	宗光寺御報	△	書状	宗光寺文書（『三原市史4』49頁）

10	（　元）⑥・10	羽備後守忠清（花押1）	棚守将監殿・座主御坊御報	×	書状	厳島野坂文書（広・古中Ⅱ―983頁）
11	（　元カ）7・15	忠清（花押1）（羽柴備後守）	（金地院□□□御報）	○	書状	金地院文書（大日史12―22―137頁）
12	（年未詳）11・26	羽柴備後守忠清（花押1）	毛利宗瑞様人々御中	×	書状	毛利家文庫文書
13	（　　）12・5	羽柴備後守忠清（花押1）		△	書状	宗光寺文書（『三原市史4』49頁）
14	（　　）12・19	羽柴備後守忠清（花押1）		△	書状	宗光寺文書（『三原市史4』49頁）
15	（元和2カ）7・11	備後（花押1）	尾関右衛門太郎殿		書状写	黄薇古簡集2（『三原市史6』45頁）
16	（年未詳）11・18	福備後忠清（花押1）	（後藤徳乗老人々御中）	△	書状	お茶の水図書館所蔵文書（大日史12―34―310頁）
17	（　　）11・13	福備後守忠清（花押1）	棚守左近将監殿	×	書状	厳島野坂文書（広・古中Ⅱ―984頁）
18	（　　）12・15	福備後守忠清（花押1）		△	書状	宗光寺文書（『三原市史4』49頁）
19	（元和3）7・23	備後（「忠勝」黒印）	牧新九郎殿	×	書状	牧野文書（『細居俊司氏所蔵牧野文書』165頁）
20	（　3カ）9・7	福備後守忠勝（花押1）	棚守将監殿	×	書状	厳島野坂文書（広・古中Ⅱ―984頁）
21	（年未詳）2・2	忠勝（花押1）		×	書状	名古屋市博物館所蔵林文書
22	（　　）10・19	備後忠勝（花押1）	観音坊	△	書状	普門寺文書（『新修広島市史6』577頁）
23	（元和4）5・27	福備後忠勝（花押2）	棚守次郎八殿・同左京殿	×	書状	厳島野坂文書（広・古中Ⅱ―983頁）
24	（　5）11・9	福島備後守忠勝（花押2）	座主様	△	書状	岡本貞休氏所蔵文書
25	（年未詳）8・20	備後（花押2）	川口や助一郎殿	△	書状	川口文書（『三原市史4』117頁）

表5　福島忠勝受給文書目録

No.	年月日	文書名	宛所	形	出典（刊本）
1	（慶長19）11・24	稲葉典通書状	羽柴備後様人々御中	△	尊経閣文庫所蔵文書
2	（19）12・1	松平玄隆書状	羽柴備後守様御報	△	尊経閣文庫所蔵文書
3	（20）4・7	本多正純書状案	羽柴備後守様		京都大学所蔵福島文書（広・近Ⅱ―431頁）
4	（元和2）10・3	浅野長晟書状写	福備後様御報		自得公済美録9下
5	2・12・27	後水尾天皇口宣案写	藤原忠勝（叙従五位下・任侍従）		「柳原家記録39」所収兼賢公符案并御教書
6	（5）9・14	酒井忠世等四名連署書状	福島備後守殿		京都大学所蔵福島文書（『信濃史料23』136頁）

表6　福島正利発給文書目録

No.	年月日	署判	宛所	形	内容	出典（刊本）
1	（年未詳）1・28	福島市郎正治（花押1）	棚守将監殿参貴報	×	書状	厳島野坂文書（広・古中Ⅱ―985頁）
2	（　）11・27	福島市郎正治（花押1）	宗光寺様御報	△	書状	宗光寺文書（『三原市史4』50頁）
3	（　）2・6	福市郎正治（花押2）	棚守将監殿御報	×	書状	厳島野坂文書（広・古中Ⅱ―986頁）
4	（　）10・22	福島市郎正治（花押2）	棚守将監殿御報	×	書状	厳島野坂文書（広・古中Ⅱ―987頁）
5	（　）10・22	福島市郎正治（花押2）	大願寺御報	△	書状	大願寺文書（広・古中Ⅲ―1416頁）
6	（　）2・3	福市丞正治（花押2）	棚守左京殿・同次郎八殿	×	書状	厳島野坂文書（広・古中Ⅱ―985頁）

7	（　）5・5	市丞（花押2）	尾関右衛門太郎殿		書状写	黄薇古簡集2（『三原市史6』50頁）
8	（　）5・29	市丞（花押2）	棚守次郎八殿・同左京亮殿	×	書状	厳島野坂文書（広・古中Ⅱ―987頁）
9	（元和5）6・3	福市丞正治（花押3）	棚守左京殿・同次郎八殿	×	書状	浅野忠允氏所蔵厳島文書（広・古中Ⅲ―1494頁）
10	（7ヵ）12・17	福市丞正利（花押3）	尾関右衛門太郎殿御報		書状写	黄薇古簡集2（『三原市史6』52頁）
11	寛永10・2・20	正利（花押・黒印）	高井野村あらい原ノ内加兵衛かたへ		証文	久保田文書（『信濃史料26』33頁）
12	（年未詳）6・25	福市丞正利（花押）	尾関自斎老御返		書状写	黄薇古簡集2（『三原市史6』67頁）
13	（　）7・12	福市丞正利（花押）	尾関自斎老御返事		書状写	黄薇古簡集2（『三原市史6』67頁）

（注）年月日欄における○は閏月を示す。署判欄・宛所欄における（　）はウワ書等における記載を示す。形態欄における略号は以下の内容を示す。
○―竪紙、△―切紙、×―折紙、◇―竪切紙。刊本欄における略号は以下の通り。鹿―旧後・旧附・旧拾―『鹿児島県史料』旧記雑録後編・旧記雑録附録・旧記雑録拾遺巻―文書番号、岐―古中―『岐阜県史』史料編古代・中世巻―頁数、広―古中・近―『広島県史』古代中世資料編・近世資料編巻―頁数、兵―中―『兵庫県史』史料編中世巻―頁数、大日史―『大日本史料』編―巻―頁数、新訂家康―『新訂徳川家康文書の研究』巻―頁数。

第六章　結城秀康文書の基礎的研究

はじめに

関ヶ原合戦前後から駿府政権解体に至るまでの、いわゆる初期徳川政権についての研究は、徳川氏の全国支配確立という視点を重視する、徳川氏の全国支配機構である幕府機構に関する研究を中心としてすすめられている。しかし、徳川氏の全国支配確立という視点を重視するならば、幕府機構の整備・発達の問題とともに、一門・譜代大名についてもその権力構造や政治動向について解明していく必要があろう。とりわけ、この期の政治史理解のためには、彼等の政治的役割の解明が不可欠と考えるが、これについては本格的な研究がほとんどみられないのが現状であり、その最大の要因は基礎的史料の整備が充分にすすめられていないことにあろう。

そうした基礎的史料のなかで最も注目すべきものの一つとして、発給文書を挙げることができる。既に徳川家康、(1)伊奈忠次(2)については発給文書の集成がなされており、これをもとに大きく研究が進展したことはいうまでもない。一門・譜代大名に関しては発給文書を集成した史料集まではみられないが、近年、下村信博氏によって松平忠吉とその奉行人の発給文書が目録化され、その分析をもとに権力構造の変質過程を追究する研究がすすめられていることは注目される。(3)大名の発給文書を集成し、それを権力構造や政治史解明のための有力な材料とする研究方法は、戦国大名研究ではかなり一般的な研究方法となっており、近年では織豊大名や初期近世大名についても同様の方法がとられつつある(4)。これまで初期近世大名の権力構造については、いわゆる藩権力の確立という視点での研究が中心であり、検地帳や分限帳の分析が主な対象とされている。しかし、織豊期から徳川政権初期における権力構造や政治史解明のためには、発給文書の分析をもととしてより詳細な研究をすすめていく必要があろう。

本稿は、右のような問題意識のもと、結城秀康の発給文書について分析しようとするものである。結城秀康に関する本格的な研究は少なく、わずかに市村高男(5)・橋本政宣(6)両氏の論考がみられる程度にすぎない。市村論文は、結城時代から越前時代を通じて、検地・知行制・家臣団編成の諸点をもとにその領国支配の特質を総体的に検討したものであり、同時に結城氏が戦国大名から豊臣大名、さらに徳川取立大名としての近世大名へと変質していく過程を追究した好論である。その意味で、秀康の領国支配についての基本的性格については、この市村論文によってほぼ明らかにされたといえる。橋本論文は、秀康の生涯を概観し、特に初期徳川政権におけるその政治的位置を追究している。従って、秀康に関する研究は、量的には少ないものの質的には比較的充実した状況にある。しかしながら、秀康が家康の息、秀忠の兄として、初期徳川政権期の大名層において領地高・官位ともに極めて高位に位置していたという、その政治的地位の高さに注目すれば、その領国支配論や政治動向についてより詳細に検討を加えていく必要があろう。発給文書の分析は、右の点を果たすにあたって不可欠の作業の一つと考える。

結城秀康の発給文書を最も多く収録している史料集は『結城市史』第一巻(古代中世史料編)(7)であり、五二点を収録している。また、最近の『福井県史』資料編3～9(中・近世一～七)(8)には、同書収録以外のものが二一点収められており、両史料集あわせて七三点となる。しかし、それ以外にも個々の史料集に収録されているものや、未刊文書は相当数の存在を確認しうる。この点は、秀康に限らず、豊臣・近世大名について一般的な状況であり、この期の大名研究の進展を妨げている大きな要因といえるであろう。今回、秀康の発給文書については管見の限りで一九七点の存在を確認しえた。これを目録化したものが後掲の表1である。また、他大名との連署状など秀康の発給関係文書、および受給文書についてもそれぞれ表2・3として掲げた。なお、以下においてそれらの文書についてはその目録番号（表1のみNo.〜）によって示すこととする。

一、実名と官途

まず、秀康の実名と官途の変遷について整理しておきたい。秀康の実名に関する初見史料は、天正十六年四月の表2No.1で「秀康」とみえている。この実名はいうまでもなく、養父羽柴秀吉の一字と実父徳川家康の一字を合成したものであり、文禄二年五月のNo.18まで確認することができる。周知の如く、秀康はいまだ幼名義伊丸と称していた天正十二年十二月に、同年の小牧・長久手合戦の結果、秀吉の養子とされたものである。その元服時期については明確ではないが、翌十三年十月四日に侍従に任官しており(9)、おそらくその直前か同時のことであったと推測され、元服時より「秀康」の実名を称したことは間違いないであろう。その後、同十八年七月の関東仕置により下総結城晴朝の養子となり、翌八月にその家督を継承した。慶長三年二月のNo.46・47には「秀朝」と署名しており、文禄二年五月のNo.18からそれまでの間に改名したことが知られる。この「秀朝」の実名が、秀吉と結城晴朝の二人の養父のそれぞれ一字の合成であることはいうまでもない。しかし、その直後の同年十月の№50以降、その死去まで再び「秀康」の実名で署名しており、すなわち、慶長三年の二月から十月までの間に、「秀朝」から「秀康」へと実名を旧に復していることが知られる。この間の八月十八日に秀吉が死去していることから、再度の改名はこの秀吉死去を契機になされたと捉えてよかろう。そしてこの改名は、養父結城晴朝の一字（朝）を廃し、実父家康の一字（康）を採っている点に、秀吉死去を契機に、徳川一門としての政治的立場を鮮明にする表現の一つとして捉えうるであろう。

秀康の官途については、まず先記の如く天正十三年十月四日に侍従への任官が知られる。次いで、事実上の初見文書である同十六年四月の表2№1に「三河少将」とあり、それ以前に三河守・少将（左近衛権少将）に任官していることが知られるが、その正確な時期については不明である。[11] とりわけ三河守については実父家康のそれを継承したものであり、家康の同官途に関する終見とも関わるものといえ、この点についてはなお関係史料の蒐集に努めていく必要があろう。以後、天正十八年と推定される№1をはじめ、文禄年間の表2№2～4においては「結城少将」「羽柴結城少将」の名で署名しており、年未詳の№45でも少将名で署名している。ちなみに、秀康の秀吉養子化後の姓氏は、表2№1・4に示されているように、豊臣姓・羽柴氏姓（名字）であり、「結城少将」は在所名＋官途による呼称である。天正十八年以後、秀康は結城氏の家督を継承してはいるが、実際には羽柴氏姓を称し、結城氏姓は称してはいない。また、三河守については、慶長五年九月の№64まで署名に用いられている。先の少将が呼称にあたっては「結城少将」というように在所名とともにみられたが、この三河守の場合は受領名であることから「羽柴三河守」というように名字とともにみられる。従って秀康が羽柴氏姓を称した終見も№64ということになる。また、受給文書においても秀康が三河守名で呼称されているのは、同じく慶長五年九月までのことであり（表3№11）、このことから秀康が対外的に三河守名を用いたのは、関ヶ原合戦の直後までであったとみなしてよかろう。それ故、「羽柴三河守」名で署名しているNo.66・68は少なくともそれ以前のものと考えられる。なお、その後においても古記録などでは秀康を三河守名で記しているものもあり、秀康が三河守でなくなったわけではない。この三河守の官途は嫡子忠直に継承されることから、その下限は忠直の同官途任官に接続するものであろう。ちなみに忠直の同官途に関する初見史料は、慶長九年もしくは十年に比定される表3No.17で、「息参州」とみえている。[11]

次いで、慶長五年八月のNo.61より、宰相名による署名がみられる。秀康の宰相（参議）任官については、『公卿補任』に慶長二年九月二十八日と記されている。従って、少将名で署名しているNo.45、同名で呼称されている表3No.2～5は、少なくともそれ以前のものと考えられる。この宰相も先の少将と同じくその呼称にあたっては在所名とともにみられ、秀康では結城時代は「結城宰相」としてみられる。そして関ヶ原合戦の結果、越前国へ転封した後は「越前宰相」としてみられ、その終見は慶長十年五月のNo.140である。同年六月の表3No.18では、秀康は「越前中納言」と呼称されているので、宰相名で署名しているNo.65・72および142～151、同名で呼称されている表3No.17は、少なくともそれ以前のものと考えられる。その中納言（権中納言）任官については、「慶長見聞録案紙」等に秀忠の将軍任官時の慶長十年四月十日と記されている。もっとも、その翌月のNo.140において秀康はなお宰相名で署名していることから、この所伝についてはなお検討を要するものであり、翌六月の表三No.18では中納言名で呼称されているので、同官任官がその直前の頃のことであったことは間違いないであろう。この中納言も呼称にあたっては在所名(国持大名の場合は国名)とともにみられ、秀康は「越前中納言」と署名し、他者からも呼称されている。

なお、秀康が羽柴氏姓を称したのは関ヶ原合戦の直後までであったことを先記したが、その後における秀康の呼称はすべて在所名（国名）でなされており、その後において如何なる氏姓を称したのかは不明である。おそらく、関ヶ原合戦の勝利、実父家康の将軍任官による徳川政権の成立の過程で豊臣姓・羽柴氏姓を廃したことは間違いないであろう。問題はその後の氏姓であるが、結城氏姓もしくは徳川氏姓のいずれかと考えられる。[12] 徳川政権成立後の秀康の政治的位置を考えれば、徳川氏姓への復姓も充分に考えられよう。[13] この点は、今後より一層関係史料の蒐集に努めていく必要があろう。なお、徳川・結城両氏姓とも、その姓は源姓である。

二、花押と印判

ここでは秀康の花押形の変遷および印判の種類について整理することとしたい。
秀康の花押形はおよそ四種の存在を確認でき、以下、個々にその変遷の状況について検討することとしたい。

〔花押1〕
秀康の花押形を確認しうる初見文書である天正十八年九月二十四日付の№4、翌二十五日付の№5の二点にみられる。その形状は羽柴秀吉の花押形からの影響を認められることから、結城氏継承以前からの使用であった可能性が高いとみられる。この花押形については残存史料が少ないために、その使用の上限・下限ともに限定しえないが、その使用は天正十八年のみが確認されるにすぎないことをみると、この花押形の使用時期はかなり限定されていたと想定される。

〔花押2〕

文禄元年（天正二十年）と推定される正月二十日付の№13から、慶長三年に比定される十月三日付の№50までの一一点にみられる。この花押形は、花押1と基本形は同型であるが、右部の縦状の楕円が地線よりも下方に伸びている点に大きな相違がみられ、全体的にも縦伸びの形に変化している。この右側の縦状の楕円は、結城氏歴代の花押形に特徴的にみられるので、羽柴氏様の花押1に結城氏様をアレンジして改判されたものとみなされ、結城氏継承という事態を花押形にも反映させたものと捉えられよう。花押1の終見とこの花押形の初見には一年余の間があるが、右の特徴を踏まえるならば、比較的早い時期に改判された可能性が高いであろう。

〔花押3a〕

慶長五年と推定される六月二十三日付の№55・56から、同年九月二十八日付の№64までの一〇点にみられる。この花押形は、花押1・2における天線、中央部分などの基本形は継承しているものの、地線が横に大きく伸張され、右部の楕円が地線内に止まり、左部の三角形が消えて代わって縦にハネが二本加わっている。全体的に縦が圧縮され、横に大きく伸び、地線が強調された形となっている。この花押形は、一見して実父家康の花押形にならって改判されたものと判断される。その改判時期は、秀吉死去直後の慶長三年十月から、会津討伐がなされた同五年六月までの間のことであり、秀康の秀吉死去を契機とする徳川一門としての政治的立場を鮮明にする表現の一つとして捉えられる。

先に、秀吉死去を契機に、実名を「秀朝」から「秀康」へと旧に復したことを指摘したが、時期は若干ずれるものの、花押形も徳川氏様に改めている点にも、秀康の政治的立場の変化に、秀吉死去が極めて大きな契機となっていることが改めて認識しえよう。

〔花押3b〕

慶長六年に比定される八月二十四日付の№73から、同十一年と推定される八月四日付の№159までの三〇点にみられ、秀康の花押形としては最も多くの使用が確認される。年次の明らかなのは、いずれも越前時代におけるものであるが、年月未詳六日付の№72は「結宰相」と署名しており、既に結城時代からの使用が確認され、同文書はこの花押形に関する事実上の初見と位置付けられる。この花押形は花押3aとほとんど変わりはないが、わずかに天線が左右に伸び、中央部分の左外線の傾斜度が急になり、右部の楕円状の曲線も急になっている点に相違を認められ、全体的に比較的縦細の形状となっている。その意味では微妙な変化といえよう。花押3aの終見は関ヶ原合戦の直後のことであり、同合戦の結果として越前国へ転封するまでの間に改判したことが知られる。秀康の「結城宰相」の呼称に関する終見文書は翌六年正月の表3№12であり、「越前宰相」の呼称に関する初見文書は同年八月の表3№13である。従って、「結城宰相」から「越前宰相」への改称は、その間の越前入国を契機とするものであったとみなされる。(14) そして、花押3aから花押3bへの改判は、その越前入国以前の極めて限定された時期になされたものといえ、あるいは越前国拝領が契機となっている可能性も想定されるであろう。

このように、秀康の花押形は基本的には三種、さらに細かく四種が存在していたが、それらの形状、およびそれぞれの改判は、いずれも当該期の秀康の政治的立場とその変化に密接に関係していたと捉えられよう。

次に秀康の印判について検討したい。秀康の印判については三種の存在を確認でき、以下、個々に検討していくこととしたい。

〔印判1〕

二重郭の方形で、印文は未詳。天正十八年九月二十一日付の№3から、同年十月十二日付の№12までの四点にみられる。さらに同年九月晦日付の№9は印影は写していないものの方形の輪郭を写していることから、同文書に捺された印判も同じく印判1と判断され、あわせて五点が確認される。いずれも天正十八年九～十月という極く短期間におけるものであり、その時期は花押1のそれと一致する。また、いずれにおいても朱印として使用されている。№3・12では秀康の署名下に捺されており、花押代用印として使用されているが、№6・7は日付に掛けて、№9は袖に単独で捺されていることから、いわゆる公印としても使用されており、公印・私印両者の性格を兼有していたといえる。これは織田信長以来、養父羽柴秀吉にも継承された使用方法であり、こうした印判の使用方法は、東国における印判状様式の普及に最も影響力のあった北条氏や、養家結城氏には多くはみられないことから、羽柴氏一門出身の秀康の印判は、その性格を継承したものと捉えられる。また、その印影も秀吉の印判の影響を認められることから、秀康の印判が秀吉のそれに大きな影響をうけていることは間違いない。一方、この印判が方形であり、また残存例は一点のみではあるが№9のように袖に捺されたものがみられる点は、秀吉を初めとする羽柴氏一門にはみられないものである。特に袖に押捺されたものは、以後において秀康自身にも他例がみられないことから、特殊例ともいえるであろう。

これらが如何なる影響の下で成立したのかは不明であり、秀康の印判創出時期についても正確なところは不明であるが、結城氏継承以後のことと考えるならば、初期の使用方法には東国大名の影響をうけていたと考えられるであろう。

〔印判2〕

二重郭の円形で印文は未詳。但し、印文は印判1と同一であり、印形を方形から円形に改めたものといえる。文禄二年五月二十一日付のNo.18から、慶長十二年と推定される三月二十六日付のNo.169までみられるので、その死去まで使用されたといえ、残存数も多い。印判1と同じく公印・私印両者の性格を兼有しており、さらに印判1が朱印使用のみであったのに対し、この印判は朱印・黒印の両方がみられる。押捺位置は、単独の場合は日付に掛けて、署名のみられる場合は署名下ないし上（No.18のみ）のものに限定されている。また、印判1は公文書のみにみられたのに対し、この印判は書状にも多数使用されている。書状への印判使用も織田信長以来、羽柴秀吉を通して近世大名へと継承されていく使用方法であり、この秀康の場合もそうした一般的な傾向のなかに位置付けられよう。改印の契機は不明であるが、方形から円形への改印により、より羽柴氏様の性格が強められていること、当時の大名層のほとんどが羽柴氏様の円形を使用しているという、一般的傾向が背景として考えられよう。

〔印判3〕

二重郭の壺形で、印文は「秀康」。慶長七年三月五日付のNo.99〜101、同九年七月一日付のNo.136の四点にみられる。その使用時期は印判2に重なるが、No.99〜101の三点はいずれも伝馬人足定書、No.136は伝馬手形であるので、この印判は伝馬関係の専用印であったことが知られる。いずれも黒印での使用であり、押捺位置は日付に掛けてのものとなっている。壺形の形状は、実父家康の壺形「無悔無損」印の影響を想定しうるが、この印判について注目すべきは、当該期の大名のなかでは珍しく用途別印判として存在していた点である。もとよりこの点は東国大名の印判状様式の一流を系譜に引いている家康の影響によるものとみられるが、弟忠吉・忠輝にはそうした印判はみられないことをみると、秀康の印判における大きな特徴として認識しうるであろう。

このように、秀康の印判には三種が存在していたが、このうち印判１・２は基本的印判として捉えられ、印判３は用途別印判として捉えられる。前者のものは羽柴氏様としての性格が強く、その様式が以後においても基本的に継承されており、そのことは同時に当該期大名層における一般的な傾向であったこととも関連しよう。

三、内容分類とその特徴

ここでは、一九七点の秀康の発給文書について、その内容による分類をおこない、全体的な特徴について述べることとしたい。

一九七点のうち、書下系のいわゆる公的支配文書は一一二点、書状は八五点がみられる。さらに支配文書については内容によって細かく分類されるが、さしあたって（１）家臣宛知行充行状、（２）寺社宛充行状・寄進状、（３）寺社宛禁制、（４）その他の支配文書に大別しうるであろう。以下、個々に検討をすすめていきたい。

（1）家臣宛知行充行状

秀康の支配文書のなかでは最も多く残存し、五六点がみられる。その大半は宛名人に対する知行充行であるが、越前時代に入ると、No.77・80・109・110のような寄子知行充行状、No.78・81・88のような寄子知行定書がみられる。この両者については後述するが、ここでは一括して扱うこととする。これらの知行充行状のほとんどは同日付で複数の存在が確認される。すなわち、（A）天正十八年九月晦日（No.6〜8、三点）、（B）天正二十年（文禄元年）二月九日（No.14〜17、四点）、（C）文禄五年（慶長元年）正月二十日（No.20〜31、一二点）、（D）慶長五年七月十日（No.57・58、二点）、（E）同六年九月九日（No.74〜92、一九点）、（F）同八年正月九日（No.108〜112、五点）の六回である。[15]

これにより、秀康は数回にわたり大規模な知行割を実施していたことが知られるが、とりわけ注目されるのは（A）・（C）・（E）の三回であり、これは既に市村氏が指摘するように、それぞれ結城領国天正検地、同文禄検地、越前入国の結果行われたものである。また、市村氏は（A）・（C）が寺社に対する知行割と同時のものであること、（F）はその中心は加増・寄子知行であり、翌月の寺社に対する知行割と一体的なもので、その比重は後者に置かれていたことも指摘している。この指摘を踏まえれば、（F）は（E）の補足的な知行割として捉えられ、同様に、（D）もいずれも加増分とみなされることから（C）の補足的なものと捉えられるであろう。但し、（B）については、（A）と時期的に近接しているものの、（A）の署判が朱印1なのに対し、（B）は花押2である点は大きな相違であり、全く別個の知行割であった可能性も想定しえよう。また、（D）・（F）を先行知行割の補足的なものとして捉えられるならば、現在一点ずつしか確認されないものについても、ほぼ同様の位置付けを与えることができ、新規召抱や加増、寄子知行充行の必要により、その都度に発給されたものと捉えられる[16]。

これに対し、若干特殊的なものとして注目されるのが№3・54・138の三点である。№3は（A）に先行するものであり、かつ秀康の支配文書としても初見のものである。時期的には（A）に極近しているため、（A）と一体的なものとして捉えることも可能であり、本質的にはそうであろう。しかし、（A）の署判がいずれも朱印1のみであるのに対し、№3は「秀康＋朱印1」の形式となっており、また（A）が「〇〇領（之事）」に始まり、「右知行分、所充行不可有相違者也、仍如件」と閉じられているのに対し、№3は「其方知行分相渡候目録之事」に始まり、単に「巳上」で閉じられており、その書式は全く異なっている。その意味で、№3は（A）と全く同次元のものとして扱うことはできない。この多賀谷安芸守（政広）は、前日付で羽柴秀吉より直接に知行充行をうけており（「多賀谷季雄氏所蔵文書」結二七四）、№3はそれを改めて秀康から確認したものである。従って、同人は他の一般の秀康家臣とは同列ではなく、そのために（A）に先行して発給されたものと捉えられる。№54は「為結城賂致代官、年貢・所当無非法所務等可申付者也」とあり、実際には代官補任状であり、№138は「此等式ニ候へ共、為屋敷分無役ニ進之置候、以来不可存知在者也」とあり、実際には諸役免許状的性格の強いものといえるであろう。

また、（E）以後において注目されるのは、通常の知行充行状とともに、寄子知行分に関する充行状（№77・80）、各寄子の知行高を定めた定書（№78・81・88）がみられることである。№77・78は№76と、№80・81は№79と同時に出されており、すなわち、寄子を率いる寄親に対してはこの三点が同時に発給されているのである。この点、№88は寄子知行定書のみが残存しているが、本来は同じく竹山（片山）主水正（吉次）宛に知行充行状・寄子知行充行状も発給されたと想定される。さらに、（F）のうち№109・110の寄子知行充行状についても同時に寄子知行定書が発給されていたと想定される。ちなみに、この寄子は「浄光院様御代給帳[17]」において「与力」とみえているものとその知行高が一致していることから、両者が同一のものであることが知られる[18]。

これらの知行充行状について、その書式の変遷について整理しておきたい。料紙の形式についてはほとんどが竪紙であるが、特殊的内容のNo.138は折紙であり、また写のため確定しえないがNo.7も折紙の可能性が高い。このNo.7は（A）の一連のものの一点である。同日付の発給の場合、そのなかでは書式はほぼ完全に一致していることから、このNo.7の存在は興味深い。署判では（A）が朱印1、（B）が花押2、（C）・（D）が黒印2[19]、（E）・（F）が朱印2[20]という変遷がみられる。また、一点のみ残存するNo.3は「秀康＋朱印1」、No.18は「秀康＋黒印2」、No.43・44・48・53・54は黒印2、No.137は朱印2、No.138はおそらく「秀康＋朱印2」と想定され[21]、これらのうち印判のみのものは先行知行割における書式と同一であり、むしろ署名とともにみえるものが極めて特殊なものであったと想定される。但し、その理由は不明である。宛所の殿書きでは大部分が真名書きであるが、No.23・25・30・48・53・110～112の八点のみ仮名書きである。もっともこのうちの五点は写であることを考慮すると、真名書きが原則であったと想定しえよう。

（2）寺社宛充行状・寄進状

三二点が存在し、やはりこの寺社宛充行状・寄進状についても同日付で複数の発給がみられる。すなわち、（A）文禄五年（慶長元年）正月二十日（No.32～42、一一点）、（B）慶長八年正月二十一日（No.114・115、二点）、（C）同年二月十二日（No.116～125、一〇点）の三回である。このうち（A）は家臣宛知行充行状（C）と同日付のものであり、既に市村氏が指摘するように、文禄検地の結果をもとに家臣・寺社に対し同時に知行割が実施されたものである。（B）と

（C）は日付は異なるが、時期が近接し、かつ全体的な書式も一致していることから、一体のものとして扱うことができ、これについては市村氏により家臣宛知行充行状（F）と一体的なものとして捉え、越前入国後の第二次知行割にしてこれは寺社を対象とするものが中心であったことが指摘されている。なお、このうち（C）では寺社領寄進状（No.116・121）、屋敷分寄進状（No.122・123・125）、寺領安堵状（No.124）の三様が存在し、そのために各々において若干の文言上の書式に相違がみられるが、これは発給先の個別事情に対応してのものと捉えられ、それらが同日付であり、全体的な書式もほぼ一致していることから、一体的に扱いうる。また、（A）はすべて充行状であるが、（B）・（C）のうちNo.124を除くすべてが寄進状であることを考えると、寺社宛の充行状・寄進状・安堵状は厳密には内容的に異なるが、秀康の場合では一括して扱いうるといえる。

その他、一点のみの残存が知られるものについてみていくと、まず、No.4・5・12の三点はいずれも天正十八年九～十月のもので、時期的に極近している。これについて、市村氏は家臣宛知行充行状（A）と一体的なものとして、天正検地の結果の知行割が家臣・寺社ともに行われたと指摘している。ただ、料紙の形式、署判からみると、No.4・5とNo.12とでは大きな相違がみられることは注意される。No.47は寺領安堵状であるが、他のものとは文言的に大きく相違している。No.49は（A）の補足的なものであろう。No.97・102はともに「宰相秀康＋印判2」という署判形式をとる。時期的には家臣知行充行状（E）に近く、何らかの理由により（B）・（C）に先行して発給されたとみられる。No.113は時期的には（B）・（C）に近いが、全体的な書式は大きく相違している。No.131は（C）の補足的なものであろう。また、これらの知行充行・寄進・安堵状について全体的な書式について整理しておきたい。料紙の形式については結城時代の大部分は竪紙であるが、No.12のみ折紙。越前時代では大部分が折紙であり、No.113のみ竪切紙である。それぞれが特殊的なものであったと認識される。署判では（A）が黒印2、（B）・（C）は「秀康＋化押3ｂ」という変遷がみられ、一点のみ残存するNo.4は「秀康＋花押1」、No.5は花押1のみ、No.12は「秀康＋花押1」、No.47は「秀朝」のみ、No.49は黒印2、No.97・102は「宰相秀康＋印判2」、No.113は「秀康＋花押3ｂ」、No.131は「秀康＋花押」であり、結城時代では印判のみ、越前時代では署名＋花押の形式が原則であったことが窺われる。天正検地直後の知行割ではNo.4・5のように花押による方が原則であったとみられ、その他の署名＋印判の形式はいずれにおいても例外的となり、その発給自体、特殊的な理由によることが想像される。なお、No.47は署名のみの写であり、花押と印判の別は不明である。

（3）寺社宛禁制

No.127〜130・132の五点が存在し、いずれも同日付、同一書式で、しかも寺社宛充行状・寄進状（C）と同日付である。従って、その際の知行割においては、寺社に対しては寄進状（安堵状）とこの禁制が各寺社に対して同時に発給されたものと捉えられる。料紙の形式は竪紙、署判形式は「秀康＋花押3ｂ」である。なお、禁制の条数・文言には個々の寺社において若干の相違がみられるが、これは発給先の個別事情に対応しての結果とみなされよう。

（4）その他の支配文書

それ以外の支配関係文書については一九点が存する。No.9は小山領大谷稲葉郷の屋荒地へ罷り出でる百姓については両年の諸役を免除することを認めた定書、No.46は孝顕寺に対し諸役免許等を認めた制札様の定書、No.67は実相寺に対し寺中・門前の安堵等を認めた制札様の定書、№94・103は寺院に対する禁制様の定書・条書、№93・104～107は商職人に対する安堵・諸役免許状、№98は金銀請取状、№99～101は各宿に対する伝馬人足定書、№126・174は寺領等に対する諸役免許状、№136・197は伝馬手形、№154は江戸城普請に関する掟書である。このように、かなり多種・多様な内容をみうけられ、とりわけ結城時代においては極めて戦国大名的な№9、越前時代においては商職人に対する№93・104～109、伝馬関係の№99～101・136・197の存在は注目されよう。

以上、秀康の支配文書について簡単ながらも検討を加えてきた。このうち家臣宛知行充行状は半数を占め、これに次ぐ寺社宛充行状・寄進状とあわせて全体の八割を占めるものとなり、支配文書の主要な内容が、これら知行関係の確定にあったことが知られる(22)。その一方で、商職人宛の安堵・諸役免許状、伝馬関係文書などのいわゆる領国支配関係のものも若干が存在し、なお戦国期以来の系譜を引く内容のものが存している。これらの支配文書はその権力構造、権力機構を解明する上で重要な素材といえ、なお詳細に検討を加えていく必要がある。さらに、他の豊臣大名や初期近世大名と比較することによって、その特徴がより明確となると考えるが、これらについては他日を期し、最後に書式の変遷および年次別の発給状況について整理しておきたい。前者の問題については、結城時代では、その大半が料紙の形式は竪紙、署判形式は天正期は朱印1から花押2、文禄期以降は黒印2であったといえる。越前時代に入ると宛名・内容ごとにやや細分化され、家臣宛知行充行状は竪紙で朱印2、寺社宛充行状・寄進状は折紙で署名＋花押、同宛禁制は竪紙で署名＋花押、商職人宛のものは折紙で（署名＋）黒印2という形式が原則的となる。とりわけ署判に関しては、家臣宛知行充行状のみ朱印が使用され、他は基本的には黒印、但し寺社宛については署名＋花押の形式が採られており、かなり明確な区別がなされていることが想定される。こうした書式（書札礼）についてもなお詳細に整理・検討する必要がある。後者の問題については、その発給時期にかなり偏りが存していることが知られ、No.12・14の間に一年余、No.17・18の間に一年余、No.18・20の間に二年半、No.44・46の間に一年余、No.58・74の間に一年余、No.132・136の間に一年半、No.138・154の間に一年余、No.154・170の間に一年余の空白がみられる。これは、秀康の領国不在が確認される時期についてはほとんど一点の発給もみられないことから、そうした政治動向と密接に関わっていることが窺われ、支配文書はほぼ領国在国時に発給されるものであったことが知られる。この点についても秀康の政治動向が詳細に明らかにされることにより、さらにその具体的な状況が明らかとなるであろう。

付、徳川秀忠との書札礼

秀康の政治的位置やその動向を明らかにしていく上で、その書状についての分析は有力な素材となるであろうが、その詳細については他日を期し、ここでは表3作成に関わって、補足的に嫡弟秀忠との書札礼について若干整理しておきたい。秀康の秀忠宛書状はNo.50・51の二点が存し、いずれも結城時代のものである。その書札礼は同一といえ、料紙は折紙、書止は「恐惶謹言」、署判は署名+花押、宛所はウハ書にのみみえ、それぞれ「秀忠様へ」「中納言様人々御中」とあり、秀忠に対して敬意を払ったものとなっている。一方、秀忠の秀康宛書状は表3No.5・8・9・12〜20の一二点が存する（うち同14は断簡）。いずれも料紙は折紙、署判は署名+花押であるが、宛所記載では関ヶ原合戦以前の同3・5・8の三点はウハ書にみえて様書き・脇付けがみられるが、同合戦後は殿書きに変化し、さらに慶長九年頃より日付けの横に記され脇付けが消え、(補注)書止では将軍任官を機にそれ以前までの「恐々謹言」から「謹言」のみに変化するに至る。[23] すなわち、関ヶ原合戦以前は敬意を払っていたものであったのが、その後、秀忠の官位の上昇とともに薄礼化していったことが知られる。この点は、他の書札礼上の諸点にも留意しつつ、秀忠の他大名宛書状を整理することにより、秀康の書札礼上の位置が明らかとなろう。

おわりに

以上、本稿では結城秀康の発給文書について若干の検討を行なった。具体的には、無年号文書を含めての文書の編年化作業をすすめていく必要もあり、実名・官途・花押・印判といった基礎的事項に関する整理を行なった上で、その支配関係文書について、内容ごとに整理・検討し、およその特徴について指摘してきた。もとよりそれらはあくまでも概略にすぎず、さらに詳細に検討を加えていく必要のあることはいうまでもない。また、秀康の発給文書についても、未見文書の確認作業と同時にさらにその蒐集に努めていくことは勿論、その全体像を把握するためには家臣発給文書の分析が不可欠であり、今後その蒐集に努め、他日の検討を期したい(24)。また秀康の領国支配やその政治動向についても、こうした発給文書の分析と同時に、古記録等をもとに詳細に事実関係を明らかにしていくこと、家臣団構成や権力機構、あるいは領国支配機構について解明していく必要がある(25)。さらに他の羽柴氏一門大名、徳川氏一門大名、外様国持大名と比較していくことにより、その政治的位置はより明確なものとなると想像され、とりわけ弟忠吉・忠輝、嫡子忠直との比較が有効と考えるが、この点についても他日を期したい。

註

（1）中村孝也『新訂徳川家康文書の研究』（全四冊、日本学術振興会刊、一九八〇～一九八二年）・徳川義宣『新修徳川家康文書の研究』（徳川黎明会刊、一九八三年）。

（2）和泉清司編『伊奈忠次文書集成』（文献出版刊、一九八一年）。

（3）下村信博「松平忠吉文書についての一考察」（『名古屋市博物館研究紀要』一一巻、一九八八年）・同「松平忠吉家臣文書の一考察―付・松平忠吉文書補遺―」（『同上』一三巻、一九九〇年）。

（4）代表的なものとして、大野充彦「前田利家文書の基礎的研究」（『日本海地域史研究』四輯、一九八二年）・舘鼻誠「毛利輝元文書の基礎研究」（『古文書研究』二六号、一九八六年）などが挙げられる。

（5）市村高男「豊臣大名の歴史的位置―結城秀康を中心として―」（『地方史研究』一八一号、一九八三年）。

（6）橋本政宣「結城秀康について」（『国学院雑誌』六七巻四号、一九六六年）。

（7）結城市刊、一九七七年。

（8）福井県刊、一九八二～一九九二年。

（9）下村效「豊臣氏官位制度の成立と発展―公家成・諸大夫成・豊臣授姓―」（『日本史研究』三七七号、一九九四年）。なお、秀康はこの時従五位下に叙されたと考えられる。ちなみに秀康の任官については後世の記録類は正確ではない。

（10）なお、三河守受領は侍従任官と同時の可能性が高い。少将任官は天正十六年四月の聚楽亭行幸に際しての可能性が高く、また同時に従四位下に叙されたと推測される。

（11）忠直の元服時期について、「国事叢記一」（『国事叢記上〈福井県郷土叢書7〉』）は慶長十年四月十六日（二十六日）とし、同時に従四位下に叙され、侍従・三河守に任ぜられたとしている。その元服と三河守任官については表3№17より少なくとも同年正月以前のことであったと考えられる。

（12）通俗的に秀康を「松平秀康」と称する場合があるが、家康の実子である秀康が、他の松平氏を継承しない限り同氏姓を称することは歴史事実的にはありえない。この点は、徳川氏姓の呼称が限定されるその次世代以降とは異なる状況にあったと考えられる。

(13) この点、「越前松平家系図」(『福井市史』資料編4〈近世二〉所収)をはじめとする越前松平氏の系譜史料において、「同(慶長)九年甲申、依台命復本姓、称徳川氏」などと、慶長九年に秀康が結城氏姓から徳川氏姓に改めたという記載がみられることは注目に値いしよう。また、この点は秀康の嫡子忠直がその元服に際して如何なる氏姓を称したのか、通説の如く松平氏姓であったのか否かという問題とも関連し、秀康・忠直父子の政治的地位を考える上で重要な問題といえよう。

(14) なお秀康の越前国拝領・同国入部時期についてはこれまで明らかではなかったが、拝領時期については「義演准后日記」慶長五年十一月九日条により、それ以前のこと、入部時期についてはNo.73に「従伏見去十四日ニ罷下、北庄へ参着」とあることから、同六年八月十四日頃のことと確認される。

(15) なお、No.137・138も同日付であるが、内容・書式ともに異なるため、回数には含めない。

(16) なお、秀康には家臣発給の知行充行状も存在しており、そうした知行割の全体的状況についてはそれら家臣発給のものも含めて検討していく必要があろう。ちなみに、それら家臣発給の知行充行状は、ほぼその寄子に対してのものとみられる。

(17) 註13『福井市史』資料編4(近世二)所収。

(18) この点から、「浄光院様御代給帳」に清水丹後(貞次)の「与力」分知行高が六千二十石とあり、これは清水長左衛門尉宛のNo.77、同石見守宛のNo.110の、それぞれ千六百二十石、四千四百石の合計に一致することから、この三者が同一人物であることが知られる。

(19) 但し、(D)のうちNo.57は「御朱印」と注記されている。

(20) 但し、(E)のうちNo.80は黒印2であり、No.84も収載史料集は「(黒印)」としており、すべてが朱印2であったわけではないといえる。その相違の理由は不明である。

(21) この他、No.95・170が存するが、No.95には「秀康様御書判」の注記があり、No.170には署判に関する記載はみられない。しかし、その全体的な書式の同一性からみて、朱印2である可能性が高いと考える。

(22) また、これら知行充行状を一覧して注目されるのは、各給地についてそれぞれ広域地名を冠していることであり、その領国範囲と領国内の行政区分について知りうる。その詳細については他日の検討を期し、以下、広域地名（領域名）を列挙しておきたい。結城領国＝小山領・結城領・壬生領・日光領・榎本領・藤沢領・土浦領・皆川領（他に家臣発給文書に鹿沼領あり）、越前領国＝丸岡領・三国領・志比領・府中領・田中領・大野領・藤島領・今庄領・東郷領・北庄辺・西方領（他に忠直発給文書に勝山領・坂北郡あり）。いずれも領名であることは注目される。

(23) なお、表3№15は『福井県史』資料編3（中・近世一）（註8参照）においては秀康の次男忠昌宛と比定されている。しかし、中納言段階の秀康宛の書止が「謹言」であるのに対し、それよりも官位の低い宰相宛で書止が「恐々謹言」とあるものが、秀康の子息宛のものと考えることはできず、中納言段階以前のものにして、秀康宛に比定すべきであろう。この点、同一書式をとる同16・17についても同様である。

(24) なお、越前時代における筆頭的年寄である本多富正については、斎藤嘉造「越前府中領主本多富正とその差出し文書について」（『福井県史研究』五号、一九八七年）がある。他の年寄についても同様の作業が求められる。

(25) 秀康・忠直期の領国支配機構の解明を試みたものとして、本川幹男「福井藩初期の徴租について」（『福井県地域史研究』九号、一九八二年）・同「福井藩初期の民政組織について」（『同上』一〇号、一九八九年）があり、年寄・奉行人等の発給文書の網羅的蒐集の上に立って分析しており、重要である。

【補注】この慶長九年頃における変化は、同年四月に秀康は秀忠に対し参府しており、この秀康の江戸参府が契機となっていたと推測される。秀康は徳川一門であると同時に、西国の国持大名でもあり、その参府は徳川政権後継者の秀忠と、国持大名秀康との政治的上下関係・主従関係を確定・明確化するものであったととらえられる。

印判 1

印判 2

印判 3

花押 1

花押 2

花押 3a

花押 3b

表1　結城秀康発給文書目録

No.	年月日	署判	宛所	形態	内容	出典（刊本）
1	（天正18カ）5・22	少秀康御書判	鳥居彦右衛門殿	△カ	書状写	古文書二（『新訂増補史籍集覧』38冊418７頁）
2	（18カ）5・22	秀康卿判	平岩七之助とのへ		書状写	松濤棹筆二八（※1）
3	18・9・21	秀康（朱印1）	多賀谷安芸守殿	○	知行充行状	多賀谷季雄氏所蔵文書（結275）
4	18・9・24	秀康（花押1）	高橋大明神社守	○	社領寄進状	高橋神社文書（結68）
5	18・9・25	（花押1）	（観音）	○	寺領充行状写	万覚帳（小山・近世Ⅰ—243頁）
6	18・9・晦	（朱印1）	清水長左衛門尉殿	○	知行充行状	栃木県立博物館所蔵文書（※2）
7	18・9・晦	（朱印1）	三崎新右衛門尉殿	×カ	知行充行状写	武州文書五（結385）
8	18・9・晦	秀康御朱印	鈴木左源太殿	○カ	知行充行状写	伊達政宗記録事蹟考証13
9	18・9・晦	御朱印黄門様（方形）		○カ	走書写	結城家譜草案
10	（18カ）10・11	秀康判	平岩主計頭殿		書状写	松濤棹筆28（※1）
11	（18カ）10・11	秀康卿判	平岩主計頭殿		書状写	松濤棹筆28（※1）
12	18・10・12	秀康（朱印1）	安穏寺	×	寺領寄進状写	安穏寺文書（結75）
13	（20カ）正・20	秀康（花押2）	松平又七殿	×	書状	谷森健男氏所蔵文書
14	20・2・9	（花押2）	奈良弥三郎殿	○	知行充行状	奈良文書（結220）
15	20・2・9	（花押2）	海老原又三郎殿	○	知行充行状	海老原文書
16	20・2・9	（花押2）	長美左太郎殿	○カ	知行充行状写	結城家譜案
17	20・2・9	（花押2）	加藤五左衛門殿	○	知行充行状写	家蔵文書44（結310）
18	文禄2・5・21	秀康（黒印2）	長谷河惣大夫殿	○	知行充行状写	家蔵文書50（結310）
19	（2カ）5・23	（黒印2）	長谷河惣大夫殿	○	知行充行状写	家蔵文書50（結311）
20	5・正・20	（黒印2）	清水長左衛門尉殿	○	知行充行状	栃木県立博物館所蔵文書（※2）

21	5・正・20	（黒印2）	長田治部殿	○	知行充行状	長田文書（結209）
22	5・正・20	（黒印2）	奈良弥三郎殿	○	知行充行状	奈良文書（結222）
23	5・正・20	黄門様御黒印	真瀬将監とのへ	○カ	知行充行状写	経城家譜草案
24	5・正・20	御黒印	鈴木左源太殿	○カ	知行充行状写	伊達政宗記録事蹟考記18
25	5・正・20	御黒印	小笠原与次とのへ	○	知行充行状写	古文書6（『新訂徳川家康誓の研究』中巻277頁）
26	5・正・9（20）	黒印（円形）	岡部宗次郎殿		知行充行状写	伊豆順行記
27	（5・正・20）	（黄門様御墨印）	加藤小右衛殿		知行充行状写	結城家譜草案
28	（5・正・20）	（黄門様御墨印）	本多半三郎殿		知行充行状写	結城家譜草案
29	5・正・20	黄門様御墨印	熊谷右衛門尉殿	○カ	知行充行状写	結城家譜草案
30	5・正・20	（黒印2）	加藤五左衛門とのへ	○	知行充行状写	家蔵文書44（結309）
31	5・正・20	（黒印2）	三崎新右衛門尉殿	○	知行充行状写	武州文書5（結385）
32	5・正・20	（黒印2）	安穏寺	○	寺領充行状	安穏寺文書（結75）
33	5・正・20	（黒印2）	孝顕寺	○	寺領充行状	孝顕寺文書（結78）
34	5・正・20	（黒印2）	人手観音	○	社領充行状	大輪寺文書（結133）
35	5・正・20	（黒印2）	弘経寺	○	社領充行状	弘経寺文書（結135）
36	5・正・20	（黒印2）	華蔵寺	○	社領充行状	華蔵寺文書（結141）
37	5・正・20	（黒印2）	称名寺	○	社領充行状	称名寺文書（結121）
38	5・正・20	（黒印2）	大輪寺	○	社領充行状	大輪寺文書（結133）
39	5・正・20	（黒印2）	高橋明神社守	○	社領充行状写	高橋神社文書（結69）
40	5・正・20	（黒印2）	聴芳庵	○	社領充行状写	下総崎房秋葉孫兵衛旧蔵模写文書集8
41	5・正・20	（黒印2）	釈迦堂	○	社領充行状写	下総崎房秋葉孫兵衛旧蔵模写文書集9

42	5・正・20	(黒印2)	妣性庵	○	社領充行状写	下総崎房秋葉孫兵衛旧蔵模写文書第8
43	5・3・13	(黒印2)	三崎道門	○	知行充行状写	武州文書5(結386)
44	5・12・22	(黒印2)	野本九蔵殿	○	知行充行状	慶応義塾大学図書館所蔵文書(結181)
45	(年未詳)4・4	少将秀康	平岩主計		書状写	松濤棹筆28(※1)
46	慶長3・2・20	秀朝(黒印2)	孝顕寺	○	定書	孝顕寺文書(結78)
47	3・2・20	秀朝	実相寺大佐和尚	○	寺領安堵状写	実相寺文書(小山補遺88)
48	3・2・22	(黒印2)	清水長左衛門尉とのへ	○	知行充行状	栃木県立博物館所蔵文書(※2)
49	3・9・29	(黒印2)	金剛院	○	寺領充行状	金剛院文書(結297)
50	(3)10・3	秀康(花押2)(羽三河守)	(秀忠様へ)	×	書状	越葵文庫文書(福3―302)
51	(年未詳)8・27	秀康(花押2)(羽三河守)	(□納言様人々御中)	×	書状	服部玄三氏所蔵文書
52	( )12・24	秀康(花押2)	多賀谷左近殿	△	書状	多賀谷文書(結256)
53	慶長3・11・21	(黒印2)	清水長左衛門尉とのへ	○	知行充行状	栃木県立博物館所蔵文書(※2)
54	4・―・―	秀康様御判(円形)	和久井兵庫殿	○	知行充行状写	秀康公御代御秘蔵御書付類
55	(5カ)6・23	秀康(花押3a)	多賀谷左近殿	×	書状	多賀谷文書(結255)
56	(5カ)6・23	秀康(花押3a)	多賀谷左近殿	×	書状	多賀谷文書(結255)
57	5・7・10	秀康公御朱印	清水太郎左衛門殿	○	知行充行状写	清水文書(『群馬県古城塁址の研究』補遺篇上巻668頁)
58	5・7・10	(黒印2)	和久井兵庫殿	○	知行充行状	平成四年度『古典籍下見展観大入札会目録』所収文書
59	(5)7・14	羽柴三河守秀康(花押3a)	金松又四郎様人々御中	×	書状	兼松文書(『新編一宮市史』資料編6―246頁)
60	(5)8・21	羽三河守秀康御判	羽作州様御報	×カ	書状写	譜牒余録54(結182)
61	(5)8・29	結城宰相秀康(花押3a)	泡田吉左衛門殿・同九郎兵衛殿・伊木清兵衛殿・阿老平左衛門殿人々御中		書状写	黄薇古簡集1(『黄微古簡操』48頁)

62	（5）9・17	結城宰相秀康御判	羽作州様貴報	×カ	書状写	譜牒余録54（結182）
63	（5）9・25	秀康花押（羽三）	（井伊兵部殿参）		書状写	中村不能斎採集文書9（『井伊直政・直孝』53頁）
64	（5）9・28	羽三河守秀康（花押3a）	羽越州様人々御中	×	書状	天理大学所蔵伊達文書（結56）
65	（年未詳）3・12	宰相秀康（花押3a）	神田修理殿	×	書状	神田文書
66	（　）4・22	羽柴三河守秀康	加藤主計頭様		書状写	参遠古文書覚書
67	（　）8・3	（黒印2）	西方実相寺	○	定書	実相寺文書（小山補遺89）
68	（　）10・16	秀康（花押3a）（羽三河守）	（佐藤様人々御中）	×カ	書状写	栃木県庁採集文書3
69	（　）10・27	秀康（花押3a）	平主計殿参	△	書状	松平基則氏所蔵文書（『大同本史料』12編4巻841頁）
70	（　）11・16	秀康（花押3a）	平岩主計殿御宿所		言状写	松濤棹筆28（※1）
71	（　）12・9	秀康（花押3a）	勝地院御報	△	書状	保阪潤治氏所蔵文書
72	（　）6	結宰相秀康（花押3b）			書状断簡	越葵文庫文書
73	（慶長6）8・24	越宰相秀康（花押3b）	大関左衛門督殿	△	書状	大関文書
74	6・9・9	（朱印2）	多賀谷左近大夫殿	○	知行充行状	多賀谷文書（結248）
75	6・9・9	朱印	山川菊松殿	○	知行充行状写	山川文書（結225）
76	6・9・9	（朱印2）	清水長左衛門尉殿	○	知行充行状	栃木県立博物館所蔵文書（※2）
77	6・9・9	（朱印2）	清水長左衛門尉殿	○	寄子知行充行状	栃木県立博物館所蔵文書（※2）
78	6・9・9	（朱印2）	清水長左衛門尉殿	○	寄子知行定書	栃木県立博物館所蔵文書（※2）
79	6・9・9	（朱印2）	笹路大膳殿	○	知行充行状	山県文書（福井4—682）
80	6・9・9	（黒印2）	笹路大膳殿	○	寄子知行充行状	山県文書（福井4—682）
81	6・9・9	（朱印2）	笹路大膳殿	○	寄了知行定書	山県文書（福井4—683）
82	6・9・9	（朱印2）	天方山城守殿	○	知行充行状	「越前史料」所収天方文書
83	6・9・9	秀康公御朱印	清水太郎左衛門殿	○	知行充行状写	松本清氏所蔵文書

84	6・9・9	（黒印）	熊谷勘介殿	○	知行充行状	大家文書（『大分県史料』8巻300頁）
85	6・9・9	（朱印2）	伊達与兵衛殿	○	知行充行状	美作伊達文書（『駿河伊達家文書』32頁）
86	6・9・9	（朱印2）	大藤金三郎殿	○	知行充行状	大藤文書
87	6・9・9	（朱印2）	奈良弥三郎殿	○	知行充行状	奈良文書（結222）
88	6・9・9	（朱印2）	竹山主水正殿	○	寄子知行定書	国立国会図書館所蔵文書（『貴重書解題』4巻21頁）
89	6・9・9	（朱印2）	三崎新右衛門殿	○	知行充行状写	武州文書五（結386）
90	6・9・9	朱印（円形）	岡部惣次郎殿		知行充行状写	伊豆順行記
91	6・9・9	（朱印2）	左近男介左衛門	○	知行充行状写	家蔵文書36（結311）
92	6・9・9	（朱印2）	道門	○	知行充行状写	武州文書5（結386）
93	6・9・11	秀康（黒印2）	大滝紙屋三田村掃部	×	安堵状	三田村文書（福6―537頁）
94	6・9・11		長崎称念寺	○	定書写	寺社境内札之写
95	6・9・15	秀康御書判	落合新八郎殿	○	知行先行状写	古文書7
96	（6）10・4	越宰相秀康（花押3b）	江雪様人々御中	×カ	書状写	藩中古文書3
97	6・11・9	宰相秀康（朱印2）	白山平泉寺玄成院	×	寺領寄進状	白山神社文書（福7―658）
98	6・12・9	（黒印2）	松本源兵衛殿	○	金銀請取状	武生市立図書館所蔵文書（福6―294）
99	7・3・5	（黒印3）	二屋	○	伝馬人足定書	竹内文書（福6―796）
100	7・3・5	（黒印3）	舟橋町	○	伝馬人足定書	渡辺文書（福3―102）
101	7・3・5	（黒印3）	道之口町	○	伝馬人足定書	田中文書（敦賀2―356）
102	7・4・14	宰相秀康（黒印2）	愛宕極楽寺別当法印	×	寺領寄進状	「越前史料」所収坂上文書
103	7・4・14		愛宕山極楽寺	○	条書写	寺社境内札之写
104	7・5・2	秀康（黒印2）	橘屋三郎左衛門尉とのへ・同三郎五郎とのへ	×	諸役免許状	橘文書（福3―449）

105	7・9・10	（黒印2）	鳥子屋才衛門	×	諸役免許状	内田文書（福6―399）
106	7・9・10	（黒印2）	蠟燭屋野辺四郎右衛門・同小左衛門	×	黒印状	内田文書（福6―399）
107	7・9・11	（黒印2）	野辺四郎右衛門・同小左衛門	×	黒印状	内田文書（福6―399）
108	8・正・9	（朱印2）	大藤小太郎殿	○	知行充行状	大藤文書
109	8・正・9	御朱印	落合主膳殿	○カ	寄子知行充行状写	古文書7
110	8・正・9	御朱印	清永石見守とのへ	○	寄子知行充行状写	譜牒余録11
111	8・正・9	御朱印	長井善左衛門とのへ	○	知行充行状写	譜牒余録24
112	8・正・9	（朱印）	熊谷勘介とのへ		知行充行状	大家文書（『大分県史料』8巻301頁）
113	8・1・10	秀康（花押3b）	（毛谷黒竜大明神）	◇	社領寄進状写	毛谷黒滝神社文書
114	8・正・21	秀康（花押3b）	気比宮社人中	×	社領寄進状	気比神官文書（敦賀2―344）
115	8・正・21	秀康（華押）	常宮社僧中		社領寄進状	常宮神社文書（敦賀3―352）
116	8・2・12	秀康（花押3b）	水落神明神主・社人中	×	社領寄進状	瓜生文書（福5―37）
117	8・2・12	秀康（花押3b）	越知山大谷寺衆徒中	×	社領寄進状	越知神社文書（福5―298）
118	8・2・12	秀康（花押3b）	熱田大明神社僧・社人中	×	社領寄進状	剣神社文書（福5―824）
119	8・2・12	秀康（花押3b）	愛宕極楽寺別当法印	×	社領寄進状	「越前史料」所収坂上文書
120	8・2・12	秀康（花押3b）	北庄神明社僧二尊寺	×	社領寄進状	神明神社文書（福3―432）
121	8・2・12	秀康御判	田蔵慈眼寺		社領寄進状写	慈眼寺文書（『慈眼寺文書』15頁）
122	8・2・12	秀康（花押3b）	龍沢寺	×	寺領寄進状	龍沢寺文書（福4―674）
123	8・2・12	秀康（花押3b）	東郷永正寺	×	寺領寄進状	永昌寺文書（福3―100）

124	8・2・12	秀康（花押3b）	敦賀西福寺	×	寺領安堵状	西福寺文書（福8―234）
125	8・2・12	秀康（花押）	一乗心月寺		寺領寄進状写	松雲院文書写（『越前朝倉氏と心月寺』167頁）
126	8・2・12	秀康御判	慶松太郎三郎とのへ		諸役免許状写	慶松文書（福3―425）
127	8・2・12	秀康（花押3b）	滝谷寺并門前	○	禁制	滝谷寺文書（福4―335）
128	8・2・12	秀康（花押3b）	愛宕極楽寺	○	禁制	「越前史料」所収坂上文書
129	8・2・12	秀康（花押3b）	霊地山長泉寺	○	禁制	中道院文書（福5―123）
130	8・2・12	秀康判	松玄院	○カ	禁制写	諸国高札4
131	8・2・28	秀康（花押3b）	日野三所権現神主	×	社領寄進状	佐治文書（福6―161）
132	8・2・―	秀康	今宿妙勧寺		禁制写	妙勧寺文書（『武生市史』資料編神社仏寺所蔵文書410頁）
133	（8カ）7・17	秀康（花押3b）	神田修理亮殿	△	書状	神田文書
134	（9カ）6・16	秀康（黒印2）（越宰相）	（堀帯刀様人々御中）	○	書状	佐藤行信氏所蔵文書
135	（9カ）6・16	秀康（黒印2）（越宰相）	（□□□従様人々御中）	○	書状	南部晋氏所蔵文書（『国学院雑誌』67巻4号87頁）
136	（9）7・1	（黒印3）	右宿中	◇	伝馬手形	慶応義塾大学図書館所蔵文書（結181）
137	9・11・12	（朱印2）	多賀谷左近殿	○	知行充行状	多賀谷文書（結250）
138	9・11・12	黄門様御講御朱印	加藤四郎兵衛殿	×	知行充行状写	御旧臣先祖由緒書
139	（10カ）2・17	宰相秀康（黒印2）	本―	×	書状	お茶の水図書館所蔵文書
140	（10）5・8	越宰相秀康（黒印2）	（島津陸奥［　］人々御中）	×	書状	島津文書（『鹿児島県史料』旧記雑録後編4―17頁）
141	（10カ）5・18	秀康（円形）		○	書状写	秀康公御代御秘蔵御書付類
142	（年未詳）2・22	宰相秀康御書判	清永権助殿	△カ	書状写	古文書12
143	（　）4・20	宰相秀康（黒印2）	石川日向守殿	×カ	書状写	大竹・正木・岡本・秋山・鳥居・石野文書（『北区史研究』1号99頁）

144	（　）5・1	越宰相秀康（黒印2）	一柳監物様御報	×	書状	小野市立好古館所蔵一柳文書
145	（　）7・4	宰相秀康（黒印2）	浅野右近大夫殿	×カ	書状	三原浅野文書（『三原市史』5―11頁）
146	（　）7・20	秀康（花押3b）（越宰相）	（加肥州様人々御中）	○	書状	「越前史料」所収木内文書
147	（　）8・9	宰相秀康御書判	清永権介殿	△カ	書状写	古文書12
148	（　）8・23	越宰相秀康（花押3b）	分左京様人々御中	△	書状写	越葵文庫文書
149	（　）9・1	越宰相秀康（花押3b）	羽三左様人々御中	△	書状写	賜芦文庫文書38
150	（　）12・12	越宰相秀康（花押3b）	中川修理大夫殿御報	×	書状	名古屋市博物館所蔵文書
151	（　）12・20	宰相秀康（花押3b）	堀瀬兵衛殿	△	書状	堀文書（『国学院雑誌』67巻4号87頁）
152	（慶長10カ）5・26	秀康（黒印2）（中納言）	（円光寺床下）	○	書状	三岳寺文書（『佐賀県史料集成』古文書編14巻83頁）
153	（10カ）6・晦	秀康御判（中納言）	（本目十郎殿）	○	書状写	古文書3
154	11・正・1	（黒印2）	多賀谷左近大夫殿	○	普請掟書	多賀谷文書（結250）
155	（11カ）2・2	越中秀康花押（中）	（本美濃殿貴報）		書状写	中村不能斎採集文書10
156	（11カ）2・5	秀康花押（越中）	（本美濃殿御返事）		書状写	中村不能斎採集文書10
157	（11カ）2・12	秀康（黒印2）	多賀谷左近大夫殿	×	書状	多賀谷文書（結251）
158	（11カ）3・27	中納言秀康（花押3b）	酒井右京大夫殿	△	書状	酒井文書
159	（11カ）8・4	中納言秀康（花押3b）		△	書状	平成6年度『古典籍下見典観大入札会目録』所収文書
160	（11カ）8・16	中納言秀康（黒印2）	蒲生源左衛門殿	×カ	書状写	新編会津風土記3（『新編会津風土記』1巻38頁）
161	（11カ）9・2	越中納言秀康（黒印2）		△	書状	毛谷黒竜神社文書
162	（11カ）9・21	秀康印（円形）（越中納言）	（江雲老御宿所）	○カ	書状写	藩中古文書3
163	（11カ）12・26	秀康（黒印2）（中納言）	（稲葉三十郎殿）	○	書状	慶応義塾大学図書館所蔵文書（結182）
164	（11カ）12・26	中納言秀康（黒印2）		△	書状	館山市立博物館所蔵文書

165	（12）2・21	越中納言秀康（黒印2）	羽柴陸奥守殿御返報	×	書状	島津文書（『鹿児島県史料』旧記雑録後編4—107頁）
166	（12）3・5	越中納言秀康（黒印2）	（毛利伊予守殿御報）	×	書状	長府毛利文書
167	（12カ）3・9	秀康御印判	児玉若狭守殿・児玉五左衛門殿		書状写	譜録こ26
168	（12カ）3・19	中納言秀康御印判	福原勝三郎殿・児玉五左衛門殿・児玉若狭守殿		書状写	譜録こ26
169	（12）3・26	中納言秀康（黒印2）	津軽右京殿	×	書状	佐藤文書（『大日本史料』12編5巻157頁）
170	12・④・6		岡部五郎兵衛殿	○カ	知行充行状写	岡部氏系譜
171	（年未詳）正・20	秀康（黒印2）	平泉寺賛成院	×	書状	白山神社文書（福7—659）
172	（　）2・7	秀康花押	本多長門守殿		書状写	中村不能斎採集文書8
173	（　）2・29	秀康印判	惣大夫殿	×	書状写	元禄家伝文書（『北区史研究』2号95頁）
174	（　）3・5	秀康（花押3b）	光照寺	×	諸役免許状写	光照寺文書（福6—151）
175	（　）4・8	秀康（黒印2）（中納言）		○	書状	慈光寺文書（『新編岡崎市史』6巻521頁）
176	（　）4・26	（黒印2）	多賀谷左近大夫殿	△	書状	多賀谷文書（結254）
177	（　）4・28	秀康（黒印2）	多賀谷左近殿	△	書状	多賀谷文書（結254）
178	（　）4・晦	秀康（黒印2）	多賀谷左近殿	△	書状	多賀谷文書（結254）
179	（　）5・1	秀康（黒印2）	多賀谷左近殿	△	書状	多賀谷文書（結254）
180	（　）5・3	（黒印2）	多賀谷左近大夫殿	△	書状	多賀谷文書（結255）
181	（　）5・3	（黒印2）	多賀谷左近大夫殿	△	書状	多賀谷文書（結255）
182	（　）6・19	秀康（黒印2）	多賀谷左近殿	△	書状	多賀谷文書（結255）
183	（　）6・28	秀康（黒印2）	愛宕極楽寺法印	△	書状	「越前史料」所収坂上文書
184	（　）7・1	秀康（黒印2）	（酒井久三郎殿）	○	書状	酒井利彦氏所蔵文書（『三好酒井家・小牧江崎家文書抄』18頁）

185	（　）7・22	秀康（花押3b）			書状断簡	明眼寺文書
186	（　）9・2	秀康（花押3b）	岡豊道知様	×	書状写	秀康公御代御秘蔵御書付類
187	（　）9・6	秀康（黒印2）	多賀谷左近殿	△	書状	多賀谷文書（結256）
188	（　）9・6	（黒印2）	多賀谷左近大夫殿	△	書状	多賀谷文書（結256）
189	（　）10・17	秀康（花押3b）		○カ	書状写	武生市立図書館所蔵文書
190	（　）11・11	（黒印2）	小栗五郎左衛門殿	△	書状	木村文書（福6―139）
191	（　）11・12	秀康（黒印2）	賢成院	×	書状	「越前史料」所収平泉寺文書
192	（　）12・3	秀康（黒印2）	西福寺	×	書状	西福寺文書（敦賀3―306）
193	（　）12・4	越中納言秀康（黒印2）	羽柴越前様人々御中	×	書状	伊達文書（結381）
194	（　）12・18	秀康（黒印2）	白山平泉寺賢成院	×	書状	「越前史料」所収平泉寺文書
195	（　）12・24	秀康（花押3b）	多賀谷左近大夫殿	△	書状	多賀谷文書（結256）
196	（　）	秀康（黒印2）（越中納言）		○	書状写	温故雑帖2
197	（　）	秀康判	右宿中		伝馬手形案写	敦賀志2（敦賀5―706）

表2　結城秀康発給関係文書目録

No.	年月日	文書名	署判	出典（刊本）
1	天正16・4・15	織田信兼等連署起請文写	三河少将豊臣秀康	聚楽亭行幸記（『群書類従』3輯612頁）
2	文禄2・5・20	羽柴家康等連署起請文	結城少将（花押2）	東京国立博物館所蔵文書
3	3・8・21	伏見大長老寺建立勧進書立	ゆうきの少将殿（花押2）	相国寺文書
4	4・7・20	織田常真等連署起請文	羽柴結城少将（花押2）	大阪城天守閣所蔵木下文書（『ねねと木下家文書』153頁）
5	慶長4・5・11	羽柴秀秋等連署請文案	結城宰相	島津文書（『鹿児島県史料』旧記雑録後編3―382頁）

表3　結城秀康受給文書目録

No.	年月日	文書名	宛所	形態	出典（刊本）
1	文禄3・10・17	羽柴秀吉知行充行朱印状	羽柴結城少将母	×	超勝寺文書
2	(年未詳)11・3	尊朝法親王書状	結城少将殿	△	竹内周三郎氏所蔵文書
3	(　)11・19	羽柴家康書状断簡	結城少将殿		武生市立図書館所蔵文書
4	(　)12・27	羽柴秀吉書状写（朱印）	結城少将とのへ		松雷公採集遺編類纂151（『板橋区史研究』3号69頁）
5	(　)	羽柴秀忠書状写	結城少将様人々御中		続片聾記2（『片聾記・続片聾記』上巻505頁）
6	(慶長2)10・10	加藤清正書状写	羽柴三州様		後撰芸葉10（『板橋区史研究』3号68頁）
7	(3)正・4	浅野長慶書状案写	羽柴三河様		浅野文書（『浅野家文書』397頁）
8	(4カ)3・22	羽柴秀忠書状	（三州様御報）	×	大阪府天守閣所蔵文書（『書状研究』3号11頁）
9	(5)6・22	羽柴秀忠書状	（三州様人々御中）	×	松江松平文書
10	(5)8・24	羽柴正則書状写	羽三州様人々御中		福島家系譜（『広島県史』近世資料編Ⅱ14頁）
11	(5)9・28	羽柴政宗書状	羽三州様御報	△	越葵文庫文書（福3―302頁）
12	(6)正・4	徳川秀忠書状	結城宰相殿まいる	×	越葵文庫文書（福3―299頁）
13	(6)8・13	徳川秀忠書状	（越前宰相殿人々御中）	×	越葵文庫文書（福3―299頁）
14	(6カ)	徳川秀忠カ書状断簡写			越葵文庫文書（福3―299頁）
15	(9カ)6・1	徳川秀忠書状	越前宰相殿	×	越葵文庫文書（福3―301頁）
16	(9カ)6・17	徳川秀忠書状	越前宰相殿	×	『思文閣古書資料目録』125号所収文書
17	(年未詳)正・9	徳川秀忠書状	越前宰相殿	×	武生市立図書館所蔵文書
18	(慶長10)6・10	徳川秀忠書状	越前中納言殿	×	越葵文庫文書（福3―300頁）
19	(11)4・18	徳川秀忠書状	越前中納言殿	×	芦浦観音寺所蔵文書
20	(11カ)10・1	徳川秀忠書状写	越前中納言殿		武家事紀32（『武家事紀』中巻577頁）
21	(年未詳)8・24	羽柴照政書状	（進上秀康様）	○	『思文閣古書資料目録』40号所収文書

（注）年月日欄における○は閏月を示す。署判欄における（　）はウハ書等における記載を示す。宛所欄における（　）はウハ書等における記載を示す。形態欄における記号は以下の内容を示す。○―竪紙、△―切紙、◇―竪切紙、×―折紙。刊本欄における略号は以下の通り。結―『結城市史第一巻』頁数、小山―『小山市史史料編中世』文書番号、小山・近世Ⅰ―『小山市史史料編近世Ⅰ』頁数、福―『福井県史資料編』巻・頁数、福井―『福井市史資料編』巻・頁数、敦賀―『敦賀市史資料編』巻・頁数、※1―『松濤棹筆（抄）』下巻一一～一八頁、※2―『古文書研究』三一号九一～九二頁。なお、原本未確認のものについては刊本の記載通りとした。

補論二　制外の家――越前松平家の実像

「制外の家」の論理

徳川家康の次男結城秀康に始まる越前松平家（越前家）は、巷間では「制外の家」と称されている。これは同家が、他の大名家とは異なって幕府から特別の処遇をうけていた、というものである。しかし、この言葉は他ならぬ福井松平氏（狭義の越前家）側から言いだしたものにすぎず、その意味で幕藩社会において広く位置付いていたものではない。しかも、それは江戸時代中期頃から言い出されたようであり、どうやら享保元年（一七一六）に、福井松平氏家臣大道寺友山が秀康・忠直・忠昌三代の事績についてまとめた、『越叟夜話』（『福井市史資料編4』所収）がもととなっているようである。

ここで友山は、将軍家を「本家」とし、越前家を「嫡家」として、いわば惣領筋として位置付けている。そのため、秀康は「本家」から特別の処遇をうけ、その子孫も改易があっても断絶されなかったとし、それ故に「制外の家」なのであると主張しているのである。しかし、友山は将軍家に対する対抗意識からこうした主張を展開しているのではない。そこでは「越後家」（忠直系津山松平氏）と「越前家」（忠昌系福井松平氏）のいずれが越前家の「本家」か、ということを問題とし、結論として福井松平氏を「本家」、津山松平氏を「嫡家」として、前者こそが越前家の宗主であることを主張しているのである。

福井松平氏がこうした主張を展開していった背景には、津山松平氏との本宗家争いがあったのである。知行高こそ前者が上回っているが、当時の両家の当主吉邦・宣富は官位は全く同等（従四位下少将）であった。それ以前において両家とも政治的地位に紆余曲折があったため、いずれが本宗家であるのか曖昧であったのである。「制外の家」というのは、こうした状況のなかで福井松平氏が越前家宗主であることを主張するための論理として登場してきたものであった。その内容は、端的にいえば徳川氏一門における越前家、および越前家における福井・津山両家の政治的地位に他ならない。以下では、それらの実際について具体的にみていくこととしたい。

秀康の政治的地位

成立期の徳川政権において、秀康の政治的地位は卓越して高かった。越前一国六八万石という知行高、従三位権中納言という官位ともに徳川氏一門において最高位であった。それは秀康が家康の実質的な庶長子であり、後継者秀忠には庶兄にあたったことによるが、すでに豊臣政権期において、羽柴秀吉の養子、最有力大名家康の子ということから、羽柴名字と正四位下参議という高い官位を有する有力大名の一員であった。

そうした政治的地位にあった秀康が、徳川政権の成立に際し、一門筆頭として当初から高い政治的地位に位置したのは極めて当然のことであった。第一に、その領国とされた越前は、畿内の押さえ、最大の外様大名前田氏に対する押さえとして、後々まで北国において最も肝要の地とされたところであった。しかも関ヶ原合戦後の状況では、これが徳川氏にとって実質的な最前線の位置にあった。第二に、その知行高六八万石は、加賀・越中・能登三国の前田氏に次いで二番目に高いものであった。第三に、慶長十年（一六〇五）の秀忠の将軍任官に伴って秀康は権中納言に任官するが、これは豊臣期五大老以来の毛利輝元・上杉景勝・前田利長に並んで諸大名中最高位であった。これらにみられるように、秀康は徳川氏一門筆頭に止まらず、諸大名中において最も高い政治的地位に位置したのである。

したがって、秀康が宗家の家臣や諸大名から尊重されたというのは、その政治的地位に対応したものに他ならない。また家康も特別的な処遇をしたといわれていることも、自身の子であるから当然といっていい。これに対して、秀忠が秀康の江戸参府に際して品川まで出迎えるといった、丁寧に処遇したというのは、やはり庶兄であったことによろうか。しかし、そのほとんどは将軍家の子弟については共通するものといっていい。むしろ、秀康といえども江戸に参府し、江戸城普請役を負担しているように、秀忠とは絶対的な格差が存在していることを認識しなければならない。一門に対する好遇は、結局は将軍家自体の権威の確立・維持のためであった。

その意味で、徳川政権成立期という歴史的段階において、一門筆頭としての秀康の政治的地位を象徴しているのは、基本的に伏見城に在城していたことであろう。家康が隠居城として駿府城に移るまでは、その本拠は伏見城であり、同城こそが「天下の政庁」であった。秀康は慶長十年初めから継続的に在城し、諸大名・朝廷・公家は家康への挨拶の前後に秀康にも挨拶し、家康の江戸下向中はその留守居を務め、彼らの使者・挨拶をうけている。さらに同城の普請の総責任者も務めている。こうした秀康の立場は、まさに京都方面における徳川氏の一つの顔であったといっていい。秀康は同十二年に死去するが、その後に伏見城留守居衆が編成されているのは、逆に生前における秀康の役割を示していよう。

忠直と忠昌

秀康の家督とその領国は、十三歳の嫡子忠直が継承した。忠直は、おそらく慶長九年に秀康が江戸城に参府して以後から江戸城に居住したようで、その頃には家康・秀康が相承してきた三河守の受領名を称している。同十年九月頃におそらく秀忠のもとで元服、何らかの叙任をうけたようであり（従五位下侍従、次いで従四位下か）、その後に秀忠から偏諱を得て忠直と名乗り、同十一年三月三日には右少将に叙任された。これは家康七男忠輝と同等である。同十六年には秀忠の三女勝姫を妻に迎えており、家康・秀忠から最有力一門として好遇されている様子が顕著にみられる。

しかし、慶長十六年に家康の晩年の子である義直・頼宣が従三位参議中将、頼房が従四位下右少将に叙任し、義直・頼宣は一躍して一門筆頭に、頼房は忠輝・忠直と同列に位置した。しかも三人は徳川名字を称し、松平名字を称する忠輝・忠直とは明確に一線を画した。それは彼らが家康の愛子たちであったからであり、種々の席次も彼らが上位に位置した。元和元年（一六一五）に忠直は大坂の陣の戦功によって、正四位下参議に叙任され、頼房を抜いた。しかし、席次は頼房の下、同官位の加賀前田利常の上とされ、後の徳川御三家との政治的地位の格差は決定的となった。すなわち、秀康は一門筆頭として位置したが、忠直への世代交代によって、より将軍家に近い一門がそうした地位を占め、忠直は「越前家」という分家として位置したのである。御三家のように徳川名字を称する一門とは明確に一線を画されたものの、彼らを除く松平名字を称する一門大名（当時では久松氏系・奥平氏系）および諸大名中においては最高位に位置したといえる。

この点にかかわるのが、忠直の弟忠昌の立場である。元和元年正月、江戸に居住していた忠昌は、秀忠のもとで元服、偏諱を与えられ、従五位下侍従、次いで従四位下に叙任された。侍従の官職は有力大名の指標である。翌二年、忠輝改易をうけてその旧領の一部である信濃川中島一二万石を領し、知行高においても有力大名の一員となり、さらに同四年には忠輝の本拠であった越後高田二五万石に転じ、一門において名実共に忠直に次ぐ位置を占め、諸大名中においても高い地位に位置した。これらは、忠昌が家康の孫、秀忠の甥という近親であるとともに、一門中でも年齢的に高かったという事情によろう。これを端緒として、越前家の庶子も有力一門として位置していくという素地が築かれ、この後、忠昌の弟直政・直基・直良は相次いで侍従に任官していくのであり、なかでも直政系（松江松平氏、松江一八万石）は忠昌系の福井松平氏とほぼ同等の地位を占めていくのである。

「越後家」と「越前家」

元和九年二月、忠直は不行跡のために改易され、家督は十歳の嫡子仙千代丸（のち光長、母は勝姫）に継承された。しかし、越前は大国かつ枢要の地であるので幼少の当主では心許ないとされ、翌寛永元年（一六二四）三月、忠昌との国替が行われ、仙千代丸は高田二五万石（のち二六万石）、忠昌は越前五〇万石（のち五二・五万石）を領した。同時に、忠昌の弟三人も越前国内で知行を与えられ（計一〇・五万石）、それぞれ大名となった。この国替が、後における両家の本宗家争いの原因となるのであり、福井松平氏は忠昌は越前家の家督を継承した、という主張をおこなうのである。しかし、実際は忠直の家督は仙千代丸に継承され、忠昌の越前入部はそれとの国替であり、決して越前家の家督を継承したのではなかった。

寛永三年八月、忠昌は正四位下参議に叙任され、一門では義直・頼宣・忠長（秀忠次男）・頼房に次ぎ、諸大名中でも前田・伊達・島津に次ぐものとなった。知行高・官位ともに、一門のなかでは松平名字としては筆頭に位置し、諸大名中でも外様大大名に匹敵する地位に位置したのであり、これは越前家としての家格を維持するものであったといえる。一方、母とともに江戸に居住していた仙千代丸は、同六年に家光のもとで元服、偏諱を得て光長と名乗り、従四位下左少将に叙任された。これは一門では忠昌に次ぐ地位である。正保二年（一六四五）に忠昌が死去、家督は十歳の嫡子光通が継承、従四位下侍従に叙任され、慶応元年（一六四八）に家光のもとで元服、偏諱を得て、左少将に任じられ、光長に並んだ。ただ光長の方が先任のため、光長が上位であった。そして同四年に光長は従三位右中将に昇進、名実共に御三家に次ぐ地位を占めた。

ここに光長は越前家一門における宗主的地位を占めたといえ、延宝二年（一六七四）の光通の急死によって決定的となった。しかし、天和元年（一六八一）に光長は御家騒動によって改易されるに至る。その際、尾張徳川光友は将軍綱吉の諮問に答えて、「越後守家」は越前家の「惣領筋」であり、先代忠直は大坂の陣において大功を挙げており御三家よりも「大功の家」であること、当主の不調法によって改易すれば、今後において御三家において同様の事態が生じたら改易することになる、と述べている。ここに、徳川氏一門のなかでも、「越後家」が越前家の惣領筋であること、越前家は御三家に次ぐ家である、という認識であったことがわかる。

光長の改易によって、福井松平氏が自然と越前家の宗主的存在となったが、貞享三年（一六八六）に当主綱昌（光通甥）が精神的理由によって改易された。一門中の名家であったため断絶は免れ、先代で叔父の昌親（のち吉品）が新規に二五万石で再封されたが、知行高は半減、諸格式も低下した。その翌年、光長は赦免され、元禄十年（一六九七）に隠居、養子長矩（直基の次男）が家督を継承し、従四位下に加え侍従に任官、翌十一年に長矩は美作津山一〇万石を与えられ、「越後家」は大名として復活を遂げた。そして同十二年には左少将に任じられ、宝永六年（一七〇九）には将軍家宣から偏諱を得て宣富と改名する。当時、福井松平氏の家督は吉品の養子吉邦（綱昌の弟）で従四位下侍従、正徳四年（一七一四）に左少将に任じられ、宣富に並ぶ。両者は年齢も一歳違い、官位も同等、共に再興された越後家・越前家の当主として、類似の立場にあった。そしてこうした状況から、両家の本宗家争いが生じてくることとなるのである。

第七章　松平忠輝文書の基礎的研究

はじめに

中世から近世への移行期社会の解明については、現在さまざまな視角から研究がすすめられているが、近世が幕藩制社会ととらえられる以上、「藩」＝大名の研究は重要な要素をなすといえる。中世〜近世移行期という視点からいえば、戦国期から近世へかけての大名権力の変質過程の解明が必須の課題であるといえよう。しかしながら、この期の領主権力についての研究は中央政権を対象としたものがほとんどであり、大名権力に関する研究は極めて少ない。しかも、そうした大名研究はその大半が藩政史研究の前史、すなわち藩権力の確立過程を追求したものであり、そのためその対象とされる問題や大名は極めて限定されたものとなっている。従ってこの期の大名権力の変質過程を総体的に明らかにするためには、戦国大名と、藩権力が確立したいわゆる近世大名との間を「初期近世大名」としてとらえ、当該期の問題関心からその全体像を究明していくことが必要であり、その際、とりわけ国持大名に注目することが有効であると考える。

慶長〜元和期の国持大名については、その多くが改易され、幕末まで存続したものは極めて少なく、しかも現在までその藩政史料を充分に伝えているものはさらに少ない。また、これまでの研究の大半は検地帳や分限帳のみを主たる分析材料としており、その領国支配の全体像の解明という試みはあまりみられない。さらに慶長～元和期においては、その政治史の解明も重要な課題であり、そこにおいては国持大名の政治動向が大きな比重を占めているが、この政治史研究において、これまではほとんど後世に編纂された家譜や記録類に多くを頼っている。こうした現状を踏まえて「初期近世大名」の領国支配とその政治動向を明らかにするには、当該期の古文書・古記録をもとに追求していく必要があり、とりわけその最も基礎的かつ重要な史料である発給文書に注目する必要があると考える[1]。

右の問題意識のもと、私は別に初期徳川政権において徳川一門大名の筆頭であった結城秀康の発給文書について基礎的研究をおこなったが[2]、本稿ではその比較の意味も込めて、その弟であり、有力な一門大名の一人であった松平忠輝を取り上げ、その発給文書についての基礎的研究をおこないたい[3]。忠輝に限らず「初期近世大名」の発給文書については、ほとんど未整理の状況にあるので、まずその総編年化作業が必要である。これは無年号文書の年代比定作業を意味するが、ここではその指標となる、官途、花押・印判の変遷について整理し、次にその発給文書について内容分類し、それぞれの特徴について概観することとしたい[4]。

一、忠輝の知行高と官途

まず、忠輝の知行高と官途の変遷について整理し、忠輝が当時の徳川一門大名、あるいは国持大名全体において占めた政治的位置を概観することとしたい。なお、忠輝のこれらの事項については、良質な史料によって確認できるものはほとんどなく、以下においてもいわゆる通説に多くを拠らざるをえないことをお断りしておく。

忠輝は、文禄元年に徳川家康の六男として生まれたといわれる。ただし、弟とされる松千代が忠輝よりも先に長沢松平氏の家督を継承していること、その没年齢について異説も存在することから、両者の兄弟関係、忠輝の生年については検討を要する。幼名は一般に辰千代とされるが、竹松・竹麿とも伝えられている。慶長四年に松千代が死去したため、長沢松平氏の家督を継承し、武蔵深谷一万石を領し、同七年十二月に下総佐倉四万石を与えられ、同時に元服、従五位下・上総介に叙任されたという。ちなみに実名「忠輝」は嫡兄秀忠からの偏諱と考えられる。同八年二月に信濃川中島一四万石を与えられ、一〇万石を越す有力大名の一員となった。ちなみに、同年に弟五郎太丸（のち義知・義利）・長福丸（のち頼将）もそれぞれ甲斐二五万石、常陸水戸二〇万石（翌九年に二五万石）を与えられている。したがって忠輝は、徳川一門においても知行高からみれば兄秀康（越前六八万石）・忠吉（尾張五二万石）、弟五郎太丸・長福丸に次いでのものとなり、忠輝よりも弟の五郎太丸・長福丸の方が優遇されていることがわかる。

慶長十年四月十一日、忠輝は兄秀忠の将軍任官に伴って、従四位下・右近衛権少将に叙任され（「慶長日件録」同日条）、以後、忠輝は「川中島少将」と称された。これにより、忠輝は官位的にも有力大名の一員となったのである。この秀忠の将軍任官に伴う諸大名の官位昇進の結果、中納言には毛利輝元（周防・長門三〇万石）・上杉景勝（出羽米沢三〇万石）・羽柴（前田）利長（加賀・能登・越中一二〇万石）・結城秀康、参議には羽柴（細川）忠興（豊前中津四〇万石）・京極高次（若狭一〇万石）・丹羽長重（常陸古渡一万石）・毛利秀元（輝元の一族）、中将には松平忠吉、少将には羽柴（のち松平、伊達）政宗（陸奥仙台六一万石）・羽柴（のち松平、島津）忠恒（のち家久、薩摩・大隅六一万石）・羽柴（福島）正則（安芸・備後五〇万石）・羽柴（のち松平、池田）照政（のち輝政、播磨・備前八〇万石）、そして忠輝ということになる。忠輝の官位は元和二年七月のその改易まで変わることはなかった。ちなみに、その間における諸大名の少将以上の任官としては、慶長十一年の松平忠直（結城秀康の嫡子）の任少将、同十六年の徳川義利・同頼将の任参議・中将、同頼房・最上義光の任少将、同十七年の松平（池田）輝政の任参議、同十九年の松平（前田）利光（のち利常、利長の嫡子）の任少将、元和元年の松平（伊達）政宗・松平忠直・松平（前田）利光の任参議がある。

慶長十五年閏二月、忠輝は松平（堀）忠俊の遺領越後三〇万石を加封され、合わせて約四五万石を領し、越後福島に移城した（同十九年、同国高田に移城）。忠輝の知行高については諸説あるが、ここでは「恩栄録」等にみえる四五万石が最も妥当であると考える。(5) なお、越後国の他の大名村上忠勝（村上九万石）・溝口宣勝（新発田七万石）が与力大名として付された。ここに忠輝は越後国主として国持大名の一員となり、以後は「越後少将」と称された。忠輝の知行高四五万石という数字は、当時では、松平（前田）利光・羽柴（池田）輝政（播磨・備前・淡路八六万石）・松平（伊達）政宗（六二万石）・羽柴（島津）家久・松平（蒲生）秀行（陸奥会津六〇万石）・最上義光（出羽山形五七万石）・黒田長政（筑前五三万石）・加藤清正（肥後五二万石）・徳川頼将（駿河・遠江五〇万石）・羽柴（福島）正則・徳川義利（尾張四八万石）に次ぐものとなる。

忠輝の知行高についてはその改易時まで変わることはなく、元和二年七月の時点での知行高および官途における忠輝の位置を示せば、以下の通りである。知行高では、松平（前田）利光・松平忠直・松平（伊達）政宗・島津家久・松平（蒲生）忠郷（秀行の嫡子）・最上家親（義光の嫡子）・黒田長政・加藤忠広（清正の嫡子）・徳川義利（五二万石）・徳川頼将・福島正則に次ぐ位置、官途では、中納言の毛利輝元・上杉景勝、参議の細川忠興・丹羽長重・毛利秀元・徳川義利・同頼将・松平忠直・松平（伊達）政宗・松平（前田）利光に次ぎ、同じく少将に島津家久・福島正則・徳川頼房がいる。

二、忠輝の花押と印判

松平忠輝の発給文書は管見の限りで四二点を確認することができる。これを目録化したものが表1である。以下においてそれらの文書を引用する場合はその文書番号によって示すこととする。また、忠輝の受給文書の目録を表2として掲げておく。

ここでは忠輝の花押と印判の変遷について整理することとしたい。忠輝の花押形はおよそ四種、印判は三種の存在を確認できる。以下、個々にその変遷の状況についてみていきたい。

〔花押1〕

（年未詳）十月五日付の№4のみにみられる。同文書は年未詳であるが、署名に「川中島少将」とあることから、信濃川中島領国期のものであり、すなわち、忠輝の花押形を確認できる文書としては最も早い時期のものとなる。この花押形はいうまでもなく、天線と地線が強調されているように、父家康・兄秀忠の花押形に倣った徳川氏様のものであり、以後における忠輝の花押形の基本形をなすものである。

〔花押2〕

慶長十五年四月四日付の№5から、同十八年正月二十五日付の№21までの六点にみられる。この花押形は、花押1において中央の斜線を挟んでみられた三段の楕円形から、左側半分が消え、さらに楕円形も二段に変化している。また、花押1において右側三段目の楕円形のなかにみられた二本の斜線が、中央の斜線の左側に移っている。改判の契機は、おそらく越後国拝領と考えられる。

〔花押3〕

（元和二年）六月二十六日付のNo.38と（年未詳）十月二十二日付のNo.41の二点にみられる。この花押形は、花押2における中央の斜線からのびる二本の斜線が半円に変化し、さらに花押1・2において地線から左上にのびていた二本の斜線が太い一本の斜線に変化したものとなっている。花押2の終見から三年半の間があるため、その改判の契機は不明とせざるをえない。

〔花押4〕

（年未詳）十月五日付のNo.42の一点のみにみられる。同文書は元和二年七月の改易後のものであり、さらに具体的にいえば、宛名の諏訪因幡守頼水に預けられた寛永三年から同人が死去する前年の同六年までの間のものである。従って、この花押形は改易後に改判されたものとみられる。花押形は、花押1〜3においてみられた中央の斜線が二本となり、このうちの右側の線はほぼ垂直にのびている。また、右側の半円が二段から花押1のように三段に戻り、さらに地線から左上にのびている斜線も一本から二本に戻っている。端的にいえば、花押1と花押3を融合したものといえよう。なお、同文書において署名は「忠照」とある。この実名は同文書一点のみにみられるにすぎないため、確かなことはわからないが、忠輝は改易後に「輝」字を「照」字に改めている可能性があろう。

〔印判1〕

二重郭の正方形印で、印文は「政岡」か。慶長十三年六月二十八日付のNo.1・2、同十五年九月二十三日付のNo.7

の三点にみえる。いずれにおいても、忠輝の署名下に捺され、黒印として使用されている。No.1・2は寺社宛の寄進状、No.7は家臣宛の知行充行状であり、公的な支配文書において花押代用印として使用されているといえよう。

〔印判2〕

二重郭の円印で、印文は「周」。慶長十四年八月十四日付のNo.3の一点にのみみられる。忠輝の署名下に捺され、黒印として使用されている。同文書は家臣宛の知行充行状であり、性格は印判1と同様といえよう。ただ、その時期は印判1の使用時期の間にあり、両印がどのような使い分けがなされていたのかは不明である。

〔印判3〕

二重郭の円印で、印文は「忠輝」。慶長十六年八月二十八日付のNo.9〜14から元和三（元）年十月十一日付のNo.34までの一七点にみえる。また、印影は不明であるが、No.9〜14・18・19と同日付のNo.15〜17・20、原本未確認のNo.24、No.25〜27と同日付のNo.28の六点もこの印判3が捺されていたとみて間違いないであろう。印判1の終見であるNo.7ののちから所見されることから、その間に改判されたものとみられ、忠輝の使用した印判としては最も代表的なものといえる。押捺位置は、No.32〜34の三点が忠輝の署名下に捺されているほかは、すべて日下に単独で捺されている。また、No.27は朱印影で、No.28は「御朱印」と写されている。ただし、両文書と同日付で同内容のNo.25・26が黒印であることから、先の両文書のみ朱印であるのは不自然であり、いずれも写であることからみて、写し間違いの可能性が高いと考えられる。その他のものはいずれも黒印、もしくは黒印として写されており、黒印としての使用が基本であったといえよう。押捺文書の内容はいずれも公的な支配文書であり、特に印判1・2が忠輝の署名とともにみられたのに対し、印判3の大部分は単独での押捺、すなわち印判状としての文書様式が採られていることは注目される。この印判3の使用段階に入って、忠輝の領国支配権力が、その前段階に比してより整備されたことが窺われよう。

三、内容分類とその特徴

ここでは、四二点の忠輝の発給文書について、その内容による分類をおこない、全体的な特徴について述べることとしたい。

四二点のうち、書下系のいわゆる公的な支配文書は三二点、書状は一〇点がみられる。さらに支配文書については内容によって細かく分類されるが、さしあたって①家臣宛知行充行状・知行目録、②寺社宛寄進状、③寺社宛禁制、④その他の支配文書、に大別しうるであろう。以下、個々に検討をすすめていきたい。

①家臣宛知行充行状・知行目録

忠輝の支配文書のなかで最も多く残存し、一三点がみられる。このうち、№3・7・9・28の四点が知行充行状であり、他はすべて知行目録である。これらの知行充行状・知行目録は同日付で複数の存在が確認され、すなわちA慶長十六年八月二十八日（№8～20、一三点）、B同十九年九月三日（№25～28、四点）、C同二十年（元和元年）九月十一日（№30・31、二点）の三回である。このうちAは、前年の越後国入封をうけての大規模な知行割としてとらえられる。一例として№13を次に掲げる

知行目録

越後頸城郡大崎郷

一、九拾九石三斗　　百之村内

信州高井郡

一、五拾石七斗　　九頭田村

合百五拾石者

右、令扶助畢、仍如件、

慶長十六年

八月廿八日（「忠輝」黒印）

篠瀬勘左衛門へ

Bの四点のうち、No.25・28の二点は加増分の充行であることから、加増分充行と新規充行をあわせた知行割であったとみられる。その契機については不明であるが、あるいは高田移城に伴うものであったろうか。一例としてNo.28を次に掲げる。

為加増越後国頸城郡之内夷守郷河井村知行百石充行畢、全可領知者也、

慶長十九年九月三日　越後少将様御朱印

赤見七郎右衛門殿

Cはその時期からみて大坂の陣の終結に伴っておこなわれた知行割とみられる。一例としてNo.31を次に掲げる。

知行目録

越後古志郡

一、百石　稲場村内

同魚沼郡

一、弐百四拾石七斗　山本村

同頸城郡

一、弐百石　村岡村内

信州高井郡

一、百五拾九石弐斗八升　綿内村内

都合七百石者

右、充行畢、全可領知者也、

慶長廿年九月十一日（「忠輝」黒印）

大窪与左衛門とのへ

また、現在は一点のみしか残存していない他の四例（No.3・7・24・34）についても、同時に複数の文書が発給されていた可能性が高いといえるが、それぞれの契機については明らかにしえない。ただし、No.7については、その宛名の山田将監は、続くAにおいても同文書において充行われた知行地を含めて改めて知行を充行われていることから、Aの先行的な知行割であった可能性が考えられる。

また、Aのうち、ほとんどは文書様式は知行目録、署判は黒印3であるが、No.8のみ署判は「忠輝＋花押2」、No.9のみ文書様式は知行充行状となっている。No.8は忠輝の実母茶阿宛であるため、厚礼の判物形式が採られたとみられる。No.9は年寄花井吉成の嫡子義雄に信濃国松城領二万石を充行ったものであり、他の知行充行とは異なる性格のものであったためと考えられる。全体的にも料紙の形態は竪紙、署判は黒印3であるが、料紙の形態ではNo.7のみ折紙（もしくは切紙）、署判ではNo.3が「忠輝＋黒印2」、No.7が「忠輝＋黒印1」、No.8が「忠輝＋花押2」、No.34が「忠輝＋黒印3」となっている。No.8については上述したところであり、その他のものについてはそれぞれ残存数が一点のみであることから確かなことはわからない。また、文書様式では、ほとんどが知行目録であるが、No.3・7・9・28のみ知行充行状である。このうちNo.9については上述したところであり、他のものは充行地が一か所にすぎないのでこの様式が採られた可能性が高い。

②寺社宛寄進状

四点が存在し、A慶長十三年六月二八日付のNo.1・2、B同二十年（元和元年）九月十一日付のNo.32・33と、二回の発給が知られる。Aは忠輝の発給文書として最初のものであることから、忠輝の文書発給の開始を示すものである可能性が高いであろう。Bは①Cと同日のものであり、この時の知行割が、家臣・寺社に対して同時におこなわれたものであったことが知られる。一例としてNo.33を次に掲げる。

国上寺之事、越後国蒲原郡内所々百石令寄進畢、全令寺務懃行修学等任古次旨、不可有怠慢者也、仍如件、

慶長廿年九月十一日　忠輝（「忠輝」黒印）

国上寺

残存数は少ないものの、おそらくこの二回（最初はいうまでもなく川中島領国、二回目は越後領国）において領国内の寺社に対して一斉に発給されたものとみられる。料紙の形態はいずれも竪紙、署判もいずれも「忠輝＋黒印」と統一されている。

③寺社宛禁制

№6・21・22の三点が存在する。このうち№22は年紀のみ知られるが、おそらく№21と同日のものと考えられる。それぞれの契機については不明であるが、№6は同年の越後国入封に伴ってのものとみられる。いずれにおいても領国内の寺社に対して一斉に発給されたものと考えられる。料紙の形態はいずれも竪紙、署判は№6が「花押2」、№21（№22も同じであろう）が「忠輝＋花押2」であり、署名の有無の相違はあるが、花押が用いられている点は共通している。

④その他の支配文書

№5・40の二点が存在する。№5は信濃国松城本誓寺に対し、本堂以下を再建し、以後は宿願所とすることを定めたものである。全文は次の通り。

［　］寺ハ□嘉□乙未暦□□聖人草創□刹□尊者□尊霊像故、本堂・脇堂・鐘鼓堂・楼門・惣門・山内十一ケ寺
令再建之畢、已後永可為宿願所者也、仍如件、
慶長十五年卯月四日　忠輝（花押）

□本誓寺
院〔

料紙の形態は竪紙、署判は「忠輝＋花押2」である。No.6の同寺宛の禁制がその十日後に発給されていることから、No.5の日付はあるいは写本作成の際における誤写の可能性もあろう。いずれにしても、両文書の発給が互いに関連したものであることは間違いないであろう。No.40は年寄花井義雄に対し、花井に付した与力衆に対する役、旗・指物、与力知行分について指示した三箇条の定書である。全文は次の通り。

定

一、今度旗寄ニ申遣候者共之内ニ而、諸事役等之儀可申付候、若違犯之輩於有之者、急度可行厳科事、

一、旗并指物之事思々、但吹流紺地ニ金之二引者之長さ迄何れも同前ニ可仕事、

一、為与力分知行六千石申付候間、聞立抱可申事、

右之通、無油断可申付者也、

八月廿二日（「忠輝」黒印）

花井主水正殿

料紙の形態は竪紙、署判は黒印3である。忠輝の家中統制の一端を具体的にしることができる貴重な文書といえよう。

以上、忠輝の支配文書について簡単ながらも検討を加えてきた。このうち家臣宛知行充行状・知行目録は七割以上

を占めており、文書の残存状況にもよるが、支配文書の主要な内容が、この家臣の知行関係の確定にあったことが知られる。また、寺社宛の寄進状とこれに付属する禁制も寺社に対する同様の役割を果たしていたととらえられる。こうした知行関係の確定以外のものは、残存状況にもよるが、わずか二点が存在するにすぎないのであり、忠輝の支配文書はその内容が極めて限定されたものとなっていたといえよう。

最後に一〇点の書状について触れることとする。No.4は筑後国柳川城主立花宗茂宛、No.23は駿府政権年寄で忠輝付の年寄でもある大久保長安宛、No.20・35は陸奥国仙台城主で岳父の松平（伊達）政宗宛、No.36は豊前国中津城主羽柴（細川）忠興の弟で下野国茂木一万石の領主長岡興元宛、No.37・41は駿府政権年寄で弟徳川頼将（頼宣）付の年寄でもある安藤直次宛、No.38は年寄花井義雄宛、No.39は実母茶阿付の局宛、No.42は忠輝の改易後のもので預人の信濃国諏訪高島城主諏訪頼水宛である。改易後のNo.42を外して考えてみると、実母・年寄・岳父といった忠輝の近親者に宛てたものが四点、駿府政権年寄に宛てたものが三点、他の大名に宛てたものが二点という具合に分類されよう。いうまでもなく史料の残存状況によるものの、他大名関係は極めて少なく、徳川政権内部に関係するもので大半が占められているこことは、忠輝の政治的立場の一端を示すものといえよう。

おわりに

以上、本稿では松平忠輝の発給文書について若干の検討を行った。具体的には、無年号文書を含めての文書の総編年化作業をすすめていく必要から、官途・花押・印判といった基礎的事項に関する整理を行った上で、その支配関係文書について、内容ごとに整理・検討し、およその特徴について指摘してきた。もとよりそれらはあくまでも概略にすぎず、さらに詳細に検討を加えていく必要があることはいうまでもない。その際、特に留意すべきは年寄衆発給の領国支配関係文書の存在である。忠輝の領国支配文書の発給は慶長十三年八月以降のことであり、それ以前においては年寄衆が領国支配関係の文書を発給していたのであり、また、忠輝の文書発給以後においても年寄衆の文書発給は続けられたのであった。しかもその中には寺社宛の寄進状や禁制も含まれていたのであり、忠輝自身の発給文書とそれら年寄衆の発給文書が領国支配の上でどのような関係にあったかを解明していく必要がある。この作業なくして忠輝の領国支配機構を明らかにすることはできないであろう。

さらに年寄衆以上に重要な役割を担った存在として駿府政権年寄の大久保長安がある。彼は忠輝付の年寄であると同時に信濃一国の国奉行を兼ねており[6]、その発給文書が本来的にいずれの立場によるものなのか、あるいは両者の立場を兼備した上でのものなのかを明らかにする必要がある。そして、その上で忠輝の領国支配において大久保長安が果たした役割を正確に位置付ける必要があろう。そもそも忠輝領国の財政自体、駿府政権の監督下に置かれていたのであり[7]、駿府政権年寄がその付年寄とされていたことからみても、忠輝領国が広い意味で駿府政権領国に包含されていたことは明らかであろう。この点は弟義利・頼将・頼房についても同様である。すなわち、忠輝以下の徳川一門大名はいずれも駿府政権の統制下にあったのであり、この点は、関ヶ原合戦後に国持大名となり、独自の領国支配を展開した兄秀康・忠吉とは、同じく徳川一門大名とはいっても大きく異なるといえよう。忠輝の領国支配、あるいはその政治的役割については駿府政権との関係を視野に据えて検討することが求められるのである。

註

（1）「初期近世大名」の発給文書の集成は決して充分にすすめられているとはいえないが、それを試みている史料集として、『岩手県戦国期文書Ⅱ』（南部信直・同利直、岩手県文化財愛護協会刊、一九八七年）・『仙台市史資料編10　伊達政宗文書1』（伊達政宗、仙台市刊、一九九四年）・『三重県史資料編　近世1』（藤堂高虎、三重県刊、一九九四年）・『福岡県史近世史料編　福岡藩初期上・下』（黒田長政、西日本文化協会刊、一九八二～三年）・『同　柳川藩初期上・下』（立花宗茂、同前、一九八六～八年）・『同　久留米藩初期上』（有馬豊氏、同前、一九九〇年）などがある。ただし、発給文書の網羅的集成には至っていない。また、発給文書目録を掲載した論考として、大野充彦「前田利家文書の基礎的研究」（『日本海地域史研究』四輯、一九八二年）・下村信博「松平忠吉文書についての一考察」（『名古屋市博物館研究紀要』一一巻、一九八八年）・同「松平忠吉家臣文書の一考察―付・松平忠吉文書補遺―」（『同前』一三巻、一九九〇年）などがある。

（2）拙稿「結城秀康文書の基礎的研究」（『駒沢史学』四八号、一九九五年。本書第六章）。

（3）松平忠輝に関する研究としては、中島次太郎『松平忠輝と家臣団』（名著出版刊、一九七五年）・諏訪忠輝会編『松平忠輝』（信濃民友社刊、一九五五年）・中沢肇『越後福島城史話』（北越出版刊、一九八二年）・中村孝也「松平忠輝」（同著『家康の族葉』第七章第六項、講談社刊、一九六五年）・峰村秀夫「松平忠輝」（『大名列伝3　悲劇篇』所収、人物往来社刊、一九六七年）などがあげられる。いずれも政治史中心に叙述されており、その発給文書について注目したものはない。

（4）なお、「初期近世大名」の発給文書についてこのような分析を行っている先行研究としては、註1大野論文・同下村論文のほか、加藤秀幸「細川忠興花押の編年的研究―附　ローマ字印章―」（『東京大学史料編纂所報』一七号、一九八二年）・館鼻誠「毛利輝元文書の基礎研究」（『古文書研究』二六号、一九八六年）・古賀正美「近世大名と印判―田中吉政の印判状を中心に―」（『史燈』八号、一九八九年）・阿部洋輔「上杉景勝の発給文書について」（石井進編『中世をひろげる―新しい史料論をもとめて―』所収、吉川弘文館刊、一九九一年）などがある。

（5）小村弌「松平忠輝の入封と支配」（『新潟県史通史編3　近世一』第一章第二節、新潟県刊、一九八七年）。

（6）和泉清司「徳川政権成立過程における代官頭の歴史的役割―代官頭発給文書の分析を通して―」（『古文書研究』二五号、

一九八六年）参照。

（7）和泉清司「徳川幕府財政成立期における幕領（蔵入地）の年貢勘定と勘定所機能」（『日本歴史』四八七号、一九八八年）参照。

花押 1

花押 2

花押 3

花押 4

印判 1

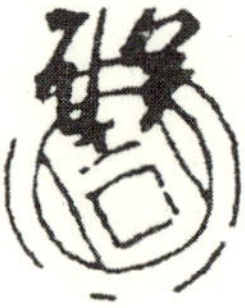
印判 2

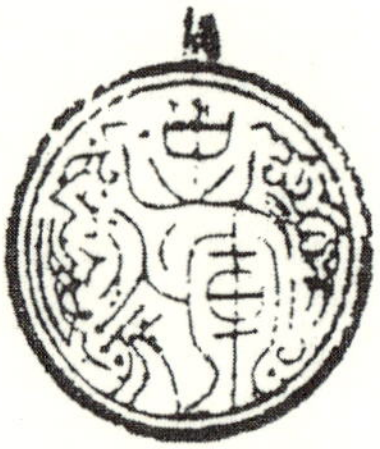
印判 3

表1　松平忠輝発給文書目録

No.	年月日	署判	宛所	形態	内容	出典（刊本）
1	慶長13・6・28	忠輝（黒印1）	密蔵院	○	社領寄進状	東光寺文書（『信濃史料20』327頁）
2	13・6・28	忠輝（黒印1）	興国寺	○	寺領寄進状写	諸州古文書13（『信濃史料20』326頁）
3	14・8・14	忠輝（黒印2）	小林藤介とのへ	○	知行充行状	大雲寺文書（『信濃史料20』423頁）
4	（年未詳）10・5	忠輝（花押1）（川中島少将）	（立花左近殿人々御中）	○	書状	立花文書（『福岡県史近世史料編柳川藩初期上』467号）
5	慶長15・4・4	忠輝（花押2）	□本誓寺院［	○	判物写	「丸山史料」所収本誓寺文書
6	15・4・14	（花押2）	本誓寺	○	禁制	本誓寺文書（『信濃史料20』530頁）
7	15・9・23	忠輝（黒印1）	山田将監とのへ	×カ	知行充行状写	諸州古文書23（『信濃史料20』575頁）
8	16・8・28	忠輝（花押2）	御ちやあさま	○	知行目録	花井文書（『信濃史料21』93頁）
9	16・8・28	（黒印3）	花井三九郎殿		知行充行状	花井文書（『信濃史料21』93頁）
10	16・8・28	（黒印3）	松平備後とのへ	○	知行目録	松平（千秋）文書（『史料が語る先人のあゆみ』145頁）
11	16・8・28	（黒印3）	如珀へ	○	知行目録	河村文書（『信濃史料21』96頁）
12	16・8・28	（黒印3）	安西文右衛門とのへ	○	知行目録	東京国立博物館所蔵文書（『信濃史料補遺下』202頁）
13	16・8・28	（黒印3）	篠瀬勘左衛門へ	○	知行目録	お茶の水図書館所蔵文書
14	16・8・28	（黒印3）	山田将監とのへ	○	知行目録写	諸州古文書23（『信濃史料21』94頁）
15	16・8・28	御印	跡部茂右衛門とのへ	○カ	知行目録写	古文書10（『新訂徳川家康文書の研究下之一』671頁）
16	16・8・28	御黒印	西山太郎兵衛ドノヱ	○カ	知行目録写	古文書1
17	19〔16〕・8・28	越後少将様御黒印	赤見七郎右衛門殿	○カ	知行目録写	師岡家略系
18	16・8・28	（黒印3）	香取庄蔵とのへ	○カ	知行目録写	長宮氷川神社所蔵文書（『新修徳川家康文書の研究』434頁）
19	16・8・28	（黒印3）	勝木多左衛門とのへ	○	知行目録写	大泉叢誌72

20	16・8・28	少将黒印	大日方久八との	○カ	知行目録写	君山合偏12
21	18・1・25	忠輝（花押2）	称念寺	○	禁制	称念寺文書（『高田開府と松平忠輝』19頁）
22	18・―・―		妙法寺	○カ	禁制写	諸国高札1
23	（18）2・―	松上総介忠輝判	大久保石見守殿御宿所		書状写	諸家深秘録6（『大日本史料』12編11巻158頁）
24	18・9・15	（黒印）	堀三四郎とのへ	○カ	知行目録	堀文書（『大分県史料8』305頁）
25	19・9・3	（黒印3）	山田将監とのへ	○	知行目録写	諸州古文書23（『信濃史料21』446頁）
26	19・9・3	（黒印3）	岡見甚内とのへ	○	知行目録写	彰考館本古文書（『北区史研究』1号99頁）
27	19・9・3	（朱印3）	神尾才兵衛とのへ	○	知行目録写	新編会津風土記4（刊本1巻61頁）
28	19・9・3	越後少将様御朱印	赤見七郎右衛門殿	○カ	知行充行状写	師岡家略系
29	（20）6・10	忠輝（花押）（越後少将）	（松平陸奥守様回答）	○	書状	天理大学附属図書館所蔵伊達文書（『信濃史料22』210頁）
30	20・9・11	（黒印3）	柴田囚獄助とのへ	○	知行目録	柴田文書（『信濃史料22』252頁）
31	20・9・11	（黒印3）	大窪与左衛門とのへ	○	知行目録写	井伊文書
32	20・9・11	忠輝（黒印3）	弥彦大明神社人中	○	社領寄進状	弥彦神社文書（『大日本史料』12編22巻528頁）
33	20・9・11	忠輝（黒印3）	国上寺	○	寺領寄進状	国上寺文書
34	元和3（元カ）・10・11	忠輝（黒印3）	青木道二老へ	○カ	知行目録	本浄寺所蔵文書（『信濃史料補遺下』256頁）
35	（元）11・21	松平上総介忠輝（花押）	松平陸奥守様御報		書状	天理大学附属図書館所蔵伊達文書（『信濃史料補遺下』259頁）
36	（年未詳）3・3	忠輝（花押2）（越後少将）	（長岡玄蕃允殿御宿所）	○	書状	黒田文書（『信濃史料22』348頁）
37	（　）4・22	越後少将忠輝（花押2）	安藤帯刀殿御宿所	×カ	書状写	藩中古文書9
38	（元和2）6・26	忠輝（花押3）	花井主水とのへ	×	書状	花井文書（『信濃史料22』326頁）
39	（年未詳）5・9	（越後少将）	（つほね申給へ）	×	書状	花井文書（『信濃史料22』349頁）

40	（　）8・22	（黒印3）	花井主水正殿	○	定書	花井文書
41	（　）10・22	越後少将忠輝（花押3）	（安藤帯刀殿御返報）	×	書状	大阪城天守閣所蔵安藤文書（『大阪城天守閣紀要』10号13頁）
42	（　）10・5	上総介忠照（花押4）	諏訪因幡守殿衆中	×	書状	小平睦子氏所蔵諏訪文書（『新潟県史資料編6』191頁）

表2　松平忠輝受給文書目録

No.	年月日	文書名	宛所	形態	出典（刊本）
1	（年未詳）5・8	徳川秀忠書状写	川中島少将殿		「越前史料」所収木戸氏御朱印之写
2	（　）9・7	徳川秀忠書状	河中島少将殿	×	花井文書（『信濃史料22』349頁）
3	（慶長19）10・20	松平（伊達）政宗書状写	越後少将様人々御中		伊達政宗記録事蹟考記24
4	（19）10・22	松平（伊達）政宗書状写	越後少将様		伊達政宗記録事蹟考記24
5	（19）10・23	徳川秀忠御内書写	越後少将とのへ		諸法度1（『大日本史料』12編15巻599頁）
6	（元和2）6・10	増上寺源誉書状写	上総介様御報		増上寺旧記（『大日本史料』12編25巻303頁）
7	（年未詳）5・8	松平（伊達）政宗書状	（少将様まゐる）	○	鴨井秀雄氏所蔵文書（『新潟県史資料編6』190頁）
8	（　）5・13	大僧正天海書状	少将様人々御中		貞松院文書（『諏訪史料叢書10』90頁）
9	（　）12・23	徳川秀忠御内書写	越後少将殿	×カ	静嘉堂文庫本古文書集乾

（注）署判欄・宛所欄における（　）はウワ書記載を示す。形態欄における記号は、○―竪紙、×―折紙を示す。なお、原本未確認のものについては刊本の記載通りとした。

補論三　豊臣・徳川間を生きたキーパーソン

浅野長政

尾張の住人安井弥兵衛重継の子で、天文十六年（一五四七）の生まれ。母は織田氏家臣浅野長詮の娘。のち叔父浅野又右衛門長勝の養子となり、永禄十一年（一五六八）三月、長勝の先妻の娘弥々（長生院）を妻とした。通称弥兵衛尉、初名を長吉といった。長勝の養女（木下道松の娘）が秀吉の正室となったおね（高台院）であり、長吉は秀吉とは義理の相婿という関係にある。そのため、天正元年（一五七三）に秀吉が近江長浜城主となると、その家臣となり、知行百二十石を与えられた。以後、秀吉の年寄として活躍し、同八年に播磨国で知行四千六百石を与えられ、さらに同九年には加増千石をうけている。

そして同十年の清須会議によって秀吉が山城国を領有すると、八月から杉原家次（高台院の母方の伯父）とともに京都奉行を務め、十月に三千石余を加増されて槇島城主となった。さらに同十一年の賤ヶ岳合戦の結果、近江瀬田城主となって知行二万石余を領した。次いで十二月、坂本城主であった杉原家次の発狂により、家次に代わって同城主となったとみられる。同十四年五月頃、官途名弾正少弼に任官したようである。そして同十五年九月、若狭一国八万五千石余に加増転封され、小浜城主となった。この頃、すでに秀吉の年寄筆頭ともいうべき地位にあったといってよく、まさに政権運営の中枢を担ったといえるであろう。

その後、同十八年の小田原合戦においては、一軍の大将を務め、続いて奥州に進んで奥州仕置を担当した。文禄二年（一五九三）十一月二十日に、嫡子左京大夫長継（幸長）とともに甲斐一国二二万五千石を与えられ、甲府城を居城とした。このうち一六万石が長継の知行分であり、長吉の知行分は五万五千石あった。また併せて羽柴大崎侍従伊達政宗・南部信直・宇都宮国綱・那須資晴・那須衆・成田氏長らが与力大名として付属された。なお慶長元年（一五九六）十二月頃に実名を長政と改名している。この甲斐への転封後は、領国大名としての主体は長継に移行していたといっていい。むしろ長政は、朝鮮侵略において渡海し、兵粮搬送や諸城普請などの諸事に従事するなど、依然として奉行衆としての活動が中心となっていた。秀吉の晩年の同三年八月には、羽柴筑前中納言秀秋の越前転封をうけて、筑前一八万六千石余の蔵入地の代官に命じられている。

その直後の秀吉の死後、年寄五人衆（五奉行）筆頭として豊臣氏の家政を担ったが、同四年十月、徳川家康への敵対を理由に隠退させられ、甲斐に蟄居した。やがて家康領内の武蔵八王子に住し、三男長重を人質として江戸へ送った。実態は家康への明確な加担といえ、同五年の関ヶ原合戦後に、嫡子幸長は紀伊一国三七万石を拝領する。長政も同十一年に隠居領常陸笠間五万石を与えられ、同十六年四月七日に死去した。

藤堂高虎

弘治二年（一五五六）生まれで、仮名を与吉といった。近江浅井長政に仕えていたが、元亀三年（一五七二）に退去、阿閉貞征に仕え、天正元年（一五七三）に同家からも退去して磯野員昌に仕えたという。次いで員昌の後継者である織田信澄に仕えたが、そこも退去し、同四年に羽柴秀吉の弟長秀（秀長）に仕え、知行三百石を与えられ、与右衛門尉に改称したという。その後、秀長に従って播磨・但馬攻略に転戦、同九年には知行三千石の加増をうけたという。同十三年の紀伊侵攻、四国侵攻などにおいても、秀長に従って多くの活躍をみせたようである。とりわけ四国侵攻においては、長宗我部氏との講和交渉にあたっており、既に秀長の代表的な年寄に成長していた。同年における秀長の大和・紀伊入封にともない、知行一万石を与えられたという。そして同十五年の九州侵攻後に、受領名佐渡守を与えられたといい、また丹羽長秀の三男仙丸を養子とし、知行一万石を加増されて計二万石を領したという。仙丸は同十年に秀長の養子にされていたが、秀長は甥秀保を改めて養嗣子に迎えたため、年寄である高虎の養子とされることとなったという。一万石の加増も、それにともなうものであったという。仙丸は、元服後は実名を高吉と名乗る。

同十九年に秀長が死去し、秀保がその家督を継承した。高虎は引き続き年寄を務め、翌文禄元年（一五九二）から同三年にかけては、秀保の軍代として朝鮮に出陣した。ところが同年四月、秀保が急死を遂げてしまった。高虎はその死を悼み、出家して高野山に登ったが、翌四年六月、秀吉の要望によって還俗、伊予宇和島領七万石と蔵入地代官六万五千石余を与えられ、板島城を居城とした。ここに高虎は、秀吉に直仕し、大名となったのである。慶長三年（一五九八）六月には、前年以来の朝鮮における戦功により、蔵入地代官分のうち一万石を加増され、計八万石を領した。

同年八月の秀吉の死後、政権把握をめぐる権力抗争が展開していくが、高虎は当初から家康に積極的に加担していた。そのため、家康からも信頼されたようである。同五年の関ヶ原合戦では、大手軍の副将を務めた。そして戦後の仕置により、伊予半国二〇万石を与えられ、後に新たな居城として今治城を新築する。ここに高虎は領国大名となり、有力大名の一員となった。同十二年閏四月頃に、受領名和泉守に改称したようであり、さらに同十三年八月、伊勢・伊賀二二万石に加増転封され、伊勢津城を居城とした。ついに高虎は国持大名となったのである。その後、家康との関係は親密さを増し、丹波篠山城・同亀山城などの普請を手がけ、また種々の取次、交渉を担うなど、外様大名ではあったが、実際は家康の出頭人であったといっていい。以後においても秀忠・家光の信任を厚く得ながら、最終的には従四位下・左近衛権少将にすすみ、寛永七年（一六三〇）十月五日に死去した。

福島正則

福島市兵衛尉正信の長男で、永禄四年（一五六一）の生まれ。母は秀吉の叔母（秀吉の父弥右衛門の妹か）といわれる。幼名を市松といい、幼少より秀吉に仕えたという。初め、知行二百石を与えられたといい、天正十年（一五八二）の山崎合戦の戦功によって三百石の加増をうけ、さらに翌年の賤ヶ岳合戦の戦功によって、改めて五千石を与えられた。いわゆる小姓上がりの家臣のなかでは、筆頭に位置していたといっていい。そして、同十三年七月十六日、秀吉の関白任官にともない、その諸大夫とされて従五位下・左衛門大夫に叙任された。そして同十五年九月、九州仕置にともなって伊予半国一一万三千石を与えられ、国分山城を居城とした。ここに正則は領国大名となったのである。

その後、文禄四年（一五九五）八月、羽柴秀次改易の後をうけて、尾張清須領二〇万石に加増転封された。清須は織田信長縁の地であり、これまで織田信雄、秀次という有力者が居城としてきた格の高い地である。さらに慶長二年（一五九七）七月二十六日に、従五位下・侍従に叙任し、同時に羽柴名字を授与され、以後「羽柴左衛門大夫」「羽柴清須侍従」と称した。羽柴侍従の称号は、有力大名の指標であり、大半は一門・外様の有力者であった。秀吉の譜代出身では、正則の他は青木重吉があるにすぎず、これは正則が譜代筆頭ともいうべき地位、一門・外様の有力者に匹敵する領国大名となったことを意味しよう。

その一方、豊臣政権内においては、石田三成を始めとする出頭人層との対立を強めていき、同三年八月の秀吉の死後は、その対立は決定的となる。同四年には家康との婚約を成立させたようである。その内容は明確ではないが、実子正長の妻に家康の養女満天姫を迎えたものであったか。そして同五年の関ヶ原合戦でも積極的に家康に加担し、東軍大手軍総大将を務めた。最前線清須の城主であるとともに、羽柴氏譜代筆頭の地位によるものであろう。戦後の仕置によって、安芸・備後二国四〇万石（のち四九万石）を与えられた。さらに、同七年三月七日に従四位下・左近衛権少将に叙任、以後「羽柴安芸（広島）少将」と称した。これは合戦後における外様大名の任官としては最初であり、正則がいかに尊重されていたかがわかる。またその間、正則は嫡子としてきた養子「刑部」（刑部大輔正之といわれる）を廃嫡し、実子正長（慶長元年生まれ）を嫡子としたようである。豊臣政権期からの嫡子を廃し、家康との関係を有する実子に交替させたということになる。

そして元和元年（一五一五）の豊臣氏滅亡を機に羽柴名字を廃して福島名字に復した。同三年六月二十一日には正四位下・参議に叙任、以後「福島安芸宰相」と称した。外様大名のなかではほぼ筆頭といっていい。しかし同五年六月、「武家諸法度」違反によって事実上改易、信濃・越後内四万五千石を領し、寛永元年（一六二四）七月十三日に死去した。

池田輝政

織田家宿老池田恒興の二男で、永禄七年（一五六四）生まれ。幼名を古新といった。時期は不明であるが、元服後は実名照政を称した。天正十二年（一五八四）四月の長久手合戦における父恒興・兄元助の戦死によって、秀吉からその家督と所領美濃岐阜領一〇万石の継承を許された。またこの頃から、官途名三左衛門尉を称している。同十五年正月までに、従五位下・侍従に叙任、併せて羽柴名字を授与され、以後「羽柴三左衛門尉」「羽柴岐阜侍従」と称した。羽柴名字と侍従の官職は、豊臣政権における有力大名の指標であった。

同十八年七月、東海の徳川家康が関東へ転封された後をうけて、三河吉田領一五万二千石に加増転封され、以後「羽柴吉田侍従」と称した。また同時に、尾張に入部した羽柴秀次の年寄の一人とされ、秀次に付属された。照政の場合、他の年寄とは異なって、既に羽柴名字を称する有力大名であったから、秀次の家政には参加せず、実態は与力大名といったほうがいい。その後、文禄三年（一五九四）八月に、秀吉の命によって徳川家康の次女督姫（良正院）と婚約、同年十二月に結婚した。もっとも、照政は既に中川清秀の長女糸を妻とし、天正十二年には嫡子照国（利隆）が生まれていた。その後、中川氏は病気療養のためとして実家に帰るが、これは事実上の離縁といえる。しかし照政にとっては、この家康の婿となったことが、その後の展開において決定的な意味を持つのである。

慶長三年（一五九八）の秀吉の死後、家康とその反対派との権力抗争が展開していくが、照政は家康方としての立場を明確にしていく。そして同五年の関ヶ原合戦においては、東軍における搦手軍大将を務めた。これは、「羽柴侍従」を称する豊臣政権の有力大名という立場に加え、家康の娘婿でもあったことによろう。合戦後、直ちに大坂にすすんで福島正則・浅野幸長とともに畿内軍政を担い、また西軍総大将毛利輝元の同城出城、家康方への引き渡しを遂げている。そして戦後の仕置において、西国第一の枢要の地ともいえる播磨一国五二万石を与えられ、同国姫路城を居城とした。さらに同八年二月に督姫所生の五男忠継に備前一国二八万石が与えられ、また従四位下・右近衛権少将に叙任、以後「羽柴播磨少将」と称した。同十二年に実名を輝政と改名している。次いで同十五年二月、督姫所生の六男忠長（忠雄）に淡路一国六万石が与えられた。忠継・忠長ともに幼少であり、これらは輝政への実質的な加増といえる。三ヵ国で八六万石に及び、これは加賀一二〇万石の前田氏に次ぐ。同十七年八月、正四位下・参議に叙任、松平名字を授与され、「松平三左衛門尉」「松平播磨（姫路）宰相」と称した。これは、関ヶ原合戦後、徳川氏一門以外での参議任官としては最初となる。まさに輝政は、知行・官位ともに一門並の待遇を得たといえる。そして同十八年一月二十五日に死去した。

結城秀康

徳川家康の二男で、天正二年（一五七四）に遠江国宇布見村で生まれた。母は永見吉英の娘万（長勝院）。幼名を義伊丸といった。ゆえあって宇布見村の中村源左衛門や、本多重次のもとで育てられたという。同十二年十二月、同年の小牧・長久手合戦の講和策の一環として、羽柴秀吉の養子とされ、大坂に送られた。元服の時期は明確ではないが、同十三年十月六日に従五位下・侍従に叙任しており、その前後のことであろう。実名秀康、受領名三河守を称した。実名は養父秀吉と実父家康の一字ずつの合成であり、受領名は家康からの継承である。さらに同十六年四月の聚楽第行幸にともなって、従四位下・左近衛権少将に叙任したとみられ、以後、「羽柴三河少将」と称した。これらをみると、家康にとっては事実上の長男であり、嫡子的な扱いをうけているようにみえる。しかし、同十八年正月、家康三男長丸が上洛して秀吉に拝謁、元服して、その偏諱を得て秀忠と称している。「忠」字は家康父祖の通字である。さらに秀吉養女（織田信雄の娘）との婚約も成った。ここで、家康の嫡子は秀忠であることが明確とされた。

その影響によるのであろう、秀康は同年七月の関東仕置において、下総結城晴朝の養嗣子とされた。晴朝が秀吉に相続人を求め、それに秀康が選定されたという。また結城氏は、これによって、旧来の支配領域に加えて、下野・常陸において大幅な加増をうけ、その知行高は十万一千石とされ、同時に関東に移封した家康の与力大名とされている。そして八月に晴朝から家督を継承、その養女（江戸重通の次女）を妻とし、以後「羽柴結城少将」と称した。その後、慶長二年（一五九七）九月二十八日に正四位下・参議に叙任したといい、以後「羽柴結城宰相（参議の唐名）」と称した。また同三年迄には実名も晴朝の一字をとって秀朝と改名している（秀吉死後に秀康に再改名）。なおその間、秀忠は天正十八年十二月に正五位下・侍従、同十九年正月に従四位下、同年十一月に正四位下・参議、翌文禄元年（一五九二）九月に従三位・権中納言に相次いで叙任し、家康嫡子としての地位を着実に歩んでいる。特に中納言任官は、当時の大名中では江戸大納言家康、羽柴大和中納言秀保・同丹波中納言秀俊に次ぐものであり、その地位の高さが知られよう。よく嫡子問題が取り上げられるが、すでに豊臣政権期において明確に決着しているのである。

慶長五年の関ヶ原合戦によって徳川政権が成立すると、秀康は家康実子として急速に政治的地位を高めていく。同年十月に越前一国六八万石を拝領、翌年八月に入部し、以後「越前宰相」と称した。その後は同八年三月に従三位、同十年六月に権中納言に叙任、諸大名中の最高位に位置し、以後「越前中納言」と称した。また、伏見城に在城して京都における代理役ともいうべき地位にあったが、同十二年閏四月八日に死去した。享年は三十四歳。

小早川秀詮

羽柴秀吉の妻おね（高台院）の実兄である木下家定の五男で、生年については諸説あるが、天正十年（一五八二）説が最も妥当か。幼名を辰之助といったといい、同十二年に秀吉の養子となったという。元服時期は明確ではないが、同十六年四月の聚楽第行幸以前であることは間違いなく、実名秀俊、官途名左衛門督（唐名は金吾）を称し、また従五位下・侍従に叙任していた。当時、秀吉には実子はなく、養子として丹波少将秀勝と三河少将秀康とこの秀俊があった。聚楽第行幸に際して諸大名から秀吉への服従を誓約した起請文が徴されたが、その宛名が秀俊であったことからすると、最も嫡子に近い存在であったといえるかもしれない。同十八年八月頃に秀勝に代わって丹波亀山領領一七万石を与えられたという。同十九年十月一日に正四位下・参議・右近衛権中将に叙任し、翌文禄元年（一五九二）一月二十九日に従三位・権中納言に叙任して、以後「羽柴丹波中納言」と称した。

同三年十一月に小早川隆景の養嗣子となり、隆景の宗家にあたる毛利輝元の養女（宍戸元秀の娘）を妻とした。同四年九月にその領国筑前に下向して、以後「羽柴筑前中納言」と称し、同年十二月には隆景の隠居によって家督を継承した。筑前を中心に筑後・肥前の一部を合わせて三三万石を領し、名島城を居城とした。慶長二年（一五九七）六月の隆景死去を契機としてか、この頃、実名を秀秋に改名している。しかし、同三年五月、朝鮮在陣中の不首尾を問われて越前北庄一二万石に減知転封とされ、七月頃に入部したようである。以後「羽柴北庄中納言」と称した。ところが同年八月十八日に秀吉が死去したため、その遺命によって、同四年正月には筑前名島領に再封された。しかし、正式の充行状はそれより遅く二月五日付で徳川家康等五大老によって発給されているところからすると、この再封にはやや強引さが感じられる。その実現には家康の尽力があったといわれている。

同五年の関ヶ原合戦では、当初西軍に属したが、合戦最中に東軍に寝返ったことは著名である。その背景にはかねてより高台院の勧めがあったという。戦後、家康からその功を賞され、「武蔵守（秀忠）同前に存じ、疎略有るべからず」と、嫡子秀忠同様に大切に扱うと述べられるとともに、戦後の仕置きによって、十月、宇喜多秀家の旧領のうち備前・美作二ヵ国四〇万石を与えられ、備前岡山城を居城とした。以後「羽柴岡山中納言」と称した。羽柴氏一門大名としては唯一存続を果たしたが、それは偏に合戦の帰趨を決した「裏切り」の功によるといえる。また同六年十二月頃に実名を秀詮に改名している。その直前の時期に、年寄杉原重政の誅殺、年寄稲葉通政らの出奔などの家中騒動が生じている。改名は、この丹波以来の年寄層との権力抗争における勝利にともなうものであったかも知れない。しかし、翌七年十月八日に死去、後嗣がなかったため領国は家康に収公された。

蒲生秀行

陸奥会津九二万石の大名で「羽柴会津宰相」と称された蒲生氏郷の嫡男で、天正十一年（一五八三）の生まれ。母は織田信長の三女冬姫。幼名を鶴千世といった。蒲生氏は、旧織田氏系大名のなかでの出世頭ともいうべき存在であり、加賀前田氏に次ぐ存在であったといっていい。文禄四年（一五九五）二月七日に氏郷が死去した。鶴千世はわずか十三歳であったが、秀吉・秀次により直ちに家督と所領の継承を認められ、併せて徳川家康の三女振姫との婚約が成立された。同時に羽柴名字も授与されたとみられる。その後、元服して仮名藤三郎、実名秀隆と名乗り、さらに翌慶長元年（一五九六）頃に従五位下・侍従に叙任し、年末には振姫と結婚したようである。しかし、同三年正月、重臣蒲生四郎兵衛尉郷安との不和によって家中騒動を引き起こしたことにより、下野宇都宮領一八万石に減知転封されることとなった。これにより以後「羽柴宇都宮侍従」と称した。

同五年の関ヶ原合戦では、家康の娘婿という立場から、家康に積極的に加担したことはいうまでもなく、本拠宇都宮城に在陣し、義兄結城秀康とともに、上杉・佐竹勢への押さえの役目を果たした。そして戦後の仕置によって、その功績を評価され、旧領の会津領六〇万石に加増転封され、一躍、有力大名の一員に位置した。以後「羽柴会津侍従」

と称し、また翌六年十月頃には実名を秀行と改名している。その後、正確な時期は不明だが、同八年八月以降のある時期から受領名飛騨守を称し、さらに同十二年四月に、徳川秀忠から松平名字を授与され、以後「松平飛騨守」と称した。ただ家中統制には問題があったようで、出頭人岡重政を重用したため、ついに同十四年三月、氏郷以来の重臣蒲生郷成らが離散するという事件が生じている。そして同十七年五月十四日に、秀行は病死した。享年三十歳であった。

家督は、十歳の嫡子忠郷への継承が認められた。忠郷は、幼名を亀千代といい、すでに慶長十三年に六歳で元服し、受領名下野守を称していた。詳しいことは不明だが、これは秀忠のもとで行われたものと推測され、おそらくこの時、松平名字と偏諱を与えられ、実名忠郷を名乗ったと推測される。次いで翌十四年五月には、母振姫に連れられ、姉（のち秀忠養女となって加藤忠広妻）・弟鶴松（忠知）とともに、駿府に赴いて家康に拝謁している。こうした幼年における処遇は、池田輝政・督姫の子忠継・忠長らと忠郷兄弟にのみみられたもので、それは家康の外孫、秀忠の外甥であることによっている。この後、彼らは正月挨拶においても、秀忠の子弟と同席しているのであり、まさに将軍家の家族として処遇をうけるのである。その後、忠郷は徳川氏一門並に正四位下・参議まで叙任されるが、寛永四年（一六二七）一月四日に死去、後嗣がないため会津蒲生氏は絶家となる。

【付録一】天正～慶長期大名公家成一覧

天正13・10・6	羽柴秀長	参議・中将	兼見卿記
天正13・10・6	羽柴秀次	少将	兼見卿記
天正13・10・6	宇喜多秀家	侍従	兼見卿記
天正13・10・6	結城秀康	侍従	兼見卿記
天正13・10・6	丹羽長重	侍従	兼見卿記
天正13・10・6	長岡忠興	侍従	兼見卿記
天正13・10・6	織田信秀	侍従	兼見卿記
天正13・10・6	津川義康	侍従	兼見卿記
天正13・10・6	毛利秀頼	侍従	兼見卿記
天正13・10・6	蜂屋頼隆	侍従	兼見卿記
天正13・10・6	稲葉典通	侍従	○稲葉文書
天正14・1・14	堀秀政	侍従	兼見卿記
天正14・1・14	長谷川秀一	侍従	兼見卿記
天正14・1・18	前田秀以	侍従	兼見卿記
天正14・1・19	佐々成政	侍従	御湯殿上日記
天正14・1・20	筒井定次	侍従	御湯殿上日記
天正14・2・13	織田信秀	従四位下か	御湯殿上日記
天正14・3・22	前田利家	少将	御湯殿上日記
天正14・3・22	織田信兼	少将	御湯殿上日記
天正14・4・9	長谷川秀一	従四位下か	御湯殿上日記
天正14・5以前	羽柴秀次	中将	芦浦観音寺文書
天正14・6・22	上杉景勝	従四位下・少将	兼見卿記
天正14・6・22	前田利勝（利長）	従五位下・侍従	御湯殿上日記
天正14・6・22	蜂屋頼隆	従四位下か	御湯殿上日記
天正14・10・4	徳川家康	中納言	○日光東照宮文書
天正14・10・20以前	池田照政	侍従	一柳文書
天正14・11・5	徳川家康	正三位	○日光東照宮文書
天正14・11・5	羽柴秀長	中納言	兼見卿記
天正14・11・7以前	羽柴秀次	参議	兼見卿記
天正15・1・1以前	羽柴秀勝	少将	旧記雑録後編
天正15・1・1以前	宇喜多秀家	少将	旧記雑録後編
天正15・1・1以前	蒲生氏郷	侍従	旧記雑録後編
天正15・2・6	森忠政	従五位下・侍従	○森家先代実録
天正15・7・26	前田利勝（利長）	従四位下か	御湯殿上日記
天正15・7・26	蜂屋賢入	従五位下・侍従か	御湯殿上日記
天正15・7・26	毛利秀頼	従四位下か	御湯殿上日記
天正15・7・26	森忠政	従四位下か	御湯殿上日記
天正15・8・8	徳川家康	従二位・大納言	○日光東照宮文書
天正15・8・8	羽柴秀長	大納言	兼見卿記
天正15・11・15以前	羽柴秀次	中納言	兼見卿記
天正15・11・22	宇喜多秀家	正四位下・参議	上杉家文書
天正15・12・28	徳川家康	左近衛大将	○日光東照宮文書

天正16・1・6	稲葉貞通	従五位下・侍従	○稲葉文書
天正16・3・7	大友義統（吉統）	従五位下・侍従	○大友文書
天正16・4・6	京極高次	従五位下・侍従	御湯殿上日記
天正16・4・8	宇喜多秀家	従三位	上杉家文書
天正16・4・10	長宗我部元親	従五位下・侍従	御湯殿上日記
天正16・4・13以前	木下勝俊	侍従	言経卿記
天正16・4・14以前	宇喜多秀家	中将	立花文書
天正16・4・14以前	結城秀康	少将	立花文書
天正16・4・14以前	織田長益	侍従	立花文書
天正16・4・14以前	織田秀信	侍従	立花文書
天正16・4・14以前	羽柴秀俊（秀秋）	侍従	立花文書
天正16・4・14以前	羽柴秀保	侍従	立花文書
天正16・4・14以前	施薬院秀隆	侍従	立花文書
天正16・4・14以前	某（大津侍従）	侍従	立花文書
天正16・4・14以前	井伊直政	侍従	立花文書
天正16・5・23	上杉景勝	正四位下・参議	上杉家文書
天正16・5・26	上杉景勝	三位	御湯殿上日記
天正16・6・15	島津義弘	従五位下・侍従	○島津家文書
天正16・7・5	立花統虎（親成）	従五位下・侍従	○立花文書
天正16・7・6	龍造寺政家	従五位下・侍従	○龍造寺文書
天正16・7・25	毛利輝元	従四位下・侍従	○毛利家文書

天正16・7・25	小早川隆景	従五位下・侍従	○小早川家文書
天正16・7・25	吉川広家	従四位下	○吉川家文書
天正16・7・26	島津義弘	従四位下	御湯殿上日記
天正16・7・27	毛利輝元	正四位下・参議	上杉家文書
天正16・7・27	吉川広家	従五位下・侍従	○吉川家文書
天正16・7・28	立花統虎（親成）	従四位下	○立花文書
天正16・7・28	龍造寺政家	従四位下	○龍造寺文書
天正16・8・2	小早川隆景	従四位下	○小早川家文書
天正16・8・2	吉川広家	従四位下	○毛利家文書
天正16・8・15以前	長岡忠興	少将	吉川家文書
天正16・8・15以前	蜂屋頼隆	少将	吉川家文書
天正16・12・9以前	上杉景勝	中将	上杉家文書
天正17・5・19	大友義述	従五位下・侍従	○大友文書
天正17・7・13	小早川秀包	従五位下・侍従	○毛利博物館所蔵文書
天正17・11以前	織田信兼	中将	伊達家文書
天正17・11以前	蒲生氏郷	少将	伊達家文書
天正17・12・5以前	前田利家	中将	伊達家文書
天正18・1・21	前田利家	正四位下・参議	○資勝卿符案並御教書天正18・4・2では「加賀中将」
天正18・11・1	宗義智（吉智）	従五位下・侍従	御湯殿上日記
天正18・11・6	堀秀治	従五位下・侍従	○延岡堀文書

天正18・12・29	徳川秀忠	従五位下・侍従	○菊亭文書
天正19・1・2	佐竹義宣	従五位下・侍従	御湯殿上日記
天正19・1・8	最上義光	従五位下・侍従	○経遠口宣案
天正19・1・12	堀秀治	従四位下	○延岡堀文書
天正19・1・26	徳川秀忠	従四位下	毛利文庫文書
天正19・閏1・10	最上義光	従四位下	晴豊公記
天正19・2・12	伊達政宗	従五位下・侍従	晴豊公記
天正19・3・1	里見義康	従五位下・侍従	晴豊公記
天正19・9・21	羽柴秀保	正四位下・参議	上杉家文書
天正19・10・1	羽柴秀俊	正四位下・参議	上杉家文書
天正19・11・18	徳川秀忠	参議・中将	勧修寺晴豊日記
天正19・11・28	羽柴秀次	大納言	○木下文書
天正19・12・4	羽柴秀次	正二位・内大臣	○木下文書
天正19・12・28	羽柴秀次	関白	○木下文書
文禄元・1・29以前	羽柴秀保	中将	資勝卿符案並御教書
文禄元・1・29以前	羽柴秀俊	中将	久我家文書
文禄元・1・29	羽柴秀保	従三位・中納言	○資勝卿符案並御教書
文禄元・1・29	羽柴秀俊	従三位・中納言	○久我家文書
文禄元・1・29	羽柴秀勝	参議	○経遠口宣案
文禄元・8・23	毛利秀元	従五位上・侍従	○資勝卿符案並御教書
文禄元・9・9	徳川秀忠	従三位・中納言	○勧修寺家文書
文禄2・1・10	織田秀信	従三位・中将	毛利文庫文書
文禄2・9・24	織田秀信	中納言	毛利文庫文書。文禄2・5・20には見える
文禄2・閏9・30	前田利長	少将	駒井日記
文禄2・閏9・30	前田利政	従五位下・侍従	○資勝卿符案並御教書
文禄2・閏9・30	伊達政宗	従四位下	駒井日記
文禄3・1・5	前田利家	従三位	上杉家文書
文禄3・1・5	毛利輝元	従三位	上杉家文書
文禄3・1・5	上杉景勝	従三位	上杉家文書
文禄3・1・25	京極生双（高知）	従五位下・侍従	○経遠口宣案
文禄3・1以前	長谷川秀康	侍従	中山家記
文禄3・4・7	前田利家	中納言	駒井日記
文禄3・4・7	前田利政	従四位下	駒井日記
文禄3・4・7	佐竹義宣	従四位下	○経遠口宣案
文禄3・4・7	里見義康	従四位下	駒井日記
文禄3・10・22	宇喜多秀家	中納言	○久我家文書
文禄3・10・28以前	蒲生氏郷	参議	本庄文書
文禄3・10・28以前	織田秀雄（大溝侍従）	侍従	本庄文書
文禄3・10・28	上杉景勝	中納言	上杉家文書
文禄4・1・6	毛利輝元	中納言	○毛利家文書
文禄4・1・6	毛利秀元	参議	御湯殿上日記
文禄4・1・15以前	小早川隆景	正四位下・参議	島津家文書
文禄4・3・23	宇都宮国綱	侍従	御湯殿上日記

文禄4・7・20以前	織田秀雄	参議	木下文書
文禄4・8・6	小早川隆景	従三位・中納言	○小早川家文書。実際は慶長元・2・2
慶長元・3・2	某　秀弘	従五位下・侍従	○久我家文書
慶長元・4か	伊達秀宗	従五位下・侍従	貞山公治家記録
慶長元・5・8	徳川家康	正二位・内大臣	○日光東照宮文書
慶長元・5・8	前田利家	大納言	言経卿記
慶長元・7・17以前	京極高次	少将	徳源院文書
慶長2・6・15以前	京極高次	参議	甲斐善光寺文書
慶長2・7・21	青木重吉	従五位下・侍従	○久我家文書
慶長2・7・26	福島正則	従五位下・侍従	○柳原家記録
慶長2・9・22以前	長宗我部盛親	侍従	鍋島家文書
慶長2・9・26以前	伊達政宗	少将	政宗君治家記録引証記
慶長2・9・27	宇喜多秀隆	侍従	○久我家文書
慶長2・9・27	木下ヵ秀勝	従五位下・侍従	○経遠口宣案
慶長2・9・28	羽柴秀頼	従四位下・少将	言経卿記
慶長2・9・28	宇喜多秀隆	従四位下	○久我家文書
慶長2・9・28以前	結城秀康	中将	古典籍下見展観大入札会目録
慶長2・9・28か	結城秀康	参議	公卿補任
慶長2・9・28か	前田利長	参議	公卿補任
慶長2・9・29	羽柴秀頼	中将	義演准后日記
慶長3・1・10以前	蒲生秀隆（秀行）	侍従	伏見普請役之帳

慶長3・4・15	丹羽長重	参議	○久我家文書
慶長3・4・18	羽柴秀頼	中納言	御湯殿上日記
慶長3・4・20	木下勝俊	少将	御湯殿上日記
慶長3・4・20	木下勝俊子	従五位下・侍従	御湯殿上日記
慶長3・5	長岡忠隆	侍従	綿考輯録
慶長3・7・15以前	長岡忠興	参議	古屋幸太郎氏所蔵文書
慶長3・7・15以前	織田信重	侍従	太閤記
慶長4・1・9以前	島津忠恒（家久）	少将	島津家文書
慶長4・1・11	島津忠恒（家久）	従五位下・侍従	○経遠口宣案
慶長4・4・1以前	島津義弘	参議	島津家文書
慶長4・10・11	毛利秀就	従五位下・侍従	○阿川毛利文書
慶長4・12・8	毛利秀就	従四位下	○阿川毛利文書
慶長5・7・7以前	前田利長	中納言	記録御用所本古文書
慶長5・11・18	松平忠吉	従四位下・侍従	御湯殿上日記
慶長6・3・27	羽柴秀頼	大納言	御湯殿上日記
慶長6・3・28	徳川秀忠	大納言	○秀忠公任官位記宣旨宣命下書留
慶長7・1・6	徳川家康	従一位	○日光東照宮文書
慶長7・3・7	福島正則	少将	○柳原家記録
慶長7・4・11	某　秀弘	従四位下	○経遠口宣案
慶長8・2・12	徳川家康	右大臣・将軍	○日光東照宮文書
慶長8・2・12	池田照政（輝政）	従四位下・少将	池田家譜

慶長8・3・26	松平秀康	三位	御湯殿上日記
慶長8・4・22	羽柴秀頼	内大臣	○柳原家記録
慶長10・4・8	池田照直(利隆)	従五位下・侍従カ	時慶卿記
慶長10・4・8	前田利光(利常)	従五位下・侍従	○柳原家記録
慶長10・4・8	細川忠利	従五位下・侍従	○綿考輯録
慶長10・4・9	最上家親	従五位下・侍従	言経卿記
慶長10・4・11	松平忠輝	従四位下・少将	時慶卿記
慶長10・4・12	羽柴秀頼	正二位・内大臣	言経卿記
慶長10・4・16	徳川秀忠	正二位・内大臣・将軍	○壬生家四巻之日記
慶長10・4・21	池田照直(利隆)	従四位下	○柳原家記録
慶長10・4・22	細川忠利	従四位下	○綿考輯録
慶長10・6・10以前	松平秀康	中納言	越癸文庫文書
慶長10	松平忠直	侍従	官位之留
慶長11・3・3	松平忠直	従四位下・少将	○越前松平文書
慶長11・3・3	京極忠高	従五位下・侍従	○丸亀市立資料館所蔵文書
慶長11・5・7	京極忠高	従四位下	○丸亀市立資料館所蔵文書
慶長11・8・11	徳川義知(義直)	従四位下・少将	当代記・慶長見聞録案紙
慶長11・8・11	徳川頼将(頼宣)	従四位下・少将	当代記・慶長見聞録案紙

慶長11・11・11	堀忠俊	従五位下・侍従	慶長見聞録案紙
慶長11・12・2	里見忠義	従五位下・侍従	続武家補任
慶長14・5・13	池田忠継	侍従	御湯殿上日記
慶長14・5・16	池田忠継	従四位下	御湯殿上日記
慶長16・3・20	徳川義利(義直)	正四位下・参議・中将	敬公実録
慶長16・3・20	徳川頼将(頼宣)	正四位下・参議・中将	慶長見聞録案紙
慶長16・3・20	松平頼房	従四位下・少将	慶長見聞録案紙
慶長16・3・23	最上義光	従四位下・少将	寛政重修諸家譜
慶長17・8・23	池田輝政	正四位下・参議	池田家譜
慶長19・3・9	徳川秀忠	従一位・右大臣	○秀忠公任官位記宣旨宣命下書留
慶長19・9・23	前田利光(利常)	従四位下・少将	加賀藩歴譜
慶長20・1・11	松平忠昌	従五位下・侍従	○越前松平文書
慶長20・1・17	松平忠昌	従四位下	○越前松平文書
慶長20・閏6・19	松平忠直	正四位下・参議	国事叢記
慶長20・閏6・19	前田利光(利常)	正四位下・参議	駿府記
慶長20・閏6・19	伊達政宗	正四位下・参議	○伊達家文書
慶長20・閏6・19	井伊直孝	従四位下・侍従	○井伊家文書

※○は口宣案等の伝存を示す。

補論　「大溝侍従」織田秀雄

近時、刊行した『羽柴を名乗った人々〈角川選書〉』（KADOKAWA、二〇一六年）では、羽柴名字を称した人々を網羅したが、公家成大名のなかで人名比定をできなかったものが二人おり、そのなかの一人が「大溝侍従」であった。ところが、同書校了後になって、その比定人物が明らかになった。本書の付録一の初校段階でも「某」としていたのだが、再校の機会に、そのことについて述べておくことにしたい。

「大溝侍従」の所見は、文禄三年（一五九四）十月二十八日に羽柴秀吉が上杉景勝邸に御成した際に、供奉した大名の一人としてみえている（「本庄文書」『上越市史別編2』三六二九号）。そこでは、長谷川秀康（羽柴東郷侍従）に次いで末尾から二番目、堀秀治（羽柴北庄侍従）の次にあることから、堀秀治の任侍従（天正十八年〈一五九〇〉）と長谷川秀康の任侍従（文禄三年正月以前）の間に、侍従に任官した存在と推定するにとどまっていた。

ところがその後、もう一点、所見史料を確認することができた。それが、翌文禄四年三月二十八日の秀吉による徳川家康邸への御成の記録「式御成之次第」である（『金鯱叢書』四一輯四九〜五六頁）。そこには秀吉に供奉した大名の一人として、宇都宮国綱（羽柴宇都宮侍従）に次いで末尾から二番目、堀秀治の次に、

　サン法師殿

　同（羽柴）大溝侍従殿

とみえている。これにより、彼が明確に羽柴名字を称していたことも確認される。しかし、何より注目されるのは、

右肩の注記であり、これによりその人物が特定されることになる。「サン法師」はすなわち「三法師」であり、これは織田信雄（当時は法名常真）の嫡子秀雄の幼名であったから、「大溝侍従」は織田秀雄であったことが判明するのである。ちなみに、「三法師」は幼名であったが、侍従任官後にも同名を称していたとみられることからすると、元服後も仮名として称していたことが推測される。

織田秀雄は、天正十一年生まれというから、初見の文禄三年には十二歳、幼名「三法師」でみえるこの文禄四年には十三歳であった。父常真が秀吉に帰参するのは文禄元年のことであったから、秀雄は幼名三法師の段階で、織田宗家の家督に位置付けられたこと、それにともなって幼少ながら元服し、侍従に任じられて公家成大名とされ、近江国大溝領を与えられて「大溝侍従」を名乗ったことがうかがわれる。侍従任官、大溝領拝領の時期までは特定できないものの、常真が政治的復権を果たした文禄元年から、「大溝侍従」の初見である同三年十月までの間のことであることは間違いない。さらに、秀雄の侍従任官は、「本庄文書」での記載位置から、文禄三年正月には侍従に任官していた長谷川秀康よりも先任と推測されるから、遅くても同年正月以前までさかのぼるものであったことが推測される。

なお、秀雄はその後、文禄四年七月には越前国大野領に転封され、参議（宰相）に任官されて「羽柴大野宰相」を称するようになっている（「大阪城天守閣所蔵文書」『ねねと木下家文書』一五三頁）。これまで秀雄については、この大野領領有からしか動向がわかっていなかったが、「大溝侍従」が秀雄であったことが判明したことで、秀雄は最初に近江国大溝領を領し、その後に大野領に転封されたことが明らかになった。

【付録二】小早川秀秋文書集

1　織田信雄等六名連署起請文写（聚楽第行幸記）

敬白　起請

一、就今度聚楽第　行幸、被仰出之趣、誠以難有催感涙事、

一、　禁裏御料所地子以下并公家・門跡衆所々知行等、若無道之族於有之者、為各堅加意見、当分之儀不及申、子々孫々無異儀之様可申置事、

一、関白殿《（羽柴秀吉）》被仰聴之趣、於何篇聊不可申違背事、

右条々、若雖為一事於令違背者、

梵天・帝釈・四大天王、惣日本国中六十余州大小神祇、殊王城鎮守、別氏神・春日大明神・八幡大菩薩・天満大自在天神、部類眷属、神罰冥罰、各可罷蒙者也、仍起請如件、

天正十六年四月十五日

右近衛権少将　豊臣《（前田）》利家

参議左近衛中将豊臣《（宇喜多）》秀家

権中納言　豊臣《（羽柴）》秀次

権大納言　豊臣《（羽柴）》秀長

大納言　源《（徳川）》家—《（康）》

内大臣　平《（織田）》信雄

金吾殿

＊『群書類従　第三輯』

2　織田信兼等二十三名連署起請文写（聚楽第行幸記）

「同時別紙誓詞有之、文言日付同前」

土佐侍従秦《（長宗我部）》元親

（二十一名略）

津侍従《（少将）》平《（織田）》信兼

「宛所同前」

＊『群書類従　第三輯』

3　後陽成天皇口宣案（久我文書）

天正廿年正月廿九日　宣旨

参議右近衛権中将豊臣朝臣秀俊
宜任権中納言
蔵人左少弁藤原（勧修寺）光豊奉

＊『久我家文書　第三巻』

4　羽柴秀吉朱印知行目録（田住孝氏所蔵文書）

知行方目録之事

一、弐千六十八石弐斗一升　丹波国桑田郡　ほつむら
一、千四百七十八石九斗二升　同　あまるへむら
一、三百九十五石七斗九升　同　よした村
一、九百五十石弐斗　同　山内村
一、八十七石三斗九升　同　せんかはた
一、三百五十八石三斗四升　同　平松村
一、五百六十五石四斗九升　同　国分
一、弐百八十弐石九斗六升　同　ひしやもん
一、百拾九石七斗弐升　同　いてむら
一、百七拾六石弐斗　同　ゐしま村
一、弐百卅九石三斗一升　同　東かやむら
一、四百廿七石三斗八升　同　にしかやむら
一、百五十石八斗三升　同　かいわむら
同

一、百九十六石七斗一升　高野林村

一、七百五十四石九斗四升　同　河上村

一、九十弐石三斗弐升　同　小泉村

一、七百壱石七斗弐升　同　犬甘村

一、三百五十石五斗　同　神吉村

一、六百石　同　河原尻村内

合壱万石

右令扶助訖、全可領知者也、

天正廿年三月廿日（朱印）

丹波中納言殿

5　羽柴秀吉朱印書状（『思文閣古書資料目録』収録文書）

（切紙、元折紙ヵ）

（上書）
「丹波中納言殿」

為端午之祝儀、帷子十遠路到来、悦思食候、昨日至名島被成御着座候、仍高麗儀、小西摂津守（行長）・対馬守（宗吉智）去十三日ニ釜山浦城、十四日ニ北之ねき城責破、悉討果候、以其響城十一ヶ所明退候、早速平均可被仰付候、猶期後音候也、

（文禄元年）卯月廿二日（朱印）

6　羽柴秀吉朱印覚書（大阪城天守閣所蔵文書）

覚

一、学問に心かけらるへき事、

一、鷹野むようたるへき事、

一、きやう水つほねかたにてすへき事、

一、はくろ二日ニ一とつ、つけらるへき事、

一、五日に一度つめとるへき事、
付、近所ニ召遣候者共、身持きれいニ可申付事、
一、小袖うつくしき物をゑもんた丶敷きらるへき事、
一、諸事山口(宗永)意見ニつくへき事、
右条々、あひそむくに付てハ、御中をたかはるへき条、
よく〳〵分別しかるへく候也、
天正廿年十月二日（朱印）
丹波中納言殿

7　羽柴秀俊知行充行状写（紀伊国古文書十五）

丹州氷上郡下村参百拾壱石・三方村之内拾五石、都合参
百五拾石、令扶助訖、全可領知者也、
天正廿年
十一月十七日　秀俊（花押1A）
栗田喜左衛門とのへ

8　徳川家康等二十名連署起請文（東京国立博物館所蔵文書）

（本文略）
文禄弐年五月廿日
江戸大納言(徳川家康)（花押）
大和中納言(羽柴秀保)（花押1B）
丹波中納言（花押）
岐阜中納言(織田秀信)（花押）
（十五名略）
伊賀侍従(筒井定次)（花押）

＊全文は『戦国遺文　房総編』四巻

9　羽柴秀俊知行充行状（『思文閣古書資料目録』一四五号）（折紙ヵ）

丹州多喜郡ふきこささあかけ内百六拾石之事、令扶助訖、
全可領知者也、

文禄三

四月二日　秀俊（花押2A）

村田平左衛門尉とのへ

10　羽柴秀俊知行充行状写（新編会津風土記四）（折紙ヵ）

丹州多喜郡ふきこさあかけ内百六拾石之事、令扶助訖、
全可領知者也、

文禄三

四月二日　秀俊（花押2A）

太田九左衛門尉とのへ

11　羽柴秀俊知行充行状（山本泉氏所蔵文書）（折紙）

丹州舟井郡横田村内弐百弐石三斗、為加増遣之、本知
百五拾石者、都合三百五拾弐石三斗、令扶助訖、全可
領知者也、

文禄三

卯月廿六日　秀俊（花押2B）

（後欠）

12　伏見大光明寺建立勧進書立（相国寺文書）

伏見ニだい長老寺被作勧進

次第不同

（合点）一、百石　（合点）江戸大納言殿（徳川家康）（花押）

（九名略）

（合点）一、五拾石　（合点）中村式部大夫殿（一氏）（花押）

（合点）一、三拾石　（合点）丹波中納言殿（花押2C）

（合点）一、参拾石　（合点）岐阜中納言殿（織田秀信）（花押）

（七十九名略）

（本文略）

文禄三

八月廿一日　山中山城守（長俊）（花押）

有間刑部卿法印（則頼）（花押）

有楽斎《織田長益》（花押）

＊全文は『新修徳川家康文書の研究』第二輯

13　織田信雄等三十名連署起請文（木下文書）

敬白天罰霊社上巻起請文前言事
（本文五ヶ条略）
文禄四年七月廿日
敬白天罰霊社上巻起請文之事
（本文略）
文禄四乙未七月廿日　羽柴東郷侍従《長谷川秀康》（血判花押）
（二十三名略）
羽柴岐阜中納言《織田秀信》（血判花押）
羽柴越後中納言《上杉景勝》（血判花押）
羽柴江戸中納言《徳川秀忠》（血判花押）
羽柴筑前中納言（血判花押3）
羽柴大野宰相《織田秀雄》（血判花押）
常真《織田信雄》（血判花押）

宮部《継潤》中務法印
民部卿《前田玄以》法印
富田《一白》左近将監殿
増田《長盛》右衛門尉殿
石田《三成》治部少輔殿
長束《正家》大蔵大輔殿

＊全文は『ねねと木下家文書』

14　羽柴秀吉朱印書状（木倉豊信氏所蔵文書）（折紙）

於筑前国・筑後国中、鶴・白鳥・鷹・鴨其外諸鳥、如去年以鉄炮討之、又者猟師等申付、鳥共可進上之候、他所如此被仰付候者、御鷹場ニ被留置候所へ、諸鳥可到来候間、人精可申付候、尚山中山城守《長俊》可申候也、
九月十六日《文禄四年》（朱印）
筑前中納言とのへ

15　小早川秀俊蔵入目録写（紀伊国古文書十五）

筑前中納言蔵入目録

筑前国那珂郡

一、四百弐石五斗四升　よこて村

同岩戸之内

一、参百八拾五石三斗一升　同　かち所村

一、五百九石五斗八升　同　南畑村

一、千七百石三斗五升　同　下村

同なかの郡

一、六百九拾弐石九斗六升　牛時構村

一、九百拾壱石五斗弐升　同　高宮村

一、七百六拾五石三斗八升　同　塩原村

合五千三百六拾七石六斗四升

右令執沙汰、可運上候也、

文禄四年十二月朔日　秀俊（花押4A）

栗本喜左衛門尉とのへ

16　小早川秀俊知行充行状写（麻生文書）

知行方目録

筑後国三井郡

一、六百六拾石弐斗四升　太良原村

一、七百七拾壱石壱斗八升　同　そめむら

一、八百八拾四石三斗五升　同　いなかす村

一、千弐百拾九石九斗弐升　同　くしら村

一、三百八拾九石六斗三升　同　下ゆけ村

同　生葉郡
一、弐百九拾三石五斗三升　東山村
同
一、三百三十八石壱升　星野山村
同
一、百六拾弐石九升　屋形村
同
一、七拾七石九斗四升　いと丸村
太閤秀吉公
御朱印　合四千六百石（秀吉花押）
右、今度以検地上改之、令扶助訖、全可領知也、
文禄四年十二月朔日
麻生甚吉とのへ

＊『久留米市史』7

17　小早川秀俊知行目録（村上文書）

知行方目録
筑後国三井郡
一、百九拾三石壱斗弐升　にし原村
同
一、八拾壱石　こか村
同
一、七百五拾四石七升　もり村
草場村
筑後国三原郡
一、千四百四拾九石九斗八升　みつさわ村
同
一、三百三拾弐石六斗六升　卯ノ木村
同
一、弐百八拾七石八斗壱升　ひかた村之内
（秀吉朱印）
合三千百石
右、今度以検地之上改之、令扶助畢、全可領知候也、
文禄四年十二月朔日　秀俊（花押4A）
村上三郎（景親）兵衛尉とのへ

18　小早川秀俊蔵入目録（村上文書）

中納言蔵入目録

筑前那珂郡

一、五百七拾石弐斗　鹿島村内

同

一、弐千弐百八拾七石　住吉村

（秀吉朱印）

合弐千八百五拾七石

右、令執沙汰、可運上候也、

文禄四年十二月朔日　秀俊（花押4A）

村上三郎（景親）兵衛尉とのへ

19　小早川秀俊知行目録（清水文書）

知行方目録

筑後国三井郡

一、九百五拾弐石五升　あし岐村

同三原郡

一、七百六石八斗四升　たかはし村

同郡

一、五百七拾石三斗弐升　大保村

同郡

一、三百石　古飯村内

同郡

一、七拾三石三斗七升　吹上村之内

（秀吉朱印）

合弐千六百石

右、今度以検地之上、令扶助訖、全可領知候也、

文禄四年十二月朔日　秀俊（花押4A）

清水五郎（景治）左衛門尉殿

20　小早川秀俊知行目録写（藩中古文書八）

知行方目録

筑前国三井郡

一、四百拾六石三斗　　市上村
一、四百四拾八石六斗六升　　同　八町島村
筑後国三原郡
一、千七百三拾石　　東村之内
「朱印同前」合弐千六百石
右、今度以検地之上、令扶助訖、全可領知候也、
文禄四年十二月朔日　秀俊判「同前」
村上助右衛門尉殿

21 小早川秀俊蔵入目録写（藩中古文書八）

中納言蔵入目録
筑前糟屋郡
一、七百七拾壱石九斗三升　　三代村
同
一、六百拾四石八斗六升　　上府村
同

一、参百弐拾壱石七斗八升　　しはる村
同
一、四百五拾参石五斗五升　　庄村
同
一、七百九拾石参斗三升　　三箱村
同
一、弐拾四石弐斗　　相島
（秀吉朱印）
合弐千九百七拾六石六斗
右、令執沙汰、可運上候也、
文禄四年十二月朔日　秀俊（花押4A）
村上助右衛門尉殿

22 小早川秀俊知行目録（福岡市博物館所蔵星野文書）

知行方目録
筑後国［　　］
一、八百三拾壱石五斗九升　ゐと村　よし竹村

下［　］新田村
同
一、六百弐拾七石七斗五升　泉和村
筑後国御原郡
一、百四拾壱石五斗　さかい村之内
同
一、四百石　大さき村之内
筑後国三井郡
一、百石　ひた村之内
合弐千百石
（秀吉朱印）
右、今度以検地之上、令扶助訖、全可領知候也、
文禄四年十二月朔日　秀俊（花押4A）
星野（実信）九左衛門尉殿

23 小早川秀俊知行目録（草刈文書）

知行方目録
筑後国三井郡
一、参百五拾弐石八斗八升　守部村
同
一、弐百九拾六石三斗壱升　石さき村
筑後国三原郡
一、弐百六拾九石三斗八升　小さかい村
同
一、弐百七拾六石四斗八升　東福とう村
同
一、四百弐拾五石九斗六升　りきたけ村
同
一、弐百石　甲条村
合弐千石
（秀吉朱印）
右、今度以検地之上、令扶助訖、全可領知候也、
文禄四年十二月朔日　秀俊（花押4A）
草苅（重継）太郎左衛門尉殿

24 小早川秀俊知行目録写（萩藩閥閲録百十二）

知行方目録

筑後国三井郡
一、弐百三拾六石九斗六升　とす村
同
一、弐百四拾弐石八斗八升　あかかわ村
筑後国生葉郡
一、五百拾七石三斗八升　みそ尻村之内
同
一、三百七拾壱石四升　うらかわ村
同
一、四百五拾七石壱斗壱升　延寿寺村
同
一、七拾壱石六升　すゑなか村
合千九百石
秀吉公ノ御朱印

右、今度以検地之上、令扶助訖、全可領知候也、

文禄四年十二月朔日　秀俊ノ判
杉助右衛門尉(元式)とのへ

＊刊本三巻

25 小早川秀俊知行目録（問註所文書）

知行方目録

筑後国三井郡
一、五百八拾石壱斗四升　高良村
同
一、五百弐石五斗　にわう丸村
　塚島村
筑後国三原郡
一、百石四斗壱升　甲条村之内
同
一、三百八拾四石九升　よこしま村

同

一、弐拾九石六斗八升　　下たかはし村之内

（秀吉朱印）

合千六百石

右、今度以検地之上、令扶助訖、全可領知候也、

文禄四年十二月朔日　秀俊（花押4A）

問注所小兵衛尉殿

*『福岡県史』近世史料編柳川藩初期（上）

26 小早川秀俊知行充行状写（記録御用所本古文書五）

（折紙カ）

秀吉公御朱印

筑後国生葉郡隈上村千四百石事、今度以検地之上改之、

令扶助訖、全可領知也、

文禄四

十二月朔日　秀俊判

中島治右衛門尉殿

27 小早川秀俊知行目録（吉井良尚氏所蔵文書）

知行方目録

筑後生葉郡

一、参百四拾六石　隈上村内

同

一、弐拾九石　くによし村内

筑後竹野郡

一、七拾五石　麦生村内

（秀吉朱印）

合四百五拾石

右、今度以検地之上、令扶助訖、全可領知候也、

文禄四年十二月朔日　秀俊（花押4A）

中島治右衛門尉殿

28 小早川秀俊知行目録写（萩藩閥閲録百六十四）

知行方目録

一、七百九拾七石八斗　筑後国青葉郡よしい村
一、弐百七拾七石五斗　同たけ重村
一、弐拾五石　同朝田村之内
合千百石
右、今度以検地之上、令扶助訖、全可領知候也、
文禄四年十二月朔日　秀俊
深野平右衛門（景弘）とのへ

＊刊本四巻

29　小早川秀俊知行目録（長崎文書）

知行方目録
一、五百五拾三石七斗九升　筑前下庄郡　屋なり村
一、七拾七石六斗三升　同みなさの内　板屋村
一、百拾九石弐升　同下庄郡小田之内　ふり江村
以上七百五拾石
播州いつこう郡
下香山村内
一、百五拾石
（秀吉朱印）
合九百石
右、今度以検地上、令扶助畢、全可領知候也、
文禄四年十二月朔日　秀俊（花押4A）
長崎弥左衛門尉（元家）殿

30　小早川秀俊知行充行状写（小城藩士佐嘉差出古文書写）

筑後国竹野郡倉成村四百六拾四石弐斗、同中原村内百卅六石六斗五升、合六百石事、今度以検地之上、令扶助訖、全可領知候也、
文禄四
十二月朔日　秀俊
小田村彦四郎

とのへ

＊『佐賀県史料集成　古文書編』二十六巻

31　小早川秀俊知行目録写（萩藩閥閲録五十五）

知行方目録

筑後国嘉摩郡

一、参百六拾六石八斗四升　大隈村

一、拾三石参斗四升　同　同所

一、百八拾弐石六斗四升　同　熊畑村

一、参拾七石　同　たゝ村内

秀吉公
御朱印

合六百石

右、今度以検地之上、令扶助訖、全可領知候也、

文禄四年十二月朔日　秀俊判

国司土佐守（元信）とのへ

＊刊本二巻

32　小早川秀俊知行目録（保井芳太郎氏所蔵文書）

［　］方目録

筑前下座郡

［　］拾三石七斗九升六合　くらその村

一、四拾三石八斗□升　同　田島村

一、百七拾七石三斗八升　同　金丸村

一、百拾石五斗七升　同　こか村

一、三拾六石九斗　同みなきの内　屋の竹村

一、百弐拾四石六斗弐升　同前　屋かた原村

一、六拾弐石九斗　　同　山見村内

以上六百石

播州桑原庄内

一、百石　　小田村内

右、今度以検地之上、令扶助訖、全可領知候也、

文禄四年十二月朔日　　秀俊（花押）

堀田初左衛門尉とのへ

＊『大和古文書聚英』

33　小早川秀俊蔵入目録（保井芳太郎氏所蔵文書）

中納言蔵入目録

筑前怡土郡

一、八百六拾壱石五斗　　伊多村

同

一、弐千参百拾八石九斗　　長野村

（秀吉朱印）

合参千弐百石五斗

右、令執沙汰、可運上候也、

文禄四年十二月朔日　　秀俊（花押）

堀田初左衛門尉とのへ

＊『大和古文書聚英』

34　小早川秀俊知行充行状写（萩藩閥閲録六十六）

秀吉公
御朱印

於筑後竹野郡石垣村内三百五拾石事、今度以検地上、令
扶助訖、全可領知候也、

文禄四
十二月朔日　　秀俊ノ判

林三郎（宗重）右衛門尉とのへ

＊刊本二巻

35　小早川秀俊知行目録（長崎文書）

知行方目録

筑後生葉郡
一、七拾三石八斗四升　高田村
同
一、六拾五石七斗五升　みそ口村
同
一、弐拾五石九斗九升　やすえた村
同
一、百七石四斗壱升　賀久間村
同
一、弐拾七石七升　くによし村内
（秀吉朱印）
合参百石
右、今度以検地上改之、令扶助訖、全可領知候也、
文禄四年十二月朔日　秀俊（花押4A）
清水与右衛門尉殿

36　小早川秀俊知行充行状写（筑後歴世古文書中）

筑後国竹野郡筒井村百拾三石八斗四升・富本村三拾六石弐斗、合百五拾石事、今度以検地之上、令扶助訖、全可領知候也、
文禄四
十二月朔日　秀俊御書判
樋口越前守との

37　小早川秀俊知行充行状写（大倉氏採集文書乾）（折紙カ）

（秀吉朱印）
筑後国竹野郡たのしまる・吉田村・よしせ村三ヶ村内百石事、今度以検地之上、令扶助訖、全可領知候也、
文禄四
十二月朔日　秀俊（花押4A）
金子平三郎とのへ

38　小早川秀俊知行充行状写（筑後歴世古文書中）

筑後国竹野郡たのしまる・吉田村・吉瀬村於三ヶ村内百石事、今度以検地之上、令扶助訖、全可領知候也、
文禄四十二月朔日　秀俊（花押4A）
神屋宗湛

39　小早川秀俊知行充行状写（児玉氏採集文書四）

筑後国竹野郡たのしまる・吉田村・吉瀬村於三ヶ村内百石事、今度以検地之上、令扶助訖、全可領知候也、
文禄四
十二月朔日　秀俊（花押4A）
小金丸式部丞殿

40　小早川秀俊知行充行状写（筑後歴世古文書中）

（「秀吉公朱印」）
筑後国竹野郡たのしまる・吉田村・よしせ村三ヶ村内百石之事、今度以検地之上、令扶助訖、全可領知候也、
文禄四
十二月朔日　秀俊（花押4A）
犬丸藤右衛門とのへ

41　羽柴秀吉朱印知行目録（教行寺文書）

知行方目録
筑前国怡土郡内
一、五百七拾五石七斗壱升　せと村
同
一、四百弐拾四石九斗弐升　たく之村
合千石
播磨国いつとう郡
一、五百六拾九石五斗六升　はしさき村
同中庄内
一、七百参拾弐石三升　野田村
同こうべ上庄内

一、五百六拾石参斗五升　いちのひ
たんの上
同いつさいこほり
一、百四拾弐石参斗三升　かた村
合弐千石
都合参千石
右、以検地之上令扶助之訖、可全領知候也、
文禄四年十二月朔日（朱印）
筑前中納言
女中

42　羽柴秀吉朱印条書（大阪城天守閣所蔵木下文書）

条々
一、先手動之儀、加藤主計頭（清正）・小西摂津守（行長）鬮取之上を以
二日替たるへし、但非番ハ二番めに可相備事、
一、三番め黒田甲斐守（長政）・毛利壱岐守（吉成）・島津又七郎（豊久）・高橋
九郎（元種）・秋月三郎（種長）・伊藤民部大輔（祐兵）・相良宮内大輔（頼房）可相備事、
一、四番鍋島加賀守（直茂）・同信濃守（勝茂）
一、五番羽柴薩摩侍従（島津義弘）
一、六番羽柴土佐侍従（長宗我部元親）
藤堂佐渡守（高虎）
池田伊与守（秀雄）
加藤左馬助（嘉明）
来島出雲守（通総）
中川修理大夫（秀成）
菅平右衛門尉（達長）
一、七番蜂須賀阿波守（家政）
生駒讃岐守（一正）
脇坂中務少輔（安治）
一、八番安芸宰相（毛利秀元）・備前中納言（宇喜多秀家）
此両人どうぜいかはり〳〵たるへき事、
一、釜山浦城、筑前中納言御目付太田小源五（一吉）在番仕、先
手之注進無油断可仕事、
一、あんごうらいの城、羽柴柳川侍従（立花親茂）在番、

一、かとくの城、高橋主膳（直次）・筑紫上野介（広門）在番、
一、竹島の城、羽柴久留目侍従（小早川秀包）在番、
一、せつかいの城、浅野左京大夫（長慶）在番、
一、先手之衆為御目付、毛利豊後守（重政）・竹中源介（隆重）・垣見和泉守（一直）・毛利民部大輔（友重）・早川主馬首（長政）・熊谷内蔵丞（直盛）、此六人被仰付候条、任誓紙之旨惣様動等之儀、日記を相付候て、善悪共ニ見かくし聞かくさす、日々に可令注進事、
一、諸事かうらいにての様体、七人より御注進申上儀、正意にさせらるへき旨被仰聞候条、存其旨、たとひ縁者・親類・智音たりといふとも、ひいきへんはなく、有様に可注進事、
一、先手動等之儀、各以相談之上多分ニ付可随其候、ぬけかけに一人二人として申やふり候ハヽ、くせ事たるへき事、
一、於何方も野陣たるへき事、
一、赤国不残悉一篇ニ成敗申付、青国其外之儀者可成程可相動事、
一、舟手之動入候時者、藤堂佐渡守・加藤左馬助・脇坂中務少輔両三人申次第、四国衆菅平右衛門并諸手警固舟共可相動事、
一、右動相済上を以、仕置之城々所柄之儀各見及、多分ニ付而城主を定、則普請等之儀為帰朝之衆令割符、丈夫ニ可申付事、
一、右七人之者共ニ七枚起請をかゝせられ、諸事有様之体可申上旨被仰付候条、忠功之者ニハ可被加御褒美候、自然背御法度族有之者、右七人申次第ニ不寄誰々、八幡大菩薩可被加御成敗候条、得其意不可有油断事、
一、自然大明国者共、朝鮮都より五日路も六日路も大軍にて罷出、於陣取は各令談合、無用捨可令注進、御馬廻迄にて一騎かけに被成御渡海、即時被討果、大明国迄可被仰付事案之内ニ候条、於油断者可為越度候事、

以上、

慶長弐年二月廿一日（朱印）

羽柴筑前中納言とのへ

43 小早川秀俊知行充行状（壱岐文書）（折紙）

筑前国糟屋郡蒲田村内五百石事、全のほり差弐拾人令扶助訖、其方取沙汰可支配者也、

慶長弐

四月朔日　秀俊（花押4B）

伊木又左衛門とのへ

44 小早川秀俊知行充行状写（萩藩閥閲録六十六）

筑前国穂波郡土師・土居・弥山村之内五百石、鉄炮者弐拾人令扶助訖、其方取沙汰可仕配者也、

慶弐　秀俊ノ

四月朔日　判

林三郎（宗重）右衛門とのへ

45 小早川秀俊知行充行状写（土佐国蠹簡集残編五）

（折紙カ）

筑前国穂波郡花瀬村百八拾弐石七斗五升・同郡原一村内百七拾石三斗五升・同郡平垣村内四拾六石九斗、合四百石之事、令扶助訖、全可領知者也、

慶長弐

四月朔日　秀俊（花押4B）

原田真右衛門尉とのへ

46 小早川秀俊知行充行状写（土佐国蠹簡集残編五）

（折紙カ）

筑前国穂波郡忠詰村内百四拾七石三斗・同郡太郎元吉山口北古賀村内三百五拾弐石七斗五升、合五百石、鉄炮之者弐拾人令扶助訖、其方取沙汰可支配者也、

慶長弐

四月朔日　秀俊（花押4B）

原田真右衛門尉殿

47　羽柴秀吉朱印書状（木下文書）（切紙、元折紙）

高麗発足、炎天之時分辛労候、諸事山口玄蕃頭（宗永）・福原右馬亮（直高）なと応異見、心をなをしおとなしく心持可有分別候、再三前々如被仰聞、更々にくミニて御意無之、併向後之為を思食、被加御懇意儀候条、自今以後心底之嗜肝要候、各諸兵被差遣事候間、令相談、無越度様ニ念を入、軍方可手習候、今度面々口を揃、其方おとなしきと言上候ハヽ、被聞届候、帰朝之刻可被成御対面候也、

（慶長二年）七月朔日（朱印）

（見返し上書）

「筑前中納言とのへ」

48　小早川秀秋書状写（高山公実録五）

其地へ早速令着船、殊番舟等乗取候由、珍重候、次隼一居相越候、一段令祝着候、委曲南部武左衛門尉可申候也、

（慶長二年）七月廿三日　秀秋花押

藤堂新七郎とのへ

49　小早川秀秋書状（西高辻文書）（切紙）

来書殊巻数到来、本望之至候、弥於神前可被抽祈念事肝要候也、

（慶長二年カ）九月十九日　秀秋（花押5A）

天満宮別当

大鳥居とのへ

50　小早川秀秋書状（永藤一氏所蔵文書）（折紙）

猶以此地之儀、可御心安候、我等も一段息災候条、其又御気遣成間敷候、程なく帰朝之節可申上候、以上、

内々御床敷存候処、御懇札本望至極候、此表之儀、我等参候て、番船なと打果、満足仕事候、太閤様・北政所様御機嫌之由、大慶此事候、赤国之城々落居仕候へ共、相残廿計御座候を、舟手之衆・主計（加藤清正）・摂津守（小西行長）各申談請取責申事候、是又無違儀相済可申候条、可御心安候、我等

人数釜山浦より十日路程雖相働候、無別儀打入申候、此
地相残衆在城共、赤国相済次第各申談候、十日時分より
普請可仕候、此許隙明次第太閤様へ言上仕、其上帰朝可
仕候、大形霜月ニハ爰許可相極候条、可御心安候、軈而
帰朝之時、万端可申入候、恐惶謹言、

筑前中納言

（慶長二年）九月廿九日　秀秋（花押5A）

（見返し上書）
「（墨引）　釜山浦より

岩坊　　　秀秋

□　」

51　小早川秀秋書状（神屋文書）（折紙）

釜山浦為見廻書付之通到来、祝着候、尚山口玄蕃（宗永）可申
候也、

（慶長二年）十月十日　秀秋（花押5A）

宗湛

52　小早川秀秋書状（聖福寺文書）（切紙）

釜山浦為見廻祈祷之配帳到来、懇悦之至候、弥以可被抽
丹精事肝要候、尚山口玄蕃（宗永）可申候、恐々謹言、

中納言

（慶長二年）十月十日　秀秋（花押5A）

聖福寺

53　小早川秀秋書状写（古書記録之控七）

為釜山浦見舞、祈祷之巻数懐紙三百韻并油樽送給、本望
至候、猶山口玄蕃（宗永）可申入候、恐々謹言、

筑前中納言

（慶長二年）十一月十八日　秀秋書判

天満宮

大鳥居法印

御返報

54　羽柴秀吉朱印書状（田住孝氏所蔵文書）（切紙、元折紙ヵ）

（前欠）
寒天候之間、早々可有帰朝之旨、雖被仰遣候、于今延引無心元思食、為迎追々被仰遣候、路次無逗留直可有上洛候、久不遂見参候、万々御対面之刻可被仰聞候也、

（慶長二年）十二月四日（朱印）

筑前中納言とのへ

55　加藤清正・浅野長慶連署書状（浅野文書）

追而申候、此面普請出来次第、帰朝之人数俄ニたて籠候ニ付而、兵粮之儀右之仕合ニ候、以上、

急度申入候、今月廿二日ニ蔚山面へ大明人数十万取かけ、其ま丶打つめ、同廿三日ニ惣構をしよせ候処、卯ノ刻より巳ノ下刻まて防戦候といへとも、寒天之普請ニ候へは、ほりも無之、土手塀不首尾ニ付而、不及是非城中へ取籠候、然処ニ本丸・三之丸堅固ニ相抱在之事に候、毎日よせ候処ニ、手前〳〵にをひて人つかをつき候、其ニ付而敵勢殊之外うすく成申候、雖然兵粮無之候て、数日を送り候故、敵陣をきりたて候事も難成候、併夜かせぎの儀ハ夜々に仕、勝利を得候、当城御普請今少不出来ニ付而、兵粮丈夫ニ不入置候、其内御加勢も難成候ニ付而ハ、各其覚悟仕候間、可御心安候、右之分にて於令落去ハ、経数日かせぎ候通、可預御披露候、恐々謹言、

加藤主計頭

（慶長三年）正月一日　清正（花押）

浅野左京大夫

長慶（花押）

筑前中納言様
安芸宰相様（毛利秀元）
蜂須賀阿波守様（家政）
竹中源介様（隆重）
早川主馬様（長政）

熊谷《（直盛）》内蔵允様
垣見《（一直）》和泉様
毛利《（友重）》民部大輔様
福原《（直高）》右馬允様
　御陣所

*『浅野家文書』

56 羽柴秀吉朱印書状（大阪城天守閣所蔵文書）（切紙）

猶以寒天之刻、辛労不被及是非候、就其綾小袖一・染道服一被遣之候、可有着用候、委細寺沢志摩守《（正成）》可申候也、

今度蔚山表へ大明人罷出之由、就注進候、為後巻山口玄蕃《（宗永）》ニ人数差添雖押出候、敵引退由候、既自此方も御人数、安芸中納言《（毛利輝元）》・増田右衛門尉《（長盛）》・因幡・但馬・大和・紀伊国衆・九鬼父子等可罷立旨、雖被仰付候、右之分候間、不被及是非候、然者蔚山を始、其外諸城普請弥丈夫ニ申付、兵粮・玉薬以下沢山ニ籠置、無気遣様ニ申付、敵之様子尚以聞届、其上各帰朝可仕候、猶増田右衛門尉・徳善院《（前田玄以）》・長束大蔵大輔《（正家）》可申候也、

正月十七日《（慶長二年）》（朱印）（花押《（羽柴秀吉）》）

「《（奥上書）》
　筑前中納言殿」

57 小早川秀秋知行充行状写（東作誌）（折紙カ）

「折紙」

筑州席田郡於横江村之内高四百石令扶助訖、全可知行者也、

慶長三　卯月一日　　筑中　秀秋花押

長崎伝三郎とのへ

*『美作誌』前編

58 小早川秀秋知行目録（松野文書）

於越前国知行目録

一、参百四拾壱石　石塚村内

一、参百六拾八石六斗七升　今市村

一、七百八拾弐石九斗六升　上布施村
一、八拾四石　今井村
一、六石六斗　郡村内
合千五百八拾参石弐斗内
千五百石　本知
八十三石三斗　悪所ニ加増無役
右、今度以御検地上、被相改充行畢、全可領知者也、
慶長三年
八月五日　秀秋（花押5B）
松野（重元）主目正とのへ

59 小早川秀秋知行目録（大阪城天守閣所蔵文書）

於越前国知行目録
一、弐百五拾石　中村之内
一、百五拾五石八斗六升小物成共ニ　渡リ村
一、百四拾八石七斗七升　下村之内
一、五百七拾七石三斗　東長田村ノ内
一、百九拾四石　池見村之内
合千三百廿六石内
千弐百五十石　本知
七十六石　悪所加増無役
右、今度以御検地上、被相改充行訖、全可領知者也、
慶長三年
八月五日　秀秋（花押5B）
菅仁三郎とのへ

60 小早川秀秋知行目録（綿向神社文書）

於越前国知行目録
一、弐百石　八塚村之内
一、弐百五拾石　下村之内
一、三百六拾四石八斗七合　と丶ろき村
一、弐百四拾七石七斗　西方寺之内
合千六拾弐石五斗内
千石　本知

六十弐石五斗　悪所ニ加増無役
右者、此度以御検地、被相改充行訖、全可領知者也、
慶長三年
八月五日　秀秋（花押5B）
佐々孫十郎とのへ

61 小早川秀秋知行目録（長崎文書）

於越前国知行目録
一、百八拾石　郡村内
一、弐百五拾参石八斗　下○○村
一、四百拾八石九斗弐升　千田村
一、百石　新保村内
合九百五拾参石内
九百石　本地
五十三石　悪所ニ加増無役
右、今度以御検地上、被相改充行畢、全可領知者也、
慶長三年
八月五日　秀秋（花押5B）
長崎伊豆（元家）とのへ

62 小早川秀秋知行目録写（萩藩閥閲録五十五）

於加賀国知行目録
江沼郡
一、三百卅五石六斗壱升　富塚村内
同郡
一、八拾四石三斗九升　新保村内
同郡
一、百八拾石　小坂村内
合六百石ハ
右、今度以御検地之上、被相改充行訖、全可領知者也、
慶長三年
八月五日　秀秋判
国司土佐守（元信）とのへ
＊刊本二巻

63 小早川秀秋知行目録写（黄薇古簡集五）

於加賀国知行目録

恵祢郡

一、百八拾五石七斗八升　山手銭共ニ　横北村内

同

一、六拾壱石七斗七升　宮地村内

同

一、弐百五拾弐石四斗五升　野田村内

合五百石者

右、今度以御検地之上、被相改充行訖、全可領知者也、

慶長三年

八月五日　秀秋（花押）

竜野孫兵衛尉とのへ

＊刊本

64 小早川秀秋知行目録写（土佐国蠹簡集残編五）

於加賀国知行目録

ゑねの郡

一、百卅九石八斗壱升　水たまる村内

同

一、弐百拾八石　佐見村内

一、四拾弐石弐斗山手銭共ニ上野村内

合四百石者

右、今度以御検地之上、被相改充行訖、全可領知者也、

慶長三年

八月五日　秀秋（花押5B）

原田四郎左衛門尉とのへ

65 小早川秀秋蔵入目録（『人文系綜合古書目録』五六号）（竪帳）

（表紙）

「慶長三年八月五日

越前国内蔵入　目録

代官青山修理」

蔵入　代官青山修理

一、七百弐拾八石五斗七升　小物成共　牧ノ嶋村

一、九拾五石三斗七升　同　同村

一、千六百弐拾石五斗　同　松本村

一、弐千六百八拾弐石七斗七升　同　志比内　高木村

一、五百六拾九石九斗弐升　小物成共　渡村

一、千八百拾四石壱斗四升　同　新保村

一、五百四拾四石九斗四升　同　野中三王

一、六百六石壱斗八升　同　磯部内　末正村

一、弐百弐拾八石八斗七升　同　同郷内　末正村

一、三拾八石四斗　同　渡り村

一、四百六拾七石六斗六升　同　くり森村

一、百七拾七石六斗六升　同　磯部内　田保(カ)村

一、四百廿六石壱斗七升　同　うるし原ノ　うるし原村

一、七拾五石四斗四升　出作

合壱万九拾六石五斗九升

右、令執沙汰所運上者也、

慶長三年

八月五日　秀秋（花押5B）

代官

青山修理とのへ

＊『福井県文書館研究紀要』七号

66　小早川秀秋判物（成就院文書）

当寺朝倉堂領六拾弐石者、従越前国毎年令奉納、彼法花堂造営之旨存知之上者、如前々従当年運上候、於宝前弥可被抽丹誠者也、仍執達如件、

北庄中納言

慶長三年九月日　秀秋（花押5B）

成就院

67　小早川秀秋判物（専修寺文書）

当寺諸末寺諸道場事、寺内并諸役一切致免除之上者、於永代不可有相違者也、仍執達如件、

北庄中納言

慶長三年九月日　秀秋（花押5B）

高田専修寺堯真僧正御房

＊『福井県史』資料編2

68　小早川秀秋定書（朱雀文書）

定　筑前国志摩郡

一、去年越前へ国替之刻、侍・中間・人足以下、対主人・給人、不相届族雖有之、無其改、其科令宥免之事、

一、諸給人未進・借銭、執沙汰一切有間敷事、

一、当作毛之儀、其所之奉行之者令相談、急与可致開作、濃料之儀者、可借遣之事、

一、山林・竹木、雖先代官不可伐採之事、

一、対百姓非分之輩於有之者、早注進可仕事、

右条々、違犯之族於有之者、可処厳科者也、

（慶長四年）正月十五日　秀秋（花押5B）

69　小早川秀秋定書写（宮崎家譜）

定　筑前国早良郡

一、去年越前へ国替之刻、侍・中間・人足以下、対主人・給人、不相届族雖有之、無其改、令宥免之事、
一、諸給人未進・借銭、執沙汰一切有間敷事、
一、当作毛之儀、在々奉行之者令相談、急与可致開作、農料之儀者、可借遣之事、
一、山林・竹木、雖先代官不可伐執事、
一、対百姓非分之輩於有之者、早可注進可仕之事、
右条々、違犯之族於有之者、可処厳科者也、
慶次（四）正月十五日　秀秋判

70 羽柴（徳川）家康等五名連署判物案（毛利文書）

筑前・筑後領知方事、太閤様（羽柴秀吉）以被　仰置旨、被充行畢、任帳面旨、全可有御知行之状、如件、
慶長四二月五日
輝元（毛利）
景勝（上杉）
秀家（宇喜多）
利家（前田）
家康（徳川）
羽柴筑前中納言殿

＊『毛利家文書』

71 小早川秀秋蔵入目録（松野文書）

蔵入目録
筑前国早良郡
一、千弐拾五石五斗壱升塩焼ともニ　めいの浜
同宗像郡
一、千九百拾五石六斗九升　かした村　かねさき　むたしり
同郡
一、八百弐拾四石三斗六升　田の村
同郡
一、五石八斗壱升　江口村
同郡

一、千弐百拾四石三斗三升　なこり村
りうけんし村
同郡
一、五拾七石三斗　とまり村
合五千四拾三石
右、致取納可令運上者也、
慶長四年
三月三日　秀秋（花押5B）
松野主馬（重元）とのへ

72　小早川秀秋蔵入目録（松野文書）

蔵入目録
代官所松野主馬（重元）正
筑前国早良郡
一、千弐拾五石五斗一升　めいの浜村
筑前国宗像郡
一、千九百拾五石六斗九升　かし田村
かねさき村
むた尻村
同
一、八百九拾石弐斗四升　田野村
同
一、五石八斗一升　江口村
同
一、九百八拾石八斗五升　本木村
同
一、五拾七石三斗　とまり村
合四千八百七拾五石四斗
右、令執沙汰可運上者也、
慶長四年
三月三日　秀秋（花押5B）
松野主馬正とのへ

73　小早川秀秋知行目録（松野文書）

鉄炮之者知行目録

筑前鞍手郡

一、六百拾五石　新北村

同かま

一、百六石八斗三升　入水村

同くかて

一、五百四拾九石　拙丹村之内

同かま

一、八拾石壱斗七升　千寿村之内

一、三百弐石弐斗　ありやす村之内

合千六百五拾三石三斗

右、五拾五人之者共ニ可令配分者也、

慶長四年

三月三日　秀秋（花押5B）

松野主馬（重元）正とのへ

74　小早川秀秋知行目録（日野文書）

知行方目録

筑前国下座郡

一、弐百六拾三石七斗七升　白鳥村

富永村

同郡

一、四百四拾七石五斗　八重津村

徳淵村

筑後国三原郡

一、四百八拾七石三斗五升　下岩

同郡

一、三百八拾七石八斗壱升　ひかた村

同郡

一、四百五拾六石八斗三升　津古村

筑後国三井郡

一、六百弐拾七石七斗五升　和泉村

同郡
一、千三百拾石六斗九升　あちさか村

筑前三笠村
一、拾五石　平等寺村内

合四千石

右、令扶助訖、全可領知者也、

慶長四年

三月三日　秀秋（花押5B）

日野左近（景幸）とのへ

＊『新修福岡市史』資料編近世Ｉ

75 小早川秀秋知行目録（志方文書）

知行方目録

筑前国那珂郡
一、千石　白水村之内

同郡
一、五百九拾五石三斗　立花寺村

筑後三笠郡
一、百六十八石七升　本道寺村
かうそ

同郡
一、五百六拾五石七升　片野村

同郡
一、百九拾四石七斗一升　中島村

同郡
一、三百拾二石四斗一升　炭焼村

同郡
一、百七拾四石五斗四升　むかいさの内

合三千石

右、水夫百五拾人ニ可配分者也、

慶長四年

三月三日　秀秋（花押5B）

しかた二郎左衛門
とのへ

＊『新修福岡市史』資料編近世Ⅰ

76 小早川秀秋蔵入目録（本法寺文書）

蔵入目録

赤塚作助代官所

筑前国糟屋郡

一、千五百拾四石壱斗八升　青柳村

同郡

一、三百四拾九石四斗弐升　おといぬ村

同郡

一、七百六拾五石七斗八升　こもの村

同宗像郡

一、三百六拾六石四斗八升　うつみ村

合弐千九百拾五石八斗六升

右、令執沙汰、可運上者也、

慶長四年

三月三日　秀秋（花押5B）

赤塚作助とのへ

＊刊本

77 小早川秀秋知行目録（長崎文書）

鉄炮者知行目録

筑前国嘉摩郡

一、三百九拾九石弐斗三升　うま見村

同鞍手郡

一、百九拾壱石弐斗六升　いなみつ村

同嘉摩郡

一、四百五拾九石五斗壱升　なるます村

合千五拾石

右、三拾五人ニ可配分者也、

慶長四年

三月三日　秀秋（花押5B）

長崎伊豆（元家）とのへ

78 小早川秀秋知行目録（壱岐文書）

知行方目録

一、四百五拾六石五斗八升　筑前早良郡　有田村

一、五百八拾壱石四斗壱升　同かすや　はるかみ村

一、弐百六拾弐石壱升　同郡　和田村

合千三百拾五石九斗壱升

右、和田村之内拾五石九斗壱升ハ御代官ニ

預リ申也、

右、令扶助訖、全可支配者也、

慶長四年

三月三日　秀秋（花押5B）

伊岐又左衛門尉とのへ

79 小早川秀秋知行目録（壱岐文書）

鉄炮之者知行方目録

筑前国嘉摩郡

一、弐百五拾五石壱斗九升　千寿村之内

一、参百四拾六石弐斗六升　同郡　うまみ村之内

一、弐百九拾八石五斗五升　同鞍手郡　岩崎村

一、参百石　同嘉摩郡　うるしを村之内

合千弐百石

右、四拾人之者共ニ可令配分者也、

慶長四年

三月三日　秀秋（花押5B）

伊木又左衛門尉とのへ

80 小早川秀秋知行目録写（土佐国蠧簡集残編五）

知行方目録

筑前国三笠郡

一、弐百弐拾石三斗壱升　諸田村

一、弐百五拾壱石八斗弐升　同早良郡
石丸村
同三笠郡
一、百弐拾八石　山田村之内
合六百石
右、令扶助訖、全可領知者也、
慶長四年
三月三日　秀秋（花押5B）
原田四郎左衛門とのへ

81 小早川秀秋知行充行状写（黄薇古簡集五）

筑前国上座郡長淵村之内四拾八石壱斗九升、同郡之内方延・鵜木村田・上畠四ヶ村四百石八斗、筑後国生葉郡島村五拾四石七斗七升、合五百三石七斗七升、令扶助訖、全可領知者也、
慶長四年
三月三日　秀秋（花押5B）
竜野孫兵衛とのへ

*刊本

82 小早川秀秋知行目録（荻野文書）

知行之目録
筑後国三井郡
一、弐百五拾四石　北庄村之内
筑後国三原郡
一、弐百四拾六石　田中村之内
合五百石
右、令扶助訖、全可領知者也、
慶長四年
三月三日　秀秋（花押5B）
荻野孫四郎とのへ

83 小早川秀秋知行目録写（藤田禩集）

知行方目録

一、弐百四石弐斗六升　　筑前国三笠郡
　　　　　　　　　　　　　　小谷村
一、百九拾五石七斗四升　同郡
　　　　　　　　　　　　上大利村之内
　合四百石
右、令扶助訖、全可領知者也、
　慶長四年
　　三月三日　秀秋（花押）
　　　　　　　　青又兵衛とのへ

84　小早川秀秋知行目録写（楓軒文書纂六十六）

　知行方目録
　　　　　　筑前国早良郡
一、百石八斗　　　　野かた村内
　　　　　筑後生葉郡
一、弐百九拾三石五斗三升　東山村之内
　　　　　同郡
一、五石四斗七升　　　「立花寺村内」
　合四百石
右、令扶助訖、全可領知者也、
　慶長四年
　　三月三日　秀秋（花押5B）
　　　　　　　唯生又右衛門とのへ

＊「丹波多紀郡明細記三」所収文書によって補う。

85　小早川秀秋知行充行状写（黄薇古簡集四）

於筑前国御牧郡岡津村之内三百五拾石八斗三升、令扶助訖、全可領知者也、
　慶長四年
　　三月三日　　　　秀秋（花押5B）
　　　　　　　川口源七とのへ

＊刊本

86　小早川秀秋知行目録（清水文書）

知行方目録

筑後国竹野郡

とりかい村之内

一、七拾三石壱斗四升

筑後国竹野郡

一、弐百弐拾六石八斗六升　両小田村

合三百石

右、令扶助訖、全可領知者也、

慶長四年

三月三日　秀秋（花押5B）

清水与右衛門とのへ

87　小早川秀秋知行目録（東京大学史料編纂所所蔵文書）

知行方目録

筑前御牧郡

一、弐百五拾六石四斗六升　堀尾本村

同郡

一、四拾三石五斗四升　ふち田村

合三百石

右、令扶助訖、全可領知者也、

慶長四年

三月三日　秀秋（花押5B）

富松小藤太とのへ

88　小早川秀秋判物写（因幡志三十七）

筑前国諸浜塩之事、前々以有来姿相改、堅可申付者也、

慶長四年

三月三日　秀秋（花押5B）

国府弥右衛門（忠重）とのへ

89　小早川秀秋知行充行状（壱岐文書）（折紙）

於筑前国那珂郡高宮村之内弐百石、筑後国生葉郡溝尻村

之内弐百石、合四百石、令扶助訖、全可領知者也、
慶長四年
　三月晦日　秀秋（花押5B）
（後欠）

90 小早川秀秋判物（神屋文書）（折紙）

津内之儀、先年以　御朱印之旨、隆景（小早川）為致申付筋目、不可有相違者也、
慶長四年
　閏三月九日　秀秋（花押5B）
　　博多
　　　宗丹

91 小早川秀秋書状（神屋文書）（折紙）

博多津内之儀、此中宗室（島井）・紹府在伏見而、訴訟申候へ共、玄蕃（山口宗永）時之事者、何も相立間敷候、所詮先年以　御朱印之旨、隆景（小早川）被申付たる筋目ニ申付候へハ、世上人口も無相違事候、若者之新儀万事不入事候、即宗湛（神屋）かたへ判紙遣候間、於其地被見、可被得其意候也、
（慶長四年）閏三月十七日　秀秋（花押5B）
　（見返し上書）
「杉原下野守（重政）とのへ
　西郡久左衛門とのへ
　佐野下総守とのへ」

92 小早川秀秋知行目録写（黄薇古簡集二）

知行方目録
筑後国竹野郡
一、三百六拾三石七斗　あやの村之内
筑前国穂波郡
一、弐百弐拾六石三斗　弁分村之内
筑後国竹野郡
一、六拾石　今村之内
　本庄之内
合六百五拾石

右、令扶助訖、全可領知者也、
慶長四年
卯月十八日　［　　］（花押5B）
岡津清介とのへ

＊刊本

93 小早川秀秋等三十名連署新公家衆法度請状写（旧記雑録後編四十五）

御禁制条々
（本文五ヶ条略）
慶長四年五月十一日
清須侍従（福島正則）
（二十六名略）
大野宰相（織田秀雄）
岐阜中納言（織田秀信）
筑前中納言（小早川秀秋）
徳善院（前田玄以）
浅野弾正少弼（長政）殿
増田右衛門尉（長盛）殿
長束大蔵大輔（正家）殿

＊全文は『鹿児島県史料　旧記雑録後編』三巻

94 小早川秀秋社領寄進状（大鳥居文書）

宰府社領之事
筑前三笠郡
宰府村之内
一、五百石
右、令寄進所也、
慶長四年
六月廿七日　秀秋（花押5B）
大鳥居（信寛）殿

＊『新修福岡市史』資料編近世Ⅰ

95 小早川秀秋社領寄進状（志賀海神社文書）

志賀島社領之事

筑前那珂郡
志賀島之内
一、五拾石
右、令寄進所也、
慶長四年
六月廿七日　秀秋（花押5B）

96 小早川秀秋寺領充行状（聖福寺文書）（切紙）

筑前国那珂郡かすか村之内弐百石、令扶助訖、全可領知者也、
慶長四年
七月七日　秀秋（花押5B）
聖福寺

97 小早川秀秋寺領充行状（承天寺文書）

筑前国那珂郡かすか村之内、為寺領百石令扶助訖、全可領知者也、
慶長四年
七月七日　秀秋（花押5B）
承天寺文書

＊『新修福岡市史』資料編近世Ｉ

98 小早川秀秋書状（名古屋大学文学部所蔵滝川文書）（折紙）

追而美霖酎樽二進入候、以上、
去廿六日至名島令着岸候、爰元無別儀候条、可御心安候、其元相替儀無之候哉、御報可示預候、猶上洛之刻可申候間、万々期其節候、恐々謹言、
筑中
（慶長四年）九月十三日　秀秋（花押5B）
滝川豊前守（忠征）殿

＊『名古屋大学文学部研究紀要』史学二三号

99　小早川秀秋書状（お茶の水図書館所蔵溝江文書）

（折紙）

追而美霖酎樽二進入候、以上、

去廿六日至名島令着岸候、爰元無別儀候、可御心安候、
其元相替儀無之候哉、預示度候、近々上洛可申候間、万々
期其節候、恐々謹言、

筑中

（慶長四年）
九月十三日　秀秋（花押5B）

溝江大炊殿（長氏）

100　小早川秀秋社領寄進状（筥崎宮文書）（折紙）

為八幡社領、糟屋郡社家分五百石、令寄進所也、

慶長四年
九月十八日　秀秋（花押5B）

箱崎
座主坊

101　小早川秀秋署判伊岐又左衛門尉馬廻組帳（壱岐文書）（竪帳）

（表紙）
「（某割黒印）（某割黒印）
慶長四年十月廿三日
馬廻組　　帳
伊岐又左衛門尉」

一、五拾弐人　伊岐又左衛門尉
一、四拾人　鉄炮　同人
一、四拾人　中川久右衛門
一、弐拾人　遠山茂兵衛
一、拾六人　小川治大夫
一、拾六人　滝野権右衛門
一、拾六人　伊岐久兵衛
一、拾六人　安武助左衛門
一、拾六人　川口久右衛門尉
一、拾六人　山田喜左衛門尉

一、拾六人　山本六右衛門尉
一、拾六人　寺西九郎左衛門尉
一、拾六人　柳生五郎右衛門尉
一、弐拾四人　伊藤長五郎
一、弐拾四人　梶原嘉三郎
一、弐拾人　安藤清六
一、弐拾人　万歳甚左衛門尉
一、弐拾人　堀田五郎右衛門
一、拾弐人　黒田藤右衛門
一、拾弐人　日夏覚助
一、拾四人　中島茂右衛門
一、拾弐人　大橋勝左衛門
一、拾弐人　富松小藤太
一、拾弐人　原善左衛門
一、拾四人　松田彦作
一、拾弐人　本木仁右衛門
一、弐拾四人　堀甚大夫

一、拾六人　小原喜作
一、拾弐人　吉村与左衛門
一、弐拾人　内藤小右衛門
一、弐拾人　樋口勝左衛門
一、四拾人　斎藤惣右衛門
一、弐拾人　大熊十兵衛

慶長四年
十月廿三日　秀秋（花押5B）
（五丁表）
「慶長四年
十月廿三日　秀秋」
（裏表紙）
「　（某黒印）　」

102　小早川秀秋知行目録（松野文書）

知行方目録
筑前鞍手郡
一、参百弐拾壱石一斗六升　植木村内

同郡
一、三百七拾五石　新北村之内
筑後三井郡
一、弐百石　国分村之内
筑前嘉摩郡
一、拾石四斗八升　有安村之内
同穂波郡
一、九拾弐石六斗六升　伊岐須村之内
合千石
右、為加増令扶助訖、全可領知者也、
慶長四年
霜月五日　秀秋（花押5Ｂ）
松野主馬（重元）とのへ

103　小早川秀秋蔵入目録（松野文書）

蔵入目録
筑前早良郡
一、千弐拾五石五斗三升　名浜村
同郡
一、四百四拾五石五斗七升　四ヶ村
同郡
一、千七百九拾八石三斗　いるへ村
同郡
一、三百六拾七石四升　拾六町
同郡
一、七百七拾石六斗　かなたけ村
同郡
一、五百九拾石　しけとら村
同糟屋郡
一、千三拾壱石弐斗　西郷下村
合六千弐拾八石弐斗弐升
右、令執沙汰可運上者也、
慶長五年
三月三日　秀秋（花押6）

松野主馬正(重元)とのへ

104 小早川秀秋書状（大阪城天守閣所蔵文書）

尚以昨日者大酒故、散々給酔正体なく候、猶栗右を可被申入候、かしく、

芳札過当之至候、誠昨日者致伺候処、色々申承本懐之至候、尤令参上可申入候処ニ、内府様(徳川家康)へ参候間、隙明次第可申上候、猶委細期面之時候、恐々謹言、

(慶長五年)四月九日　　秀秋（花押6）

「(奥封上書)(墨引)　筑前中納言

新門主様御返報　秀秋」

105 小早川秀秋書状（舒文堂河島書店所蔵文書）

筑前より登申候間、弟鷹一居送進候、猶面之節可申候、恐々謹言、

(慶長五年)六月十四日　　秀秋（花押6）

(元端裏書ヵ)「(墨引)　伊藤左馬殿　秀秋　」

106 小早川秀秋書状（尊経閣文庫所蔵文書）

先度者囚人之儀申入候処ニ、早給候、祝着申候、唯今きり申度刀所持候故、今一人囚人申請度候、是以後者申入間敷候条、頼入候、恐々謹言、

筑中

(慶長五年)七月五日　　秀秋（花押6）

107 小早川秀秋禁制（東寺文書）

禁制　　東寺境内

一、当手軍勢乱妨狼藉事、

一、陣取・放火之事、

一、伐採山林・竹木事、

右条々、堅令停止訖、若有違犯之輩者、速可被処厳科者也、仍如件、

慶長五年七月廿六日　秀秋（花押6）

108　小早川秀秋知行目録（壱岐文書）

知行方目録

筑前国早良郡

一、五百八拾壱石四斗一升　しけとみ村内

同郡

一、四百五拾六石五斗八升　あり田村

合千三拾七石九斗九升

右、為上地替、遣之候也、

慶長五年

八月十九日　秀秋（黒印1）

伊岐又左衛門尉とのへ

109　小早川秀秋知行目録写（日野文書）

知行方目録

筑前宗像郡

一、四百五拾六石八斗八升　なこり村

筑後三原郡

一、四百八拾七石三斗五升　下岩田村

合九百四拾四石弐斗三升

右、為上地替、遣之候也、

慶長五年

八月十九日　秀秋（印）

日野左近《景幸》とのへ

＊『新修福岡市史』資料編近世Ⅰ

110　小早川秀秋知行目録（小沢登美造氏所蔵文書）

知行目録

筑前国生葉郡

一、弐百六拾五石二斗一升　あさ田村之内

筑前那珂郡

一、六拾石　みやけ村内

同嘉摩郡

一、百七拾四石八斗　下山田村之内

合五百石
右、令扶助訖、全可領知者也、
慶長五年
八月十九日　秀秋（黒印1）
本部新左衛門尉とのへ

111　小早川秀秋知行充行状（「古文書纂三十二」所収山本骨董店所蔵文書）（折紙）

於筑前国志摩郡野北村之内四百石、令扶助訖、全可領知者也、
慶長五年
八月十九日　秀秋（黒印1）
安藤九左衛門尉とのへ

112　小早川秀秋知行充行状（慶應義塾大学図書館所蔵反町文書）（折紙）

於筑前国志摩郡野北村之内四百石、令扶助訖、全可領知者也、
慶長五年
八月十九日　秀秋（黒印1）
（後欠）

*『史学』三三一巻四号

113　小早川秀秋知行目録写（中野平内家譜）

知行方目録
筑前那珂郡
一、六拾壱石八斗　犬洞村之内
筑後三井郡
一、拾八石　もり村之内
同郡
一、拾石壱斗弐升　在々落地
筑前三笠郡
一、弐百拾石　ちくし村之内
合三百石

右、令扶助訖、全可領知者也、
慶長五年
八月十九日　　秀秋判
中野新太郎とのへ

114　小早川秀秋知行目録（吉積文書）

知行方目録
筑前御牧郡
一、弐百八拾壱石弐斗　かうちやく村之内
筑前那珂郡
一、拾九石七升　屋形原村之内
合三百石
右、令扶助訖、全可領知者也、
慶長五年
八月十九日　秀秋（黒印1）
吉岡喜右衛門とのへ

115　小早川秀秋知行充行状（志方文書）

於筑前国宗像郡山口村之内百七拾四石五斗四升、為上地之替、遣之者也、
慶長五年
八月十九日　秀秋（黒印1）
志方主殿
とのへ

＊『新修福岡市史』資料編近世Ⅰ

116　浅野幸長・黒田長政連署書状（桑原羊次郎氏所蔵文書）（切紙）

尚々急キ御忠節尤ニ存候、以上、
先書ニ雖申入候、重而山道阿ミ《(山岡)》所より両人遣之候条、致啓上候、貴様何方ニ御座候共、此度御忠節肝要候、二三日中ニ内府公《(徳川家康)》御着ニ候条、其以前ニ御分別此節候、政所様《(高台院)》へ相つゝき御馳走不申候ハてハ不叶両人ニ候間、

如此候、早御返事奉待候、委敷ハ口上ニ可得御意候、恐
惶謹言、

浅野左京大夫
（慶長五年）八月廿八日　幸長（花押）

黒田甲斐守
長政（花押）

筑前
中納言様
人々御中

117　小早川秀秋感状写（記録御用所本古文書一）

今度於関ヶ原表無比類働手柄之段、不可有並之候、当座
為褒美刀一腰遣候、弥可抽忠勤、重而加増可充行者也、

（慶長五年）九月十九日　秀秋印

林丹波守（長吉）とのへ

118　徳川家康書状（木下文書）（折紙）

今度於関ヶ原御忠節之儀、誠感悦之至候、従最前之筋目
無相違儀、別而祝着存候、向後武蔵守（徳川秀忠）同前ニ存、不可有
疎略候、委細者井伊兵部少輔（直政）可申入候、恐々謹言、

（慶長五年）九月廿四日　家康（徳川）（花押）

筑前中納言殿

119　小早川秀秋禁制（成菩提院文書）

禁制　柏原成菩提院

一、当手軍勢濫妨狼藉之事、
一、伐採山林・竹木之事、
一、陣取・放火之事、

右条々、堅令停止畢、若違犯之輩有之者、速可処厳科
者也、仍如件、

慶長五年九月日　秀秋（花押）

＊『山東町史』史料編

120　徳川家康書状（広島大学文学部所蔵猪熊文書）

御験本望之至候、如仰先度者早々申承候、仍為御音信太
刀一腰・馬一疋黒毛・鹿皮五枚送給候、祝着之至候、猶
期後音之節候、恐々謹言、
三月廿一日（年未詳）　家康（徳川）（花押）
（端裏書カ）
「（墨引）筑前中納言殿　家康」

121　小早川秀秋書状（神屋文書）（折紙）

爰元為見廻、蜜林樽十五・一折到来候、祝着候、猶平岡
石見守（頼勝）かたより可申者也、
十月朔日（慶長五年カ）　秀秋（花押6）
博多
宗湛

122　小早川秀秋知行目録（岡山県立博物館所蔵文書）

知行方目録

美作国西北条郡
一、千弐百六石八升　下村
同郡
一、九百三拾弐石四斗七升　山北村
同大庭郡
一、六百八拾六石八升　よの村
備前和気郡
一、千百石九拾石　神根村
同上東郡
一、九百四石九斗　南方村
合五千石
右、可有領知者也、
慶長五年
霜月十一日　秀秋（花押6）
木下信濃守（俊定）殿

123　小早川秀秋知行目録写（萩藩閥閲録二十九）

知行方目録

一、千百拾三石七斗四升四合　美作国久米北条郡　角石村

一、千六百六石　同郡　上打穴村

一、千弐百八拾石　備前国邑久村郡　包松村之内

合四千石

右、令扶助訖、全可領知者也、

慶長五年

霜月十一日　秀秋御判

日野左近（景幸）とのへ

＊刊本一巻

124　小早川秀秋知行目録（尊経閣文庫所蔵文書）

知行方目録

一、弐拾八石四斗三升　備前国邑久郡　長船村之内

一、千六拾八石壱斗四升　美作国久米北条郡　なかはり村

一、七百四拾石七斗五升　備前邑久郡　服部村之内

一、百六拾石　同和気郡　塩田村

合弐千石

右、令扶助訖、全可領知者也、

慶長五年

霜月十一日　秀秋（花押6）

佐野下総守とのへ

125　小早川秀秋知行目録（多田文書）

知行方目録

美作国久米南条郡
一、六百石　たうけ二ヶ村
同西北条郡
一、弐百五拾六石七斗　惣社村
備前国上道郡
一、六百四拾三石　かうし道郷内
合千五百石
右、令扶助畢、全可領知者也、
慶長五年
霜月十一日　秀秋（花押6）
松野大膳とのへ

126　小早川秀秋知行目録（壱岐文書）

知行方目録

美作国真島郡
一、四百六石壱斗　麓村
同西之条郡
一、弐百六石弐斗三升　和田村
備前国上東郡
一、七百石　藤井村
合千三百石
右、令扶助訖、全可領知者也、
慶長五年
霜月十一日　秀秋（花押6）
伊岐遠江守とのへ

127　小早川秀秋知行目録写（黄薇古簡集二）

知行方目録

美作久米北条郡
一、四百五拾石　久米庄村之内
備前和気郡

一、弐百石　　奥吉原之村内
合六百五拾石
右、令扶助訖、全可領知者也、
慶長五年
霜月十一日　秀秋（花押6）
岡田九右衛門尉とのへ

＊刊本

128　小早川秀秋知行目録写（土佐国蠹簡集残編五）

知行方目録
備前国赤坂郡
一、百五拾石　竹枝村
美作国真島郡
一、四百五拾石　ゑりなしん庄村之内
合六百石
右、令扶助訖、全可領知者也、
慶長五年
霜月十一日　秀秋（花押6）
原田四郎右衛門尉とのへ

129　小早川秀秋知行目録写（新編会津風土記四）

知行方目録
美作勝北ノ小吉野庄
一、弐百拾七石五斗四升　真賀部村之内
備前上東郡
一、弐百六拾一石八斗　八日市村
同邑久郡
一、弐拾四石七斗　土師村之内
合五百石
右、令扶助訖、全可領知者也、
慶長五年
霜月十一日　秀秋（花押6）
本部新左衛門尉とのへ

130 小早川秀秋知行目録写（加賀古文書二）

知行方目録

美作国大庭郡

一、弐百五拾石　福田村之内

備前国和気郡

一、五石　吉永村之内

同上東郡

一、弐百四拾五石　竹原村之内

合五百石

右、令扶助訖、全可領知者也、

慶長五年

霜月十一日　秀秋（花押6）

西村喜兵衛とのへ

131 小早川秀秋知行目録写（伊藤八衛家譜）

知行方目録

美作大庭郡

一、弐百石　吉田村之内

備前邑久郡

一、百石　尾張村之内

合三百石

右、令扶助畢、全可領知者也、

慶長五年

霜月十一日　秀秋書判

伊藤左源太とのへ

132 小早川秀秋知行目録写（岡山県総合文化センター所蔵文書）

知行方目録

美作真島郡

一、拾八石四斗　下毛み村之内

同西北条郡

一、弐百八拾壱石五斗　山南村之内
合三百石
右、令扶助訖、全可領知者也、
慶長五年
霜月十一日　秀秋（花押6）
生駒次郎太郎とのへ

133 小早川秀秋知行目録写（中野平内家譜）

知行方目録
美作大庭郡
一、百五拾石　吉田村之内
備前邑久郡
一、百五拾石　尾張村之内
合三百石
右、令扶助畢、全可領知者也、
慶長五年
霜月十一日　秀秋判
中野新太郎とのへ
以上、

134 小早川秀秋書状（神屋文書）（折紙）

為見舞遠路之音信、殊全十郎差上候事、祝着之至候、猶
平岡石見（頼勝）より可申候也、
極月三日（慶長五年カ）　秀秋（花押6）
博多
宗湛

135 小早川秀秋書状（神屋文書）（折紙）

為見舞遠路之音信、祝着之至候、猶平岡石見（頼勝）より可申候
也、
極月三日（慶長五年カ）　秀秋（花押6）
博多
津中

136　小早川秀秋書状（岡山池田文書）（折紙）

態令申候、今度於大坂申談本望候、委細稲葉内匠（通政）かたより可申入候、恐々謹言、

岡中

（慶長六年）
二月十七日　秀秋（花押6）

伊木清兵衛（忠次）殿

137　小早川秀秋蔵入目録写（壱岐文書）

蔵入目録

備前国邑久郡

一、千百拾四石三斗四升　佐井田小津邑

同和気郡

一、八拾四石九斗　坂根村

美作西北条郡

一、九百三拾弐石四斗七升　山北村

同真島郡

一、四百五拾石　ゐかな新庄

同大庭郡

一、三百石八斗　吉田村

一、弐百五拾石　めき村

合三千百三拾弐石五斗壱升

右、令執沙汰、可運上者也、

慶長六年

五月七日　秀秋

伊木遠江守とのへ

138　小早川秀秋社領寄進状（吉備津彦神社文書）

（端裏書）
「羽柴中納言秀秋御判　筆者ハ加古豊前守」

為社領、備前国津高郡芳加村之内百八拾石并一宮敷地百石・神主屋敷弐拾石、都合参百石、令寄附訖、於神前弥祈念、不可有懈怠事専一候也、仍状如件、

慶長六年

六月五日　秀秋（花押6）

備前国一品宮社務

大守殿

139　小早川秀秋社領寄進状（大守文書）

為社領、備前国津高郡芳賀村之内弐百拾五石之事、令寄附訖、社役以下如恒例、弥於神前武運長久祈念、不可有懈怠者也、仍状如件、

慶長六年六月五日　　秀秋（花押6）

酒折大明神

神主

＊『吉備津彦神社史料』文書篇

140　小早川秀秋蔵入目録（壱岐文書）

蔵入目録

備前三野郡

一、弐千百壱石弐斗六升　ひろせ村

同岩生郡

一、五百石　　山方村

同赤坂郡

一、三百八拾石　　さこた村

合弐千九百八拾壱石弐斗六升

右、令執沙汰、可運上者也、

慶長六年

八月廿二日　秀秋（黒印1）

伊岐遠江とのへ

141　小早川秀秋知行目録（『思文閣古書資料目録』二二六号）

知行方目録

備前国岩生郡

一、六百石　　吉岡村之内

以上、

右、鉄炮之者弐拾人、可配分者也、

慶長六年

八月廿八日　秀秋（花押6）

志方主殿とのへ

142　小早川秀秋知行目録写（狛文書）

知行方目録

美作久米南条郡

一、弐百八拾六石七斗弐升　川口村之内

備前岩生郡

一、百拾三石弐斗八升　尾野田村之内

津田

合四百石

右、令扶助訖、全可領知者也、

慶長六年

九月朔日　秀詮（秋）（花押6）

徳平喜平次とのへ

143　小早川秀秋知行目録写（記録御用所本古文書一）

知行方目録

美作吉野郡

一、六百四拾石　讃井上庄

同久米南条郡

一、七拾四石六斗三升　さし村之内

備前岩生郡

一、六拾四石三升　吉岡村之内

美作勝北郡

一、四拾石　上村之内

合八百拾八石九斗三升

右、為加増令扶助訖、全可領知者也、

慶長六年

九月廿六日　秀秋印

林丹波守（長吉）とのへ

144　小早川秀秋知行目録写（記録御用所本古文書一）

鉄炮知行目録

美作吉野郡

一、四百九拾三石壱斗弐升　東粟倉村

一、四百六石九斗　南方村之内

合九百石

右、三拾人之者共二、可配分者也、

慶長六年

十月二日　秀秋判

林丹波守（長吉）とのへ

145　小早川秀秋蔵入目録写（記録御用所本古文書一）

蔵入目録

備前三野郡

一、千九百九拾弐石六斗　西野田村

同邑久郡

一、四百八拾石五斗　牛窓村

同郡

一、五百八拾六石七斗　雲明村

同上東郡

一、千九百三拾石弐斗　金岡村

合四千九百九拾石

右、執沙汰、可運上者也、

慶長六年

十月三日　秀秋印

林丹波守（長吉）とのへ

146　小早川秀秋知行目録写（記録御用所本古文書一）

知行方目録

備前国赤坂郡

一、千六百弐拾七石弐斗一升　南崎村

同上東郡

一、六百弐石五斗弐斗　西隆寺村

同三野郡
一、九百石　東野田村内
同邑久郡
一、四百石　尾張村内
合三千五百三拾石
右、令扶助訖、全可領知者也、
慶長六年
霜月朔日　秀秋判
林丹波守（長吉）とのへ

147 近衛信尹書状（高木文書）（切紙）

盛衰記憔到着候、如仰去秋念卒之御下国、于今御残多候、
近日半入為御見舞罷下之由候間、其刻猶可申入候也、
（慶長六年）十一月七日　信尹（近衛）（花押）
岡山黄門

148 小早川秀秋知行目録写（藩中古文書十）

知行方目録
備前邑久郡
一、五百九拾壱石七斗　南長沼村之内
美作勝北郡
一、三百五拾三石壱升　東谷村
同郡
一、百五拾五石　山方村
合千百石
右、令扶助畢、全可領知者也、
慶長六年
霜月十一日　秀秋判「（付箋）（花押6）」
原田権佐とのへ

149 小早川秀秋知行目録（壱岐文書）

知行方目録

一、五百石　　美作久米南条郡
　　　　　　　原田村之内
一、四百七拾三石　　備前津高郡
　　　　　　　今俣村之内
一、弐拾七石壱斗　　美作西北条郡
　　　　　　　井ノ村之内
　合千石壱斗
右、為加増遣之者也、
　慶長六年
　　霜月晦日　　秀秋（黄印2）
　　　　伊岐遠江守とのへ

150　小早川秀秋知行目録写（記録御用所本古文書一）

　知行方目録
　　　　　美作大庭郡
一、五百石　　二見俵村之内
右、為加増令扶助訖、全可領知者也、
　慶長六年
　　閏霜月二日　　秀秋判
　　　　林丹波守《長吉》とのへ

151　小早川秀秋知行目録（中川文書）

　知行方目録
　　　　　美作真島郡福田村之内
一、三百五十石　　高屋村　かいて村
一、百四十石　　同郡　かけ村
一、十石　　備前邑久郡　服部村
　合五百石
右、為加増令扶助訖、全可領知者也、
　慶長六年
　　後十一月廿一日　　秀秋（黄印2）
　　　　佐山外記とのへ

＊『東浅井郡志』巻四

152　小早川秀秋書状（木下文書）（切紙）

稲葉内匠（通政）不慮之儀申候間、走申候、於様子一書を以申入
候、御披見候て御前可然様ニ頼申候、委細八田伊与・佐
山外記可申候、恐々謹言、

　　岡山中納言

（慶長六年）閏霜月廿二日　秀秋（花押6）

浅野弾正少弼（長政）殿

　　御宿所

153　小早川秀秋書状（高木文書）（切紙カ）

為見廻樽二到来、令祝着候、其元之儀諸事可入念事専一
候也、

（年未詳）七月十八日　秀秋（花押6）

（後欠）

154　小早川秀秋覚書（菅文書）（折紙）

（封紙上書）
「　菅修理とのへ」
松野主馬允（重元）

　覚　鉄炮

三拾人　菅修理
弐拾五人　加太右馬助
三拾人　野田三右衛門尉
弐拾五人　松田久左衛門尉
弐拾人　吉田次郎兵衛
弐拾人　桑原十兵衛
　　但納淡路分
三拾人　同人
弐拾人　中村伝兵衛
弐拾五人　本木相模
　以上弐百弐拾五人

弓

弐拾五人　横江五左衛門尉
弐拾五人　野呂七右衛門尉
以上五拾人
両合弐百七拾五人
（年未詳）九月三日　秀秋（花押６）
「（見返し上書）菅修理とのへ」

155　小早川秀詮判物（神宮文庫所蔵村山文書）（折紙）

以上、
小早川隆景養子之筋目依無相違、御師職之事、其方へ申
付候者也、
慶長七年　岡山中納言
正月十四日　秀詮（花押６）
村山民部大夫とのへ

156　小早川秀詮寺領充行状写（黄薇古簡集八）

於備前国上道郡富村之内二十石、為寺領加増遣之、全可
被収納者也、
慶長七年
二月十四日　秀詮（花押６）
（後欠）

157　小早川秀詮金子借用状（木下文書）

借用仕金子之事
合五拾枚者（角黒印）
右、此秋八田伊与代官之内にて慥返進可仕候、此由御申
上頼入候、以上、
慶長七年　岡山中納言（黒印）
卯月廿日　秀詮（花押６）（黄印２）
御客人
御披露

158　小早川秀詮書状写（因幡志三十七）

以上、

急度申遣候、仍而坂崎出雲爰元ニ而何歟与取沙汰在之由
候、妻子之儀其方江預ケ置候、若走候者、可為曲事候、
為其申遣候也、
（慶長七年）五月廿九日　秀詮（花押6）
国府内蔵丞（忠重）とのへ

159 小早川秀詮書状写（因幡志三十七）

猶以委丹波守（林長吉）かたより可越候、以上、猶以六月廿五日きりにむ
きねんくのさん用いたすへく候、以上、
うれのひ候ハヽ、五わりのりをくわせらん間、其分惣代官へあ
いふれ可申候、以上、
急度申遣候、来七月両国可検地候、内々可有其心得候、
先［　　］隠年究候、［　　］沙汰候者、可為越度者也、
（慶長七年）六月十七日　秀詮（花押6）
国府内蔵（忠重）とのへ

160 小早川秀詮署判毛利吉雄与帳（岡山県立博物館所蔵文書）（竪帳）

（表紙）「九右
毛利出羽（吉雄）与　帳」

一、八拾人　森出羽
弐拾人鉄炮　同
一、三拾四人　岡田次兵衛
一、弐拾八人　大津勝兵衛
一、弐拾六人　岡田九郎右衛門尉
一、弐拾四人　一柳九左衛門尉
一、弐拾弐人　糟屋角右衛門尉
一、拾六人　丹羽半右衛門尉
一、拾六人　今枝善大夫
一、拾弐人　黒田次郎兵衛
一、拾弐人　桂六蔵
一、拾弐人　皆川新十郎

一、拾弐人　山下忠介
一、弐拾人　田能村仁左衛門尉
一、拾弐人　堀部小左衛門尉
一、拾人　田中半兵衛
一、弐拾人　本部新左衛門尉
一、拾四人　安藤儀左衛門尉
一、拾六人　近藤源右衛門尉
一、拾六人　三輪仁左衛門尉
一、拾六人　河野又右衛門尉
一、拾八人　大野五郎右衛門尉
一、拾弐人　八木三右衛門尉
一、拾弐人　不破八兵衛
一、弐拾八人　大窪茂左衛門尉
一、弐拾四人　石田三郎右衛門尉
一、拾四人　加藤清左衛門尉
一、拾弐人　木村助三郎
一、拾六人　たんけ市兵衛

一、弐拾人　津田三丞
一、拾四人　種村与左衛門尉
一、拾弐人　八木甚右衛門尉
一、弐拾人　加藤十兵衛
一、拾六人　寺西多左衛門尉
一、拾六人　田中権右衛門尉
一、弐拾人　長田源丞
一、拾弐人　衣笠金右衛門尉
一、弐拾人　滝半右衛門尉
一、拾六人　村上久助
一、弐拾人　数木橘兵衛
一、弐拾人　恒川次郎右衛門尉
一、拾弐人　後藤与左衛門尉
一、拾弐人　稲田小左衛門尉
一、弐拾人　九津見勘右衛門尉
一、弐拾人　樽井源七郎
一、弐拾人　数木吉兵衛

一、拾四人　平井惣左衛門尉
「拾六人」（付箋）「八杉吉兵衛」（付箋）
一、拾六人　山路少□
一、拾弐人　村上兵助
一、三拾人　一柳茂兵衛
一、拾六人　上野茂左衛門尉
「河田次右衛門尉」（付箋）
「野々村九兵衛
川木五郎左衛門尉」（付箋）
馬数五十
合九百五十四人
慶長七年
六月廿三日　秀詮（花押6）
毛利出羽とのへ

161 小早川秀詮署判伊岐遠江与帳（壱岐文書）（竪帳）

（表紙）
「一　右
伊岐遠江与　帳」
一、九拾弐人　伊岐遠江守
一、四拾丁　鉄炮　同人
一、拾六人　川村太郎右衛門尉
一、弐拾五丁　鉄炮　同人
一、弐拾五人　木津十右衛門尉
一、弐拾五丁　鉄炮　同人
一、三拾弐人　宮地平蔵
一、弐拾五丁　鉄炮　同人
一、三拾弐人　山田勝左衛門尉
一、弐拾五丁　鉄炮　同人
一、弐拾四人　野間勘介
一、弐拾丁　鉄炮　同人
一、五拾弐人　浅井武蔵
一、弐拾五丁　鉄炮　同人
一、弐拾五人　深萱勘右衛門尉
一、弐拾丁　鉄炮　同人

一、弐拾人　入江源左衛門尉
一、弐拾五丁　鉄炮　同人
一、四拾八人　小倉監物
一、五拾弐人　榎並助丞
一、五拾弐人　佐久間勘解由
一、四拾人　野村九郎右衛門尉
一、四拾人　三宅左近
一、弐拾八人　森田勘兵衛
一、拾六人　庄一郎兵衛
一、拾六人　按原七右衛門尉
「クガ善次郎」（付箋）
一、拾四人　生駒三右衛門
一、拾弐人　山本左兵衛
一、弐拾人　吉村与左衛門尉
一、弐拾人　宇野彦右衛門
一、弐拾人　吉村右近
一、拾六人　土田弥右衛門尉
一、拾六人　伊岐久兵衛
一、弐拾八人　はつ忠大夫
一、弐拾人　小畠権兵衛
一、拾六人　あふき作右衛門尉
一、弐拾人　馬淵喜三郎
一、弐拾人　上村内記
一、弐拾八人　生島甚四郎
一、拾六人　河瀬藤左衛門
一、弐拾人　山本孫八郎
一、弐拾八人　弥永用助
一、弐拾人　滝権右衛門
一、六拾人　尼子蔵人
一、四拾人　湯川山城守
一、拾八人　伊岐半三郎
一、四拾人　宮原左近
一、弐拾八人　江口吉右衛門
一、拾弐人　田中少左衛門

一、拾六人　藤沢十助
一、八拾人　鯰江勘右衛門
一、四拾人　山口文右衛門
一、拾弐人　入谷左介
一、拾六人　熊谷十左衛門
一、四拾人　浅葉道西
一、拾弐人　小泉六左衛門尉
一、拾弐人　本島八右衛門尉
一、拾六人　川口彦左衛門尉
一、三拾弐人　塚本覚兵衛
一、弐拾人　山本伝右衛門
一、拾八人　岡野長左衛門尉
一、拾八人　米村九右衛門尉
一、拾弐人　岡田理右衛門尉

合千七百五人

慶長七年
六月廿三日　秀詮（花押6）

伊岐遠江とのへ

162　小早川秀詮法度（松野尾章氏所蔵文書）

定法度之事

一、組中法度を破リ、先手へ参候ハヽ、可為打捨事、
一、馬廻六組之内、法度を破リ一人成共、諸へも先へも罷出候ハヽ、可為打捨事、
一、寒のうちたりといふ共、のほり鑓、川をもよけす、すくに立可申事、
一、道行の時、弓・鉄炮・鑓之者、小便を仕候共、わきへよけすゆきなりニ可仕事、
一、馬のこちへ・甲立・はさみ、箱入定候事、付、はさみ箱道具共、小番頭一人充人を見計、組中にて一人付可申事、
一、甲の立物・さし物、法度のことくニ可仕事、
一、見ちゆきにても、そなへをたて申時も、くるひ申ものヽ候ハヽ、打捨事、

一、陣取にても、又そなへを立申時も、馬取はなし候ハヽ、誰候成共取りきに仕、其上馬取をせいはい可仕事、
一、喧花双方共ニ成敗之事、
一、大酒之事、　但、組中申付候法度を何事にても不聞者候ハヽ、誓紙の上にて候間、可申上候、若不日得御意を候ハヽ、打捨ニ可仕事、
一、他之家中へ出入仕候事、
一、寄合組其外、互誓紙被替、謀叛をたくみ候もの、聞付次第可為打捨事、
一、銭湯法度之事、　但、留風呂ハ制の外也、
一、のほり五百石ニ一本充の事、
一、鑓ハ千石ニ五本充之事、
一、鉄炮千石ニ弐丁充之事、
一、小さし物同前、せいたにてさし可申事、
一、馬乗のさし物、白ゑつるした一婦しに、番頭の紋を付可申事、
一、家中下々の者共、夜あるき仕候事、

以上、

（慶長七年）六月廿四日　秀詮（花押6）

毛利出羽守（吉雄）とのへ

163　小早川秀詮軍役書立写（藩中古文書十）

（紙継目黒印1五ヶ所）

御長柄　　頭

一、八拾人同鉄炮卅丁　原田権助
一、八拾人同鉄炮卅丁　祖母江権丞
一、参拾人　松村彦兵衛
一、弐拾人　梶尾弥二右衛門
一、弐拾人　吐山新右衛門

（七年）慶長

六月廿四日　秀詮判「（花押6）」

原田権佐とのへ

164 小早川秀詮書状写（藩中古文書十）

以上、

喜入候、才覚仕いそきなをし可申候、銀子於在之者、書付上可申候、為其態申遣候、長崎伊豆（元家）此方へ罷下候へ者、可申付候也、

（慶長七年）七月十四日　秀詮判「（花押6）」

原田権佐とのへ

165 小早川秀詮知行目録写（記録御用所本古文書一）

知行方目録

備前和気郡
一、五百八拾壱石　片上村
同郡
一、九百六拾弐石五斗　伊部村
同上東郡
一、四百三拾七石六斗六升七合　福岡村
同郡
一、千九百八拾五石　西大寺村
同郡
一、千九百三拾石　金岡村
同和気郡
一、千弐拾九石五斗七升弐合　新庄村
合六千九百弐拾五石七斗三升九合

右、片上之城預ケ置候ニ付、為加増遣候訖、弥可抽忠節者也、

慶長七年
七月十七日　秀詮印

林丹波守（長吉）とのへ

166 小早川秀詮知行目録（壱岐文書）

知行方目録

備前児島
一、弐百三拾五石壱斗三升　はさ川村

一、七百三石七斗弐升　　同郡　ひこ崎村
一、五百五拾六石四升六合　　同郡　郡浦
一、四百三拾七石弐斗五升　　同郡　こくし村
一、六百弐拾石五斗八升五合　　同郡　田井村
一、五百拾弐石弐斗　　同郡　つちか原村
一、千七百四拾壱石五斗　　同郡　はやし村
　合四千八百六石四斗三升壱合
右、児島つね山之城預置付而、為加増遣之訖、弥可抽忠節者也、
慶長七年
七月十七日　秀詮（黄印2）
伊岐遠江守とのへ

167　小早川秀詮書状写（黄薇古簡集十一）

猶以、土見・山道・岡江両三人嗳被申付、相済し申候間、様子可御心易候、以上、
今度政宗（伊達）与出入有之付而、為御見舞使者被差上候、御心付之段、祝着之至候、政宗並土岐見松・山岡道阿弥・岡野江雪誓紙を以、色々理被申候間、相済し申候、何茂下国之節、万々可申述候、猶林丹波（長吉）かたより可申候、恐々謹言、
（慶長七年）八月十二日　岡山中納言
秀詮（花押6）
花房帯刀殿

168　小早川秀詮書状（木下文書）（折紙）

なを〳〵このよし御披露たのみ候、かしく、
御書はいけんつかまつり候、大方様事、このほうへあひ

きこえ申候、すこしなりともやかてまかりのほり申あく
へく候、かしく、
（慶長七年）八月廿九日　秀詮（花押6）
（奥上書）「御きやくしん　秀詮
御ひろう　」

169　小早川秀詮知行目録写（記録御用所本古文書一）

知行方目録
備前国三野郡
一、千弐百八拾五石六斗一升　東野田村
同上東郡
一、七百拾五石　浅越むら内
合弐千石
右、令加増遣候訖、全可領知者也、
慶長七年
九月三日　秀詮印
林丹波守（長吉）とのへ

170　小早川秀詮知行目録（松野尾章氏所蔵文書）

知行方目録
備前国津高郡
一、五百石　中野村之内
美作久米北条郡
一、千百拾石　下打穴村内
同郡
一、弐百拾九石五斗一升六合　谷分村内
同真島
一、百七拾石四斗八升四合　新庄村内
合弐千石
右、令扶助訖、全可領知者也、
慶長七年
九月三日　秀詮（黄印2）
毛利出羽守（吉雄）とのへ

171　小早川秀詮知行目録（壱岐文書）

知行方目録

備前国上道郡

一、千五百石　　からし道村

以上、

右、為加増遣之訖、全可領知者也、

慶長七年

九月三日　秀詮（黄印2）

伊岐遠江守とのへ

172　小早川秀詮知行目録写（黄薇古簡集一）

知行方目録

備前国津高郡

一、七拾七石七斗三升六合　白石　久米村内

花尻

同児島

一、六拾壱石四斗七升　大藪村内

美作西々条郡

一、百六拾石　古川村内

同郡

一、五百拾三石四斗三升　別所森原村内

真島郡

一、九拾弐石　かやへ村内

同郡

一、百七拾五石三斗七升四合　ゑかな新庄村内

合千弐百石

右、令扶助畢、全可領知者也、

慶長七年

九月三日　秀詮（黄印）

下方覚兵衛とのへ

＊刊本

173　小早川秀詮知行目録写（碩田叢史四十三）

知行方目録

備前三原郡

一、弐百弐拾弐斗一升

――――

――――

――――

――――

合千拾弐石

右、令扶助訖、全可領知者也、

慶長七年

九月三日　秀詮〇

下石掃部とのへ

174　小早川秀詮知行目録（志賀文書）

知行方目録

美作久米北条郡

一、弐百四拾三石六斗弐升　福田村之内

同郡

一、四百弐拾石　山手村之内

備前赤坂郡

一、百四拾石　東中村之内

同和気郡

一、百四拾六石三斗八升　三石村之内

合九百五拾石

右、令扶助訖、全可領知者也、

慶長七年

九月三日　秀詮（黄印2）

志賀小左衛門尉（親善）とのへ

175　小早川秀詮知行目録写（雑録追加十二）

知行方目録

備前上道郡

一、七拾石　　せき村之内
　　　　同邑久郡
一、百四拾石　　笠賀村之内
　　　　美作西之条郡
一、百四拾石　　おき川羽出村之内
　　　　同大庭郡
一、百拾弐石　　やしろ村之内
　　　　同真島郡
一、三百五拾石　　見明戸村之内
　　　　同吉野郡
一、百石　　西粟倉村之内
　　合九百拾弐石
右、令扶助訖、全可領知者也、
　慶長七年
　九月三日　秀詮御朱印
　　　　島田権右衛門とのへ

176　小早川秀詮知行目録写（黄薇古簡集一）

＊刊本

　　知行方目録
　　　　備前国和気郡
一、弐百石　　三石むら内
　　　　美作久米南条郡
一、百拾弐石四斗　　中島村内
　　　　同郡
一、弐百三拾七石六斗　　北庄村内
　　　　同真島郡
一、百五拾石　　本庄村
　　合七百石
右、令扶助訖、全可領知者也、
　慶長七年
　九月三日　秀詮「印前ニ同シ」
　　　　粟生吉兵衛とのへ

177　小早川秀詮知行目録写（野間左橘家譜）

知行方目録

美作大庭郡

一、四百石　大庭平松村内

同勝南郡

一、百石　勝田村内

同真島郡

一、百三拾四百（石）六斗四升　上村内

合六百三拾四石六斗　但、三十四石六斗八上米也、

右、令扶助訖、全可領知者也、

慶長七年

九月三日　御朱印

野間勘介とのへ

178　小早川秀詮知行目録写（黄薇古簡集一）

知行方目録

備前津高郡

一、百石　から川村内

美作勝南郡

一、五百石　勝田村之内

合六百石

右、令扶助訖、全可領知者也、

慶長七年

九月三日　秀詮「朱印前ニ同」

宮地平蔵とのへ

＊刊本

179　小早川秀詮知行目録写（黄薇古簡集一）

知行方目録

美作国大庭郡

一、百六拾石　久瀬村之内

同真島郡

一、弐百拾石三斗六升　別所村之内

同

一、拾五石　広尾村之内

備前赤坂郡

一、拾五石　南方村之内

合□（四）百石

右、令扶助畢、全可領知者也、

慶長七年

九月三日　秀詮（黄印2）

岩田勝兵衛とのへ

*刊本

180 小早川秀詮知行目録（荻野文書）

知行方目録

備前邑久郡

一、百弐拾石　すへ村之内

美作久米北条郡

一、弐百六拾六石弐斗　和田村之内

同西之条郡

一、拾三石六斗　女原村之内

合四百石

右、令扶助訖、全可領知者也、

慶長七年

九月三日　秀詮（黄印2）

森本市右衛門尉とのへ

181 小早川秀詮知行目録写（黄薇古簡集四）

知行方目録

備前国三原郡

一、百四拾石　宮保村内

美作西々条郡

一、弐百拾石　院庄村内

合参百五拾石

右、令扶助訖、全可領知者也、

慶長七年

九月三日　秀詮（黄印2）

川野又右衛門尉とのへ

＊刊本

182 小早川秀詮知行目録写（黄薇古簡集十一）

知行方目録

美作大庭郡

古見

一、弐百六升八合

田原村内

備前邑久郡

一、百石

西村之内

美作英多郡

山香村之内

一、五拾石

合三百五拾石

右、令扶助訖、全可領知者也、

慶長七年

九月三日　秀詮（黒印2）

黒八右衛門とのへ

＊刊本

183 小早川秀詮知行目録写（播中古文書六）

知行方目録

美作勝北郡

東村内

一、百石

同真島郡

ひろを村内

一、弐百五拾石

合参百五拾石

右、令扶助畢、全可領知者也、

慶長七年

九月三日　秀詮朱印

小島太兵衛とのへ

184 小早川秀詮知行目録写（碩田叢史四十三）

知行方目録

美作大庭郡

一、百九拾六石八斗七升　社村之内
　　　　　　　　　　　備前邑久郡
一、五拾石　　　　　　小津村内
　　　　　　　　　美作真島郡
一、百三石壱斗　　　下方木原村内
　　　　　　　　　　上村野村
　合三百五拾石
右、令扶助畢、全可領知者也、
　慶長七年
　　九月三日　秀詮○
　　　　　　　下方権左衛門とのへ

185 小早川秀詮知行目録（狛文書）

　知行方目録
　　　　　　美作久米南条郡
一、弐百三拾六石七斗弐升　川口村之内
　　　　　　　　　　　備前岩生郡
一、百拾三石弐斗八升　　尾野田村之内
　　　　　　　　　　津田
　合三百五拾石
右、令扶助訖、全可領知者也、
　慶長七年
　　九月三日　秀詮（黄印2）
　　　　　　　徳平喜平太とのへ

186 小早川秀詮書状（木下文書）（折紙）

なを〳〵このよし御とりなしたのみ申候、かしく、
御書はいけんつかまつり候、せつくの御しうきとして、こそて三かきねくたされ候、かたしけなくそんし候、このよし御披露たのみ候へく候、かしく、
（慶長七年）
九月七日　秀詮（花押6）
（奥上書）
「御きやくしん　　秀詮
　　　　御ひろう　」

187　小早川秀詮判物写（記録御用所本古文書一）

請取銀子之事

九月廿七日
一、七百枚者　　但、松山運上之内

七月十七日
一、四百五拾枚者　　但、紙座・塩座・船といの座運上之内

以上、

右、慥請取候者也、

慶長七年
九月廿七日　秀詮判
林丹波守(長吉)とのへ

188　小早川秀詮書状（木下文書）（折紙）

なを〳〵かまひて人をくたされましく候、このほうよりまひ日
ち人を進上可申候間、このよし御披露たのみ申候、かしく、

御書のとをりはいけん仕候、やうたひかしこまりそんし
候、なにさましあん仕しかるへきやうにつかまつるへく
候間、御きつかいなされましく候、かしく、

おか中納言

(慶長七年)
十月七日　秀詮（花押6）

(奥上書)
「御きやくしん　　秀詮
御ひろう　　」

189　小早川秀詮書状（神屋文書）（折紙）

以上、

遠路為見舞書中・美樽・肴到来、喜悦之至候、猶国府内
蔵丞(忠重)かたより可申候、謹言、

(慶長七年)
十月十四日　秀詮（花押6）

宗湛

【付録三】　松平（結城）秀康文書集

1　織田信兼等二十三名連署起請文写（聚楽亭行幸記）

敬白起請文前書
（本文三ヶ条略）
天正十六年四月十五日
土佐侍従（長宗我部）秦元親
三河少将豊臣秀康
丹波少将豊臣秀勝（羽柴）
津侍従平信兼（織田）
（十八名略）

2　羽柴秀康書状（古沢文書）（切紙）

宛所（金吾殿）同前
以上、
態飛脚以申入候、於其表無比類義其隠候、仍助六郎方何と哉覧其聞候、実儀候哉、無御心許候、目出度開陣待入候、かしく、
少
（天正十八年カ）五月廿二日　秀康（花押1）
平岩七之助（親吉）とのへ

3　羽柴秀康書状写（古文書二）（切紙）

以上、
態飛脚以申入候、於其表無比類義其聞候、万端付而御苦労察入迄候、尚吉左右待入候、謹言、
少
（天正十八年カ）五月廿二日　秀康御書判
鳥居彦右衛門（元忠）殿

4　結城秀康知行目録（多賀谷文書）

其方知行分相渡候目録之事
小山領

一、千五百六拾七石弐斗六升　　大宮
藤井之内
一、四百八拾弐石壱斗七升　　細井村
橋本村
合弐千五拾石者
已上
天正拾八年
九月廿一日　秀康（朱印1）
多賀谷安芸守（政広）殿

5　結城秀康社領寄進状（高橋神社文書）

神領之事
高合三拾石者　高橋之内宮廻也
右、高橋大明神為御供免、令進納候、弥武運長久之神慮所仰候、仍如件、
天正十八年庚寅
九月廿四日　秀康（花押2）
高橋大明神社守

6　結城秀康社領充行状写（万覚帳）

充行観音領之事
高三石　　本郷高橋村之内
右之分、為御供免充行候間、弥不可有怠慢者也、
天正十八年庚寅
九月廿五日　（花押）
*『小山市史』史料編・近世Ⅰ

7　結城秀康知行充行状写（伊達政宗記録事績考記十三）

下野国壬生領之事
合弐千石者
右知行分所充行之、不可有相違者也、仍如件、
天正十八年
九月晦日　秀康御朱印

鈴木左源太殿

8　結城秀康知行充行状（栃木県立博物館所蔵文書）

常州藤沢・土浦領
一、弐百参十四石　おき宿
一、七十八石　小岩田
一、百六十八石八斗八升　中村
一、七十石九斗八升　吉瀬
右、知行分充行不可相違者也、仍如件、
天正十八年
九月晦日（朱印1）
清水長左衛門尉殿

9　結城秀康知行充行状写（武州文書五）（折紙カ）

結城領知之事
島田之村内
合弐百石
右知行分所充行、仍如件、
天正十八年
九月晦日（朱印1）
三崎新右衛門尉殿

10　結城秀康朱印状写（結城家譜草案）

定（角印）「御朱印黄門様」
小山領之内大谷稲葉郷之屋荒地へ罷出者、両年無役ニ
申付候、但前々百姓出者曲事可申付事、
右条々、召出者令穿鑿可申付者也、仍如件、
天正拾八年寅
九月晦日

11　結城秀康書状写（松濤棹筆二十八）

猶委細ニ榊原式部（康政）大輔殿より可被仰入候間、不能具候、
急度申入候、最上・会津より相動申通、先日致言上候使、
先さま申越候、何茂関東中被残置候衆、合属申相動可申

由被仰出之通申来候、未彼使者不参候条、御書付を八不進候、左様ニ候へハ、我等義此十八日爰元を可罷立候、其御心得被成、御出陣待入申進候ハ、、以参御請合申、何様にも御申次第ニ致度候へ共、動申候事近々ニ候へハ、路次も遠候故、如此申入候、先ニ相待何様にも貴所御分別次第ニ可申候、佐竹（義宣）儀も同道申可参旨、被仰出通申越候、其分可有御心得候、恐々謹言、

（天正十八年カ）十月十一日　　秀康判

平岩主計頭（親吉）殿

12　結城秀康書状写（松濤棹筆二十八）

昨日も以書状申候、参着候哉、彼使罷帰候、御書ハ口上ニ被　仰含候間、不参候三人之衆より状参候間、為御披見ニ進候、口上ニ何も関東御人数合属申可参と被存候、必々十八日ニ爰許江可罷出候間、御急待入候、恐々謹言、

亥刻　（天正十八年カ）十月十一日　　秀康卿

平岩主計頭（親吉）殿

13　結城秀康寺領寄進状（安穏寺文書）（折紙）

結城領之内、於下坪山村五十三石、為新寄進、知行不可有相違之状、仍如件、

天正拾八庚寅年

拾月十二日　秀康（朱印1）

安穏寺

14　結城秀康書状（谷森建男氏所蔵文書）（折紙）

年初之為祝詞、早々御音信之儀、令祝着候、殊更半途迄来儀之由、感悦無他候、随而自去年之煩、散々式候得共、察物にて入唐之御供令申越候、如何様重而向後之節可申述候、委曲者片山義介可申入候間、令略候、謹言、

（文禄元年カ）正月廿日　秀康（花押1）

松平又七（家信）殿

15　結城秀康知行充行状写（結城家譜草案）

結城○領・日光領内知行分事
合参百石者　野老野村
右領知充行之者也、仍而如件、
天正弐拾年
二月九日（花押1）
長美左太郎殿

16　結城秀康知行充行状写（秋田藩家蔵文書五十）

結城領知行事
鹿沼村之内
合参百石者
右領知充行者也、仍如件、
文禄弐年
五月廿一日　秀康（黒印2）
長谷河惣大夫殿

17　結城秀康知行充行状写（秋田藩家蔵文書四十四）

結城領之内知行分事
合弐百石者　上河島　下河島
右領知充行之者也、仍如件、
天正弐拾年
二月九日（花押1）
加藤五左衛門殿

18　結城秀康知行充行状（奈良文書）

結城領内知行分事
合七拾石者　中村　窪田内
右領知充行之者也、仍如件、
天正弐十年
二月九日（花押1）

奈良弥三郎殿

19 結城秀康知行充行状（海老原文書）

結城領内知行分事
　合参拾五石者
右領知充行之者也、仍如件、
天正弐十年
　二月九日（花押1）
　　海老原又三郎殿

20 徳川家康等二十名連署起請文（東京国立博物館所蔵文書）

（本文略）
　文禄弐年五月廿日
　江戸大納言（徳川家康）（花押）
（十二名略）
　　結城少将（花押2）
（五名略）
　　伊賀侍従（筒井定次）（花押）

21 結城秀康書状写（秋田藩家蔵文書五十）

尚々爰元之儀、無沙汰申間敷候間、可心安候也、又知行之朱印遣候、
態飛脚を指越候、早々結城参着候哉、無心元候、其元之儀高木小右衛門尉（長吉）ニ申付候、無沙汰有間敷候、用之儀候者、此方へ可申越候、爰元之儀少も如在申間敷候、可心安候、委細者惣左衛門（長谷部）可申候者也、
五月廿三日（文禄二年カ）（黒印2）
　長谷河惣大夫殿

22 伏見大光明寺建立勧進書立（相国寺文書）

伏見ニだい長老寺被作勧進
　次第不同
（合点）一、百石　（合点）江戸大納言殿（徳川家康）（花押）
（三十一名略）

（合点）
一、弐拾石　（合点）ゆうきの少将殿（花押2）

（六十九名略）

（本文略）

文禄三

八月廿一日　山中山城守（長俊）（花押）

有間刑部卿法印（則頼）（花押）

有楽斎（織田長益）（花押）

参考一　羽柴秀吉御内書（超勝寺文書）（折紙）

闕郡遠里小野内九百石事、今度以検地之上令扶助畢、全可領知候也、

文禄三

十月十七日（秀吉朱印）

羽柴結城少将母

23　織田信雄等三十名連署起請文（木下文書）

敬白天罰霊社上巻起請文前言事

（本文五ヶ条略）

文禄四年七月廿日

敬白天罰霊社上巻起請文之事

（本文略）

文禄四乙未七月廿日　羽柴東郷侍従（長谷川秀一）（血判花押）

（十八名略）

羽柴結城少将（血判花押2）

（九名略）

常真（織田信雄）（花押）

宮部中務法印（継潤）

民部卿法印（前田玄以）

富田左近将監殿（一白）

増田右衛門尉殿（長盛）

石田治部少輔殿（三成）

長束大蔵大輔殿（正家）

24 結城秀康黒印状写（結城家譜草案）

下野国結城領分知行之事
高九百参拾三石四斗九合　榎本領之内
　　　　　　　　　　　　西永代村
高八百弐拾七石三斗弐升　　　戸恒村
高四百六拾八石八合　野田村
高七百九拾七石八斗七升　鏡村
高四百五拾九石九斗七升七合　細田村
高弐百七拾弐石九斗六升五合　大河島村
高千九百参拾九石壱斗六升五合　壬生本郷
合五千六百九拾八石七斗壱升三合
右、為京賄之代官申付候、年貢所当無非法所務等可申付候者也、仍如件、
文禄五丙申年正月廿日　黄門様御黒印
　　　　　　　　　　真瀬将監とのへ

25 結城秀康知行充行状写（伊達政宗記録事績考記十八）

充行知行分之事
高六百九十六石弐升四合　土浦領大岩田村
同三百四十弐石八斗六升弐合　同　領鳥山村
同四百二十七石弐斗六合　同　領平塚村
同二百石　同　領坂田村内
　　　　　　カク間ノ内
同三百七石壱斗四升六合　同　領大橋村
同二十六石七斗六升弐合　同　領土浦本郷内
合二千石
右分、無相違可令領候者也、仍（如脱カ）件、
文禄五丙申年
正月廿日　御黒印
鈴木左源太殿

26　結城秀康知行充行状（栃木県立博物館所蔵文書）

充行知行分之事
高六百八石九斗九升五合　小山領小宅村
高百石　同領間々田村内
合七百八石九斗九升五合者
右分、無相違可令領知者也、仍如件、
文禄五丙申年
正月廿日（黒印2）
清水長左衛門尉殿

27　結城秀康知行充行状（『思文閣古書資料目録』二三二号）

充行知行分之事
高百六拾五石者　結城領中島村
高百参拾五石者　小山領寄居村内
高百石者　鹿沼領仁連木内
右分、無相違可令領知候者也、仍如件、
文禄五丙申年
正月廿日（黒印2）
石河忠介殿

28　結城秀康知行充行状写（古文書六）

充行知行分之事
高四百石者　土浦領手野村内
右之分、無相違可令領知者也、
文禄五丙申年
正月廿日　御黒印
小笠原与次とのへ

29　結城秀康知行充行状写（結城家譜草案）

充行知行分之事
高参百石　藤沢領今泉村
右分、無相違可令領知候者也、仍如件、

「年号月日御墨印同上」

加藤小右衛殿

30　結城秀康知行充行状写（結城家譜草案）

充行知行分之事

高参百石者　土浦領上室村内

「御判年号同断」

本多半三郎殿

31　結城秀康知行充行状写（伊豆順行記）

充行知行分之事、高弐百石者、土浦領中村之内、右分、
無相違可令領知者也、仍如件、
文禄五丙申年正月九（廿）日「黒印」
岡部宗次郎殿

32　結城秀康知行充行状写（秋田藩家蔵文書四十四）

充行知行分之事
高弐百石者　小山領野木村内
右分、無相違可令領知候者也、仍如件、
文禄五丙申年
正月廿日（黒印2）
加藤五左衛門尉とのへ

33　結城秀康知行充行状写（武州文書五）

充行知行分之事
高弐百石者　土浦領永国村内
右分、無相違可令領知候者也、仍如件、
文禄五丙申年
正月廿日（黒印2）
三崎新右衛門殿

34　結城秀康知行充行状写（結城家譜草案）

充行知行分之事
高弐百五拾石　薬師寺本郷之内

右分、無相違可令領知候者也、仍如件、
文禄五丙申年正月廿日　黄門様御墨印
熊谷右衛門尉殿

35 結城秀康知行充行状（山下文書）

充行知行分之事
高百石　小山領内網戸村内
右分、無相違可令領知者也、仍如件、
文禄五丙申年
正月廿日（黒印2）
名倉作平とのへ

36 結城秀康知行充行状（奈良文書）

充行知行分之事
高七拾石者　小山領武井村内
右分、無相違可令領知候者也、仍如件、
文禄五丙申年
正月廿日（黒印2）
奈良弥三郎殿

37 結城秀康知行充行状（長田文書）

充行知行分之事
高参拾三石者　日光領所野村内
右分、無相違可令領知候者也、仍如件、
文禄五丙申年
正月廿日（黒印2）
長田治部殿

38 結城秀康寺領充行状（安穏寺文書）

充行寺領分之事
高五拾参石者　結城本郷内
右分、無相違可被令領知者也、仍如件、

文禄五丙申年
正月廿日（黒印2）
安穏寺

39　結城秀康寺領充行状（孝顕寺文書）

充行寺領分之事
高五拾石者　結城領鹿窪村内
右分、無相違可被令領知者也、仍如件、
文禄五丙申年
正月廿日（黒印2）
孝顕寺

＊『結城市史』第一巻

40　結城秀康寺領充行状（弘経寺文書）

充行寺領分之事
高五拾石者　結城本郷内
右分、無相違可被令領知者也、仍如件、
文禄五丙申年
正月廿日（黒印2）
弘経寺

41　結城秀康知行充行状（大輪寺文書）

充行知行分之事
高五拾石者　結城領萱橋村内
右分、無相違可令領知候者也、仍如件、
文禄五丙申年
正月廿日（黒印2）
人手観音

＊『結城市史』第一巻

42　結城秀康社領充行状写（高橋神社文書）

充行社領分之事
高弐拾石四升弐合　結城領堀込村［

高拾石者　　結城領萱橋村之内
合参拾石者
右分、為神領充行候者也、仍如件、
文禄五丙申年
正月廿日
高橋明神社守

「御朱印之写」

＊『結城市史』第一巻

43　結城秀康寺領充行状（華蔵寺文書）

充行寺領分之事
高弐拾石者　結城本郷内
右分、無相違可被令領知者也、仍如件、
文禄五丙申年
正月廿日（黒印2）
華蔵寺

44　結城秀康寺領充行状（称名寺文書）

充行寺領分之事
高拾五石者　結城本郷内
右分、無相違可被令領知者也、仍如件、
文禄五丙申年
正月廿日（黒印2）
称名寺

＊『結城市史』第一巻

45　結城秀康寺領充行状写（下総崎房秋葉孫兵衛旧蔵模写文書集八）

充行寺領分之事
高拾五石者　結城本郷内
右分、無相違可被令領知者也、仍如件、
文禄五丙申年
正月廿日（黒印2）

聴芳庵

46　結城秀康寺領充行状写（下総崎房秋葉孫兵衛旧蔵模写文書集九）

充行寺領分之事
高拾五石者　結城本郷内
右分、無相違可被令領知者也、仍如件、
文禄五丙申年
正月廿日（黒印2）
釈迦堂

47　結城秀康寺領充行状（大輪寺文書）

充行寺領分之事
高七石者　結城本郷内
右分、無相違可被令領知者也、仍如件、
文禄五丙申年
正月廿日（黒印2）
大輪寺

48　結城秀康寺領充行状写（下総崎房秋葉孫兵衛旧蔵模写文書集八）

充行寺領分之事
高六石者　結城本郷内
右分、無相違可被令領知者也、仍如件、
文禄五丙申年
正月廿日（黒印2）
妣性庵

49　結城秀康知行充行状写（武州文書五）

充行知行分之事
高弐拾八石九斗四升六合　土浦領永国村之内
右分、無相違可令領知候者也、仍如件、
文禄五丙申年
三月十三日（黒印2）

三崎道門

50　結城秀康知行充行状（反町文書）

充行知行分之事
高百石者
右分、無相違可令領知候者也、仍如件、
文禄五丙申年極月廿二日（黒印2）
野本九蔵殿

51　羽柴（徳川）秀忠書状（個人所蔵文書）（折紙）

尚々入御念候、忝存候、
上洛候付、御使札本望之至候、於石辺披見仕候、雨故路次中逗留仕、只今此地迄罷着候、明日於伏見懸御目可申承候、恐々謹言、
（慶長元年カ）六月五日　秀忠（徳川）（花押）
（見返し上書）
「（墨引）　石辺より
三州様江　中納言
御報　」

52　結城秀康書状写（松濤棹筆二十八）

遠路使札、殊ニ為御音信、菱餅二ツ并蝋燭百丁送行之祝着候、爰許替儀無之候条、心易可被及候、恐々謹言、
（年未詳）卯月四日　少将秀康
平岩主計殿（親吉）

53　尊朝法親王書状（竹内周三郎氏所蔵文書）（切紙）

鞍馬寺本堂及大破候条、令致修造之儀、令勧○候、奉加之事被加下知候者、弥可為武運長久之懇祈候、猶妙寿院可申候也、
（年未詳）十一月三日（花押）（尊朝）
結城少将殿

54　羽柴秀吉御内書写（後撰芸葉十二）

為歳暮之祝儀、呉服二并北政所へ同二到来、悦思召候也、
（年未詳）極月廿七日　朱印
羽柴結城少将とのへ

55　羽柴（徳川）秀忠書状写（続片聾記二）

一昨七日に令上着候、先日其路次まで御送、本望之到候、
御武者揃に可然罷上候間、其節万々可申入候、恐々謹言、
江中納言秀忠（徳川）（花押）
結城少将様人々御中

＊『片聾記・続片聾記』上巻

56　羽柴（徳川）家康書状（平成十三年『古典籍下見展観大入札会目録』）

尚明日委細可承候、今日者貴下も御草臥候哉、定事之外痛申候、
改暦之御慶珍重存候、如仰先刻者得賢意本望之至ニ存候、
然者抽印先可然之由候旨、則御使ニ進之候、御意ニ入候
者貴下御用ニ候間、迚之儀ニ染させ本給次第仕立、廿六
日之御用ニ立候様ニ可申候、此方ニもいつそハ又入申事
も御座候ハん間、次手なから仕立置可申候、恐々謹言、
□□□□
（端裏カ上書）
「（墨引）　家康（徳川）
結城中将殿　□□□」

＊『新修徳川家康文書の研究』第二輯

57　加藤清正書状写（後撰芸葉十）

此面之様子言上仕候条、致啓上候、仍御働已来、終以愚
札も不申上、無音背本意存候、今度赤国・青国無残致成
敗、打かけニ拙者ハ慶尚道如形散向仕、一昨日八日ニ蔚
山迄罷出、此地拙者ニ被仰付候、御城所普請之儀、各申
請候、此外相替儀無御座候間、御心安可為被思召候、随

而　殿下様御父子（羽柴秀吉・秀頼）共御息災之旨承、万々目出度奉存候、
弥御報ニ被仰下承度迄ニ候、猶追而可得御意候、恐惶謹
言、
加藤主計頭
十月十日（慶長二年）　清正判「右之判
羽柴三州様　清正（花押）」

58　浅野長慶書状案（浅野文書）

急度申入候、うるさん新城為普請、大飛（太田一吉）奉行にて申談、
我等も在陣候之処、去十二月廿二日ニ到蔚山表大明人数
十万打出、即取詰、同廿三日卯ノ刻より惣構へ押寄候之
処、巳ノ下刻迄防戦候、寒天之時分之新城ニ候へハ、堀
も無之、土手際不首尾付而、不及是非城中へ取入、本丸・
二・三ノ丸堅固ニ相抱候、以数十万昼夜入替攻候へ共、
於手前〳〵人塚をつき候程討果候、其上手負数万人在候
故、敵勢うすく罷成、折節一昨日二日うしろまきののほ
り崎を見懸、其手当を仕、昨日三日之夜子ノ刻より今日
辰刻迄、諸手を寄雖攻候、下々の事ハ不及申、自身手を
砕相働付而、手負死人不知其数討果候処、今日巳ノ刻よ
り引取申候、大明之人数三十万余取懸候之処を請留、数
万人討果候故、如此引退申候、今度之於様子者、此面渡
海之衆○二重而可有御尋候、尤銘々以書状申度候へ共、急候間、
一紙ニ進入候、恐々、
○致啓上候、恐惶、
正月四日（慶長三年）　浅野左京（長慶）
「使森半右衛門」
金森法印（長近）　千石越前（秀久）様
有間中書（則頼）　堀尾帯刀（吉晴）様
有楽（織田長益）　寺西筑後（正勝）様
羽柴肥前守（前田利長）様　堀尾信濃（忠氏）様
羽柴越中（長岡忠興）様　村上周防（義明）様
羽柴三河様　溝口伯耆（秀勝）様
羽柴久太郎（堀秀治）様
中村式部少輔（一氏）様
羽柴下総守（雄利）様

「右拾五人一通」

＊『浅野家文書』

59　結城秀朝定書写（浄光院様別記）

定

一、留守中就万端無隔意内談之事、
一、雖有何事如前々被走廻尤之事、
一、宿中火事、結城可為如仕置之事、
一、心中御分別之事、
一、普請已下被入念事、
右条々、仍如件、

（慶長三年カ）二月九日　秀朝（花押2）

山川讃岐守（晴重）殿

60　結城秀朝定書（孝顕寺文書）

定

一、寺家内外門前并寺領之内、諸役免許之事、
一、寺中内外之竹木等、不可剪取之事、
一、上下輩寺中ニ宿取儀、停止之事、
右、対寺家於慮外之族者、可処厳科者也、仍如件、

慶長三戊戌二月廿日　秀朝（黒印2）

孝顕寺

61　結城秀朝安堵状写（実相寺文書）

寺領者任先規可収納、寺中境内真名子堺迄、先年之通弥不可有相違者也、

慶長三年戊戌二月廿日　秀朝

実相寺大佐和尚

62　結城秀康知行充行状（栃木県立博物館所蔵文書）

充行知行分之事

日光領
高六拾三石弐斗四升弐合八　千本木村之内
小山領

高百拾九石三斗八升八　上立木村之内
同領
高五拾四石壱斗弐升六合八　下立木村之内
結城領
高弐拾壱石壱斗五升七合八　小田林之内
皆川領小薬
高四拾弐石九升五合八　大内川村之内
合三百石者
右分、寄子給出所、無相違可令領知者也、仍如件、
慶長三年
二月廿二日（黒印2）
清水長左衛門尉殿

63　結城秀康寺領充行状（金剛寺文書）

充行祈念之知之事
結城領
一、高三拾石者　堀込村之内
右、為祈念之地充行、其人之手作分・居屋敷共ニ、無相
違可令所務者也、仍如件、
慶長三年戊戌
九月廿九日（黒印2）
金剛院

＊『結城市史』第一巻

64　結城秀康書状（服部玄三氏所蔵文書）（折紙）

尚々追而可申上候、
重陽為御祝儀小袖一重進上仕候、誠態斗ニ御座候、爰元
相かわる儀無御座候間、御心安可被思召候、内府様（徳川家康）一段
御きけんも能御座候条、猶以御きつかいハ御座有間敷候、
委重而可申上候、恐惶謹言、
（慶長三年カ）八月七日　秀康（花押2）
（奥封上書）
「（墨引）　羽三河守
（墨引）□（中）（徳川秀忠）納言様　秀康
人々御中」

＊欠損部分は「徴古雑抄」所収本文書写により補う。

65 結城秀康書状（越葵文庫文書）（折紙）

猶々節々尊書被下、過分ニ奉存候、
態使札以申上候、其元何事無御座御そくさいに御座候哉、
無御心元奉存候、爰元相かわる儀無之、内府様（徳川家康）御むひ
やうに御きけん能御座候条、御心安可被思召候、次ニ石
田治部少（三成）者晦日九州へ罷下、高麗之御人衆引取可申之由
ニ御座候、弥々相かわる儀無御座候条、御きつかいに思
召被成間敷候、態斗はほり三ツ進上申候、委重而可得貴
意候、恐惶謹言、
十月三日（慶長三年）　秀康（花押2）
（奥封上書）
「（墨引）　羽三河守
秀忠（徳川）様へ　　秀康」

66 結城秀康書状（多賀谷文書）（切紙）

為歳暮之御祝儀、小袖壱重送給、令祝着候、尚堀中筑後
守可申候、恐々謹言、
極月（年未詳）廿四日　秀康（花押2）
多賀谷左近（三経）殿

67 結城秀康知行充行状（栃木県立博物館所蔵文書）

充行知行分之事
一、高参百石者　土浦領内
右、為加増遣候、無相違可令領知者也、仍如件、
慶長三年戊
十一月廿一日（黒印2）
清水長左衛門尉殿

68 羽柴（徳川）秀忠書状（大阪城天守閣所蔵文書）（折紙カ）

尚々其元之様子、被入御念被仰越忝候、
御飛札本望之至令存候、路次中無何事被成御上着候由、
珍重存候、将又内府様（徳川家康）弥御息災ニ御座候由、是又目出

度存候、仍　大納言（前田利家）様煩付、　内府様大坂へ被成御下候
処、御入魂之由、満足ニ存候、驢而六人のうちへ御入な
され候由、御尤ニ存候、何事も自是可申入候間、不能具
候、恐々謹言、
三月廿二日（慶長四年）　秀忠（徳川）（花押）
（見返しカ上書）
「（墨引）武蔵守
三州様　　秀忠
御報　　」

69 小早川秀秋等三十名連署新公家衆法度請状写（旧記雑録後編四十五）

御禁制条々
（本文五ヶ条略）
慶長四年五月十一日
清須侍従（福島正則）
（二十一名略）
結城宰相

（六名略）
筑前中納言（小早川秀秋）
徳善院（前田玄以）
浅野弾正少弼（長政）殿
増田右衛門尉（長盛）殿
長束大蔵大輔（正家）殿

70 結城秀康黒印状写（秀康公御代御秘蔵御書付類）

結城領知行分之事
高千三百五拾七石弐合者　福良村
右、為結城賄致代官、年貢所当無非法所務等可申付者也、
慶長四年己亥「秀康様御判」
和久井兵庫殿

71 羽柴（徳川）秀忠書状（松江松平文書）（折紙）

一書中入候、仍　内府様（徳川家康）去十六日大坂を御立被成、十七
日伏見ニ御逗留被成、十八日ニ八石辺迄御出被成候由、

申来候、将又其元人留之義事可被仰付候、茂介（村越直吉）方より書
状進之候、委細者石川八右衛門口上ニ申含候間、不能具
候、恐々謹言、

（慶長五年）六月廿二日　秀忠（徳川）（花押）

（見返し上書）
「（墨引）
三州様　　中納言
人々御中　」

72 結城秀康書状（多賀谷文書）（折紙）

飛札披見申候、廿二日巳之刻ニ御着候由、一段急故与
於我等令満足候、其元無油断被入精候事専要ニ候、
内府様（徳川家康）も廿六日ニ者江戸迄御着候間、其分御心得尤候、
恐々謹言、

（慶長五年カ）六月廿三日　秀康（花押３Ａ）

多賀谷左近（三経）殿

73 結城秀康書状（多賀谷文書）（折紙）

已上、
態以飛脚申候、其元へ御着候哉、諸事無油断可被申付事
肝要候、昨日従江戸其表模様次第出馬可申之由申来候、
相替儀候者、早々可有注進候、猶重而可申候、恐々謹言、

（慶長五年カ）六月廿三日　秀康（花押３Ａ）

多賀谷左近（三経）殿

74 結城秀康知行充行状写（清水一岳氏所蔵文書）

充行知行分之事
高百石者　　武井村内
高五拾石者　　藤田村内
高百五拾石者　　中〇村内
合三百石者
右之分、出所無相違可令領知者也、仍如件、
慶長五年庚子

七月十日　秀康公御朱印

清水太郎左衛門殿

75　結城秀康知行充行状（平成四年『古典籍下見展観大入札会目録』）

充行知行之事

結城領

高六拾石弐斗七升五合者　下大根村之内

同領

高三拾九石四斗九升五合者　大和田村之内

合百石者

右之分、出所無相違可被令領知者也、仍如件、

慶長五年庚子七月十日（黒印2）

和久井兵庫殿

76　結城秀康書状（兼松文書）（折紙）

以上、

今度景勝（上杉）無所存故、御太儀にて御下、誠奉察候、炎天与申一入之御苦労共存候、我等儀罷有以面談得御意度候へ共、先へ参候間、無其儀候、国本近候へ共、為何御馳走不申候事迷惑仕候、是式ニ候へ共、俵子令遣之候、恐々謹言、

羽柴三河守

七月十四日（慶長五年）　秀康（花押3A）

金松又四（正吉）様

人々御中

77　結城秀康書状写（譜牒余録五十四）

遠路貴札過分存候、殊御国一揆会津之人数を引込申候処、早速御成敗之由、寔御手柄共無申計候、其以来者久々書状にても御見舞不申、迷惑仕候、内府（徳川家康）も上方何茂一味衆為可被申付、此四五日比ニ江戸可被罷立由候ニ候、委者重而可得御意候条、令省略候、恐惶謹言、

羽三河守

八月廿一日（慶長五年）　秀康御判
羽作州（堀秀成）様
御報

78　羽柴（福島）正則書状写（福島家系譜）

急度致言上候、一昨廿二日はきわおこし舟ニ而我等為先手相越、かしのい・竹かはな近辺令放火、翌日未明ニ岐阜江押懸、則時ニ町追破、すいりうしニ丸三ツ御座候、弐つ其外二、三ノ丸悉く乗崩、本丸も天主まて責詰申候処ニ、木作（具正）・百々（綱家）以下罷出、三郎（織田秀信）殿御身命無異儀様ニと降参仕候ニ付而、井兵部少輔（井伊直政）・本中務（本多忠勝）令談合、くるしかるましき由被申候ニ付而、先尾州まて退申候、城中之者数多討捕候、其段井兵・本中淵底被存候間、定而可申上候、次城責申刻うしろつめ心ニ、石治部（石田三成）者かうと河向まて罷出候処、黒田甲斐守（長政）・藤堂佐渡守（高虎）ら向川をこし一戦ニ及、追崩数多討捕候由候、定而様子直ニ可被申上候、今日各相談仕明日佐和山表江相働、重而御吉左右可申上候、恐惶謹言、

八月廿四日（慶長五年）　羽柴左衛門大夫
正則判
羽三州様
人々御中

79　結城秀康書状写（黄薇古簡集一）

已上

「幸田ハ今渡之事」

去廿二日ニ幸田渡へ敵罷出候処、則被成御越、砕手被成合戦、殊ニ数多討取被成之由、諷々御手柄無申計候、少も御人数そこね不申候哉、無御心元存候、殊廿三日岐阜へ取懸被成、早速責破被成候由、重々之御手から無申計候、別紙にて申候ハんすれ共、可為御取籠候間、一書ニ如此候、恐々謹言、

「慶長五年」
結城宰相
八月廿九日　秀康（花押3A）

池田吉左衛門殿
同　九郎兵衛殿
伊木清兵衛殿
阿老平左衛門殿
人々御中
貴報

＊刊本

80　結城秀康書状写（譜牒余録五十四）

尚々被入御念之儀忝候段、筆紙ニ不申得候、以上、

去九日貴札、今日十七日拝見、過分至極存候、今月七日従会津手遣申候処、同八日ニ打詰被成、頸数多被討捕之由、誠御手柄共、毎度之儀無申計候、可為御取紛之処ニ、被入御心、節々御心付候段、過分不浅候、爰元相替儀も無御座候、委従是可得御意候条、不能巨細候、恐惶謹言、

結城宰相
（慶長五年）九月十七日　秀康御判
羽作州（堀秀成）様

81　結城秀康書状写（中村不能斎採集文書九）

尚々其元之様子被仰越忝候、

去十二日之御状、今日廿五日ニ拝見申候、誠被入御念ゑつ給、一入満足いたし候、去十五日濃州山中ニ而合戦被成、こと々々く被打取候由、千万目出度存候、殊自身貴所も高名被成候由、千万目出度候、少手をおい被成候由承、あんし申候、くるしからす由承、我等一人（〔入〕カ）令満足いたし候、次野州（松平忠吉）自身高名之由、只貴殿御たちそい被成故と存計、此方ニ而承、満足御すいりやう可給候、扨々御同様不申候やう、御迷惑無之候、やかて大坂より之御吉左右待入申候、恐々謹言、

（慶長五年）九月廿五日　秀康花押

（奥封上書）
「（墨引）　より
井兵部殿（井伊直政）参　羽三」

82　結城秀康書状（天理大学図書館所蔵伊達文書）（折紙）

態使札以申入候、去十七日ニさを山へ山中より取かけ、則乗取申候、水之手を田中兵部(吉政)取、せめおとし申候、内府(徳川家康)ものニ而ハ、石川左右衛門尉(康通)太夫手柄仕候、石田杢(正澄)父子、治部(石田三成)父(石田正継)・同妻子ちかい仕候、てんしゆニ日をかけ申候、上方之儀、弥々御心安可被思召候、最上之儀、先日以来何共不被仰越候、如何無御心元存候、さても々々早足可罷出儀ニ候へ共、内府かたく被申付候間、迷惑仕候、先日御飛脚相留申候間、上より之返事次第、それニ御返事可申入候、少由断ニ而無御座候、神八幡々々延引之所、千万迷惑仕候々々、委彼使可申上候、以上、恐々謹言、

羽三河守

(慶長五年)九月廿八日　秀康（花押3A）

(伊達政宗)羽越州様人々御中

83　羽柴（伊達）政宗書状（越葵文庫文書）（切紙）

追而手前所々ニ人衆賦仕候へ共、最上ハ我等祖(叔)父候上野介(伊達政景)ニ五百騎・鉄炮千挺、其外足軽衆数多相添遣、于今差置申候、勿論内府様(徳川家康)へ之御首尾迄者如此候、上方へも此由御次ニ御取成奉頼候、以上、

遠路態々御音札辱候、上方追日内府様被任御存分之由、此方へも被成御書候、弥御吉左右奉待候、然而最上ニ陣取仕衆、于今〳〵在陣候、結句今明日中ニ自会津景勝(上杉)最上出馬之由申来候、此刻白河境迄も御出馬候者、南北へ之手遣何共被成間敷候、乍去不可過御分別候、恐惶謹言、

羽越前

(慶長五年)九月廿八日　政宗(伊達)（花押）

(奥封上書)

「羽三州様

御報」

84　羽柴（徳川）家康書状写（国事叢記一）

今度濃州表之合戦ニ勝利を得事、偏ニ其方奥州表手強被

押、関ヶ原静謐之故也、一世之大慶不過之候、恐々、

（慶長五年）九月　（徳川）家康

三河守殿

＊刊本。本文書は検討を要する。

85 結城秀康書状写（栃木県庁採集文書三）（折紙カ）

尚々被入御念過分存候、

被入御念伝七郎（十カ・今村盛次）方迄貴札拝見仕候、其上早旦御出馬被成
候ハん由、於我等過分ニ存候、唯今江戸より申来分ハ、
会津より申分も御座候条、〇申事相延可申由、申越候間、
様子承ニ使を遣申候、此十九日ニ彼使も可参候条、御延
引可被成候、委者此方より可申候、恐々謹言、

（慶長五年）十月十六日　秀康（花押3A）

（奥封上書）
「（墨引）羽三河守
（佐野信吉）佐修様　秀康
人々御中　」

86 結城秀康書状（神田文書）（折紙）

以上、

一書申入候、村田助左衛門尉所より犬之儀申入候処ニ、
即送給候、誠令祝着候、一段恩事之犬ニ而一入忝候、委
村田助左衛門尉可申候条、令省略候、恐々謹言、

宰相

（年未詳）三月十二日　秀康（花押3A）

神田修理殿

87 結城秀康書状写（参遠古文書覚書）

尚以朝夕御噂申出候、以面上相続候義、申承候、念願
迄候、

態以使者申入候、其表御取紛之処ニ、被入御念遠路切々
預御状、誠ニ忝令存候、其許思召侭ニ被仰付由、於我等
満足此事ニ候、将又此〇［　　］候へ共、少はやく御入
候間、令［　　］次て（はカ）つとう廿丁送進之候、誠御音信之

様迄候、委細者松下三十郎可申入候、恐々謹言、
羽柴三河守
秀康
（年未詳）卯月廿二日
加藤主計頭（清正）様
「但落字の所ハ、本紙すれ切不相見申候、」

88 結城秀康定書（実相寺文書）

西方
定　実相寺
一、寺家門前、如寺例之可相勤之事、
一、上下之輩、寺中ニ宿取停止之事、
一、御除地之外、附来名田可任先規事、
一、那智山陰場拾五町、東西用水際事、
一、大佐和尚開山所之事、
（年未詳）八月三日（黒印2）

89 結城秀康書状（松平基則氏所蔵文書）

以上、
一昨日使を以申候つる、参着申候哉、次彼使口上に申進
候之間、不能巨細候、恐々謹言、
（年未詳）十月廿七日　秀康（花押3A）
平主計（平岩親吉）殿
まいる

90 結城秀康書状写（松濤棹筆二十八）

先日之御報被入念預示候、一段祝着ニ存候、其許朝夕御
苦労察入候、委片山茂助（吉次）ニ申含候条、令省略候、恐々謹言、
（年未詳）十一月十六日　秀康（花押3A）
平岩主計（親吉）殿
御宿所

91　結城秀康書状（保阪潤治氏所蔵文書）（切紙）

御祈祷之　尊像御札、殊御音信喜悦之至候、弥於　御神前御祈念之儀頼入存候、御初花令進覧候、猶高木豊前守（長次）可申候、恐々謹言、

（年未詳）十二月九日　秀康（花押3A）

勝地院

御報

92　徳川秀忠書状（越葵文庫文書）（折紙）

御状本望至候、仍越前国御拝領御祝着之由候而、以小栗五郎左衛門（正勝）被仰上候段、尤存候、誠目出度存候、此方弥静謐御座候間、可御心安候、尚期後音候、恐々謹言、

（慶長六年）正月四日　秀忠（徳川）（花押）

中納言

結城宰相殿

まいる

93　徳川秀忠書状（福岡市博物館所蔵文書）（切紙）

早々御懇書本望之至存候、今日十八日浜松迄参着候、頓而罷下、懸御目可申伸候、恐々謹言、

（慶長六年）卯月十八日　秀忠（徳川）（花押）

大納言

（奥封上書）
「宰相殿」

94　徳川秀忠書状（越葵文庫文書）（折紙）

其元へ御下着可被成と存、以飛脚申入候、定而其地御仕置等可被仰付と察入候、将又御目いかゝ御座候哉、千万無御心元存候、不及申候へとも、無御由断御養生専一候、万事重而可申入候間、不能具候、恐々謹言、

（慶長六年）八月十三日　秀忠（徳川）（花押）

（見返し上書）
「越前宰相殿　大納言
人々御中　」

95　松平秀康書状（大関文書）（折紙）

以上、

就入国之儀、是迄御飛札忝候、従伏見去十四日ニ罷下、
北庄へ参着申候、猶期後音時候条、令省略候、恐々謹言、

越宰相

（慶長六年）八月廿四日　秀康（花押3B）

大関左衛門督殿（資増）

96　松平秀康知行充行状（多賀谷文書）

充行知行分之事

丸岡領

一、高千五百九石三升　熊坂村

同領

一、高千七拾壱石九斗　中村

同領

一、高七百七石三斗七升　すかの村

同領

一、高六百六拾石四石四斗五升　蓮浦村

同領

一、高六百五拾弐石七斗四升三合　今道村

同領

一、高弐百八拾四石弐斗壱升　里竹田村

同領

一、高弐百五拾五石七斗八合　北村

同領

一、高弐百五石九斗八升壱合　北野村

同領

一、高六百弐石三斗八升　南引田村

同領

一、高三百九拾四石八斗弐升　北引田村

同領

一、高四百七拾八石七斗三升　宮谷村

同領

一、高三百六拾九石三斗五升　檜山村

同領

一、高弐百六拾五石八斗五升七合　橋屋村

同領

一、高六百弐拾三石七斗三升　山室村

同領

一、高五拾四石五斗五升　西方寺村

同領

一、高八百拾壱石八斗壱升五合　柿賀原村

同領

一、高弐百八拾九石七升四合　次郎丸村

同領

一、高五百八拾三石七斗九升六合　屋地村

同領

一、高五百六拾七石八升　高塚村

同領

一、高百七拾弐石四斗壱升　清王村

同領

一、高弐百七拾八石五斗弐升　拾楽村

同領

一、高六百三拾石四斗四升　青野木村

同領

一、高百拾弐石六合　乗金村

三国領

一、高弐百五拾弐石三升　吉崎村

同領

一、高弐百九拾四石六升九合　赤尾村

同領

一、高七百拾八石七斗四升　家吉村

同領

一、高百弐拾四石五斗壱升　横柿村

同領

一、高千弐百四拾壱石六斗五升　下番村

同領

一、高弐千四石弐斗八升弐合　　　中番村
同領
一、高弐千三百六拾三石九斗八升壱合　　　上番村
同領
一、高四百九拾石六斗四升七合　　　谷畠村
同領
一、高七百壱石五斗　　　重吉村
同領
一、高三百五拾七石八斗壱升七合　　　東善寺村
同領
一、高三百拾壱石六斗弐升五合　　　馬場村
同領
一、高弐百弐拾六石三斗弐升八合　　　新開村
同領
一、高千八百弐拾石五斗　　　丑見村
同領
一、高三百六拾四石八斗七合　　　轟村
同領
一、高五百五拾石三斗　　　西村
同領
一、高四百四拾六石弐斗五升　　　蔵垣内村
同領
一、高六百八拾六石三斗壱升　　　東村
同領
一、高四百七石九斗　　　中村
同領
一、高五百八拾石八斗三升　　　下新庄村
同領
一、高千三百四石三升　　　上新庄村
同領
一、高七百三拾壱石四斗弐升　　　若宮村
同領
一、高千百四拾六石七斗弐升　　　徳分田村
同領

一、高千弐百五拾壱石三斗　東長田村
　合参万石者
右知行分之所、無相違可令領知者也、仍如件、
慶長六年
　丑九月九日（朱印2）
　　多賀谷左近大夫殿（三経）

97　松平秀康知行充行状写（山川文書）

充行知行分之事
志比領
一、高七百三拾五石八斗六升　市野村
同領
一、高五百五拾四石　宝善寺村
同領
一、高七百六拾壱石七斗四升　谷口村
同領
一、高弐百卅三石三斗四升　花谷村
同領
一、高百七拾壱石六斗七升弐合　ほうし岡村
同領
一、高七拾五石三斗三升　山村
同領
一、高八百三石四斗四升　すわ田村
同領
一、高弐百七拾石五斗八升三合　高橋村
丸岡領
一、高弐百五拾三石八斗四合　下森田村
同領
一、高三百八石六合　上森田村
同領
一、高四百弐拾九石九斗弐升　上野村
同領
一、高五百壱石五斗九升　漆原村
同領

一、高四百九拾弐石八斗六合　福生村

同領

一、高六百七拾六石七升弐合　安田村

同領

一、高弐百四拾石三斗壱升　上合月村

同領

一、高四百六拾七石六斗六升三合　栗守村

同領

一、高弐百弐拾八石六斗八升五合　末政村

同領

一、高六百八拾八石四斗弐升　兼定島村

同領

一、高百五拾四石八斗壱升四合　渡り村

同領

一、高百八拾弐石八斗八升　磯部出作

丸岡領

一、高弐百八拾九石五斗三升　熊野堂村

同領

一、高弐百卅三石三斗六升　島村

同領

一、高弐百八拾四石七斗弐合　臼井村

同領

一、高百卅石八斗六升九合　兼定島出作

同領

一、高四百四拾七石三斗弐升　川井新保村

同領

一、高五百九拾八石七斗七升　羽崎村

三国領

一、高弐千四百拾六石三斗壱升　勝蓮花村

同領

一、高四百八拾九石六斗七合　定政村

同領

一、高四百六拾石五斗四升　随法寺

同領

一、高千百卅四石六斗弐升　中筋村
同領
一、高千七拾弐石八斗弐升　福島村
同領
一、高千百弐石弐斗六升　中村
同領
一、高八拾七石四斗六升　古市村
合壱万七千石者
右知行分之所、無相違可有領知者也、仍如件、
慶長六年
丑九月九日　御朱印
山川菊松（朝貞）殿

98　松平秀康知行充行状（栃木県立博物館所蔵文書）

充行知行分之事　府中領
一、高千七百五拾四石四斗弐升　大明神領
同領
一、高百弐拾五石五斗五升七合　小栖浦
同領
一、高五拾石壱斗壱升七合　大栖浦
同領
一、高百五拾壱石九斗四升壱合　桜谷村
同領
一、高七百七拾五石四斗六升六合　小曾原村
同領
一、高七百弐拾三石七斗弐升六合　江波村
同領
一、高弐百弐拾弐石五斗壱升三合　三崎村
同領
一、高百八拾五石四斗六升六合　下川原村
合四千石者
右知行分、無相違可令領知者也、仍如件、
慶長六年

丑九月九日（朱印2）

清水長左衛門尉殿

99 松平秀康知行充行状（栃木県立博物館所蔵文書）

充行知行分之事

府中領

一、高百五拾九石三斗　大王丸村

同領

一、高三百弐拾九石四斗六升三合　上山中村

同領

一、高百五拾壱石八斗七升　下山中村

同領

一、高七百弐拾壱石六斗三升五合　樫津村

同領

一、高弐百五拾六石六斗八升　加谷村

合千六百弐拾石者

右、為寄子知行遣候間、如書付之割府仕、可相渡者也、

仍如件、

慶長六年

丑九月九日（朱印2）

清水長左衛門尉殿

100 松平秀康定書（栃木県立博物館所蔵文書）

定

高弐百石　細戸宮内

高百三拾石　関石見守

高百弐拾石　多賀谷藤八郎

高百石　太田石見守

高百石　東郷三郎右衛門

高百石　川俣鹿助

高百石　荒川掃部助

高七拾石　満松太郎右衛門

高五拾石　森田文七郎

高五拾石　早瀬助三郎

高五拾石　　岩上式部
高五拾石　　藤沼伊賀
高七拾石　　別井内匠助
高七拾石　　篠原喜兵衛
高弐百九拾石　　和久井主膳助
合千六百弐拾石
右之分、寄子知行無相違可相渡者也、
慶長六年
丑九月九日（朱印2）
清水長左衛門尉殿

101　松平秀康知行充行状（山県文書）

充行知行分之事
田中領
一、高千拾石七斗七升　　上石田村
同領
一、高千三百弐拾六石弐升　　佐々生村
同領
一、高六百五拾五石四斗四合　　小倉村
大畠村
合参千石者
右知行分、無相違可有領知者也、仍如件、
慶長六年
丑九月九日（朱印2）
笹路大膳殿

102　松平秀康知行充行状（山県文書）

充行知行分之事
大野領
一、高四百三拾石八斗壱升　　いなみ村
三国領
一、高三百九拾七石弐斗五升　　下明村
丸岡領
一、高六石六斗八升壱合　　石丸村之内

藤島領
一、高千弐百拾五石弐斗五升九合　高柳村
三国領
一、高百石　鷲塚村之内
合弐千百五拾石者
右、寄子為知行遣候間、如書付之割府仕、可相渡者也、
仍如件、
慶長六年
丑九月九日（朱印2）
笹路大膳殿

103 松平秀康定書（山県文書）

定
高弐百石　内藤忠兵衛
高百石　月岡喜右衛門尉
高弐百五拾石　田布施大隅
高弐百石　柿岡右衛門
高百五拾石　只越大学
高百五拾石　志村次兵衛
高百五拾石　飯田刑部左衛門
高百五拾石　宍戸縫殿助
高百五拾石　渡辺兵庫
高百石　渡辺右馬助
高百石　伏木久助
高百石　堀込次郎右衛門
高弐百石　豊田左衛門
高百五拾石　同人歩寄子五人
合弐千百五拾石
右之分、寄子知行無相違可相渡者也、
慶長六年
丑九月九日（朱印2）
笹路大膳殿

104　松平秀康知行充行状写（参考諸家系図八十三）

充行知行分之事

一、高百三拾七石三升　　下郷
一、高百七拾石　　折立村
一、高四百五拾九石九斗六升　　中村
一、高五百拾六石八斗九升九合　　屋里村
一、高三百六拾八石六斗七升　　今市村
一、高七拾弐石三斗八升弐合　　野中村
一、高六拾九石六斗四升　　竹松村内

大野領
同領
同領
同領
三国領
同領

合千八百石也、

右、為寄子知行遣候間、如書付割府仕、可相渡者也、仍如件、

慶長六年丑九月九日「黒印　印主不詳」

清水太郎左衛門殿

105　松平秀康知行充行状写（「越前史料」所収天方文書）

充行知行分之事

三国領
一、高三百弐拾壱石三斗壱升　　六日市村
東郷領
一、高六百四石七升八合　　下細井村
大野領
一、高三百五拾八石六斗四升三合　　大宿村
西方
一、高弐百拾五石九斗六升九合　　本折村内

合千五百石者

右知行分、無相違可令領知者也、仍如件、

慶長六年

丑九月九日（朱印2）

天方山城守殿

清水太郎左衛門殿

106 松平秀康知行充行状写（松本清氏所蔵文書）

充行知行分之事

大野領

一、高弐百四拾石八斗五升　東大月

同領

一、高弐百七拾石　飯留村

同領

一、高弐百四拾八石弐斗七升　大矢谷村

三国領

一、高五拾九石弐斗九升　東円村

同領

一、高弐百七石壱斗五升七合　竹松村

右知行分、無相違可令領知者也、仍如件、

慶長六年

丑九月九日「秀康公御朱印」

107 松平秀康知行定書（国立国会図書館所蔵文書）

定

高百五拾石　高垣喜作

高百五拾石　中尾二右衛門尉

高百石　川村次右衛門尉

高百石　松田藤兵衛

高七拾石　大屋九兵衛

高七拾石　小貫小三郎

高三百六拾石　同人歩寄子拾壱人

合千石

右之分、寄子知行無相違可相渡者也、

慶長六年

丑九月九日（朱印2）

竹山工水正殿

108　松平秀康知行充行状（大家文書）

充行知行分之事

府中領

一、高五百石　上真柄村之内

三国領

一、高三百石　高江村之内

合八百石者

右知行分、無相違可領知者也、仍如件、

慶長六年

丑九月九日（朱印2）

熊谷勘介殿

109　松平秀康知行充行状（美作伊達文書）

充行知行分之事

今立領

一、高三百石　四郎丸村内

東郷領

一、高弐百七拾弐石三斗九升　清水町村

府中領

一、高百弐拾七石六斗壱升　下新庄村内

合七百石

右知行分、無相違可令領知者也、仍如件、

慶長六年

丑九月九日（朱印2）

伊達与兵衛殿

110　松平秀康知行充行状（桜井文書）

充行知行分之事

丸岡領

一、高弐百五拾石　長屋村内

東郷領

一、高弐百五拾石　水間村内

合五百石

右知行分、無相違可令領知者也、仍如件、
慶長六年
丑九月九日（朱印2）
桜井武兵衛殿

111 松平秀康知行充行状（中島大住氏所蔵文書）

充行知行分之事
三国領
一、高八拾石　井之向村内
大野領
一、高百弐拾五石三升　西島村
藤島領
一、高百九拾四石九斗七升　今泉村之内
合四百石者
右知行分、無相違可令領知者也、仍如件、
慶長六年
丑九月九日（朱印2）
比楽治部右衛門尉殿

112 松平秀康知行充行状（大藤文書）

（封紙上書）
「大藤金三郎とのへ」
充行知行分之事
府中領
一、高参百石者　上真柄村之内
右知行分、無相違可令領知者也、仍如件、
慶長六年
丑九月九日（朱印2）
大藤金三郎殿

113 松平秀康知行充行状写（武州文書五）

充行知行分之事
志比領
一、高参百石者　真木村之内
已上、

右知行分、無相違可令領知者也、仍如件、

慶長六年
丑九月九日（朱印２）
三崎新右衛門殿

114　松平秀康知行充行状写（伊豆順行記）

充行知行分事、一、高三百石者、三百石者、三国領本堂村、已上、右知行分、無相違可令領知者也、仍如件、

慶長六年九月九日「朱印」

岡部惣次郎殿

115　松平秀康知行充行状写（秋田藩家蔵文書三十六）

充行知行分之事

三国領

一、高四拾石　安戸瀬村

府中領

一、高六拾石　中平吹村内

東郷領

一、高百石　下川北村内

合弐百石

右知行分、無相違可令領知者也、仍如件、

慶長六年
丑九月九日（朱印２）
左近男介左衛門

116　松平秀康知行充行状（奈良文書）

充行知行分之事

差迫

一、高七拾石　真木島村内

右知行分、無相違可令領知者也、仍如件、

慶長六年
丑九月九日（朱印２）
奈良弥三郎殿

117　松平秀康知行充行状写（武州文書五）

充行知行分之事

一、高参拾石　北庄辺　八塚村之内

右知行分、無相違可令領知者也、仍如件、

慶長六年

丑九月九日（朱印2）

道門

118　松平秀康黒印状（三田村文書）（折紙）

（封紙上書）
「　大滝紙屋

　　三田村掃部」

奉書紙職之事、如前々申付候条、任有来旨可致商売者也、

慶長六年

九月十一日　秀康（黒印2）

大滝紙屋

三田村掃部

119　松平秀康寄進状写（浄光院様別記）

当寺居屋敷并門前分共ニ高三拾八石余之事、任先墨付之旨寄進訖、全可有寺納者也、仍如件、

慶長六年　　秀康

九月十一日　御名乗書判

長崎　称念寺

同　西教寺

120　松平秀康定書写（寺社境内札之写）

定　長崎　称念寺

殺生禁断之事、於寺内門前不可剪採竹木、并門前百姓等不可致新儀主執事、

右、可相守此旨、若有違犯之族者、速可処罪科者也、仍下知如件、

慶長六年九月十一日
落合新八郎殿

121　松平秀康知行目録写（古文書七）

知行目録之事

東郷領
一、高八百石五斗六升九合　長泉寺村
同領
一、高千四百六拾八石弐斗　中野村
同領
一、高三百九石弐斗　新村
志比領
一、高弐千三百八拾七石九斗六升四合　岡保村
一、高三拾四石弐斗四升七合　粟往波村之内
合五千石者
右知行分之所、無相違可有御所務者也、仍如件、
慶長六年
丑九月十五日　秀康御書判

122　松平秀康書状写（藩中古文書三）

以上、
其以来者以書状も不申承御床敷存候、関東へ御越候哉、
定而御両人之儀者、はなされ申間敷候条、御下候ハんと
推量申候、我等も御暇乞可罷上与、はや出申候処、佐州（本多正信）
無用之由御諚ニ候と、被申越候条、延引迷惑申候、何様
ニも遠路ニ候へ者、無心元可罷有事心中之通、可有御推
量候、爰元之物一折進候、如何様罷下候者、委可申入候、
又御供ニ候ハすハ、別人と替申候条、御尋待入候、委今
村大炊（盛次）を遣申候間、彼者口上ニ可申候、恐々謹言、
（慶長六年）うしのとし　越宰相
十月四日　秀康（花押3B）
（岡野融成）江雪様
人々御中

123 松平秀康寄進状（白山神社文書）（折紙）

（封紙上書）
「　白山平泉寺
　　　賢成院　　越前宰相」

白山御供田之事、高弐百石者、右於大野郡平泉寺村之内、為新寄進、永代知行不可有相違之状、仍如件、

慶長六年　　宰相
　十一月九日　秀康（朱印2）
白山平泉寺
　　玄成院

124 松平秀康黒印状（武生市立図書館所蔵文書）

　納金銀之事、
一、後藤判金百拾六枚者
　　此銀四拾弐貫五百八拾七匁
一、銀子五貫百九匁四粉八輪
　　二口銀合四拾七貫六百六匁四粉八輪

右之銀子、越前入国之刻、夫銀納所也、仍如件、
　慶長六年丑十二月九日（黒印2）
　　　　松本源兵衛《勝延》殿

125 松平秀康伝馬定書（田中文書）

　定　　　道之口町
一、伝馬人足之儀、何時も此黒印遣之ニ付而者、其員数之通、無異儀町次ニ可相立、由断仕於令遅々者、其町可為曲事事、
一、自然黒印も無之面々罷越、伝馬人足可出之由申族於有之者、太以曲事ニ候条、地下中罷出、其ものを押置、北庄へ可申越之事、
一、何時ニよらす伝馬人足之切手到来ニ付ハ、此黒印ニくらへ日付をも相改候て、無相違ニ付而ハ、如右之可相立候、黒印之外壱人も出し申間敷候事、
右之通、若相背族候者、忽可加成敗者也、
　慶長七年三月五日（黒印3）

126　松平秀康伝馬定書（竹内文書）

定　　二屋

一、伝馬人足之儀、何時も此黒印遣之ニ付而者、其員数之通、無異儀町次ニ可相立、油断仕令遅々ニをいてハ、其町可為曲事事、

一、自然黒印も無之面々罷越、伝馬人足可出之由申族於有之者、太以曲事ニ候条、地下中罷出、其者を押置、北庄へ可申越事、

一、何時ニよらす伝馬人足之切手到来ニ付而ハ、此黒印ニくらへ日付をも相改候て、無相違ニ付而者、如右之可相立候、黒印之外一人も出し申ましき事、

右之通相背族、忽可加成敗者也、

慶長七年三月五日（黒印3）

127　松平秀康伝馬定書（渡辺文書）

定　　舟橋町

一、伝馬人足之儀、何時も此墨印遣之ニ付而者、其員数之通、無異儀町次ニ可相立、由断仕令遅々ニをいてハ、其町可為曲事事、

一、自然墨印も無之面々罷越、伝馬人足可出之よし申族於有之者、太以曲事ニ候条、地下中罷出、其ものを押置、北庄へ可申越之事、

一、何時ニよらす伝馬人足之切手到来ニ付而者、此墨印ニくらへ日付をも相改候て、無相違ニ付而者、如右之可相立候、墨印之外一人も出し申ましく候事、

右之通相背族、忽可加成敗者也、

慶長七年三月五日（黒印3）

128　松平秀康寄進状写（「越前史料」所収坂上文書）（折紙）

当山之儀、如有来令寄進候条、四至傍爾任先規之旨、柴木等并寺家門前共ニ、可有進退之状、如件、

慶長七年　　宰相

卯月十四日　秀康（黒印2）

愛宕極楽寺
　別当法印

129　松平秀康条書写（寺社境内札之写）

愛宕山　極楽寺

一、於当山寄宿并狼藉之族、堅可為停止之事、
一、当山之儀、如先規之傍爾被相究御寄進之上者、猥不可堀崩之事、
一、藪植木等不可堀執之事、
右条々、於違犯之輩者、速可被処厳科旨、仍執達仍如件、
　慶長七年卯月十四日

130　松平秀康黒印状（橘文書）（折紙）

其方居屋敷・観音堂屋敷地子銭分并親類子方共ニ七人之諸役、任先規之旨令免除候、次調合薬之儀、余人似銘を打、売買仕族於有之者、曲事ニ可申付候条、可成其意者也、仍如件、
慶長七年
　五月二日　秀康（黒印2）
　　橘屋三郎左衛門尉とのへ
　　同三郎五郎とのへ

131　松平秀康黒印状（内田文書）（折紙）

（封紙上書）
「　鳥子屋
　　　才衛門」
鳥子役之儀申付候上者、夫役令免許者也、仍如件、
慶長七年
　九月十日（黒印2）
　　鳥子屋
　　　才衛門

132　松平秀康黒印状（内田文書）（折紙）

当国中蝋草事、任先墨付之旨買集、蝋燭可相調者也、仍如件、

慶長七年

九月十日（黒印2）

蝋燭屋

野辺四郎右衛門

同小左衛門

133　松平秀康黒印状（内田文書）（折紙）

当国中蝋燭司之事、如有来申付候条、可成其意者也、

慶長七年

九月十一日（黒印2）

野辺四郎右衛門

同小左衛門

134　徳川秀忠書状（個人所蔵文書）（切紙）

金沢雷火之儀付而、早々仰預、御飛脚御念入事候、無是非仕合候、猶大久保相模（忠隣）可申入候、恐々謹言、

霜月（慶長七年）十五日　秀忠（徳川）（花押）

越前宰相殿

135　松平秀康知行充行状（大藤文書）

（封紙上書）
「大藤小太郎とのへ」

充行知行分之事

志比領

一、高八百四拾弐石壱斗三升　今泉村之内

同領

一、高百五拾七石八斗七升　開発村之内

合千石

右、為惣並令扶助畢、重而如約束之可申付者也、仍如件、

慶長八年

正月九日（朱印2）
大藤小太郎殿

136 松平秀康知行充行状写（古文書七）

充行知行分之事
大野領
一、高八百六拾六石三斗七升九合　中荒井村
同領
一、高六百拾五石八斗三升四合　御験村
同領
一、高三百九拾五石八斗　六呂師村
西方領
一、高四百石　波寄村
丸岡領
一、高弐百石　田島村
三国領
一、高五百拾九石弐斗六升八合　新保村
丸岡領
一、高千三百六拾三石四升　関村
志比領
一、高四百八拾弐石五斗七升　大月村
丸岡領
一、高百五拾六石七斗四升五合　島田村之内
合五千石
右、為寄子給令扶助訖、全可領知者也、仍如件、
慶長八年
正月九日「御朱印」
落合主膳殿

137 松平秀康知行充行状写（譜牒余録十一）

充行知行分之事
府中領
一、高五拾七石弐斗八升　下新庄村
同領

一、高弐百六拾石五斗九升八合　同村
　　　同領
一、高弐百七拾九石七斗　上戸村
　　　同領
一、高五百七拾石九斗壱升　西大井村
　　　同領
一、高三百三拾九石三斗壱升　赤井谷村
　　　同領
一、高四百四拾石五斗壱升　細野村
　　　同領
一、高七拾九石八斗四升　山田村
　　　今庄領
一、高弐百六石四斗六升八合　糠口村
　　　同領
一、高百九拾三石八升九合　菖蒲谷村
　　　同領
一、高五拾三石五斗四升壱合　陽谷村
　　　同領
一、高六拾七石弐斗八升八合　頭谷村
　　　同領
一、高百拾六石八斗弐升七合　四杉村
　　　同領
一、高弐百六拾石　中村
　　　同領
一、高百四拾弐石七斗弐升　篠川村
　　　同領
一、高七百拾六石壱斗九升七合　下中沢原村
　　　同領
一、高六百石　寺村
　合四千四百石
右、為寄子給令扶助訖、全可領知者也、仍如件、
　慶長八年
　　正月九日　御朱印
　　　清水石見守とのへ

138　松平秀康知行充行状写（譜牒余録二十四）

充行知行分之事

西方領

一、高百弐拾八石七斗九升壱合　馬場村

東郷領

一、高三百拾六石四斗三升九合　下馬村之内

西方

一、高弐百弐石弐升　牛越村

志比領

一、高弐百石　福田村之内

丸岡領

一、高弐百弐石八斗　島田村之内

合千五拾石

右、令扶助訖、全可領知者也、仍如件、

慶長八年正月九日　御朱印

長井善左衛門とのへ

139　松平秀康知行充行状（大家文書）

充行知行分之事

高　府中領

一、百五拾石九斗八升　高木むら

高　志比領

一、百六拾弐石壱斗七升一合　藤巻村之内

高　東郷領

一、百八拾六石八斗四升九合　下馬村之内

合五百石

右、為加増分令扶助訖、全可領知者也、仍如件、

慶長八年正月九日（朱印2）

熊谷勘介とのへ

140　松平秀康寄進状写（毛谷黒滝神社文書）（竪切紙）

当毛谷黒滝大明神宮供米、月々五斗宛、無相違令寄進訖、

仍如件、

慶長八年
一月十日　秀康（花押3B）

141　松平秀康寄進状（気比神宮文書）（折紙）

（封紙上書）
「　気比宮
　　　社人中」

為気比大菩薩社領、敦賀郡津内分之内を以高百石之事、令寄進畢、如先例無懈怠可勤神事者也、仍如件、

慶長八年
正月廿一日　秀康（花押3B）
気比宮
　社人中

142　松平秀康寄進状（常宮神社文書）

為常宮大権現領、敦賀郡常宮浦高参拾石五斗之事、令寄進畢、法会勤行等、不可有懈怠者也、仍如件、

慶長八年
正月廿一日　秀康（華押）
常宮
　社僧中

＊『敦賀郡古文書』

143　松平秀康寄進状（瓜生文書）（折紙）

為神明社領分、水落村之内を以高五拾石之事、新儀令寄進訖、専再興、無懈怠可勤神事者也、仍如件、

慶長八年
二月十二日　秀康（花押3B）
水落明神
　神主
　社人中

144　松平秀康寄進状（越知神社文書）（折紙）

為越知山大権現社領、大谷寺高五拾石之事、新儀令寄進訖、法会勤行等、不可懈怠者也、仍如件、

慶長八年
二月十二日　秀康（花押3B）
越知山大谷寺
衆徒中

145 松平秀康寄進状写（浄光院様別記）

為当社社領分、豊原寺高五拾石之事、新儀令寄進訖、専再興講祝勤行等、不可有懈怠者也、仍如件、
慶長八年
二月十二日　御名乗書判
白山豊原寺
来迎院
衆徒中

146 松平秀康寄進状（剣神社文書）（折紙）

為剣大明神領、織田村之内を以高参拾石之事、新儀令寄進訖、専再興、無懈怠可勤神事者也、仍如件、
慶長八年
二月十二日　秀康（花押3B）
織田剣大明神
社僧
社人中

147 松平秀康寄進状写（「越前史料」所収坂上文書）（折紙）

為愛宕山大権現社領、西方向山村之内を以高参拾石之事、令寄進畢、法会勤行等、不可懈怠者也、仍如件、
慶長八年
二月十二日　秀康（花押3B）
愛宕山極楽寺
別当法印

148 松平秀康寄進状（神明神社文書）（折紙）

為神明社領分、三橋村之内を以高弐拾石之事、令寄進訖、如先例無懈怠可勤神事者也、仍如件、

慶長八年
二月十二日　秀康（花押3B）
北庄神明
社僧
二尊寺

149　松平秀康寄進状写（慈眼寺文書）

当寺領、田蔵村内を以高弐拾石之事、新儀令寄進訖、全可背寺納者也、仍如件、

秀康（御判）
慶長八年二月十二日
田蔵慈眼寺

＊『慈眼寺文書』

150　松平秀康寄進状（竜沢寺文書）（折紙）

当寺屋敷方之事、任有来旨、令寄進之条、竹木等無相違可有進退者也、仍如件、

慶長八年
二月十二日　秀康（花押3B）
竜沢寺

151　松平秀康寄進状（永昌寺文書）（折紙）

（封紙上書）
「東郷
永正寺」

当寺居屋敷分之事、新儀令寄進訖、竹木等無相違可有進退者也、仍如件、

慶長八年
二月十二日　秀康（花押3B）
東郷
永正寺

152　松平秀康寄進状（西福寺文書）（折紙）

当寺屋敷方門前分・山林竹木等、先規不可有相違者也、仍如件、

慶長八年
二月十二日　秀康（花押３Ｂ）
敦賀
西福寺
東郷
霊泉寺

153　松平秀康寄進状写（松雲院文書写）

当寺居屋敷之事、新儀令寄進就（訖）、竹木等無相違可有進退者也、

慶長八年二月十二日　秀康（花押）
一乗心月寺

＊『越前朝倉氏と心月寺』

154　松平秀康寄進状写（浄光院様別記）

当寺居屋敷分之事、新儀令寄進訖、竹木等無相違可有進退者也、仍如件、

慶長八年
二月十二日　御名乗書判

155　松平秀康判物写（慶松文書）

居屋敷諸役并祥雲寺山屋敷壱ヶ所之事、令免許之条、可成其意者也、仍如件、

慶長八年
二月十二日　秀康御判
慶松太郎三郎とのへ

＊『福井県史』資料編3

156　松平秀康禁制（滝谷寺文書）

（封紙上書）
「『松平
三河守様御判』　滝谷寺」

禁制　滝谷寺并門前

一、当寺中寄宿之事、
一、剪取竹木之事、付、山林、

一、牛馬を放飼草苅事、
一、殺生之事、
一、寺内居屋敷分諸役之事、
右、若於違犯之族者、速可処厳科者也、仍下知如件、
慶長八年二月十二日　秀康（花押３Ｂ）

157　松平秀康禁制（「越前史料」所収坂上文書）

愛宕
極楽寺

禁制

一、於当山寄宿・狼藉之事、
一、剪取竹木之事、付、牛馬を放飼草刈事、
一、寄進傍爾之内、猥堀崩事、
一、殺生之事、
一、寺家門前居屋敷令寄進之上者、諸役之事、
右、若於違犯之輩者、速可処厳科者也、仍下知如件、
慶長八年二月十二日　秀康（花押３Ｂ）

158　松平秀康禁制（中道院文書）

（封紙上書）
「当山
霊地山
長泉寺」

禁制

一、於当山社地殺生之事、
一、剪取竹木之事、
付、牛馬を放飼草苅事、
一、寄宿・狼藉之事、
右、若於違犯之輩者、速可処厳科者也、仍下知如件、
慶長八年二月十二日　秀康（花押３Ｂ）

159　松平秀康禁制写（諸国高札四）

松玄院

禁制

一、当山寄宿・狼藉之事、
一、剪取竹木之事、付、牛馬を放飼草刈事、
一、寄進傍爾之内、猥堀崩事、

一、殺生之事、
一、寺家門前居屋敷令寄進之上者、諸役之事、
右、若於違犯之族者、速可処厳科者也、仍下知如件、
慶長八年二月十二日　秀康判

160 松平秀康寄進状（佐治文書）（折紙）

（封紙上書）
「日野三所権現
神主」
為当社御供田、中平吹村之内を以高参拾石之事、令寄進
訖、国家火難無之様ニ、抽丹誠祈念肝要候、仍如件、
慶長八年
二月廿八日　秀康（花押3B）
日野三所権現
神主

161 松平秀康禁制写（妙勧寺文書）

（端裏書）
「御朱印之写」
禁制　今宿
妙勧寺
一、寺内坊舎押而令寄宿事、
一、於山林剪採竹木事、
一、到寺中殺生事、
右条条、堅令停止訖、若違犯之輩於有之者、可為曲事者
也、依如件、
慶長八年二月　日　秀康
＊『武生市史』資料編

162 松平秀康判物写（浄光院様別記）

当家之紋処、依所望令寄進、永可為寺用者也、依如件、
慶長八年
五月二日　御名御判
敦賀
西福寺

163　松平秀康書状（神田文書）（切紙）

尚々給候犬、一段〇〇ニ而為引参候、

其以来者書状ニ而も不申候、いつそやハ御使ニ御越候へ共、ふた〳〵まい御帰、御残多存候、我等儀近々ニ上洛仕申候条、〇〇申承間敷候、御残多候、此式ニ候へ共、正常之鑓進之候、〇御〇儀ニ候へ共、羽柴左太（福島正則）よりいんしりにて参候間、進候、恐々謹言、

七月十七日（慶長八年カ）　秀康（花押3B）

神田修理亮殿

164　徳川秀忠書状（個人所蔵文書）（切紙、元折紙）

尚々こゝもと三州（松平忠直）息災御さ候間、可御心安候、さてハこゝもとへ御見舞可被成之由沙汰御座候、御わつらひすきと御本復被成候とも、必々御無用にて候、委細之義者使者申含候、

先書如申入候、御煩無御心元存、重而以使者申入候、如何御さ候哉、能々養生之義専一候、将又将軍様（徳川家康）御機嫌能御息災候、近日御上之由ニ候、次鷹二もと・馬二疋進之候、当年者鷹数ニもそんし候て、遅進所存之外候、委曲今村彦兵衛可申候、恐々謹言、

二月廿三日（慶長九年カ）　秀忠（徳川）（花押）

越前
宰相殿

165　徳川秀忠書状（越葵文庫文書）（折紙）

猶々今度者久々にて得貴意候、大慶不過之候、尚追而可申入候、

先書如申入候、今度者遠路殊更御病中之内御見舞彼是以難申尽存候、路次中御気色能御上洛之事候哉、承度令存候、誠以御逗留中何たる御なくさみも無御座候而、一入々御残多存候、委曲使者口上申含候之間、不能具候、恐々謹言、

六月朔日（慶長九年カ）　秀忠（徳川）（花押）

越前
宰相殿

166　松平秀康書状（佐藤行信氏所蔵文書）

先日者御尋、殊御太刀一腰・御馬代銀子五枚被懸御意、
誠過分之至候、散々相煩有之付而、不能面談令迷惑候、
指儀無之候へ共、余無音罷成候条、先如此候、恐々謹言、
　六月十六日《慶長九年カ》　　秀康（黒印2）
（奥封上書）
「　　　　　　　越宰相
（切封墨引）　堀帯刀様　　秀康
　　　　　　　　　人々御中　」

167　徳川秀忠書状（『思文閣古書資料目録』一二五号）

（折紙カ）
　猶々こゝもと三州《松平忠直》息災にて候間、可御心安候、
先申候以後不申入候、路次中御気色能御上着候哉、承度
令存候、将又御煩之儀、如何御座候哉、是又無御心元候、
委細者使者口上申含候之間、不能具候、恐々謹言、
六月十七日《慶長九年カ》　秀忠《徳川》（花押）
　越前
　　宰相殿

168　松平秀康書状（南部晋氏所蔵文書）

（端裏書）
「　　　　　　越宰相
（墨引）□□□従様　　秀康
　　　　　人々御中　」
　尚々御息内膳殿も昨日御出候由候、よく／＼御心得
たのミ申候、手病申ニ付而、以印判申入候、以上、
昨日者御尋忝候、散々相煩申ニ付而、不能面談御残多候、
誠以今度者於路次種々御馳走難申謝候、猶期拝面候条、
令省略候、恐々謹言、
　六月十九日《慶長九年カ》　　秀康（黒印2）

169　松平秀康伝馬手形（反町文書）（竪切紙）

伝馬弐拾疋・人足六人、山中より町次ニ金津迄、無相違
可出者也、仍如件、

辰（慶長九年）
七月朔日（黒印3）
右宿中

参考二　長松院黒印状写（松雲院文書写）

しん月寺しよやくならびに屋とひの事、一さい御めんなされやうに、両人こゝろへたのみ候、后日の為めと申しや、
慶長九年七月十六日　岡部作与との（黒印）
朝日丹羽との

＊『越前朝倉氏と心月寺』

170　松平秀康知行充行状（多賀谷文書）

知行分之事
三国
一、四百石　石憤村之内
丸岡
一、参百五拾六石四斗弐升　金津新町
大野
一、三百卅六石七斗壱升　八町村
丸岡
一、参百七石七升四合　赤坂村内
三国
一、弐百九拾壱石壱斗八升五合　勝見村内
大野
一、百四拾六石九斗　石谷村
三国
一、百石　本堂村内
西方
一、六拾壱石七斗　若杉村内
壱万弐千石也
右、為加増分遣之条、全可有領知者也、仍如件、
慶長九年十一月十二日（朱印2）
多賀谷左近（三経）殿

171 松平秀康知行充行状（依田文書）

（封紙上書）
「加藤四郎兵衛殿」

知行分之事

高　大野領
一、参百七拾弐石五斗弐升七合　中手村
高　丸岡
一、弐百九拾三石九斗弐升　内田村
高　大野
一、五百四拾石九斗　木本領家村
高　同
一、五百八拾四石弐斗三升　井口村
高　同
一、弐百三拾六石六升　宝鏡寺村
高　同
一、百八拾石七斗九合　西山村
高　丸岡
一、三百八拾五石壱升三合　永田村
高　同
一、四百九拾三石　舟寄村内
高　同
一、百石　清間村内
高　志比
一、四拾三石　上中村内
高　三国
一、百弐拾五石九斗一升三合　折戸村内
高　丸岡
一、九拾四石四斗一升六合　田島村内
高　西方
一、百五拾石　杉本村内
高　府中
一、千四百六拾五石弐斗六升六合　安養寺村
高合五千石也

右之通、此等式ニ候へ共、為屋敷分無役ニ進之置候、

以来不可存如在者也、仍如件、
慶長九年十一月十二日　秀康（朱印2）
加藤四郎兵衛殿

172　松平秀康書状（知立明神文書）（折紙）

去る十六日、右衛門尉殿御死去之由、愁傷不過之候、且
申残多事有之間、依而角兵衛差遣候、申談可然取計可給
候、以上、
（慶長九年カ）十一月廿五日　（花押3B）
永見淡路守殿

173　徳川秀忠書状（武生市立図書館所蔵文書）（折紙）

就地震早々示預、被入念之段難申尽候、如承無異義候条、
不可有御気遣候、将亦参州（松平忠直）弥成人、息災之義候間、可御
心易候、恐々謹言、
（慶長十年カ）正月九日　（徳川）秀忠（花押）
越前
宰相殿

174　松平秀康知行充行状写（加藤氏系譜）

充行知行分之事
一、五拾七石三斗壱升八合四勺　東長田村
一、三拾弐石四斗九升四合　上新庄村
一、拾九石九斗四升六勺　谷畠村
一、四拾石弐斗八升三合　赤尾村
高合百五拾石者
右之知行分、可令領知者也、
慶長十年巳二月七日　御黒印
加藤伝内とのへ

＊『福井藩士加藤伝内の系譜』

175　松平秀康書状（お茶の水図書館所蔵文書）（切紙、元折紙）

いまた手病候付て、印判を以令申候、以上、

態令申候、公方様（徳川秀忠）弥御息災、御機嫌能被成御座候哉、
近日者御様子不承候条、如此ニ候、其許相替儀御座候者、
被仰越可給候、近々可被為成御上洛様ニ、今度林長門守
を以申入候刻之書中ニ示預候者也、被成御立候哉、承度
存候、猶追々可申述候条、令省略候、恐々謹言、

宰相

（慶長十年カ）二月十七日　秀康（黒印2）

（見返し上書）
「本（多上野介カ）「　　」」

176　松平秀康書状（島津文書）（折紙）

猶以所労故、乍自由印判を以令申候、以上、
先刻者御着、殊御太刀一腰・御馬一疋并段子拾巻・鉄炮
拾挺御持参、忝存候、折節気色悪平臥ニ付而、不申聞早々
御帰、令迷惑候、万々期面談之時候条、不能巨細候、恐々
謹言、

越宰相

（慶長十年）五月八日　秀康（黒印2）

（見返し上書）
「島津陸奥（家久）［　　］
人々御中　」

177　松平秀康書状写（宝翰類聚坤）（折紙）

以上、
「折紙」
新春之御慶珍重候、去年ハ使を以申候処ニ、種々馳走共、
殊見事之馬給、一入祝着之至候、度々人を遣シ御造作共
ニ候へ共、馬之儀其許馳走候而可給候、是式ニ候共、黄
金拾両・皮衣壱ツ進之候、遠路故書中之験迄ニ候、恐々
謹言、

宰相

（年未詳）正月七日　秀康花押「表具裏ニ慶長十一年」

桜庭兵助殿

178　松平秀康書状写（古文書十二）

以上、
今度者遠路御越、誠以満足無申計候、然者今日者是悲御逗留候様ニと堅申合候ニ、何とて〳〵無悔乞御上候哉、隔心かましき体、却而無曲存候、余残多一書如此候、続而御上洛可申之条、其節可申述候、恐々謹言、

宰相
（年未詳）二月廿二日　秀康　御書判
清水権助殿
石川日向守（家成）殿

179　松平秀康書状写（大竹・正木・岡本・秋山・鳥居・石野文書）（折紙カ）

以上、
為端午之祝儀、帷子五遣之候、誠表嘉例迄候、恐々謹言、

宰相
（年未詳）卯月廿日　秀康（黒印2）

180　松平秀康書状（小野市立好古博物館所蔵一柳文書）（切紙、元折紙）

なお〳〵煩故手振候間、そりやく候へ共、印判を以申入候、以上、
為端午之御祝儀、帷子五被懸御意候、誠遠路之所、被入念過分至極存候、猶御使者申入候条、不能子細候、恐々謹言、

越宰相
（年未詳）五月朔日　秀康（黒印2）
一柳監物（直盛）様
御報

181　加藤清正書状（石水博物館所蔵文書）

尚々御書忝次第天山に御座候、何も明日参上仕度可申上候、以上、
先刻御報なから御書忝奉存候、如御意ゆる〳〵と得御意

忝存候、然者越中めしつれ参上仕儀、明晩と御意ニ候、
被入御念を儀、則○忝可存候、如御意めしつれ可申候、
万々明晩参上仕、可得御意候、恐惶謹言、
五月十六日《年未詳》　清正《加藤》（花押）
（奥封上書）
「（墨引）越宰相様　清正
御報　」

182 松平秀康書状（三原浅野文書）（切紙、元折紙）

（前欠）
猶期後音之時候条、不能審候、恐々謹言、
宰相
七月四日《年未詳》　秀康（黒印2）
浅野右近《忠吉》大夫殿

＊『三原市史』五巻

183 松平秀康書状写（「越前史料」所収木内文書）

尚々此中ハ不懸御目、御床しく存候、
其以来者書状ニ而も不申、無音迷惑仕候畢、○○可申と
今にしかと不申、迷惑仕候、其上何たる御好○○も御座
候、及承度存候、是式ニ候へ者、国もとニ御座候条、引
日ニ進之申候、委貴細以可得御意候、恐々謹言、
七月廿日《年未詳》　秀康（花押3B）
（奥封上書）
「（墨引）加肥州様《加藤清正》　越宰相
人々御中　」

184 松平秀康書状写（古文書十二）

為御音信珍敷枝柿一ツ相送給候、御普請半可為取紛候之
処、御心入別而本望此事候、其許長々御苦労推量申候、
猶追而可申述候条、令省略候、恐々謹言、
宰相
八月九日《年未詳》　秀康　御書判
清水権介殿

185　松平秀康書状（越葵文庫文書）（切紙）

今後久々ニ而懸御目満足仕候、誠致参上御礼可申述候処ニ、眼相煩、殊◯止候キ、可罷下候旨、被申候条、参上不仕迷惑ニ存候、猶重而可申述候、恐々謹言、

越宰相

（年未詳）八月廿三日　秀康（花押3B）

分左京（分部光嘉）様人々御中

186　松平秀康書状写（賜芦文庫文書三十八）（切紙）

以上、

重陽之為御祝儀、御小袖壱重令進候、誠幾久可得御意験迄候、猶期後音之時候条、令省略候、恐惶謹言、

越宰相

（年未詳）九月朔日　秀康（花押3B）

羽三左（池田照政）様人々御中

187　松平秀康書状（個人所蔵文書）（切紙、元折紙カ）

尚々煩故、少手ふるい申候間、乍自由以印判申候、以上、

為歳暮之御祝儀御使札、殊御小袖三之内綾一并九州蜜柑三籠被懸御意候、誠幾久忝存候、我等煩之儀于今勝候共無之候故、以書状も不申通無音所存之外候、来春ハ驪而可罷上候条、其砌万々以面談可申述候、恐々謹言、

越宰相

（年未詳）極月十日　秀康（黒印2）

（見返しカ上書）
「片桐市正（且元）殿

御報」

188　松平秀康書状（名古屋市博物館所蔵文書）（折紙）

以上、

為歳暮之御祝儀、御使札、殊御小袖壱重被懸御意候、誠遠路之所被入念之段、幾久迄別而忝存候、猶期来音之節候、恐々謹言、

越宰相

（年未詳）十二月十二日　秀康（花押3B）

中川修理（秀成）大夫殿

御報

189 松平秀康書状写（雑纂諸家文書一）

以上、

其許長々在京にて、苦身（労）令察候、とくニ為可申処、煩ニ取紛候、其元ニて緩々と歳を被取、来春早々待申候、委落合新八より可被申候、恐々謹言、

宰相

（年未詳）極月十八日　秀康（黒印2）

江口三郎右衛門殿

190 松平秀康書状（堀文書）（切紙）

態以飛脚令申候、仍嫡子今後不慮ニ相煩出候条、種々養生之儀、於此辺心之及候程ハ、念を入申付候へ共、不相叶去十一日死去ニ候、不便さ不及了簡候、其方心中察入候、委各々より可申越候条、令省略候、恐々謹言、

宰相

（年未詳）十二月廿日　秀康（花押3B）

堀瀬兵衛殿

191 松平秀康書状（大方文書）

（端裏上書）「（墨引）大方彦左衛門尉殿　中納言」

かいな痛申候て、以印判申候、以上、

先日者入来候処ニ、手前之所労故、早々御帰、残多候、随而帷子弐・羽織壱進之候、書中之験迄候、恐々謹言、

（慶長十年カ）五月十八日　秀康（黒印2）

192 松平秀康書状写（秀康公御代御秘蔵御書付類）

先日者入来之処、手前所労故、早々　御帰、残多候、随而羽織壱遣之候、書中之験迄候、恐々謹言、

五月(慶長十年カ)十八日　　秀康（黒印カ）

193　松平秀康書状写（水野家文書）

(端裏上書)
「（墨引）　宮川五助殿　中納言」

かいなの腫物故、以印判申候、以上、

先日者入来候処、手前所労故、早々御帰、残多候、随而
羽織一進之候、書中之験迄候、恐々謹言、
五月(慶長十年カ)廿二日　　秀康御黒印

194　松平秀康書状（三岳寺文書）

(端裏上書)
「　　　　中納言
（墨引）円光寺床下　秀康」

所労故、乍自由以印判申候、

先刻ハ御出之由候処、臥り入候故、不申聞、御帰之旨、
迷惑申候、鍋信州(鍋島勝茂)より御使者、誠遠路之御心付、不浅儀候、
能々御心得候て被仰遣可給候、其段御返事可申候、万々
追而可申述候、恐々謹言、
五月(慶長十年カ)廿六日　秀康（黒印2）

195　徳川秀忠書状（越葵文庫文書）（折紙）

被入念早々使札本望至候、路次中天気能、去四日令下着
候、今度者切々之向顔満足此事候、委曲長谷部采女正(茂連)可
申候、謹言、
六月(慶長十年)十日　秀忠(徳川)（花押）

越前
　中納言殿

196　松平秀康書状写（水野家文書）

(端裏上書)
「（墨引）　由井甚太郎殿　秀康」

尚々煩故、印判を以申候、

先日者御出、為悦之至候、煩故早々御帰、残多候、不任
心中付而、何へも右之通候、随而此式ニ候へ共、帷子弐・

羽織壱進之候、誠書中之験迄候、猶使者可申候、恐々謹言、
(慶長十年カ)六月廿七日　秀康御黒印

197　松平秀康書状写（水野家文書）

病中ニ付而、以印判申入候、以上、
今度者無御出候条、自然煩ニても候哉、承度候、此式ニ候へ共、帷子弐・羽織壱進之候、書中之験迄候、恐々謹言、
(慶長十年カ)六月廿九日　秀康御黒印
(奥上書)
「(墨引) 由井甚太郎殿　中納言」

198　松平秀康書状写（古文書二）

(端裏上書)
「　本目権十郎殿　中納言」
所労故、乍自由以印判申候、以上、
先日者入来之処、手前煩故、早々御帰、残多候、随而羽織壱進之候、書中之験迄候、恐々謹言、
(慶長十年カ)六月晦日　秀康御判

参考三　長松院黒印状（寿命院文書）

薬師堂寺之儀、諸役・宿取等迄一切免許之旨、(結城秀康)中納言殿へもうかゝい候間、其心得あるへく候、
慶長拾霜月六日　(黒印)
玄性坊

＊『越前若狭古文書選』

199　松平秀康掟書（多賀谷文書）

江戸御普請ニ付而掟
一、万事江戸　御法度之趣を致存知、昼夜共ニ御普請不可有由断事、
一、人帰し之儀、如　御置目可申付事、
一、喧嘩口論之儀、定又如　御法度可申付、自然親子・兄弟・縁者・頼親寄子之間柄たりといふ共、贔屓たのもしたての族於有之ハ、従類共ニ可加成敗事、付、他之喧嘩有之時、出合申間敷事、

一、普請奉行之下知相背間敷事、
一、昼夜共ニ用所之儀候て、罷出候時ハ、組頭へ可相理、若組頭切手無之面々令他出ニ付てハ、曲事ニ可申付事、
一、博奕諸勝負盤之上之あそひ、一切可致停止事、
一、物まいり見物、銭湯へ入候儀、可為停止事、
一、若衆くるい・女くるいの族於有之ハ、遂糾明成敗可申付事、
一、上下共ニさための外ニ酒被下間敷事、
右之条々、於令違背者、可処罪科者也、仍如件、

慶長十一年
正月朔日（黒印2）
多賀谷左近（三経）大夫殿

200　松平秀康書状写（中村不能斎採集文書十）

尚々いかほとも〳〵其心持候て可被下候、殊佐野内方御越忝候、御音信御客心かなしく候、
近日御自筆之御状、誠ニ被入御念通、中〳〵書中ニ不被申候、一段之御分別之通、御たのもしく忝候、神八幡何ニて御懇之御心中をふうじ申候ハん哉と存迄ニ候、御父子や我等やうなる物をは、せけんよりそねミ申ものニて候間、好々御心持専用ニ候、かやう之御分別としてかねても存事ニ候、申ても〳〵忝心中不被申候、恐々謹言、

越中
（慶長十一年カ）二月二日　秀康花押

（奥封上書カ）
「（墨引）　より
本美濃殿（本多忠政）　中
貴報　」

201　松平秀康書状写（中村不能斎採集文書十）

尚々只御身御養生ニとかく極申候、委重而可申候、
新春之為御祝儀、佐野内方御越候、幾久与満足いたし候、殊近日御懇之被入御自筆之御状、さりとてハ〳〵御心中之通、忝共中〳〵書中に不得申候、左様之御心体一入〳〵御たのもしく忝候、とかく御心持専用ニ候、只御身御

煩然々と無之由承、何とも〳〵それをあんし申候、いま
の御心持ニ而御養生被成、一らく可被成候、むなしく御
くちはて候ハん様、せい〳〵せう〳〵のくがいをは御す
て、た、命の御やうせうかんえやうニ存候、目出度恐々
謹言、
二月五日《（慶長十一年カ）》　秀康花押

（奥封上書カ）
「　　　　　より
本美濃殿《（本多忠政）》　越中
　御返事　」

202　松平秀康書状（多賀谷文書）（折紙）

以上、
其方煩之儀、此比如何候哉、無由断養生被申候而、軈而
本復候やうニ肝要候、先日無養生故再発之様ニ相聞得候、
沙汰之限候、猶乙部少三郎相含候、謹言、
二月十二日《（慶長十一年カ）》　秀康（黒印2）
多賀谷左近《（三経）》大夫殿

203　松平秀康書状（酒井文書）（切紙）

（前欠）
有被推量候、為其先此者進上仕候、将亦　将軍様《（徳川秀忠）》御機嫌
能被成御座候哉、其元御普請ニ付而、諸事可為御取籠と
存候、万々重而可申述候条、不能巨細候、恐々謹言、
　　中納言
三月廿七日《（慶長十一年カ）》　秀康（花押3B）
酒井右京《（忠世）》大夫殿

204　徳川秀忠書状（芦浦観音寺文書）（折紙）

差上小沢瀬兵衛尉候之間、染筆候、其許御気嫌能候哉、
様子承度候、将亦当地普請半之儀候間、重而可相達候、
謹言、
卯月十八日《（慶長十一年）》　秀忠《（徳川）》（花押）
越前

中納言殿

205 松平秀康書状（三宅文書）（折紙）

所労故、乍自由以印判申候、已上、
片山主水かた迄之御書、殊御手作之瓜二籠贈給候、遠路御心入之段、別而令喜候、致賞翫候、手前所労、于今然々と無之故、取紛無音、所存之外候、此方珍儀も無之、大御所様（徳川家康）弥御機嫌能御座候間、可御心安候、猶期後音之時候、恐々謹言、

中納言
七月七日（慶長十一年カ）　秀康（黒印2）
松平飛騨守殿（蒲生秀行）

206 松平秀康書状（平成六年『古典籍下見展観大入札会目録』）（切紙）

由木左衛門（照盛）方迄書状、殊平田瓜二籠贈給候、御心入之段喜悦無申計候、猶期後音之時候、恐々謹言、

中納言
八月四日（慶長十一年カ）　秀康（花押3B）
（後欠）

207 松平秀康書状写（新編会津風土記三）

所労故、以印判申上候、
為重陽之御祝儀小袖壱重遣之候、幾久と嘉例之験迄候、恐々謹言、

中納言
八月十六日（慶長十一年カ）　秀康（黒印2）
蒲生源左衛門殿（郷成）

208 松平秀康書状（毛谷黒滝神社文書）（切紙）

所労故、乍自由以印判申候、以上、
為重陽之御祝儀、小袖三ツ進之候、誠幾久御嘉例之験迄候、恐々謹言、

越中納言

九月二日（慶長十一年カ）　秀康（黒印2）

（後欠）

209　松平秀康書状写（藩中古文書三）

（端裏上書カ）
「『上書』江雪老（岡野融成）　越中納言
　御宿所　　秀康」

病中故、乍自由以印判申候、以上、
昨日者御隙も在之間敷処ニ、早々より御来之儀忝候、御機嫌能候て大慶不過之候、万々期面談之時候条、不能巨細候、恐々謹言、

九月廿一日（慶長十一年カ）　秀康印

210　徳川秀忠書状写（武家事紀三十二）

所労之儀無心許候之間、重而申入候、如何候哉、様子承度候、能々御養生之儀専一候、猶使者口上申含候間、不能具候、謹言、

十月朔日（慶長十一年）　秀忠（徳川）
　越前中納言殿

211　松平秀康書状（反町文書）

（端裏上書カ）
「（墨印）　稲葉三十郎殿　中納言」

以上、
先刻者御尋、殊諸白二樽御持参、誠御心入之段喜悦無申計候、気相悪臥り入候付而、不申聞、早々御帰、不能面談残多候、猶期後音之時候、恐々謹言、

極月廿六日（慶長十一年カ）　秀康（黒印2）

212　松平秀康書状（館山市立博物館所蔵文書）（切紙）

以上、
一書令申候、去比者手前所労ニ付候て、切々御出被入御情ニ喜悦之至候、随而此式ニ候へ共、諸白・天野両樽并銀子三拾枚進之候、誠書中験迄候、恐々謹言、

中納言

（慶長十一年カ）
極月廿六日　秀康（黒印2）

「　　　」

213　松平秀康書状（島津文書）

尚以鉄炮之儀、山口駿河（直友）方迄申候処ニ、被入御念候
て被仰付之旨、誠以忝候、何様ニも頼存候、委御使
者へ令申候、以上、

御使札殊段子五巻并染付茶椀・同皿両色三百、被懸御意
候、誠以遠路と申、御心入之段別而忝候、去年御帰国之
後不申通、所存之外候、手前打続所労ニ取紛候て、不任
心底罷過候、去年中ニも国本へ罷下度存候へ共、病中ニ
寒国へ罷下儀如何敷候間、上方ニ在之而、緩々と養生候
様ニと、大御所（徳川家康）被申候故、于今伏見令逗留候、漸此比ハ
怪気之体候条、近々帰国可申と存事候、委曲期後音之時
候、恐々謹言、

越中納言

秀康（黒印2）

（慶長十二年）
二月廿一日

（島津家久）
羽柴陸奥守殿

御返報

*『鹿児島県史料　旧記雑録後編』四巻

214　松平秀康書状（長府毛利文書）（折紙）

以上、

年頭之為御祝儀、御使札殊御太刀一腰・御馬一疋被懸御
意候、誠以幾久与別而忝候、併遠路御隔心之至候存候、
我等事此節迄在伏見ニ候へ共、所労も得快気申候付而、
此比帰国、路次より及御報候条、不能巨細候、恐々謹言、

越中納言

（慶長十二年）
三月五日　秀康（黒印2）

（見返し上書）
「毛利伊予守殿（秀元）
御報　」

215　松平秀康書状写（萩藩譜録こ二十六）

本多伊豆守(富正)かた迄被入念書中令披見候、藤七殿(毛利秀就)気色之儀、
令機遣候処ニ、早速被得快気候由、満足不過之候、猶追
而可申述候条、令省略候、恐々謹言、
(慶長十二年カ)三月九日　秀康御印判
児玉若狭守殿
児玉五左衛門殿

216　松平秀康書状写（萩藩譜録こ二十六）

遠路ニ入念書中、去比悦候、度々如令申候、今度藤七(毛利秀就)相
煩ニ付て、何も気遣無申計候、然共早々令得快気候儀、
万々令満足候、手前之義漸◯ニ罷成候故、令下国候、猶
追而可申述候条、令省略候、恐々謹言、
中納言
(慶長十二年カ)三月十九日　秀康御印判
福原勝三郎殿
児玉五左衛門殿
児玉若狭守殿

217　松平秀康書状（佐藤文書）（折紙カ）

一書申入候、去比者於伏見御尋本望不過之候、病中早々
御残多候、随而只今其元鷹を取に遣申候間、毎年之御無
心に候へ共、可然片鳥屋大鷹頼存候、片鳥屋少分に候
ハヽ、巣大鷹、又者山帰鳥屋にても、鷹数頼存候、将亦
於伏見片山主水を以申入候舟材木之儀、是又乍御無心御
馳走頼申候、委曲鈴木七兵衛口上に可申候、恐々謹言、
中納言
(慶長十二年カ)三月廿六日　秀康（黒印2）
津軽右京(為信)殿

218　松平秀康知行充行状写（岡部氏系譜）

充行知行分之事
一、高三百八拾六石八斗三合　東郷領下六条村之内

一、高弐百石　　　　　　　　三国領清長村之内
一、高弐百三拾六石三升七合　志比領和田村之内
一、高弐百七拾七石壱升六合　大野領橋爪村之内
合千百石者
右知行分、無相違可令領知者也、仍而如件、
慶長十二年未閏卯月六日
岡部五郎兵衛殿

219　松平秀康書状（白山神社文書）（折紙）

改年祈祷之巻数、殊供物三寸等到来、毎日無由断被抽精
誠之旨、喜悦不過之候、猶早川茂左衛門尉可申候、謹言、
（年未詳）正月廿日　秀康（黒印2）
平泉寺
賢成院

220　松平秀康書状写（秀康様御状之写）

芳札令披見候、為年頭之嘉儀示之趣、殊更御札至来、則
令頂戴候、遠方之処過分之至候、弥無異御越年珍重之事
候、仍而神前江金拾枚令奉納候、恐々謹言、
（年未詳）正月廿日　秀康　御書判
永見右兵衛尉殿
＊『知立神社古文書』

221　松平秀康書状写（中村不能斎採集文書八）

先度者御使者祝着之至候、江戸へ両度参候得共、不能面
談残多候、余無音申候条、以使申候、是式ニ候へ共、ひ
ろうとうの羽織進候、誠彼是取乱不申談候儀、無沙汰之
様ニ候、何様ニも御隔心無之候者、可為本望候、猶村田
助左衛門可申候、恐々謹言、
（年未詳）二月七日　秀康花押
本多長門守殿

222　松平秀康書状写（元禄家伝文書）（折紙）

結城へ其方可引越候、委細之趣者朝比奈理兵衛申付候也、

（年未詳）二月廿九日　秀康印判

（長谷部）物大夫殿

光照寺

223　松平秀康判物写（光照寺文書）（折紙）

当寺屋敷年貢諸役・山林竹木并ニ門前免許、

（年未詳）三月五日　秀康（花押3B）

光照寺

224　松平秀康書状（慈光寺文書）

（端裏カ上書）

「中納言」

此中手前病申ニ付て、乍自由印判申候、以上、

蝋燭五百挺贈給候、御心入之段、別而喜悦不浅存候、猶期面談之時候条、令省略候、恐々謹言、

（年未詳）卯月八日　秀康（黒印2）

225　松平秀康書状（多賀谷文書）（切紙）

以上、

今度位就動候、袷二之内綾一到来、令祝着候、猶由木（照盛）左衛門尉可申候、謹言、

（年未詳）卯月廿六日（黒印2）

多賀谷（三経）左近大夫殿

226　松平秀康書状（多賀谷文書）（切紙）

以上、

為端午之祝儀、帷子三内生絹弐到来、幾久と令祝着候、猶今村（盛次）大炊頭可申候、恐々謹言、

（年未詳）卯月廿八日　秀康（黒印2）

多賀谷（三経）左近殿

227　松平秀康書状（多賀谷文書）（切紙）

以上、

為端午之祝儀、生絹弐到来、喜悦之至候、路次気相能下

候条、可御心安候、猶竹島周防守可申候、謹言、
卯月（年未詳）晦日　秀康（黒印2）
多賀谷左近（三経）殿

228　松平秀康書状（多賀谷文書）（切紙）

為端午之祝儀、帷子三之内生絹弐到来、令祝着候、猶今村大炊頭（盛次）可申候、恐々謹言、
五月（年未詳）朔日　秀康（黒印2）
多賀谷左近（三経）殿

229　松平秀康書状（多賀谷文書）（切紙）

端午之為祝儀、帷子二之内単物一到来、祝着候、猶由木左衛門（照盛）尉可申候、謹言、
五月（年未詳）三日（黒印2）
多賀谷左近（三経）大夫殿

230　松平秀康書状（多賀谷文書）（切紙）

以上、
為端午之祝儀、帷子二之内単物一到来、祝着候、猶早川茂左衛門尉可申候、謹言、
五月（年未詳）三日（黒印2）
多賀谷左近（三経）大夫殿

231　松平秀康書状（多賀谷文書）（切紙）

以上、
爰許為見廻、帷子弐・袷子壱送給、祝着之至候、猶牧野主殿助可申候、謹言、
六月（年未詳）十九日　秀康（黒印2）
多賀谷左近（三経）殿

232　松平秀康書状写（「越前史料」所収坂上文書）（切紙）

当月祈祷之巻数并干〇五袋到来、喜悦之至候、遠路之処毎月使僧被指越、令祝着候、猶早川茂左衛門尉可申候、

恐々謹言、
（年未詳）六月廿八日　秀康（黒印2）
愛宕
　極楽寺法印

233　松平秀康書状（酒井利彦氏所蔵文書）

（端裏上書）
「酒井久三郎殿　　秀康」
尚々煩故、印判を以申候、以上、
今度者無御出候間、自然煩如何事候哉と無心元存候、随
而此式ニ候へ共、帷子弐・羽織壱進之候、誠書中之験迄
候、猶使者可申候、恐々謹言、
（年未詳）七月朔日　秀康（黒印2）

234　羽柴（池田）照政書状（『思文閣古書資料目録』四〇号）

見舞鱈三□□下、忝奉存候、誠々毎度御懇意之段、過分
至極難申□候、尚致祗候方可□□ニ候、恐惶謹言、
（年未詳）八月廿四日　（池田）照政（花押）
羽三左衛門尉
（奥封上書）
「（墨引）進上秀康様「　」照政」

235　松平秀康書状写（秀康公御代御秘蔵御書付類）（折紙）

尚々せとハ一座の物にて、これもほしかり可申候、能々○々可申候、
かしく、
先日御約束申候茶入贈給、欣幸不浅候、替なとも被用候、
当麻○刺御望之由遣候、猶近々期面謁可申候、恐々謹言、
（年未詳）九月二日　秀康（花押3B）
岡豊道知様

236　松平秀康書状（多賀谷文書）（切紙）

以上、
為重陽之祝儀、小袖壱重贈給、幾久と令祝着候、猶堀中
筑後守ニ申渡候通、（長谷部茂連）采女かたより可申候、謹言、
（年未詳）九月六日　秀康（黒印2）

多賀谷左近（三経）殿

237　松平秀康書状（多賀谷文書）（切紙）

為重陽之祝儀、小袖壱重之内綾一到来、祝着候、猶早川
茂左衛門尉可申候、謹言、
（年未詳）九月六日（黒印2）
多賀谷左近（三経）大夫殿

238　松平秀康書状断簡（武生市立図書館所蔵文書）

（前欠）
存〇候〇〇候〇候、委〇〇可申承候、恐々謹言、
（年未詳）十月十七日　秀康（花押3B）
（後欠）

239　松平秀康書状（木村孫右衛門氏所蔵文書）（切紙）

為湯治見廻蜜柑壱籠・鴨弐・大根到来、令祝着候、猶早
川茂左衛門可申候、謹言、
（年未詳）霜月十一日（黒印2）
小栗五郎（兼友）左衛門尉殿

240　松平秀康書状写（「越前史料」所収坂上文書）（切紙）

以上、
白山於　神前御祈祷之巻数守并俵物等贈給候、祝着候、
弥御祈念任入候、猶由木（照盛）左衛門尉可申候、謹言、
（年未詳）十一月十二日　秀康（黒印2）
賢成院

241　松平秀康書状写（秀康様御状之写）

去ル十六日、右兵衛尉終ニ死去之由、愁傷不過之候、且
申残候事有之旨、依而角兵衛差遣候、申談可然取計可給
候、以上、
（年未詳）十一月廿五日　御書判
永見淡路守殿
＊『知立神社古文書』

242　松平秀康書状（西福寺文書）（折紙）

以上、
見事之蜜柑壱籠送給候、喜悦之至候、猶長谷部采女正（茂連）可
申候、恐々謹言、
（年未詳）十二月三日　秀康（黒印2）
西福寺

243　松平秀康書状（伊達文書）（折紙）

已上、
為歳暮之御祝儀、御小袖弐重令進入候、誠以御嘉例之験
迄候、恐々謹言、
越中納言
（年未詳）極月四日　秀康（黒印2）
羽柴越前様（伊達政宗）
人々御中

244　松平秀康書状写（「越前史料」所収平泉寺文書）（折紙）

以上、
於　神前祈祷之巻数・壇供三寸等到来、喜悦之至候、毎
日護摩被抽丹誠之旨、別而令満足候、恐々謹言、
（年未詳）極月十八日　秀康（黒印2）
白山平泉寺
賢成院

245　松平秀康書状（多賀谷文書）（切紙）

以上、
為歳暮之祝儀、小袖壱重之内綾壱到来、令祝着候、猶長
谷部采女正（茂連）可申候、謹言、
（年未詳）極月廿四日　秀康（花押3B）
多賀谷左近大夫（三経）殿

246　松平秀康書状（『思文閣古書資料目録』二二九号）

加肥州（加藤清正）御出之事、昼ハあつく御座候間、緩々と八ツ過ニ
御同道御申、待入候、恐々謹言、
［　　］秀康（黒印2）
（奥封上書）
「［　　　　］越中納言」

247　松平秀康伝馬手形案写（敦賀志二）

伝馬何疋、北庄より町次ニ海津迄可出者也、如件、
何月何日　　秀康　判
右宿中

248　松平秀康書状写（「常陸誌料」所収結城寒川家蔵文書）

其方儀、今度於京都伺次第、
内府様（徳川家康）御耳達被召出候様ニ、令相談候、先越州へ可被罷
越候、
寒川式部大輔とのへ

249　徳川秀忠書状断簡写（越葵文庫文書）（折紙）

御懇書誠忝令存候、如仰越其以後者不能面拝、所存之外
候、然者馬之儀被仰越候、（後欠）

参考四　長松院条書写（諸国文書三）

藤島超勝寺
一、屋敷御免除之事、
一、竹木原花等、理不尽剪堀事、
一、於寺中、殺生之事、
以上
未（慶長十二年カ）八月廿日　判在

参考五　長松院禁制（禅林寺文書）

禁制　　得尾

　　　　禅林寺

一、寺家屋敷并門前在家諸役之事、

一、殺生禁断、竹木伐採、狼藉致之事、

一、山寄進之条、末代相違有間敷事、

右条々、不入而諸役令免許者也、仍如件、

慶長十八癸丑　　長松院

三月十六日　　（黒印）

＊『越前若狭古文書選』

参考六　長松院書状写（長勝院様御文切之写）

相応なされ候や、承りたく存まいらせ候、少しは御心もかわり御保よふにも相成候半と推量りまいらせ候、此しなそまつながら、御見舞のしるしまでに進じまいらせ候、遠方の御事ニ候へば、御あんじ申居まいらせ候、ただ御よふす承りたくもミ、猶委しく弥四郎より申上まいらせ候、めで度かしく、

（年未詳）六月十二日　　まんより

永見右兵衛尉さま

＊『知立神社古文書』

【初出一覧】

第一章　慶長期大名の氏姓と官位（『日本史研究』四一四号、一九九七年）
第二章　豊臣期公家成大名の政治的性格—豊臣政権構造の一側面—（『岡山藩研究』三〇号、一九九九年）
第三章　小早川秀詮の発給文書について（深谷克己研究代表科研費報告書『岡山藩の支配方法と社会構造』一九九六年）
第四章　池田輝政の発給文書について（同前）
補論一　池田忠継宛徳川家康領知判物写について（『岡山藩研究』二八号、一九九八年）
第五章　福島正則文書の基礎的研究（『芸備地方史研究』二一〇・二一一号、一九九八年）
第六章　結城秀康文書の基礎的研究（『駒沢史学』四八号、一九九五年）
補論二　制外の家—越前松平家の実像（『歴史読本』七三〇号、二〇〇〇年）
第七章　松平忠輝文書の基礎的研究（『駒沢大学史学論集』二五号、一九九五年）
補論三　豊臣・徳川間を生きたキーパーソン（『歴史読本』七五二号、二〇〇二年）
付録一　天正～慶長期大名公家成一覧（新稿）
　補論　「大溝侍従」織田秀雄（新稿）
付録二　小早川秀秋文書集（新稿）
付録三　松平（結城）秀康文書集（新稿）

あとがき

私は今から二十年程前に、豊臣期～徳川初期の有力大名研究に集中的に取り組んでいたことがあった。それは、日本学術振興会・特別研究員（ＰＤ）に採用され（一九九五年～九八年）、そこでの研究テーマを近世初期大名の発給文書の蒐集・検討としていたことによる。さらに、戦国期から近世への社会展開の具体像の解明のためには、戦国大名から近世大名への展開過程について、領国支配に視点を据えて一貫的・通時的な追究が必要と考えていたことによる。ＰＤの期間、研究対象に措定した大名の関係文書の蒐集のために、それこそ全国の史料所蔵機関に赴いた。しかし、ＰＤの期間が終了すると、そのような遠隔地の調査は簡単には行えなくなったため、自ずとそれらの研究の比重は低下していくことになった。

本書に収録したのは、その時期に公表した関連論文になる。主要なものの発表年次をみていただければわかるように、一九九五年～九九年までの五年間に限られている。内容は大きくは、個別大名の発給文書について網羅的に蒐集し、その概要について整理したものと、そこから派生したものになるが、羽柴名字と公家成大名に注目して、近世初期における大名の身分秩序について解明をこころみたもの、の二つから成っている。なおその他に、小早川秀秋の備前・美作領国支配について追究したものもあり、これが私にとって本来的な目的であった、同期大名権力の領国支配について、具体的に検討したものとしては唯一のものである。それについてはすでに、別に拙著『戦国期領域権力と地域社会〈中世史研究叢書15〉』（岩田書院、二〇〇九年）に収録しており、当然ながら本書には収めていないので、あわせて参照していただきたく思う。

そのような二十年も前に公表した諸論文を、ここで一書にまとめようと思ったのは、ようやく近年になって、近世初期大名に関する具体的研究の進展がみられるようになってきており、今後さらに加速度化していくことが予想され、それにあたってかつての私の研究成果を広く学界の共有財産にしておく必要がある、と認識したことによる。私自身においても、『「豊臣大名」真田一族』（洋泉社）・『真田信之　真田家を継いだ男の半生〈角川選書569〉』（KADOKAWA）を刊行して近世初期大名についての具体的検討を再開し、引き続き検討をすすめていくようになっており、かつての研究を参照することが多くなってきたという事情もある。また、戎光祥出版から新たなシリーズとして、『シリーズ・織豊大名の研究』の刊行を開始していただくようになり、意識的にこの時期の大名研究の進展を図ろうとしていることにもよる。

とはいえ、収録論文はいずれも二十年ほど前のものであるため、この間に、直接内容に関わる部分についても、新たな史料の発見による事実確認や研究の進展がみられており、また個別大名の発給文書についても追加がみられるようになっているなど、修正すべきところも出ている。しかし、それらについて書き直しをしてしまうと、基本的な論旨には変わりはないものの、論文の原型をかなり損ねることになり、すでに研究史に位置付いていることを踏まえると、研究史上に混乱を生じさせることにもなるため、収録にあたっては、誤字などの基本的な誤り以外については修正しなかった。しかしそれでは、この間における関連研究の一定の進展状況に対応することはできないままになるので、この間にすすめてきた作業成果の一部を、付録というかたちで公表することで、その後の研究成果の反映に換えることにした。

第一章・第二章は、羽柴名字と公家成大名に注目したものであったが、このうち羽柴名字を称した大名に関する問題については、近時、『羽柴を名乗った人々〈角川選書〉』（ＫＡＤＯＫＡＷＡ）を刊行し、最新の情報を提示したので、本書には、公家成大名に関する基礎情報を整理した表を作成し、これを付録一として収録した。これにより第一章・第二章における基礎的情報については、最新のものを示すものとなっている。また、個別大名の発給文書に関する問題については、小早川秀秋と松平（結城）秀康について、発給・受給文書からなる文書集を、それぞれ付録二・三として収録した。これによって、その後に確認できたものを含め、それぞれの発給・受給文書の全貌を示すことができるものとなった。なお本書では、他にも池田輝政・福島正則・松平忠輝についても取り上げているが、それらの情報更新については、後日を期すことにしたい。ちなみに当面は、福島正則について優先的に取り組む予定でいる。

今年、『真田信之』を執筆して、あらためて痛切に認識させられたのは、二十年ほど前と同じであるが、豊臣期～徳川初期大名の領国支配に関する具体的な研究の必要性である。現在の学界の研究状況は、それらの領国支配の展開については、十分な進展をみてはいないといわざるをえず、やはりこの点が依然として大きな課題であると認識される。本書の刊行が、これからの関連研究の進展に少しでも寄与するものとなることを願うとともに、私自身においても今後の研究にとって出発点としたい。

二〇一六年十一月

黒田基樹

【著者略歴】

黒田基樹（くろだ・もとき）

1965年生まれ。

早稲田大学教育学部卒。駒沢大学大学院博士後期課程満期退学。博士（日本史学、駒沢大学）。

現在、駿河台大学教授。

著書に、『図説　太田道灌』（戎光祥出版）・『戦国大名北条氏の領国支配』（岩田書院）・『増補改訂　戦国大名と外様国衆』（戎光祥出版）・『中近世移行期の大名権力と村落』（校倉書房）・『戦国北条氏五代』（戎光祥出版）・『小田原合戦と北条氏』（吉川弘文館）・『長尾景仲』（戎光祥出版）・『長尾景春』（編著、戎光祥出版）・『扇谷上杉氏』（編著、戎光祥出版）・『伊勢宗瑞』（編著、戎光祥出版）・『関東管領上杉氏』（編著、戎光祥出版）・『山内上杉氏』（編著、戎光祥出版）・『上野岩松氏』（編著、戎光祥出版）・『北条氏綱』（編著、戎光祥出版）などがある。

装丁：川本　要

戎光祥研究叢書　第11巻

近世初期《きんせいしょき》大名《だいみょう》の身分秩序《みぶんちつじょ》と文書《もんじょ》

二〇一七年一月一〇日　初版初刷発行

著　者　黒田基樹

発行者　伊藤光祥

発行所　戎光祥出版株式会社
東京都千代田区麹町一－七
相互半蔵門ビル八階

電　話　〇三－五二七五－三三六一㈹
FAX　〇三－五二七五－三三六五

編集・制作　株式会社イズシエ・コーポレーション
印刷・製本　モリモト印刷株式会社

http://www.ebisukosyo.co.jp
info@ebisukosyo.co.jp

ISBN978-4-86403-230-8